JN302131

機関投資家のための
プライベート・エクイティ

日本バイアウト研究所 編

株式会社きんざい

きんざいプロフェッショナルとは、㈱きんざい出版センター刊行の出版物で金融実務において専門性が高く、かつ実務・体系的に解説されている書籍に対して付与される。

序　文

　日本のプライベート・エクイティ・ファンドの投資家層は、欧米と比較して大きく異なる。欧米では、プライベート・エクイティ・ファンドの投資家層として、公的年金基金、企業年金基金、大学基金、財団、個人富裕層、ファミリー・オフィスが相当な割合を占めている。特に、米国では、カリフォルニア州公務員退職年金基金（CalPERS: The California Public Employees' Retirement System）やニューヨーク州職員退職年金基金（NYCRF: The New York State Common Retirement Fund）など多くの公的年金が、世界中の有力プライベート・エクイティ・ファンドやファンド・オブ・ファンズに投資を行っている。英国においては、大学退職年金基金（USS: Universities Superannuation Scheme）が、プライベート・エクイティ専門のチームを有しており、有力ファームのファンドへ投資しているほか、投資先企業への直接投資も行っている。

　一方、日本においては、金融機関（銀行、信託銀行、生命保険会社、損害保険会社、ノンバンクなど）の割合が高く、年金基金がプライベート・エクイティ・ファンドへの投資を行うという動きは限定的であった。また、保険会社やノンバンクでも、積極的に投資を行っているところと、そうでないところの格差が大きかった。投資家層の拡大が進まなかった理由の一つとしては、プライベート・エクイティの特徴や魅力がよく理解されていなかったということが指摘できる。また、プライベート・エクイティに特有の「Ｊカーブ」の存在や、流動性が低く長期投資となる点が懸念されることもあった。しかし、昨今、プライベート・エクイティ・ファンドに目を向ける年金基金が少しずつであるが増えてきており、運用商品の一つとして注目される可能性がある。

これまで日本で多くのプライベート・エクイティ関連の図書が刊行されてきた。しかしながら、プライベート・エクイティ・ファンドが企業へ投資する際の視点で書かれたものが大半であり、ファンドに投資をする機関投資家の視点で書かれたものはきわめて少なかった。そして、投資戦略別（バイアウト、ベンチャー、グロース、メザニン、セカンダリー、その他）の解説や、機関投資家がプライベート・エクイティ・ファンドへの投資を推進するうえでの留意点などの示唆を与えるような図書の刊行が望まれていた。

　これらの背景に基づき、日本における機関投資家を主な読者層とし、プライベート・エクイティ・ファンドの理解を深めることを目的とする図書を刊行する。そして、中長期的な視点で日本のプライベート・エクイティ・ファンドの投資家層の拡大に貢献することを目指したい。

　本書は、第Ⅰ部、第Ⅱ部の2部構成となっている。第Ⅰ部は、基礎編と位置づけて、機関投資家の視点からみたプライベート・エクイティ・ファンドの特徴と仕組みについてわかりやすく解説する内容となっている。特に、投資戦略別（バイアウト、ベンチャー、グロース、メザニン、セカンダリー）の特徴と魅力が詳細にまとめられている。第Ⅱ部は、応用編と位置づけて、年金基金によるプライベート・エクイティ・ファンドへの投資アプローチと留意点や、機関投資家によるプライベート・エクイティ投資プログラムの確立と投資実務について経験者が解説している。

　本書の特徴は、各章末に、インタビュー記事を記載している点にある。具体的には、実際にプライベート・エクイティ・ファンドへの投資を行っている機関投資家、年金基金、信託銀行、プレースメント・エージェントなどへインタビューを行い、プライベート・エクイティ・ファンドの魅力や投資の際の留意点などについて語っていただいた。また、これからプライベート・エクイティ・ファンドへの投資を検討する機関投資家へのメッセージについても述べていただいた。さらに、第Ⅰ部と第Ⅱ部の最後には、経験豊富なプロフェッショナルによる座談会を1本ずつ収録している。

本書が、年金基金、大手銀行、信託銀行、地方銀行、証券会社、生命保険会社、損害保険会社、ノンバンク、投資顧問会社などで資産運用に携わっている方々や、プライベート・エクイティ業界で活躍しているプロフェッショナルの方々の役に立てれば幸いである。また、資産運用の分野の研究を行っている研究者や広く金融業界の方々にも読んでいただいて、プライベート・エクイティ・ファンドの現状を知っていただければ嬉しく思う。

　なお、インタビューおよび座談会の本文中における意見に関する部分は、各発言者の私見であり、所属会社の見解を示すものではないことをお断りしておく。また、本書が特定の商品の推奨を目的としたものではないことを付記しておく。

2012年12月

株式会社日本バイアウト研究所

代表取締役　杉浦慶一

CONTENTS

第Ⅰ部 基礎編

第1章　プライベート・エクイティ・ファンドの特徴　*2*
～機関投資家の視点から～
キャピタル・ダイナミックス株式会社 代表取締役社長　小林和成

≪ Interview ≫
プライベート・エクイティ・ファンドへの投資のノウハウ取得　*36*
～ファンド・オブ・ファンズへの投資を通じたプロフェッショナルの育成～
株式会社クロスポイント・アドバイザーズ 共同パートナー　前田俊一氏

第2章　プライベート・エクイティ・ファンドの法的仕組み　*41*
西村あさひ法律事務所 パートナー 弁護士　五十嵐誠
西村あさひ法律事務所 アソシエイト 弁護士　藤井　毅

≪ Interview ≫
プライベート・エクイティ・ファンドの税務ストラクチャー　*65*
～ファンド側と投資家側の双方向からのチェックの必要性～
KPMG 税理士法人 パートナー　石塚直樹氏

第3章　バイアウト・ファンドの特徴　*73*
～超過リターンの獲得に向けた企業価値創造～
カーライル・ジャパン・エルエルシー マネージング ディレクター 日本共同代表　山田和広
カーライル・ジャパン・エルエルシー シニア アソシエイト　吉岡　正

≪ Interview ≫
機関投資家によるバイアウト・ファンドへの投資　*103*
～優秀なファンドとのリレーション維持と継続的な投資が鍵～
大同生命保険株式会社 市場投資部 プライベート・エクイティ投資課長　山村一郎氏

第4章 ベンチャー・キャピタル・ファンド／グロース・キャピタル・ファンドの特徴　*110*
〜産業育成・企業創造を通じた絶対リターンの追求〜

株式会社グロービス・キャピタル・パートナーズ マネージング・パートナー　仮屋薗聡一
株式会社グロース・イニシアティブ 代表取締役　吉崎浩一郎

> ≪ Interview ≫
> ベンチャー・キャピタル・ファンドの特性　*137*
> 〜ファンド間のリターンの差が大きい投資形態〜
> 東京海上アセットマネジメント投信株式会社 プライベートエクイティ運用部部長　久村俊幸氏

第5章 メザニン・ファンドの特徴　*146*
〜安定したキャッシュフロー収入と早期の投資回収〜

株式会社メザニン エグゼクティブディレクター　松野 修

> ≪ Interview ≫
> 年金基金によるメザニン・ファンドへの投資　*171*
> 〜ミドルリスク・ミドルリターンをねらう投資形態〜
> 三井住友信託銀行株式会社 オルタナティブ運用部 オルタナティブグループ
> 　　次長兼オルタナティブグループ 運用第2チーム長　松井博氏
> 三井住友信託銀行株式会社 オルタナティブ運用部 オルタナティブグループ
> 　　運用第2チーム 調査役　竹ノ谷修氏

第6章 セカンダリー・ファンドの特徴　*176*
〜プライベート・エクイティの流動化ソリューション〜

アント・キャピタル・パートナーズ株式会社
セカンダリー投資グループ マネージング・パートナー　佐村礼二郎

> ≪ Interview ≫
> 年金基金によるセカンダリー・ファンドへの投資　*196*
> 〜ポートフォリオの透明性とJカーブ効果の軽減による投資の早期回収〜
> 株式会社大和ファンド・コンサルティング 投資戦略ソリューション部長　玉之内直氏
> T&Dアセットマネジメント株式会社 グローバル株式運用部
> 　　チーフ・ファンドマネジャー　菊本力夫氏

座談会①　日本のバイアウト市場の将来展望 *202*
〜相対取引が多い中堅・中小企業のバイアウト案件の魅力〜

　　　ポラリス・キャピタル・グループ株式会社 代表取締役社長　木村雄治氏
　　　CLSA キャピタルパートナーズジャパン株式会社 マネージング ディレクター　清塚徳氏
　　　ネクスト・キャピタル・パートナーズ株式会社 代表取締役副社長　本坊吉隆氏
　　　インテグラル株式会社 代表取締役　山本礼二郎氏
　　　フェニックス・キャピタル株式会社 代表取締役　三村智彦氏
　　　(司会者) 株式会社メザニン 代表取締役　笹山幸嗣氏

第Ⅱ部　応用編

第7章　日本におけるプライベート・エクイティ・ファンドの動向 *220*
　　　株式会社日本バイアウト研究所 代表取締役　杉浦慶一

> ≪ Interview ≫
> **日本のプライベート・エクイティ市場の現状と展望** *243*
> 〜バイアウト、ベンチャー、グロース、メザニン、セカンダリーの動向〜
> 　みずほキャピタルパートナーズ株式会社 代表取締役社長　亀井温裕氏
> 　日本アジア投資株式会社 前取締役会長　松本守祥氏

第8章　欧米の年金基金によるプライベート・エクイティ・ファンドへの投資の実態 *253*
　　　タワーズワトソン株式会社 シニア・インベストメント・コンサルタント　久保田徹

> ≪ Interview ≫
> **プライベート・エクイティへの資産配分を増やす欧米の年金基金** *281*
> 〜長期的な視点での運用戦略〜
> 　トーリーコープ・キャピタル・パートナーズ プレジデント＆CEO　デビット・ファン氏
> 　トーリーコープ・キャピタル・パートナーズ マネージング・ディレクター　トム・マーティン氏

第9章　年金基金による非上場資産クラス投資　289
三井住友信託銀行株式会社 年金運用第一部
コンサルチーム長 シニアポートフォリオマネジャー　鳴戸達也

≪ Interview ≫
年金運用とプライベート・エクイティ　314
〜Jカーブ効果の許容とビンテージ分散による長期的投資〜
岡山県機械金属工業厚生年金基金 運用執行理事　木口愛友氏

第10章　年金基金によるプライベート・エクイティ・ファンドへの投資アプローチ　320
DIC企業年金基金 運用執行理事　近藤英男

≪ Interview ≫
年金基金によるプライベート・エクイティ投資の意義と課題　352
〜ベータ低相関性と流動性リスクとのトレードオフ〜
アーク・オルタナティブ・アドバイザーズ株式会社 代表取締役社長　棚橋俊介氏
三菱UFJ信託銀行株式会社 年金運用部 ポートフォリオマネージャー　武井恭介氏

第11章　プライベート・エクイティ・ファンドへの投資実務　362
株式会社日本政策投資銀行 資金運用グループ ファンド投資班 調査役　白鹿博之
株式会社日本政策投資銀行 資金運用グループ ファンド投資班 調査役　富田康之
株式会社日本政策投資銀行 資金運用グループ ファンド投資班 調査役　村形誠治

≪ Interview ≫
機関投資家によるプライベート・エクイティ投資プログラムの確立　392
〜プロフェッショナル人材の育成と組織の安定性〜
元 帝京大学経済学部 教授　茂木敬司氏

第12章　ILPA Private Equity Principlesの概要　399
〜ジェネラル・パートナーとリミテッド・パートナー間の信頼関係の構築に向けて〜
エー・アイ・キャピタル株式会社 ディレクター　漆谷　淳
エー・アイ・キャピタル株式会社 ディレクター　齋藤誠一

《 Interview 》
プライベート・エクイティ・ファンドによる機関投資家への
レポーティング　　　　　　　　　　　　　　　　　　　*423*
～透明性の確保と緊密なコミュニケーションの継続～
　東京海上キャピタル株式会社 取締役社長　　深沢英昭氏
　三井住友トラスト・キャピタル株式会社 常務取締役　　石井誠氏

座談会②　日本の機関投資家によるプライベート・エクイティ・
　　　　　ファンドの見方　　　　　　　　　　　　　　*432*
　　　　　～クオリティを重視したファンド選択の重要性～
　三井住友信託銀行株式会社
　　　　投資金融部 審議役 プライベートエクイティチーム長　　増田徹氏
　企業年金連合会
　　　　年金運用部 プライベートエクイティ担当 シニアポートフォリオマネジャー　　高橋修三氏
　ニッセイアセットマネジメント株式会社
　　　　商品開発部長 資金・外部運用部担当部長　　貞永英哉氏
　（司会者）マッコーリー・グループ シニア・ヴァイス・プレジデント　　北村元哉氏

執筆者略歴　*449*

第Ⅰ部

基 礎 編

第 1 章	・	2
第 2 章	・	41
第 3 章	・	73
第 4 章	・	110
第 5 章	・	146
第 6 章	・	176
座談会①	・	202

第 1 章

プライベート・エクイティ・ファンドの特徴

機関投資家の視点から

キャピタル・ダイナミックス株式会社
代表取締役社長　**小林和成**

はじめに

　本章では、機関投資家の立場からみたプライベート・エクイティ・ファンド（以下「PEファンド」という）投資の位置づけ、PEファンドを運営するファンド・マネジャーとの関係、PEファンド投資を推進するための投資プログラムの考え方、およびその概要について説明をする。

　例えば、最近出版された"The New Tycoons"という本でKKRなどの有名なメガ・ファンドが扱われているように、PEファンドに関して書かれた本・論文は多数あるが、機関投資家の視点で書かれたものは少なく、ここでは機関投資家がPEファンド投資を推進するうえで、どのような点に留意してその投資プログラムを構築・運営すべきかの示唆が少しでもできればと思う。

1 プライベート・エクイティとは

(1)　プライベート・エクイティ投資の投資戦略のなかでの位置づけ

　PEは、その名前が示すとおり、一般的には未公開企業への投資である。機関投資家の投資対象としてのPEは30年ほどの歴史しかないが、PEはその間に大きな発展を遂げ、現在の金融市場において無視できない存在になっている。PEの代表的な戦略の一つであるベンチャー・キャピタルは、新しい

アイデアを大きな事業に育てる役割を担っており、行きすぎた局面ではITバブルを引き起こしたこともあったが、最近でもフェイスブック（Facebook）の上場にみられるように多数の新しいビジネスを生み出している。もう一方の代表的な戦略であるバイアウトにおいても、2000年代半ばにクレジット・バブルのなかで"King of Capitalism（資本主義の王様）"ともてはやされた後、バブル崩壊によって調整が進んでいるが、今年半ばにエグジットが公表されたアライアンス・ブーツ（Alliance Boots）の案件のように、既存の企業・ビジネスを再生あるいは再活性化することで優良な企業をつくりだしている。

　このような発展を背景に、機関投資家は1990年代後半以降PE投資を積極的に進めてきており、リーマン・ショック後の一時的な落ち込みを乗り越えてPEへのアセット・アロケーションは増加してきている。現在、グローバルにみたプライベート・エクイティ・ファンドの運用総額は約3兆ドルと推定されており、上場株式の時価総額のおおよそ10分の1の規模にまで拡大してきている。

　一般的に機関投資家は、PEを投資戦略の分類では、オルタナティブ投資の代表的な戦略の一つとして位置づけている（図表1-1参照）。もともとは、上場株式、債券などの「伝統的資産への投資」に対して新しい投資分野としての「代替投資」として、PE、ヘッジ・ファンド、不動産などがオルタナティブ投資として分類されているものである。PEに関していえば、上場株式投資に対する「オルタナティブ」であるが、同じ株式投資として、企業の成長などを通じて株式価値を高めることに着目すれば、上場株とPEを分けて考える必要がないともいえる。米国の大手公的年金の一つであるカルパース（カリフォルニア州公務員年金基金、CalPERS）などは、その考え方に基づいて上場株式とPEを同じアセット・クラスとして取り扱っている。

図表1-1　代表的な投資の分類

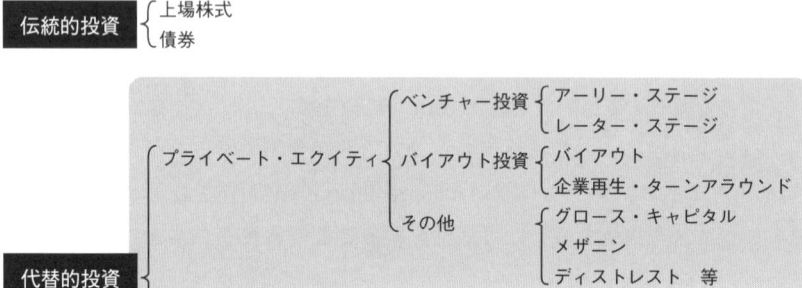

```
伝統的投資 ┌ 上場株式
          └ 債券

代替的投資 ┌ プライベート・エクイティ ┌ ベンチャー投資 ┌ アーリー・ステージ
                                                    └ レーター・ステージ
                                   ├ バイアウト投資 ┌ バイアウト
                                   │              └ 企業再生・ターンアラウンド
                                   └ その他       ┌ グロース・キャピタル
                                                  ├ メザニン
                                                  └ ディストレスト　等
          ├ ヘッジファンド
          ├ 不動産
          └ コモディティ・天然資源
```

（出所）　キャピタル・ダイナミックス

(2)　企業のライフサイクルとPE投資の代表的な戦略

　次にPE投資の代表的な戦略についてみてみよう。PE投資は、図表1-2で示されるとおり、企業のライフサイクルのなかでさまざまな局面で行われる。PE投資の代表的な戦略としては、「ベンチャー・キャピタル投資」と「バイアウト投資」の二つがある。

　「ベンチャー・キャピタル投資」は、新たな技術・製品やサービスを生み出す企業に投資をするもので、さらには企業が設立間もない時期に投資をするアーリー・ステージの投資と、事業の拡大成長期に投資を行うレーター・ステージの戦略に分かれる。ベンチャー・キャピタル投資の主な対象分野としては、IT・通信分野、バイオ・テクノロジー分野、クリーン・テクノロジー分野、インターネット分野、その他新規サービス分野などがあるが、ホットな分野はそれぞれの時代によって変わっていく。ベンチャー・キャピタル投資はその性格上、ハイ・リスク、ハイ・リターン型の投資であり、一

つのファンドから数十件程度の投資を行い、それら比較的多数の投資先のなかから有望企業を選別、育成し、最終的には株式公開（IPO）などによって高いリターンをねらうことになる。いわゆる「ホームラン案件」の場合は、投資コストに対しリターンが100倍を超えるようなものもあるが、アーリー・ステージの投資の場合は、投資コストをすべて失うことも珍しくない。

　特に、アーリー・ステージのベンチャー・キャピタルは、ひたすら優れた技術やサービスをベースとして卓越したビジネスをつくりあげようという起業家を発掘、育成していくものであり、上場株式とは相関性が低いが、レーター・ステージのベンチャー・キャピタルになってくるとある程度見込みのある企業に資金を投下し、IPOや事業売却によってリターンをあげる色彩が濃くなるので、上場株式との相関性が高まる傾向にある。

　一方、「バイアウト投資」は、企業のライフサイクルの中盤以降にある企業を対象とする。これらの企業のなかには、大企業のノン・コア事業、後継者難の問題を抱えるオーナー企業、経営不振により株価が低迷する上場企業などがあり、そのような企業を買収し、マジョリティのオーナーシップ、すなわち会社の経営権をもって事業の立直しを行ったり、新たな戦略のもとで事業を成長・拡大させることによって高いリターンをねらうものである。バイアウト投資の場合は、ベンチャー・キャピタル投資との比較においては、一つのファンドからの投資は8～20件程度（日本のファンドはやや少な目の5～10件の投資）に抑え、そのなかから7・8割の「ヒット」（投資コストに対し、2倍程度のリターン）をねらうことが一般的である。

　また、バイアウト投資においては、ファンド・マネジャーの高いリスク許容度のもとで、当該企業の経営陣をして中期的に企業価値の大幅な増加を行うことになるため、その付加価値部分に関しては、上場株式とは相関性がないリターンにつながるといえる。

図表1−2　企業のライフサイクルとPE投資の戦略

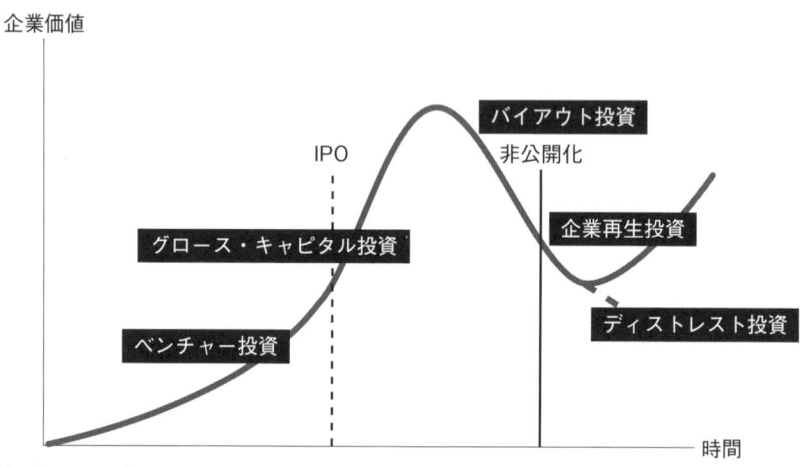

縦軸：企業価値／横軸：時間

- ベンチャー投資
- グロース・キャピタル投資
- IPO
- バイアウト投資
- 非公開化
- 企業再生投資
- ディストレス投資

（出所）　キャピタル・ダイナミックス

　PE投資の戦略としては、ベンチャー・キャピタル投資、バイアウト投資以外に、「グロース・キャピタル投資」「メザニン投資」「ディストレス投資」などがある。

　「グロース・キャピタル投資」は、その名前が示すとおり、成長段階にある企業に投資をするもので、ベンチャー・キャピタルのレーター・ステージに近い分野であるが、それよりは対象とする企業規模が大きいこと、対象とするセクターが、いわゆる「ハイテク」というよりもサービス業などを含む伝統的なセクターが中心であることに違いがある。また、中国、インドに代表されるエマージング・マーケットにおいては、新たな技術革新も少なく、また成熟した大企業も少ないため、マクロ経済の成長性をバックグラウンドとしたグロース・キャピタル投資が主流となっている。

　「メザニン投資」は、その意味の「中二階」が示すとおり、ローンや高格付けの社債とエクイティの中間にある劣後社債や優先株式などに投資を行う

戦略である。投資対象としては、いわゆるLBO（レバレッジド・バイアウト）案件のなかで資金調達の一つの手段として発行される劣後社債・優先株式に投資を行うものと、銀行からの融資が限定的な成長企業に他社の買収や事業拡張のための資金を提供するものとに分かれる。また、リターンとしては、債券のクーポンとワラントなどの行使によるキャピタル・ゲインの組合せによって「中二階」のリターン（イメージとしては、年率で10％台半ば）となっている。

「ディストレスト投資」は、経営破綻企業あるいはそれに近い企業に投資を行う戦略である。一般的には、それらの企業の債権を買い集めるなどの手法を通じて、当該企業の再生のプロセスのなかでコントロールをもち、エクイティへの転換などを図りながら高いリターンを目指す「コントロール型」の戦略と、企業の債権を割安に買い、タイミングをみて高値で売却を行うことにより鞘取りをする「トレーディング型」の戦略に分かれる。後者の戦略に関しては、PE投資のバックボーンである「投資先企業の価値を高める」という概念から外れるものでもあるため、PE投資の戦略に含められないことも多い。

(3) 「価値」を生み出すプロセスの差異

PE投資戦略を特徴づけるものは「価値創造」であり、上場株式投資と異なってインデックスに沿った運用、いわゆる「パッシブ運用」は存在せず、すべてが「アクティブ運用」となる。

PE投資は、未公開企業への投資であり、誰でも株式の売買ができる「市場」は存在しない。新規投資、あるいは投資の処分（エグジットと呼ぶ）は、IPO後の市場での保有株式の売却などの場合を除きすべて相対交渉によって行われ、それぞれの価格は交渉次第で上下に変動する。また、投資した後からエグジットまでの投資先の価値創造に関しても、経営陣およびそれをサポートしコントロールする投資家の力量次第でその成否は大きく影響を受

図表1−3　上場株投資とPE投資の価値創造の違い

上場市場／プライベート・エクイティ

株式選定およびエグジットのタイミングが投資における成功の秘訣

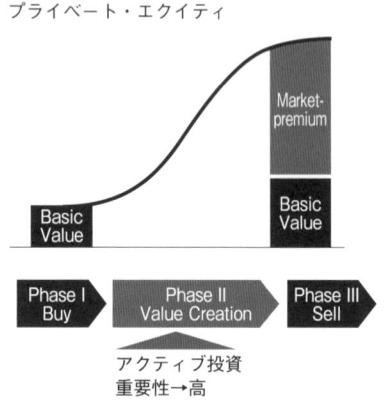

プライベート・エクイティでは基本的な投資価値を有する企業へ投資を行い、企業価値を高めて市場評価価格で売却

（出所）　キャピタル・ダイナミックス

け、仮に同じ会社に同じタイミングで投資ができたとしても、誰が投資をしていたかによって出てくる結果は変わることになる。つまり、PE投資を取り巻く投資環境は不確実性が高く非効率であるうえに、投資の成否は投資を行う人間の力量によって大きく影響を受けるのである。図表1−3で示されるとおり、PE投資で求められる価値創造（value creation）のスキルは上場株式投資のスキルとは大きく異なる。

　個々の投資案件におけるPE投資のプロセスは一般的には、次のようになる。

＜新規投資＞　中期的（一般的には4〜5年）に企業価値を大幅に高めることが可能な企業を発掘し、その企業に極力割安に投資を行う。

＜価値創造＞　新規投資後、投資先に対する経営のコントロールをとるなどのかたちで主体的に経営に参画し、企業のリストラクチャリングあるいは事業拡大などを通じて企業価値を高める。
＜エグジット＞最適なタイミングを選びIPOまたはトレード・セールなどの手段によって、極大化された企業価値を得て持分を売却する。

　この価値創造の仕方は上述の代表的な二つの戦略であるベンチャー・キャピタル投資とバイアウト投資の場合で異なる。

　ベンチャー・キャピタル投資の場合は、企業を育成・成長させるために経営陣と共同歩調をとって、投資先企業に対して新規技術開発や事業拡張などのための資金調達、経営基盤強化のための人材の確保（例えば、CFOなど）、新規開発技術に関する市場や顧客の開拓、株式公開に向けての内部体制整備などをサポートし、それによって企業価値を高めることが行われる。ベンチャー・キャピタル投資の場合は、投資先企業の起業家・経営陣と対峙するのではなく、「良きコーチ」としてビジネスの創造や発展を行う。

　バイアウト投資の場合は、すでに事業基盤のある会社を買収し経営権を握るので、その投資先企業の経営陣を株主の代理人として、大胆な事業のリストラ、組織再編、追加買収、資本構造の変更などを行い、それぞれの目標達成時期をあらかじめ決めながら企業価値を高める。経営陣（買収時に既存の経営陣が残ることもあるし、外部から登用されることもある）は、目標とそれにリンクしたインセンティブ・スキームが与えられ、企業価値の増加と経営陣個人の経済的報酬のベクトルが一致するが、一方、当初の計画が達成できないなどパフォーマンスの悪いときには交代させられることになる。

　なお、バイアウト投資の場合、レバレッジを使ってリターンを極大化する手法も使われる。新規投資の際の資金調達にあたって一部を借入金で調達することにより自己資金の投入額を押さえ、いわゆる「梃子の原理」を使って自己資金に関するリターンを高める金融手法である。どの程度のレバレッジ

を使うかは個々の投資先案件の状況や投資時のマーケット、金融環境にもよって変わってくるが、レバレッジを使うことは一般的に行われるため、バイアウト投資は、「レバレッジド・バイアウト（LBO）」と呼ばれることも多い。一方、レバレッジを利用して価値創造を図ることは、広い意味ではバイアウト投資の価値創造の一部ではあるが、人によってはこれはフィナンシャル・エンジニアリングによるもので、ある意味では誰でもできることなので、そのようなレバレッジの効果を除いた企業の本来的価値の増加分のみを価値創造の成果とみる。

　いずれにしても、ベンチャー・キャピタル投資、バイアウト投資双方を含めPE投資を行うには、優良案件の発掘能力および投資のエグゼキューション能力、投資後の企業価値改善能力、最適なエグジット時期を見極め実行する能力など高度で専門性の高い多岐にわたる能力が求められる。

(4)　アクティブ運用による超過リターン

　それでは、PE投資では上述のような価値創造の結果、上場株式投資を上回るリターンを得られているのであろうか。PE投資は、上場株式投資と違い、簡単に売買を行うことができない流動性を犠牲にする投資であり、PE投資を行ううえではそれに対するプレミアムを得られるかどうかが重要である。

　しかしながら、一般的に上場株式投資とPE投資のリターンの計測の方法は、その投資の特性を反映して大きく異なるものであり、またPE投資の定量的データが限られているため、PE投資による超過リターン、いわゆるアルファの計測は簡単ではない。

　その一つの試みとしては、筆者の所属するキャピタル・ダイナミックス（Capital Dynamics）が欧州の研究機関であるCEFS（Center for Entrepreneurial and Financial Studies）と共同で検証した成果がある。このリサーチでは、データが入手可能であった241件の投資案件を分析し、総合的なリターンか

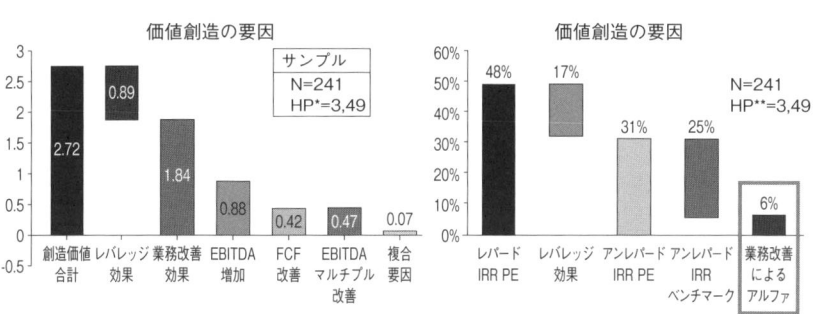

図表1－4　アルファの検証

価値創造の要因

創造価値合計	レバレッジ効果	業務改善効果	EBITDA増加	FCF改善	EBITDAマルチプル改善	複合要因
2.72	0.89	1.84	0.88	0.42	0.47	0.07

サンプル N=241　HP*=3,49

価値創造の要因

レバードIRR PE	レバレッジ効果	アンレバードIRR PE	アンレバードIRRベンチマーク	業務改善によるアルファ
48%	17%	31%	25%	6%

N=241　HP**=3,49

＊保有期間（年）

1989-2006年に実行されたプライベート・エクイティ案件の標本において、
- レバレッジに基づく価値創造は全体の3分の1
- 価値創造の3分の2は業務改善または市場に基づく効果
- 業務改善のアルファは6％

（出所）　キャピタル・ダイナミックスおよびCenter for Entrepreneurial and Financial Studies（CEFF）による調査の分析結果に基づき作成

ら、レバレッジの効果と同条件での上場株式のリターンを差し引き純粋にプライベート・エクイティ固有のアルファとしてIRR（内部収益率）で6％という数字を算出している。すなわち、これはプライベート・エクイティに投資をすることによって、レバレッジの効果を差し引いた狭義の価値創造分としても6％の超過リターンを得られていることを意味する（図表1－4参照）。

このような超過リターンは、機関投資家としてPE投資を進めるうえでいちばんの理由となるが、注意すべき点はこのようなリターンを得られるかどうかは、個々の投資を行う人間の力量に大きく依存することである。PE投資の一般的なビークルであるPEファンドの単位でリターンをみた場合、いわゆるトップ・クォータイル（上位四分位）のファンドと中間値のファンドのリターンの差は経験的には内部収益率（IRR）で8～10％程度あり、上場株式のマネジャーのリターンのバラツキとは比較にならないほど高い。上述の6％というアルファは平均の数字であり、投資する人間の力量によってこ

の数字は大きく上下に動くことになる。

(5) プレーヤーの構図

　以上でみてきたとおり、このようなPE投資を行ううえでは新規案件の発掘から始まってエグジットに至るまでのさまざまな段階で高度な能力やスキルが要求される。

　機関投資家がPE投資を行う際、これらのPE投資のスキル等をもった人員を組織内部に抱えることは現実的にはむずかしい。大手の機関投資家であってもリスク管理の観点から地域や戦略などを軸として分散投資をする必要があり、それに対応するかたちでスキルをもった人員をすべて内部に確保することは割にあわない。また、一般的には機関投資家の内部の全体的な運用体制にかんがみたときに、投資銀行業界やプライベート・エクイティ業界と同等の経済的なインセンティブを投資担当者に付与することが現実的にはむずかしいため、優秀な人材を確保して組織内でその体制を構築することは不可能に近い。

　したがって、機関投資家がPE投資を行う場合は、投資家側からみると個別の投資業務を外部のファンド・マネジャーに外部委託する仕組み、逆にいうとファンド・マネジャーが投資家向けに組成するファンドに投資をする仕組みが中心となる。そのような背景から、プライベート・エクイティ市場におけるプレーヤーの構図は図表1－5のようになる。

　いちばん左側に位置する資金の出し手である「投資家」には、PE投資の長期性およびその専門性を反映して、カルパースに代表される年金基金（公的年金、企業年金）、イェール大学の基金に代表される大学基金や財団、GIC（Government of Singapore Investment Corporation、シンガポールのSWF、外貨準備を原資に運用）に代表される国富ファンド（sovereign wealth fund）を中心として、それ以外に商業銀行や投資銀行、事業会社や一部の個人（富裕層など）が含まれる。これらの投資家は優良なリターンの確保を目的として、

図表1-5　PE市場におけるプレーヤーの構図

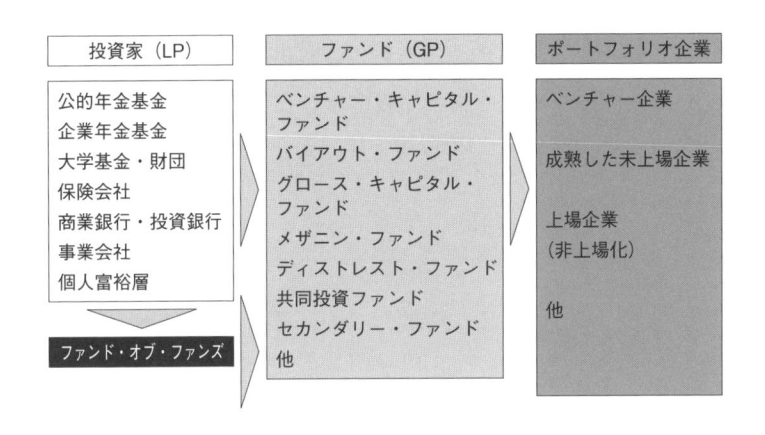

投資家（LP）	ファンド（GP）	ポートフォリオ企業
公的年金基金 企業年金基金 大学基金・財団 保険会社 商業銀行・投資銀行 事業会社 個人富裕層	ベンチャー・キャピタル・ファンド バイアウト・ファンド グロース・キャピタル・ファンド メザニン・ファンド ディストレスト・ファンド 共同投資ファンド セカンダリー・ファンド 他	ベンチャー企業 成熟した未上場企業 上場企業 （非上場化） 他

ファンド・オブ・ファンズ

（出所）　筆者作成

有力なファンド・マネジャーが運営するファンドに投資を行う。PEファンドの仕組みに関しては第2章で取り上げられるが、投資家はファンドに資金を拠出するものの、個々の投資に関しては一定の制約条件のもとではファンド・マネジャーに一任する受け身の立場となるのが一般的である。一部の銀行や事業会社は、ファンドへの出資を通じて他の戦略的な目的（例えば、銀行の場合であればLBOファイナンス案件へのアクセスや、事業会社であれば新規技術へのアクセスなど）を追求することもあるが、これらは非常に限定的である。また、いわゆるリテールの投資家によるPE投資はほとんどなく、PE投資の市場は、プロの機関投資家とプロのファンド・マネジャーの世界といえる。

　PE市場の発展に伴い、いろいろな制約条件を抱える投資家をサポートする機能として、いろいろなファンドに投資を行い、そのポートフォリオを投資家に提供するファンド・オブ・ファンズ（FOF）の役割も拡大してきている。FOFは、PEへのアセット・アロケーション額が少なかったり、人的リ

ソースに制約があり専任の投資プロフェッショナルを確保できないため直接PEファンドに投資がしにくい投資家などから資金をプールし、経験豊かなFOFマネジャーがあらかじめ定めた投資戦略に基づき優良ファンドへの投資を行い、ポートフォリオを構築し投資家に提供するものである。FOF自体も20年程度の歴史をもち、PE市場全体のなかで1〜2割のシェアを占めている。

次に図の中心に位置するのが、上記の投資家からの資金の受け皿であるファンドを運営する「ファンド・マネジャー」である（ファンドは一般的にリミテッド・パートナーシップの形態がとられ、ファンド・マネジャーはそれを運営するジェネラル・パートナー（GP）の任にあたるため、よくGPと呼ばれる）。

「ファンド・マネジャー」の数は、グローバル・ベースでは1万社以上存在する。大手で運用資産額が数兆円のKKR（Kohlberg Kravis Roberts）、カーライル・グループ（The Carlyle Group）、ブラックストーン・グループ（The Blackstone Group）、TPGといったところを筆頭に運用資産額が数十億円といった小さいところまで、それぞれの国、地域や投資戦略に応じて多彩な構成となっている。

一般的に、ファンドは新規投資を行う期間（投資期間）が5年程度、価値創造を行ったうえでエグジットする期間が5年間の合計10年間で運営される。実態的には新規投資は3〜5年で行われるため、ファンド・マネジャーは3〜5年に一度、新しいファンドを募集・組成する。新規のファンド募集は、プライベート・プレースメント（私募）のかたちで行われGPが直接投資家に募ることが多いが、状況によっては投資銀行等をプレースメント・エージェントとして起用することもある。

最後に右側に位置するのがファンドからの投資先企業になる。バイアウト・ファンドが対象とする成熟した企業（最大の企業ではTXU社（現Energy Future Holding社、2007年の買収時点での企業価値は5兆円））から、事業を立ち上げたばかりのスタート・アップ企業まで推定で数十万社の多数の企業が

含まれている。ファンドと投資先企業および経営陣との間では、個々の計画等に基づいて投資契約が締結され、それに基づきファンド・マネジャーが投資先企業をコントロールしながら経営陣と一緒に企業価値向上を図っている。

② 機関投資家からみたPEファンド投資とそのアプローチ方法

前節では、プライベート・エクイティの特徴などに関して概観した。本節は、機関投資家は、どのようにPE投資を推進すべきかについて焦点をあてる。

(1) プライベート・エクイティに投資をする理由

まず、あらためて機関投資家の立場から、プライベート・エクイティに投資をする理由を整理してみよう。投資する理由としては、次の三つがあげられる。

a　高いリターン

前節で概観したとおり、PE投資は、企業の価値創造を図るアクティブ投資であり、上場株式投資に対して超過リターン（いわゆる、アルファ）をとりに行くことを可能とする。複利計算のもとで、投資がそれぞれ10％、15％で回った場合、20年後に当初の元本が1とすると、それが前者では6.73倍、後者ではリターンは16.4倍となる。この5％の利回りの差にはリターンは実に金額ベースで2.4倍の開きになる。もちろん、さまざまなリスクを勘案する必要はあるが、PE投資が先に分析したとおり、上場株式投資に対して6％程度のアルファを獲得できるのであれば、PE投資の高いリターンはポートフォリオ全体のリターンの向上に大きな影響をもたらす。

日本の上場株式市場は1989年のバブル崩壊後低迷を続けているが、PE投資でしっかりとアルファをとれるのであれば、日本であってもPE投資を行

う意義は大きいと考えられる。

b　ポートフォリオ全体のリスク・リターンの改善

モダン・ポートフォリオ・セオリーのもとで、プライベート・エクイティと上場株式の相関関係を勘案し、プライベート・エクイティをポートフォリオに入れることによって、リスクを引き下げつつリターンを極大化し、効率的フロンティアを左上にシフトすることを可能とする考え方がある。

前節で説明のとおり、PE投資では、上場株式の市場と相関性の低い価値創造が重要であるが、PE投資においてはそのデータ量に限りがあり、また投資先企業の価値評価（バリュエーション）やリスクを計測できる頻度も多くて3カ月に一度と限られているため、おおまかな議論としてはこの効果は理解を得られるものの、相関関係を適切に予測しモデル化することは容易ではない。

c　上場株を補完する投資のユニバース

前述のとおり、プライベート・エクイティの運用資産額は上場株式市場の時価総額の約10分の1の規模であり、また、成長性の高いベンチャー企業や成熟した企業の再生案件など上場株式ではカバーできない分野に投資が行われている。さらにエマージング市場に目を向けた際に、これらの国・市場の上場株式市場の小ささや上場企業数の少なさ、上場企業であっても市場での流動性が低いことなどを勘案すると、エマージング市場では、PE投資を通じて成長性をリターンに取り込むことがしやすい面もある。

日本においても特にバイアウト・ファンドが対象とする分野では、後継者難問題を抱えたオーナー企業、大企業からのノン・コア・ビジネスの売却、中小企業を中心とした再生案件など上場企業の周辺での投資機会は多い。

(2)　**PE投資を行ううえでの課題**

次に、PE投資を行ううえでの課題も多いので、これらを整理してみよう。

a 「Jカーブ」の存在

　PE投資はその性格上、投資時点からリターンが出てくるまで通常であれば3～4年という時間がかかる投資である。このような期間中もファンドの運営のための管理報酬などの費用が生じ、ファンド全体のリターンはマイナスとなりがちである。また、特にベンチャー・キャピタル・ファンドの場合、多数の投資を行い、そのなかから成功しそうな案件を選別し、それを育成する手法のため、その過程で選別から落ちた投資案件が失敗案件として償却される結果、キャピタル・ゲインより損失が先行して発生することが多い。このような状況を背景としてファンド設立時点から、ファンドの経過にそってリターン（内部収益率（IRR）を使用）を計測すると、最初の3～4年間で累積リターンはマイナスに沈み、それ以降に成功案件のキャピタル・ゲインによってプラスに転じて上昇していく図式となる。この曲線がアイスホッケーのスティックに似た"J"のかたちのカーブを描くため、ファンド初期のマイナスのリターンの問題を、いわゆるJカーブ問題と呼ぶ。

　投資家によっては、ポートフォリオ全体での期間利益に大きなマイナスの影響が出ると問題になるといったような状況がよくあり、特にこのようなリスク許容度の低い投資家の場合は、初期のJカーブの期間をいかに克服するかがPE投資を開始する際の大きな課題となるが、これに対しては次のような手段がとりうる。

- セカンダリー投資を組み入れることによって、早めのリターンを得てJカーブを浅くする。セカンダリー投資は、さまざまな事情で投資先ファンドの持分を売却する投資家からその持分を買い取る形態の投資で、一般的には売買時点の純資産価値（NAV：Net Asset Value）に対してディスカウントで買え、またそのファンドではすでに投資が進んでいることから早めのリターンが期待できる。
- ヘッジ・ファンドやインフラ・ファンドのように初期からリターンが出る形態の投資などと組み合わせてリターンをみることによって、PE投

資から生じるJカーブを目立たなくする。
　このような方策のどれをとるか、あるいはそのような方策をとらずJカーブを許容するかなどは、個々の投資家のリスク許容度や投資戦略によって変わってくる。
　b　流動性およびキャピタル・コールへの対応
　前述のとおり、PEファンドは一般的に10年間存続するストラクチャーとなっており、ファンドからの投資先が未上場企業で簡単に投資を換金することがむずかしいため、投資家はファンドへいったんコミットすると10年間中途解約をすることができない仕組みとなっている。
　また、ファンドへの資金拠出は、いわゆるキャピタル・コールという方法で行われる。投資家は最初の時点では投資のコミット（出資の約束）を行い、実際の資金の払込みは、ファンド・マネジャーが案件を見つけてから初めて資金の拠出要請（キャピタル・コール）が行われる。逆に、投資案件からエグジットした際には、ファンド・マネジャーは投資家に対して元本およびキャピタル・ゲインの分配（ディストリビューション）を行う。このようなキャピタル・コールや分配は不定期の頻度で起こるため、投資家側ではそれに備えた資金繰りをしなくてはならない。万が一、キャピタル・コールに応じられないような事態が生じた場合、契約に従って大きなペナルティが課せられることもあるので注意が必要である。
　流動性の問題に関しては、最悪の場合には、投資先ファンドの持分をセカンダリー市場で売却するなどの手段はあるが、セカンダリー市場は非効率的な相対の市場であるため、流動性をそれに依存することはできない。
　以上のように、PE投資に際しては、しっかりとコミットメント残高と投資残高、あるいはそれに関連するキャッシュフローをモニターする仕組みをもつ必要がある。

c　ファンド・マネジャーによるリターンのバラツキ、優良ファンドへのアクセス

　前節で触れたとおり、PEファンドの場合、いわゆるトップ・クォータイル（上位四分位）のファンドと中間値の差は経験的には8～10％と上場株式と比較にならないほど高い。また、優秀なファンド・マネジャーはブランド、ネットワーク、スキル、経験などをもっているため、ファンド・マネジャーのトラック・レコードの再現性はヘッジ・ファンドなどと比べると格段に高い。

　機関投資家の課題は、いかにこのような優秀なファンド・マネジャーを発掘し、それらが組成・運営するファンドに継続的に投資を行うかということになる。一般的にファンドの募集は私募の形態で行われ、どのようなファンドが募集を行っているかなどの情報の入手は容易ではなく手間ひまがかかる。また、優秀なファンド・マネジャーであればあるほど、既存の有力な投資家を抱えており、数年おきに募集するファンドのキャパシティも従来からの戦略の一貫性を保つために大きく増やすことはむずかしいため、一部の優良ファンドでは新規投資家は入れないこともある。したがって、特に新しくPE投資を始める投資家にとっては、仮に優秀なファンド・マネジャーがわかったとしてもそこに投資できないというアクセス問題が生じうる。

　このアクセス問題に関する簡単な解決策はなく、ファンド・マネジャーの情報収集をしながら優良ファンド・マネジャーとのネットワークを構築し、状況によっては他の投資家やアドバイザーの助けを借りながら地道に課題を克服するしかない。

(3)　**投資プロセス**

　PE投資ではこのような課題を乗り越えてはじめて安定的に高いリターンを得られることになる。このような課題を簡単に克服する夢のような解決策はないが、どのような投資戦略を策定し、それを実行することによって課題

を克服できるかを、以下で整理する。

a　投資戦略の策定：トップダウン・アプローチとボトムアップ・アプローチ

PE投資は、先に述べたとおり流動性のない投資であり、リスクをコントロールするためには、分散投資が非常に重要である。投資に関する格言で「一つのかごにすべての卵を盛るな」というものがあるが、PE投資においても、地域、戦略、時間軸（ビンテージ・イヤー）などの切り口で分散を図ることが重要である。それを担うものが「トップダウン・アプローチ」である。このアプローチでは、個々の投資案件（ファンド）の選択より、地域、戦略やそれらに関連するトレンドの選択を重視し、ポートフォリオの分散を図る。過去のデータを使ってモンテカルロシミュレーションの手法により分析してみると、最低で30程度のファンドに分散投資しているとポートフォリオ全体で投資元本が毀損することはないことがわかる。

図表1－6　トップダウン・アプローチとボトムアップ・アプローチ

　　　　　　（出所）　キャピタル・ダイナミックス

一方、PE投資は、先に述べたとおり、ファンド・マネジャー間でのリターンのバラツキが大きい投資であり、過剰に分散するとクオリティの低いファンド・マネジャーの運営するファンドまで入ってきてしまい、また、モニタリング管理コストも嵩むので、その観点からはいかに優秀なマネジャー、ファンドを選別し投資をするかという観点が非常に重要である。それを担うものが「ボトムアップ・アプローチ」である。このアプローチでは、マクロ的なアセット・アロケーションなどよりも個別の投資ファンドの選択を重視し、優良投資案件を積み上げることを図る。

　上場株式投資の場合はトップダウン・アプローチに当たるアセット・アロケーションが重要で、ボトムアップ・アプローチに当たる個別銘柄選定によってリターンは大きく左右されない傾向があるが、PE投資においては両者のアプローチをうまく組み合わせてポートフォリオの分散を図りつつ、より高いアルファを目指すということになる。

b　トップダウン・アプローチ

　トップダウン・アプローチでは、「ポートフォリオの全体像」に重点を置く。マクロ的な状況を分析し、そこから起こりうるシナリオのもとでリスクをコントロールしながらリターンを極大化できるようにアセット・アロケーションを決定する。

　考慮に入れるべき要素としては、次のものが含まれる。

- グローバルな経済情勢およびその将来予測
- 各国・地域の経済情勢およびその将来予測
- 各セクターの動向
- 各投資戦略（バイアウト投資、ベンチャー・キャピタル投資など）の動向
- 上記のそれぞれのセグメントでのPE投資市場の規模、ファンド募集の、新規投資やエグジット、リターンの動向やトレンド
- それぞれの国などでの法制度や会計・税務制度の状況および動向
- 為替レートの動向

これらの要素には定性的なものも多く含まれており、アセット・アロケーションの判断は、最後は主観的なものにならざるをえない。また、注意すべきは、いままでも何度か触れてきたとおり、PEファンドへの投資はいったん投資されると10年間解約できない投資であるので、上記のさまざまな要素は長期的な観点で検証する必要がある。

　例えとして、エマージング市場の一つである中国を取り上げてみよう。マクロ経済的には高い成長性をもち、PE投資の観点からも有望な市場であるが、一方、複雑で頻繁に変更される資本規制、底の浅い資本市場、PE市場の歴史の短さとそれに伴う経験豊かなファンド・マネジャーの少なさなどを勘案すると、どうしても中国へのアロケーションは慎重にならざるをえない。

　また、トップダウンのアプローチのもとでは、定期的（通常、1年に一度）にアセット・アロケーションを見直すこととなる。見直しの際には、既存の投資ポートフォリオの投資コミット残高や実際の投資残高とそれに関連する将来のキャッシュフロー予測の数字などを基礎として、それをどのように調整していくかという作業になる。

図表1-7　投資プロセス

アセット・アロケーション → 案件発掘 → スクリーニング → 案件レビュー → デュー・デリジェンス → 契約交渉 → 投資実行 → モニタリング

さらなる分析

案件発掘：
- 良質案件の発掘
- 広範にわたる確立されたネットワークと信用
- 積極的アプローチによる存在感
- 明確なメッセージ
- 素早い対応
- 機関投資家との関係の有効活用

デュー・デリジェンス：
- 産業
- マネジメント・チーム
- 案件数
- 投資戦略
- トラック・レコード
- バリュエーション分析
- ストラクチャーの分析

（出所）　キャピタル・ダイナミックス

一方、トップダウンのアプローチには弱点がある。それは、特定の国・地域あるいは戦略にターゲット・アロケーションを設定したとしても、そのアロケーションのなかで投資できる投資案件が不足したり、極端な場合、なかったりすることである。繰り返しになるが、PE投資のリターンは、ファンド・マネジャーのクオリティに大きく依存するため、トップ・クオリティのファンドへの投資にこだわるべきであるが、特定のセグメントではそのようなファンドが少なかったり、あるいは特定のビンテージ・イヤーでみたときたまたまファンド募集がないといった事態がありうる。したがって、PE投資のプログラムを運営するうえでは、次のボトムアップ・アプローチが同時に重要となる。

c　ボトムアップ・アプローチにおける個々のファンド投資のプロセス

ボトムアップ・アプローチでは、「個々の投資案件」に重点を置く。一言でいうと、募集されるファンドをくまなくみて、そのなかからベストのファンドを選ぶアプローチである。これはトップ・クォータイルのファンドと中間値のリターンの差が内部収益率で8～10％と大きいことから、トップ・クォータイルのファンドに投資すれば高いリターンを得られるとの考え方に基づく。

このボトムアップ・アプローチの核となる投資プロセスをまずみてみよう。

①　案件発掘

最初の段階は案件の発掘とそのスクリーニングである。ファンド・マネジャーの数はグローバルで1万社以上あり、仮に単純化するためにこれらのファンド・マネジャーが5年に一度ファンド募集をするとした場合、毎年2,000件以上のファンド募集があることになる。これらのファンドのなかには、規模が非常に小さかったり実績がないようなものも含まれているため、感覚的にはその半分の1,000件の案件をカバーしていれば実質的な漏れはないといえる。ファンドの募集に関する公開情報は限られており、さまざまな案件を発掘するために次のようなネットワークなどを確立しシスティマ

ティックに案件を獲得できるようにする。
- 有力GPとの直接のコンタクト
- ファンド募集を手がけるプレースメント・エージェントとのコンタクト
- 有力投資家（特に海外の大手機関投資家やファンド・オブ・ファンズ・マネジャー）とのコンタクト
- カンファレンスや業界誌を使いプロアクティブにマーケットでの存在感を高め、自分たちの投資戦略に理解を得ること

　よく「よいワインとファンドは海を越えない」といわれるように、優良ファンドは多くの有力な既存投資家を抱えておりファンド募集にそれほど苦労しないところも多いので、特に日本の投資家にとっては、いかに優良ファンドとのリレーションを確立し投資機会を得られるかが重要になる。極端な場合、ファンド・マネジャーによっては一見の投資家には会ってくれないので、そのファンドに投資をしている既存投資家などから紹介してもらう、時間をかけてアプローチするなどの不断の努力が必要である。

　一方、日本においても特にバイアウト・ファンドの分野で過去15年程度の歴史のなかで有力なファンド・マネジャーも少しずつ増えてきているので、ホーム・マーケットでこのようなファンド・マネジャーとの関係を強化するやり方もある。

　②　スクリーニング

　ファンドの募集案件を得た次の段階は、スクリーニングのプロセスである。仮に年間1,000件の投資案件を得られたとすると、課題はいかにこれらの案件の山から効率よく優良案件を見つけ出すかということになる。一般的には個々の案件ごとに、次のような項目を簡単にレビューし、さまざまな案件を同じ基準で比較するようにフォーマットを統一した２〜３ページのサマリーを作成し、それを横比較するようなやり方がよくとられる。レビューする項目としては、次のようなものが含まれる。
- ファンド・マネジャーのバックグラウンド

- 投資哲学・投資戦略
- チームの体制、主要なプロフェッショナル
- 過去のトラック・レコード
- 募集するファンドの主要条件
- ファンド・マネジャーの強み、弱み、懸念材料

　これらの項目には定性的なものも多く含まれ、また一つのマイナス材料が致命的であることもあるので、いわゆる項目をポイント化して総合点でスクリーニングの判断をするような手法はなじまない。また、トラック・レコードに関しても、特に伸び盛りのファンド・マネジャーなどは、まだトラック・レコードが確立していないものの近い将来なかなか新規投資家が入れない「スター・ファンド」になる可能性が高い先も含まれているため、数字だけで判断することは危険である。上記の項目を吟味し総体的な判断を行うことになるが、一般的にはこの段階で約9割の案件はふるい落とし、残りの1割の有望案件の精査により時間を使うことになる。

③　デューデリジェンス

　絞り込まれた案件に関し、次の段階はより詳細なデューデリジェンスとなる。デューデリジェンスとは、投資に際して、はたしてそれが本当に適正な投資なのかを見極める行為で、PEファンドへの投資に際しては、ファンド・マネジャーが用意するプライベート・プレースメント・メモランダム（PPM：private placement memorandum、私募目論見書）の記載内容などをベースに投資判断の材料を追加収集・分析することに当たる。

　通常のケースであれば、PPMを入手したり新規募集ファンドに関してファンド・マネジャーと最初に面談してから2～3カ月をかけて投資検討・意思決定をしていくことになるが、投資案件によっては、1年くらいじっくり時間をかけることもあれば、募集状況によってはタイトな募集締切りのスケジュールのもとで1カ月程度で行わなくてならないこともある。

　デューデリジェンスのポイントは図表1－8にまとめたとおりである。

図表1-8 デューデリジェンスのポイント

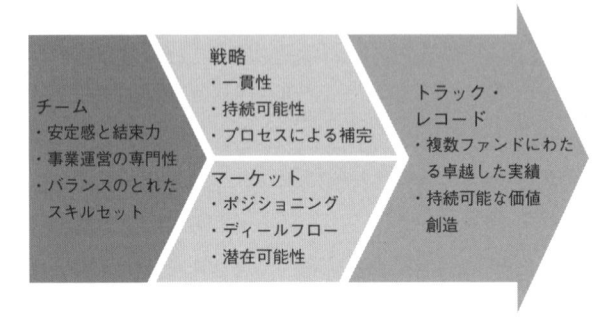

チーム
・安定感と結束力
・事業運営の専門性
・バランスのとれたスキルセット

戦略
・一貫性
・持続可能性
・プロセスによる補完

マーケット
・ポジショニング
・ディールフロー
・潜在可能性

トラック・レコード
・複数ファンドにわたる卓越した実績
・持続可能な価値創造

マーケット、戦略、チームをうまく結びつけ、結果としてトラック・レコードを出しているマネジャーならば、将来にわたって卓越したリターンを期待することができる

(出所) キャピタル・ダイナミックスのコンセプトに基づき作成

PEファンドへの投資コミットは、まだ投資案件が決まっていない、いわゆるブラインド・プール型の投資であり、また繰り返し述べてきたとおり途中解約ができない投資でもあるので、「入り口」のデューデリジェンスはリスク管理の観点からも重要である。また、デューデリジェンスの力点はファンド・マネジャーの力量・スキルに置かれるため、質の高い定性的な情報が投資判断を左右する傾向が強い。

これらのデューデリジェンスの項目をカバーしていくために、次のような作業を行うこととなる。

- PPMの追加情報の入手（追加質問状を提出し、それに対し書面・口頭で回答を得る）
- ファンド・マネジャーのオフィスでのオン・サイト・デューデリジェンス（主要プロフェッショナルとの面談、ファンド・マネジャー内部の重要資料（例えば、個別案件の投資意思決定の際の資料など）の閲覧）
- 既存の投資先企業の訪問、経営陣との面談
- レファレンス・チェック（そのファンド・マネジャーの関係者（既存の投資家、デットを提供する銀行、投資案件に関与する投資銀行、競合ファンド・

マネジャー、離職者などを含む）からの情報収集）
 • 会計・税務面での確認（特にエマージング・マーケットでの投資の場合は重要）

　優れた投資判断を行うためには、質の高い情報の収集が必要である。ファンド・マネジャーは、ファンド募集に際しては、嘘をいったり誤った情報を投資家に与えることは基本的にはないものの、ポジティブな情報を強調しネガティブな情報を抑える傾向がある。それをカバーするためにも、上記のレファレンス・チェックなどの情報は重要である。情報の重要度にもよるが、レファレンス・チェックで発見された事実をもって投資を取りやめるケースもある。

　④　契約条件の交渉

　最後に重要なプロセスとしては、契約条件の交渉がある。プライベート・エクイティ・ファンドの契約書は、いわゆる標準約款や基本契約書のようなものはなく、個々のファンドごとに一つひとつ異なり、投資家はファンド・マネジャーと交渉することになる。

　交渉の対象となる主要契約条件は図表1－9のとおりである。これらは投資家のファンドからのリターンに影響を及ぼす経済的な条件と投資戦略から外れた投資を行い想定外のリスクを背負うことなどを避けるためのリスク・コントロールの条件である。

　また、これらの契約条件の判断の軸となる概念に「アラインメント・オブ・インタレスト（alignment of interest、利害の一致）」というものがある。ファンド・マネジャーは、単なる投資家のエージェントではなく、ファンドからの投資家へのリターンが高くなればファンド・マネジャーもインセンティブを享受でき、逆にリターンが低ければファンド・マネジャーの懐も潤わないようにベクトルを一致させることを目指すものである。この考え方によって、例えば過大な管理報酬によってファンドのパフォーマンスにかかわらずファンド・マネジャーが儲かることのないように管理報酬などの交渉が

図表1−9　主要契約条件

経済的条件	管理報酬
	成功報酬
	ハードル・レート
	分配方法・クローバック
リスク・コントロール条件	ファンド総額（キャップ）
	投資目的・対象
	投資期間・存続期間
	投資制限
	GPのコミット金額
	キーマン・クローズ
	アドバイザリー・ボード
	ノー・フォルト・ディボース・クローズ

（出所）　筆者作成

行われる。

　大きなファンドになると多数の投資家が出資コミットすることになるため、そのような場合は、大口の既存投資家が中心となってファンド・マネジャーと交渉することが多く、出資コミット金額が少ない投資家などはそれにフォローすることとなる。

　また、ここ数年、2006〜2007年のバイアウト・バブルの教訓を生かして、特に大手機関投資家側から主要契約条件の考え方についてガイドラインをつくろうという作業が行われており、それがILPA（Institutional Limited Partners Association）のガイドラインという成果になっている。詳細に関しては第12章で取り上げられるが、2011年1月にはバージョン2も出ており、利害の一致、ガバナンス、トランスペアレンシー（透明性）という三つの観点から投資家とファンド・マネジャーの間の関係に関する考え方がより整理されてきている。

(4)　モニタリング

　PEファンドへの投資が行われた後は、投資先のファンドのモニタリング

のプロセスがスタートする。再三述べてきたとおり、いったん投資コミットをしてしまうと中途解約できないので、投資した後でできることはないと考える極端な投資家がいないわけではないが、モニタリングは、同じファンド・マネジャーの後継ファンドへの投資検討やリスク管理などの観点から重要である。まず、モニタリングで行うことを整理してみると、次のような作業がある。

- キャピタル・コール、ディストリビューションの内容の確認
- ファンド・マネジャーによる四半期報告の内容確認
- ファンドの年次総会、アドバイザリー・ボード等への出席
- それ以外の必要に応じて行うファンド・マネジャーとの面談
- 上記の情報を集計・分析し、他の投資案件との比較を行う

　リスク管理の観点からは、投資先ファンドが当初想定していた投資戦略などに基づいて投資を行い、契約条件から逸脱している事項はないかをリアルタイムで監視し、問題が生じればファンド・マネジャーとの交渉でその解決を図り、最悪の場合、ファンドの清算や持分の売却などを通じてリスクを抑制することとなる。

　また、ファンドの投資活動を把握し、ファンド・マネジャーの体制などを継続的にフォローすることによって、投資時点で確認していたデューデリジェンスの内容に変化がないかどうかを確認し、定期的（例えば、1年ごと）に評価（格付け的手法による評価が一般的）を行う。ファンドの初期の段階では、このような評価は定性情報が中心となるが、ファンドが成熟するに従って投資先案件の定量的情報が中心となってくる。このような評価は、同じファンド・マネジャーによる次のファンド募集の際の対応の基礎となったり、アクティブ・ポートフォリオ・マネジメントの一環で処分・損切りする投資案件の対象選びに使われたりする。

　さらに、モニタリング活動を通じて得られる資金の出入りに関するキャッシュフローの情報は、ポートフォリオ全体のキャッシュフロー管理、資金の

効率的な運用の観点からも重要な情報である。

　なお、モニタリングを行っていくうえでは、ファンドの投資先の評価方法の問題と、パフォーマンスの測定に関連しどのようなベンチマークを使うべきかという課題がある。評価方法に関しては、いわゆる時価評価に近い手法が導入されてきている。一方、ベンチマークに関しては、PEファンドのユニバースに関する正確なパフォーマンスの統計はないため、入手可能な統計（例えば、ケンブリッジ・アソシエイツ（Cambridge Associates）社のデータ）を使ったり上場株式市場のインデックスを使うなどの対応がされている。

(5) PE投資プログラムの運営・管理

　以上でみてきたとおり、PE投資は魅力ある投資対象ではあるものの、実際の投資を推進するためには、しっかりとした体制を構築して取り組む必要がある。

　一方、機関投資家は、そのバックグラウンドや運用資産規模などの制約のもとで、PE投資プログラムをすべて自前で構築し運営・管理できないこともあるので、外部のリソースもうまく活用すべきである。そのような観点から、機関投資家のとりうる選択肢について図表1－10のとおりまとめてみ

図表1－10　投資家のとりうる選択肢

方法	投資家のタイプ
個別ファンド投資 （自己スタッフ）	十分なアセット・アロケーション額および専門知識をもったスタッフを抱える投資家
個別ファンド投資 （アドバイザー起用）	十分なアセット・アロケーション額はあるが、スタッフの人的リソースに制約がある投資家
ファンド・オブ・ファンズ （FOF）	アセット・アロケーションの額、スタッフの人的リソースに制約がある投資家

（出所）　筆者作成

た。

　二つ目の選択肢にあるアドバイザーは、PE業界では「ゲート・キーパー」とも呼ばれる立場のプレーヤーで、アセット・アロケーションの構築に関するアドバイスから始まって、投資案件の発掘、デューデリジェンス、投資後のモニタリングなどの多岐にわたる分野に関して、投資家に対しテーラーメードのサービスを提供してくれる。

　三つ目の選択肢にあるファンド・オブ・ファンズ（FOF）は、次項で触れるが、いちばん手間がかからないアウトソースの手段である。実績のあるFOFであれば20年以上のトラック・レコードをもち、さまざまな地域や戦略に応じて投資家に選択肢を与えているので、投資家の立場としては、FOFで広くPE投資全般をカバーしたり、特定の分野で投資に際してより特別な知見が求められるもの（例えば、日本のPEファンド投資）にフォーカスしてカバーしたりと、さまざまな使い道がある。

　いわゆる運用コストの問題に関しては、二つ目の選択肢であればアドバイザーに対するフィーが生じたり、三つ目の選択肢であればいわゆる二重フィーの問題（FOFのレベルとその先の投資先ファンドのレベルでのフィーがかかること）があるが、一つ目の選択肢であれば、他の選択肢に比べ特に内部人材のコストが大きくなること、また、アドバイザーを起用するなり有力なFOFを使うことによって全体的なPE投資によるリターンが高くなれば、そのコストを補ってあまりあることを勘案すべきである。

(6)　ファンド・オブ・ファンズ（FOF）の特徴

　FOFは名前のとおり、ファンドへ投資をするファンドで、投資家の資金をプールし、その資金を使ってさまざまなファンドに投資を行い、ポートフォリオを構築するものである。1990年代より米国における規制の変更（一つのファンドの適格投資家数の緩和）と欧州における機関投資家のPE投資の拡大を背景に成長し、前に述べたとおり現在では大きな資金ソースの一つと

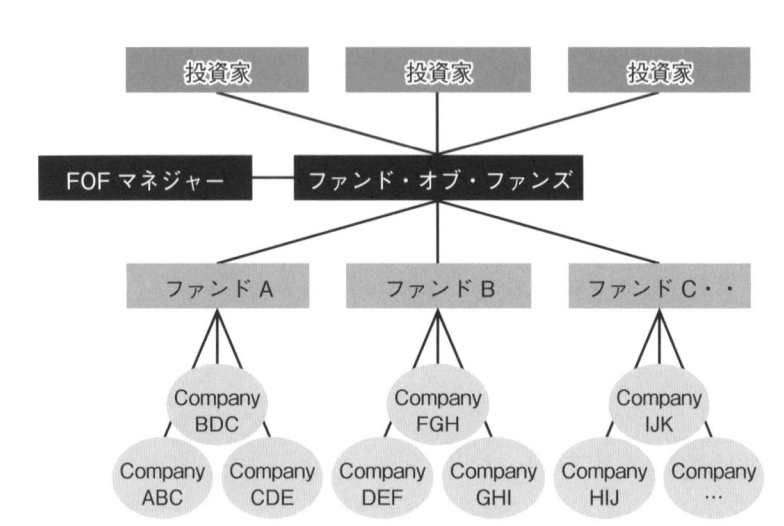

図表1-11 ファンド・オブ・ファンズの構図

(出所) キャピタル・ダイナミックス

なっている。

　なお、FOFには、セカンダリー案件（投資家の既存ファンドの持分を買い取る案件）にもっぱら投資を行うセカンダリー・ファンドも含まれる。セカンダリー・ファンドに関しては第6章で詳細に触れられるので、ここでの説明は割愛する。

　FOFの構図は図表1-11のとおりで、基本的にはPEファンドと同等の仕組みをもち、新規ファンドにもっぱら投資を行うプライマリーのFOFの場合、一般的には一つのFOFから10～20のファンドに分散投資がされる。契約条件面での特徴としては、ファンドの存続期間が12～13年と長めであること、投資期間（投資先ファンドの組入れ期間）が投資対象ファンドの募集サイクルを考慮に入れて1～3年と短いこと、管理報酬および成功報酬が直接投資を行うファンドに比べ低いこと、などがある。

FOFが提供する機能としては、次の五つがある。
- 分散されたPEポートフォリオの提供
- トップ・ティアのファンドへのアクセスの提供
- 将来のトップ・ティア・ファンドの発掘、リレーションの確保
- モニタリング機能の提供
- キャッシュフロー管理や会計・税務問題への対応

　前節で触れたとおりFOFのコアの投資家は、比較的小規模の投資家で人的リソースにも制約があるところである。例えば、資産規模が数百億円の年金基金の場合、PEへのアセット・アロケーションも数十億円と限られ、そのなかできちんと分散投資を図りリスクを抑えるためにはFOFは最適のツールである。また、投資および投資後のモニタリングの面でも、FOFが間に介在することで業務の大幅な効率化が図れ、少ない投資担当者でもPE投資を推進できることになる。

　PEマーケットの成長・進化に伴ってFOFもさまざまなかたちで進化してきており、上記のタイプの投資家以外に大手機関投資家であってもFOFをうまく活用することが増えてきている。大手機関投資家は、相応のPEへのアロケーションと投資体制を有しているが、特に次のような課題に対応するためにFOFを活用している。

- アクセスに制限の大きい投資領域（例：米国ベンチャー・キャピタル・ファンド）
- 個別投資では手間がかかる投資領域（例：欧米ミドルマーケット・ファンド）
- マーケットの知見が少ない投資領域（例：アジアなどのエマージング市場）

　当然のことながら個別のファンド・マネジャー選定同様にFOFのマネジャー選定も重要で、投資に際してはFOFマネジャーの組織体制、実績、投資管理のインフラなどの面に関するしっかりとしたデューデリジェンスが必須である。

おわりに

　プライベート・エクイティ投資は、ワインに喩えられることがある。PE投資は、株式投資の一つの戦略であり、経済サイクルの影響を受けるが、経済サイクルの予測は困難である。ワインがビンテージ・イヤー（収穫年）によって当たり外れがあるように、PEファンドもビンテージ・イヤー（ファンドの組成年、あるいはファンドより最初の投資が行われた年）によって、絶対値で図ったパフォーマンスは上下にぶれる。さまざまな地域、種類、ビンテージ・イヤーのワインを入手し、それらを飲むことによって、継続してワインを楽しむことができるが、同じようにPE投資も、さまざまな地域、戦略、ビンテージ・イヤーに分散投資を行うことが重要である。一方、同様に重要なのは、ワインの場合に目利きの力をつけてクオリティの高いワインをつくる生産者やエステートを選ぶことであり、PE投資の場合は、それはクオリティの高いGPを選ぶこととなる。

　ワインのなかには、カルト・ワインのように希少性が高く入手が困難であったり、入手できたとしても値段が高すぎるようなものがある。PE投資でも一部のGPが運営するファンドには一見さんお断りのファンドもあり、投資したくてもできないものがある。ただし、これらのものにアクセスがなくても、ワインを楽しみ、PE投資で高いリターンをあげることは可能である。もちろん、それをするためには、継続的に知識を深め、ネットワークを確立し、我慢強く地道な努力を怠らないことが求められる。

参考文献

Jason Kelly（2012）*The New Tycoons: Inside the Trillion Dollar Private Equity Industry That Owns Everything*, Bloomberg Press.

Thomas Meyer and Pierre-Yves Mathonet（2005）*Beyond the J Curve: Managing a Portfolio of Venture Capital and Private Equity Funds*, John Wiley & Sons.

Pierre-Yves Mathonet and Thomas Meyer (2007) *J-Curve Exposure: Managing a Portfolio of Venture Capital and Private Equity Funds*, John Wiley & Sons.

杉浦慶一・越純一郎編 (2010)『プライベート・エクイティ—勝者の条件—』日本経済新聞出版社

参考資料

Capital Dynamics and Center for Entrepreneurial and Financial Studies (2009) "Value Creation in Private Equity"

Institutional Limited Partners Association (2011) "Private Equity Principles (Version 2)"

Interview

プライベート・エクイティ・ファンドへの投資のノウハウ取得

ファンド・オブ・ファンズへの投資を通じたプロフェッショナルの育成

株式会社クロスポイント・アドバイザーズ
共同パートナー
前田俊一氏

Q 米国でプライベート・エクイティ市場が生成してから30年以上が経過しています。米国では、いつ頃から年金基金がプライベート・エクイティ・ファンドへの投資を行っていたのでしょうか。

　プライベート・エクイティ・ファンドが米国に登場したのは、1970年代後半です。KKR（Kohlberg Kravis Roberts）が立ち上がりましたが、その初期のファンドへ投資をしたことで知られる先進的な機関投資家としては、オレゴン州の年金基金があげられます。

　当時、規制面でもいろいろな緩和があり、年金基金によるプライベート・エクイティ・ファンドへの投資が促進されたという背景があります。それで、KKRも成功しましたので、バンドワゴン効果により、その他の年金基金もプライベート・エクイティ・ファンドに入れるべきだという風潮になったのです。

　また、米国では、公的年金基金に加え、大学基金も積極的にプライベート・エクイティ投資を行っています。特に、先駆的役割を果たしたのは、イェール大学です。投資銀行の資産運用のプロであったデビッド・スウェンセン（David Swensen）氏を招聘して、オルタナティブ投資の資産配分を増やすべきだとして、本格的にプライベート・エクイティ投資を行うようになったのです。米国では、年金基金が、外部のプロフェッショナルを採用するということが行われています。

米国では、30年以上の歴史を経て、プロフェッショナルをベースとしたファンド運営が確立されてきました。また、プライベート・エクイティ・ファンドは、米国産業において不可欠な存在となり、経済活動の効率性を提供しています。投資を行うプロフェショナルが資金を機関投資家から集めて企業に投資をし、最終的にはキャピタルゲインを得るというビジネスモデルが完全に確立されているのです。

Q 日本でも1990年代後半にプライベート・エクイティ市場が生成し、発展を遂げてきました。日本の年金基金を中心とする機関投資家の理解は進んでいますでしょうか。

　欧米と比較して、日本の機関投資家によるプライベート・エクイティの理解は進んでいません。特に、年金基金による投資は未発達ですので、これからだと思います。これまで、年金基金の資産運用は、伝統的投資というものが本流でした。伝統的投資の特質というのは、流動性があり、これを大事にしてやってきたという背景がありました。また、元本割れしないようにという意味では、債券などに投資をし、リターンを高くあげるというよりも守るという視点がありました。

　また、資産運用に携わっている年金基金の運用担当者が必ずしもプロではないケースが多いということです。今回のAIJ問題でもそれを露呈しているわけで、「運用のプロ」がいないことは一つの課題です。いままでは、債券や日本株式に投資していればよかったのですが、資産運用の世界というのは、日進月歩で変化していく世界ですので、それについていくためには、プロを置かなければ勝てません。それに気がついている年金基金もありますが、ほとんどの年金基金は、必ずしも十分なスキルがあってやっているわけではなく、信託銀行やコンサルタントのアドバイスに依存していた部分もあるかと思います。

　それから、日本のプライベート・エクイティ・ファンドへの投資家層がアップグレードする必要があります。米国のCalPERSのような存在が出てこなければなりません。きちんとした哲学と規律をもってファンドが運営されているかを投資家側が見極めて、評価できる目をもつことは重要です。そうすることでファンド

側も投資家が発言することに耳を傾けるようになります。CalPERSのような大きな投資家が出てくればファンドそのものの活動に影響を与え、企業構造の革新や企業社会にも大きな影響力をもつようになります。

そして、バイアウト・ファンドの存在自体が、単なるお金を稼ぐビークルとしてではなく、社会的に意義のある存在として認められるようになります。もっと広い目でみれば社会への貢献の一役を担うことができます。そういった意味でも、プライベート・エクイティ・ファンドの活動が浸透し、その実践を通じて日本の社会構造、経済構造、経営構造を変革する推進力やカタリストとなって行くことを期待しています。

Q 未経験の機関投資家が、プライベート・エクイティ投資の実務上のノウハウを取得するために効果的な方法は何でしょうか。

まず、ファンド・オブ・ファンズへ投資することが効果的です。簡単にいうと、ファンド・オブ・ファンズは、各種のファンドのスクリーニングのスキルをもっていますので、これに投資すれば、「フィーが高くてもノウハウが買える」という利点があります。

具体的には、ファンド・オブ・ファンズのマネジャーからのレポーティングや彼らとのコンタクトを通じて、いろいろな情報が入ってきますので、プライベート・エクイティの世界がどのように動いているのかを知ることができます。また、プライベート・エクイティ・ファンドへの投資をする場合の着眼点のノウハウも取得できます。マネジメント・フィーが少し高くても、そこから得られる情報や、経験とノウハウが得られることは効果的です。

それから、ファンド・オブ・ファンズは、投資の原理からいえば、小さなお金を集めて大きな勢力にして、分散投資をできるという特徴もあります。例えば、機関投資家が10億円しか枠がないというときに、一つのシングル・ファンドへ10億円をコミットメントするのは、非常にリスクがあります。そこで、ファンド・オブ・ファンズにコミットメントすれば、そのファンド・オブ・ファンズが分散

していろいろなプライベート・エクイティ・ファンドに投資してくれます。

　ファンド・オブ・ファンズへの投資を通じてノウハウを取得し、余裕がある場合には、シングル・ファンドへ投資して、それを通じてプライベート・エクイティの世界をみることもできます。しかし、初心者ですと、パフォーマンスが上位の一流のプレミア・ファンドには、「一見さんお断り」ということで投資ができない場合もありますので、やはりファンド・オブ・ファンズがお薦めです。

　LP投資のプロの育成という観点では、ファンド・オブ・ファンズに人材を出向させるということも効果的です。また、プライベート・エクイティは、長期投資ですので、ジョブローテーションで異動させてはいけません。

Q プライベート・エクイティ・ファンドの「Alignment of interest（利害の一致）」で重要な論点はありますでしょうか。

　プライベート・エクイティ・ファンドの活動は、株主資本主義の究極の姿です。株主、取締役会、経営陣というコーポレート・ガバナンスを構成する当事者間に、企業価値の創造と最大化という目的を共有しつつ、緊張した協調関係としての「利害の一致」の枠組みを構築し、投資先企業の価値創造を実現しています。また、ファンドの運営者であるGPと資金の出し手であるLPとしての投資家との間にも、GPの成功報酬というかたちでLPとの「利害の一致」を実現しています。

　GPとLPとの利害については、いろいろな視点があります。例えば、マネジメント・フィーの決め方です。近年は、昔と異なり、最初の投資期間はコミットメント金額（出資約束金額）に対して数％として、残りの期間は投資金額に対して数％にするというケースが主流になってきています。GPというのは、成功して初めてなんぼということでないといけません。マネジメント・フィーだけで潤って、GPの働く意欲が低下してはいけませんし、本当にLPのために働いてくれるという仕組みをつくるということが重要です。また、大口の出資者に対しては、マネジメント・フィーを下げるというようなケースも出てきており、バリエーションが出てきています。

Q 最後に、これからプライベート・エクイティ・ファンドへの投資を検討される日本の機関投資家にメッセージをお願いします。

　プライベート・エクイティには、市場との相関性が低いという特徴があります。また、パフォーマンスが良好なファンドと悪いファンドとの差がはっきりしています。欧米では、機関投資家の全体のポートフォリオのうちの20％をプライベート・エクイティに入れているケースもあります。そのなかでも、割合が大きいのはバイアウトであり、優秀なファンドに投資すると、かなりよいリターンを得られます。

　これからプライベート・エクイティ・ファンドへの投資を検討される機関投資家にとって重要なのは、十分な準備をすることです。機関投資家側にも、やはり投資の専門家が必要です。専門分野ですから、素人ができるわけではありません。その意味でも、まずはファンド・オブ・ファンズへの投資から始めるとか、プロフェッショナルを採用するという順序が大事だと思います。

　それから、継続的にやるべきです。プライベート・エクイティ・ファンドは、昨日出てきて今日駄目になるというものではなく、いままでずっと続いているわけです。日本人というのは、「羹に懲りて膾を吹く」ことが多いように、プライベート・エクイティ・ファンドで一度マイナスを経験するとそれで終わりみたいなことになりがちです。一度失敗したら終わりというのではなく、失敗したら失敗したところから学んで次の投資に生かすという継続性が大事だと思います。

Profile

前田俊一氏

株式会社クロスポイント・アドバイザーズ 共同パートナー

慶応義塾大学法学部卒業。米国コロンビア大学大学院修了（MBA）。1969年三菱商事株式会社入社。1984年から1987年まで三菱商事より世界銀行に出向。1990年より米国MC Financial ServicesおよびMC CapitalのCEOとして米州での三菱商事の投資銀行マーチャント・バンキング業務を統括。2003年リーマン・ブラザーズ証券会社入社。2007年同社副社長兼エグゼクティブ・オフィサーに就任。2008年ドイツ証券株式会社入社、副会長兼マネージング・ディレクターに就任。2011年3月株式会社クロスポイント・アドバイザーズに参画。日本ターンアラウンド・マネジメント協会特別顧問。元早稲田大学大学院ファイナンス研究科非常勤講師。

第 Ⅰ 部＿基 礎 編

第 2 章

プライベート・エクイティ・ファンドの法的仕組み

西村あさひ法律事務所
パートナー 弁護士　**五十嵐誠**
アソシエイト 弁護士　**藤井　毅**

はじめに

　国内においては、プライベート・エクイティ・ファンドのビークルとして、投資事業有限責任組合契約に関する法律（以下「投有責組合法」という）に基づく投資事業有限責任組合（以下「投有責組合」という）が多用される。本章では、主として投有責組合における投資家になる有限責任組合員の立場から、近年のプライベート・エクイティ・ファンドにおける傾向もふまえ、適宜海外のビークルとの比較も交えつつ、投有責組合の法的仕組みについて説明を行う。

1 投資事業有限責任組合

(1) 投資事業有限責任組合とは

　投資事業有限責任組合とは、投有責組合法第3条第1項に定める投資事業有限責任組合契約（以下「組合契約」という）によって成立する、無限責任組合員および有限責任組合員からなる組合である（投有責組合法第2条）。投有責組合における投資家は、有限責任組合員として投有責組合に出資を行う。

　組合の業務は、無限責任組合員がこれを執行するものとされ（投有責組合法第7条第1項）、無限責任組合員は組合の債務について無限責任を負う。有限責任組合員は、組合の業務および財産状況に関する検査権（投有責組合法第16条、民法第673条）、その他組合契約に定める権利を有するが、組合の業

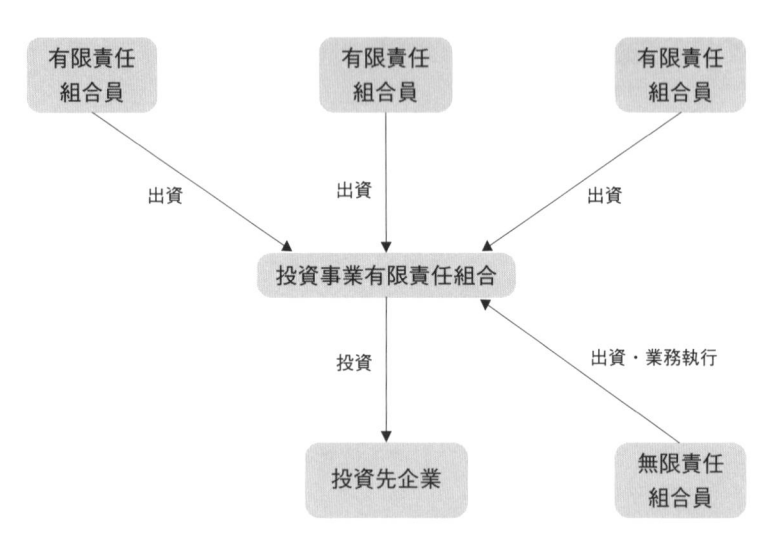

図表2−1　投資事業有限責任組合の組織図

```
┌─────────┐      ┌─────────┐      ┌─────────┐
│ 有限責任 │      │ 有限責任 │      │ 有限責任 │
│  組合員  │      │  組合員  │      │  組合員  │
└────┬────┘      └────┬────┘      └────┬────┘
     │ 出資          │ 出資           │ 出資
     └───────────┐   │   ┌───────────┘
                 ▼   ▼   ▼
           ┌──────────────────┐
           │ 投資事業有限責任組合 │◀─────┐
           └────────┬─────────┘       │
                    │ 投資      出資・業務執行
                    ▼                  │
              ┌──────────┐       ┌──────────┐
              │ 投資先企業 │       │ 無限責任 │
              │          │       │  組合員  │
              └──────────┘       └──────────┘
```

（出所）　筆者作成

務を執行する権限はなく、原則として、その出資の価額を限度として投有責組合の債務について責任を負う（投有責組合法第9条第2項）。

(2)　有限責任組合員からみた投有責組合の特徴

　上記(1)のとおり、組合の債務に係る有限責任組合員の責任は、原則として、出資の価額の範囲に限定される（有限責任性）。有限責任組合員は、組合の業務執行権限を有しないため、有限責任組合員にとっては、組合の運営に関し、自己の権利を確保するためにいかなる規律をあらかじめ設けるかが重要となる。一方で、有限責任組合員が組合の業務を執行していると解される場合、有限責任性に疑義を生じるため（投有責組合法第9条第3項）、有限責任組合員の権限の範囲については、有限責任性が損なわれるおそれが生じないよう検討を要する。英領ケイマン諸島法に基づくLimited Partnership等、

海外のビークルの場合、投資家たる構成員に認められる権限の範囲について、有限責任性との関係で法令上一定のセーフハーバーが明定されている場合もあるが、国内の投有責組合においては、この点の解釈が確立していない部分も多く、個々の事例ごとに検討が必要である。

投有責組合における投資対象は、投有責組合法第3条第1項に定めるものに限定される（投有責組合法第7条第4項）。一方、海外のLimited Partnershipの場合、かかる制限は存在しないことが通常である。

また、税務面について、投有責組合の事業により生じた損益は組合員に直接帰属し、投有責組合自体への課税はなされず、組合員についてのみ課税がなされるため（パススルー課税）、投資家からみた課税効率に優れているのも一つの特徴である。

2 投有責組合に対する出資

(1) 出資条件と出資の履行
a 投有責組合における出資の約束
投有責組合においては、出資一口の金額が定められ（投有責組合法第3条第2項第5号）、組合員は、これに各組合員ごとの出資口数を乗じた額（以下「出資約束金額」という）の出資を約束する。プライベート・エクイティ・ファンドにおいては、出資約束金額を限度として、投資案件の発生等により資金が必要になるごとに、無限責任組合員が組合員に対して出資を請求するキャピタルコール（capital call）を行う方式が一般的である。

b 出資比率
キャピタルコールは、組合員ごとの、(i)出資約束金額、または(ii)出資約束金額からすでに出資を履行した金額を控除した金額（以下、「出資未履行金額」という）の割合に応じてなされるものと定められることが多い。

組合員の加入・脱退等により各組合員に係る出資約束金額の比率に変動が

生じないことを前提とすれば、出資約束金額を基準とした場合、当該キャピタルコールにおいて後述する免除・除外が認められる組合員が存在しない限り、各キャピタルコールにおける各組合員の出資比率は常に均一となる。この場合、免除・除外を受けた一部の組合員については、最終的に出資約束金額の全額を使用し切れないという事態が生じうる。一方で、出資未履行金額を基準とした場合、あるキャピタルコールにおいて免除・除外が認められる組合員が発生するつど、以降のキャピタルコールにおける各組合員の出資比率に変動が生じうる（免除・除外を受けた組合員について、以降のキャピタルコールにおける出資比率が増加する）。こうすることで、ある投資案件について免除・除外を受ける組合員が生じたとしても、全組合員に係る出資約束金額の全額を使用し切ることが可能となる。

　有限責任組合員にとって、いずれの場合でも出資約束金額を超えて出資義務を負担することはないものの、各投資案件について出資比率に影響が生じうる点に関し、後述の議決権保有規制との関係でいずれが望ましいか、一考の余地はある。

　c　出資金の使途

　プライベート・エクイティ・ファンドにおいては、出資金の使途によって、キャピタルコールが可能な期間、出資の上限、ある投資案件に対する出資額の増額の可否等といった違いが設けられるため、出資金の使途を区別してキャピタルコールが行われるのが通常である。出資金の使途については、大別して、①後述する投資期間における投資を行うための出資、②投資期間経過後における、新規の投資案件に対する投資または既存の投資案件に対する追加投資を行うための出資、③組合費用の支払のための出資、④管理報酬の支払のための出資に分類されることが多い。この点、すべての費用をあらかじめ特定することも困難であるため、投資に関して発生する費用と、組合費用として定められる費用を明確に区別することがむずかしいケースもある。有限責任組合員としては、投資期間経過後に、組合費用の名目で実質

に投資案件のための費用の請求を受けること等のないように、かかる費用の定め方についても注意を払う必要がある。

d　投資期間

プライベート・エクイティ・ファンドにおいては、通常、新規の投資案件のためにキャピタルコールを行うことができる期間（以下、「投資期間」という）が設定される。投資期間が経過した後の投資目的のキャピタルコールは、①投資ずみの投資案件に対する一定範囲での追加投資、および②ある新規の投資案件について、投資期間満了時においてすでに基本合意書等が締結されているといった、投資期間満了時点で予約されている新規の投資案件に対する投資のためのものに限定されることが多い。

e　免除・除外規定

各投資案件におけるキャピタルコールに対して、有限責任組合員の選択で出資義務の免除を受け、または無限責任組合員の選択である有限責任組合員を当該投資案件から除外する規定が設けられることがある。免除・除外により投資案件に参加しない有限責任組合員に係る出資金額の不足については、他の組合員に対して出資比率に応じて（追加）請求することが可能とされる。

有限責任組合員にとって、ある投資案件に参加することが法令や内部規程等に違反する可能性がある場合、免除・除外規定によりこれを回避することができる。もっとも、後述するように、免除・除外規定により当該組合員に適用のある法令や内部規程への抵触を避ける目的が達成できるかは、慎重な検討を要する。また、免除・除外規定の適用がある場合には、前記ｂのとおり、最終的な出資の総額や、各投資案件ごとの出資比率に変動が生じうる点にも留意が必要である。

f　出資の不履行

有限責任組合員による出資の不履行が生じた場合、当該不履行分の出資を補うため、当該不履行を生じた有限責任組合員（以下、「不履行組合員」という）を除く他の組合員に対して、当該不履行分の金額について出資比率に応

じて追加で出資請求を行うことが可能とされる。不履行組合員には、当該不履行によって組合および他の組合員が被った損害の賠償責任が課されるほか、無限責任組合員の判断により一定の制裁を科しうる仕組みが採用されることが一般的である。とりわけ、海外のLimited Partnership等をビークルとする場合その傾向が顕著であるが、かかる制裁については、出資の不履行を防止する観点から重い制裁を科しうるかたちになっていることが多い。制裁の例としては、(i)将来の投資案件への参加の禁止、(ii)議決権の剥奪、(iii)組合持分の全部または一部の没収、(iv)組合持分の割引価格による他の組合員への強制譲渡等があげられ、無限責任組合員の裁量により、一つまたは複数の制裁措置が選択される。

有限責任組合員としては、出資不履行を生じさせないように、社内手続や送金事務に要する時間もふまえて、出資を履行するために十分な期間をおいてキャピタルコールがなされることを確保することが重要である。また、不履行組合員の不履行分を補うための追加の出資についても、各投資案件の規模に対する過大な出資や、一部の組合員のみによる当該投資案件の独占を避ける目的で、当初のキャピタルコールにおける要請額の一定割合（25％等）以上の金額の追加請求を制限すること等も考えられる。

このほか、有限責任組合員が、ある信託の受託者として投有責組合に参加している場合がある。信託の対外的取引によって生じた債務については、信託財産が責任を負うだけでなく、受託者自身もその固有財産をもって当該債務を弁済する責任を負うのが信託の原則であるところ、信託の受託者たる有限責任組合員にあっては、信託財産の不足に起因する出資不履行によって、その固有財産をもって損害賠償責任を負担し、制裁措置を受けることは回避したい。この点、組合契約上の債務の引当財産を信託財産に限定することや、信託契約上、追加信託等により信託財産が維持され、信託財産の不足により生じた損害については委託者・受益者から填補を受けられる仕組みを確保することが検討される。

(2) **有限責任組合員における投資制限とその対応**

　組合を通じて投資先の株式、社債その他の投資資産（以下、「投資証券等」という）を取得し、または組合から投資証券等の現物交付を受けることにより、有限責任組合員に適用のある法令または内部規程に抵触する場合も生じうる。有限責任組合員としては、組合契約中にかかる事態を回避するための措置が設けられているか、十分に検討する必要がある。

a　独占禁止法・銀行法・保険業法による銀行・銀行持株会社・保険会社に対する規制

　私的独占の禁止及び公正取引の確保に関する法律（以下、「独禁法」という）、銀行法または保険業法の規定により、銀行、銀行持株会社および保険会社は、単体または子会社のものと合算して、一定割合を超える他の国内の会社の総株主の議決権（銀行の場合5％、銀行持株会社の場合15％、保険会社の場合10％）を取得し、または保有することができない（独禁法第11条第1項本文、銀行法第16条の3第1項・第52条の24第1項、保険業法第107条第1項）。例外として、これらの会社が、投有責組合の有限責任組合員となり、組合財産として株式を取得し、または所有することにより議決権を取得し、または保有する場合には、かかる規制は適用されない（独禁法第11条第1項第4号、銀行法施行規則第1条の3第1項第2号、保険業法施行規則第1条の3第1項第2号）。ただし、有限責任組合員が、①議決権を行使できる場合、②議決権の行使について指図を行うことができる場合、または③議決権を有することとなった日から10年を超えて当該議決権を保有する場合にはかかる規制の対象となる。

　そこで、銀行、銀行持株会社や保険会社である有限責任組合員においては、組合契約上、投資証券等に係る議決権の行使または行使に係る指図ができない旨を明確にするとともに、組合契約の期間を10年以下とするか、またはいかなる場合も組合は投資証券等を10年を超えて保有しない旨の規定を設けることが考えられる。

b 外為法による外国投資家に対する規制

投有責組合による投資に関して、外国為替及び外国貿易法（以下、「外為法」という）により、一定の届出・報告手続が必要になる場合があり、これらの届出・報告手続のなかには、外国投資家（外為法第26条第1項、対内直接投資等に関する政令第2条）が主体となるものが含まれる。

外国投資家が国内の投有責組合を通じて投資を行う場合において、投有責組合自体は、役員の過半数が非居住者である場合（外為法第26条第1項第4号）に該当しない限り、外為法の文理上は外国投資家に該当しないと考えられる。一方で、投有責組合においては、組合員は組合財産を共有することから、投有責組合における外国投資家が、組合が取得した株式を組合持分の割合に応じて直接取得するものととらえて、外国投資家である組合員が外為法上の届出・報告義務を負うと解されるおそれがある。このように、組合自体には届出・報告義務が課されない場合であっても、外国投資家である組合員に対して、組合を通じた投資証券等の取得・処分について外為法上の届出・報告義務を課される可能性が生じる。仮に、かかる解釈がとられる場合、対内直接投資等（外為法第27条第1項）に係る事前届出が要求される場合には、投資実行の30日以上前に届出を行うことが求められる（外為法第27条第2項）[1]。

外国投資家たる有限責任組合員としては、かかる届出・報告を行うに際し、無限責任組合員に対して、届出・報告期限までに必要な情報を有限責任組合員に提供し、事前届出に係る待機期間が経過するまでは投資を実行しないことを求める必要が生じるが、こうした対応が現実的に機能するか検討する必要がある。

---

[1] かかる財務省（および、日本銀行）の解釈を前提とする実務が浸透しつつあるという指摘もあり（伊東啓・石津卓編『投資事業有限責任組合の契約実務』179頁（商事法務2011）参照）、個別の事例によっては、これら当局に対する事前の調整が検討されるべきである。

c　有限責任組合員としての対応策

　特定の投資案件に参加することが有限責任組合員に適用のある法律や内部規程に違反する場合、前記(1) e で述べた免除・除外規定により、当該投資案件への参加を回避することが考えられる。もっとも、投有責組合においては、組合員が組合財産を共有するため、免除・除外された組合員も理論的には当該投資案件に係る持分を取得してしまうことから、当該有限責任組合員に適用のある法令または社内規程等の具体的内容に照らして、免除・除外規定の適用を受けることで抵触を避けられると整理できるものか、慎重に検討する必要がある。そのため、免除・除外規定を設けながらも、無限責任組合員が投資判断を行うにあたり従うべき投資ガイドラインの内容を調整するなどして、そうした投資案件がそもそも生じないように組合契約を定めることも、無難な選択肢の一つであろう。

(3)　組合員に対する収益分配の方法
a　損益の帰属割合

　投有責組合の組合事業により生じた損益は、一次的には当該投有責組合を単位として計算される。もっとも、投有責組合には法人格もなく、投有責組合を単位として計算された損益は、投有責組合をパススルーしてその構成員である各組合員に直接帰属する。法令上、投有責組合における損益の配分割合は、組合員の合意によって定めることができ（投有責組合法第16条、民法第674条）、出資割合の比率とは異なる配分割合を定めることも可能である。しかし、税法上もかかる当事者間の合意に従った取扱いがどこまで認められるかは不明確なこともあり、実務上は、単純に各組合員の出資割合（各投資案件ごとに出資割合が異なる場合、各投資案件に関する損益については、当該投資案件に対する出資割合）に応じて損益配分が行われるのが一般的である。なお、有限責任性の原則から、各有限責任組合員の出資金額を超える損失が発生したとしても、かかる超過分の損失は各有限責任組合員には配分されず、

すべて無限責任組合員に帰属する。

b　組合財産の分配

　投有責組合の事業に係る損益は、各組合員に対して上記 a で述べたように配分されるが、かかる計算上の損益の配分とは別に、各投資案件により組合が取得した投資証券等に係る配当金・処分代金その他組合が取得した資産を各組合員に現実に交付するための、組合財産の分配が実施される。

c　組合財産の分配の時期

　組合財産の分配時期に法令上の制限はないが、組合の保有する投資証券等に係る配当・利息を収受した場合、投資証券等を売却し処分代金を取得した場合、または投資案件とは関係なく組合の保有する預金債権に係る利息が発生した場合等、組合の活動により利益が生じた場合には、一定時点に、かかる利益の分配を行うものとされるのが通常である。

　有限責任組合員としては、投資証券等の処分がなされた場合には、その処分代金は通常多額になることから、早期に分配が実施されるよう求めることが望ましい。また、メザニン性の貸付や優先株式の取得を主として行うメザニン・ファンド（mezzanine fund）等においては、利払いや株式配当のタイミングで定期的に収益が発生することから、投資証券等に係る利払いや配当のつど、分配を実施するように定めることが考えられる。その他の収益金については、上記と同様に発生のつど分配を求めることも考えられるが、かかる収益金が高額にのぼることは稀であり、発生のつど分配を受けることは組合員にとっても煩雑となりうる。そのため、かかる収益金については、事業年度ごと、あるいは半期・四半期ごとといった頻度での分配としたり、あるいは当該期間中の組合費用に充当しても大きな支障は生じないであろう。

d　各組合員に対する分配金額・分配順序

　①　各組合員に対する分配と成功報酬

　投有責組合における投資利益の分配においては、組合期間を通じた投資利益のうち一定の割合を成功報酬として無限責任組合員に支払うことが一般的

である。かかる投資利益の分配割合を前提として、(i)一定の金額に充るまで各組合員に対する出資割合に応じた分配を行い、それを確保した後に(ii)無限責任組合員に対する成功報酬の支払を開始することが多い。

　なお、組合財産の分配にあたって、組合の未払費用や、将来発生が見込まれる費用等の支払のために無限責任組合員が合理的に必要と判断する金員を留保することが認められる場合がある。有限責任組合員としては、投資利益の回収は重要な事項であるし、組合財産の現実の分配の有無にかかわらず、組合員は計算上分配された収益について納税義務を負担することから、かかる留保に関する無限責任組合員の裁量の範囲にも一定の注意を払う必要がある。

　② 成功報酬に先立つ組合員に対する分配

　成功報酬の支払に先立ち各組合員に分配を行う一定の金額としては、(i)出資約束金額、(ii)当該分配の時点における出資履行額、(iii)当該分配時点までに投資証券等の処分が完了した投資案件に係る出資履行額、(iv)当該分配が行われる投資案件に係る出資履行額のいずれかを基準とする方法等が考えられる。

　また、かかる分配について、投資案件に係る組合員の利益を優先的に確保するために、上記の(i)から(iv)の金額に、一定の利率による金額を加算する場合がある（かかる加算金を以下、「優先分配金」という）。有限責任組合員としては、当該組合において求める最低限のリターンを考慮して、優先分配金の設定の有無・率を検討することになろう。

　成功報酬に先立つ組合員への分配について、上記(i)や(ii)の方法を採用した場合、既存のすべての投資案件に対する出資履行額（および優先分配金）の回収が無限責任組合員に対する成功報酬の支払に優先することになる。これに対し、上記(iii)や(iv)の方法を採用した場合、投資案件の処分がなされるごとに、当該処分された投資案件またはそれまでに処分の完了した投資案件の成績に応じて、無限責任組合員が成功報酬を受領しうることになる。投有責組

合を用いたプライベート・エクイティ・ファンドにおいては、上記(ii)の方法が多く、海外のLimited Partnership等を用いたプライベート・エクイティ・ファンドにおいては、上記(iii)や上記(iv)の方法も一般的であるとされる[2]。

　上記(iii)や(iv)の方法を採用する場合、それまでの投資案件に係る利益を基準に現実に支払われた成功報酬と、すべての投資案件に係る利益を基準に算出される本来の成功報酬の額に離齬が生じる可能性が高くなる。かかる事態については、組合の清算時において、後述する無限責任組合員に係るクローバック（claw back）により調整されるが、その調整対象金額が相対的に大きくなりやすい場合、クローバックにおけるリスクも相対的に大きくなる点に留意する必要がある。

　③　キャッチアップ（catch up）

　上記②で述べた優先分配金を支払う場合、成功報酬の支払に先立ち、投資利益の一定割合が組合員に対して優先的に分配されることになる。そのため、成功報酬に先立つ組合員への分配後、残りの投資利益について組合契約所定の組合員に対する分配予定額と成功報酬の比率で分配を行うと、優先分配金の分だけ組合員に対する分配額が大きくなる。このため、組合員への分配額と成功報酬の額を組合契約所定の比率に調整するため、成功報酬に先立つ組合員への分配後に、組合員に対する分配額と成功報酬の額が所定の比率に至るまで、成功報酬を優先的に支払うキャッチアップ条項が設けられることがある。所定の比率に至るまで100％成功報酬を支払うことで優先的に比率を調整する方法のほか、優先して支払う成功報酬の割合をより低率（80％等）にとどめ、並行して組合員への分配も行う方法等がある。

　④　クローバック

　上記②でも述べたとおり、成功報酬の支払方法によっては、無限責任組合員が現実に収受した成功報酬と、すべての投資案件に係る利益を基準に算出

2　前掲注1伊東・石津84頁参照。

された本来の成功報酬の額に齟齬が生じる。このため、本来収受すべき金額を超過して無限責任組合員が受領した成功報酬を払い戻させるため、組合の清算時において、すべての分配を清算時点において行ったと仮定して成功報酬を算出し、これを超過して無限責任組合員が受領した金額を、無限責任組合員が組合に対して払い戻すクローバック条項が設けられる。

　有限責任組合員としては、(i)クローバックは組合の清算時に行われるのが通常であるところ、とりわけ、無限責任組合員が当該組合のためにのみ設立された法人で信用力が十分でないような場合、すでに支払ずみの成功報酬が費消されており、クローバックの原資が不足する事態が生じうることや、(ii)クローバックに際しては、すでに支払ずみの成功報酬に係る課税額については払戻額から控除される場合が多いことに留意する必要がある。上記②で述べた成功報酬に先立つ組合員に対する分配方法について、クローバックによる調整金額が大きくなりやすい方法を採用する場合には、上記のような事態が生じるリスクがより高くなると考えられる。

図表2−2　クローバックの計算例

＜上記②における(ii)または(iii)の方法を採用した場合のクローバックの計算例＞

設例：案件X・Y・Zを実行後、案件X→Y→Zの順に処分。
組合員への分配額：成功報酬＝80：20

		案件X	案件Y	案件Z	合計	クローバック金額
出資金額		200	300	400	900	
回収金額		600	100	500	1,200	
成功報酬	(ii)の方法	0	0	60	60	0
	(iii)の方法	80	0	20	100	40

（出所）　筆者作成

e 現物分配

　組合財産の分配においては、金銭による分配のほか、投資証券等の現物による分配が認められる場合がある。現物分配に関し、株式等については、分配の受領後に値下りするリスクを伴うほか、未公開株式等、処分が現実的に困難なものもある。また、組合員によっては、前記2(2)で述べたように法令または社内規程等により現物での分配を受けることが困難なこともある。このため、有限責任組合員としては、現物分配が認められる範囲について慎重に検討する必要があろう。

　そもそも現物分配を禁止してしまう対応もあるが、後述する諮問委員会や、一定の割合以上の有限責任組合員の承認がある場合にのみ現物分配を認めることも考えられる。法令または社内規程等により現物分配を受けられない有限責任組合員においては、一定の条件のもとに現物分配を認める場合であっても、当該有限責任組合員は現物分配を拒否できるかたちにすべきである。この点に関し、現物分配に反対する有限責任組合員については、現物分配される投資証券等の処分を無限責任組合員に依頼し、処分代金を受け取ることを選択できるものとされることがある。一般に、かかる選択をした有限責任組合員が処分費用を負担することになるが、当該投資証券等の処分が困難な場合には、当該投資証券等の価値に比して過大な処分費用を負担しうる点にも留意する必要がある。

f 分配金の返還

　法令上は、原則として組合員が一度受領した分配金の返還を求められることはない。例外として、組合員が組合の純資産額を超えて分配を受領した場合には、分配を受けたときから5年を経過するまでの間、受領した分配金の限度において組合の債務を弁済する責任を負う（投有責組合法第9条第2項）。このほか、組合契約上、投資案件において無限責任組合員や組合が損害賠償請求を受けるなど偶発債務が発生した場合をはじめ、組合や無限責任組合員に生じた損害を組合員が補償すべきとされる場合において、すでに受領した

分配金の返還を求められる規定が設けられることがある。

　有限責任組合員としては、組合の業務執行や分配金の受領については受動的な立場でもあるし、当然、想定外の分配金の返還はできる限り回避することが望ましい。この点、後者の返還の例に関し、無限責任組合員の帰責事由に起因する組合債務の支払に充当するための分配金の返還は認めないことや、一定の期間（1～2年等）が経過した場合には返還請求を制限することが考えられる。また、かかる分配金の返還がなされた場合には、無限責任組合員の成功報酬や、組合財産の分配の計算において、返還がなされた分配金の分配は当初よりなかったものとして取り扱うことも必要になる。

(4)　管理報酬

　通常、前述した成功報酬とは別途、組合の期間中、出資約束金額や出資履行額を基準に、組合財産の運用に係る報酬としての管理報酬が、有限責任組合員から無限責任組合員に対して支払われる。管理報酬は、投資期間が満了した場合には、算定基準を出資約束金額から未回収の投資金額に変更するなどして一定程度減額されることが多い。

　有限責任組合員としては、組合期間中の各局面における無限責任組合員の業務内容に応じて管理報酬が適正に算出される仕組みとなっているか留意する必要がある。組合の解散後の清算手続における無限責任組合員の管理報酬（または、清算報酬）についても、清算事務の内容に比して高額な報酬を支払うことのないように、期中の管理報酬とは別途の取扱いを明確に定めることも考えられる。なお、管理報酬に関し、無限責任組合員またはその関係者が、組合の投資案件に関連して自らの業務の対価として報酬等（投資先からのコンサルタントフィー、役員報酬等）を収受した場合、これを組合の業務執行の一環として収受したものととらえて、かかる報酬等の一定割合を管理報酬から控除することで、かかる報酬等の全部、または一部を組合員に対して還元することがある。

3 有限責任組合員の組合運営への関与、有限責任組合員の権利確保

(1) 有限責任性と業務執行権限

　投有責組合の業務執行は、無限責任組合員がこれを執行するものとされる（投有責組合法第7条第1項）。有限責任組合員には組合の業務を執行する権限は認められず、有限責任組合員に組合の業務を執行する権限を有する組合員であると誤認させるような行為があった場合には、その誤認に基づき組合と取引をした者に対して無限責任を負う（投有責組合法第9条第3項）。

　有限責任組合員としては、自らの利益を確保するための権利を有することが望ましいものの、有限責任組合員が組合の業務を執行しているものと解され、その結果有限責任性が否定されることのないよう、組合の業務について過度に広汎な権限を有することにならないよう留意する必要がある。

(2) 有限責任組合員の組合運営への関与・権利確保の手段

a　財務諸表等の提供・経営監視権

　投有責組合法上、無限責任組合員は、各事業年度ごとに財務諸表等（貸借対照表、損益計算書、および業務報告書ならびに附属明細書）を作成のうえ、監査ずみの財務諸表等を主たる事務所に備え置きし、組合員の閲覧に供するものとされる（投有責組合法第8条）。かかる財務諸表等は、備え置きされるのみでなく、組合契約上、有限責任組合員に直接送付されるのが通常である。また、有限責任組合員は、組合の業務および組合財産の状況を検査する権限を有する（投有責組合法第16条、民法第673条）。

　有限責任組合員としては、かかる財務諸表等の提出とあわせて、投資先企業の状況（投資先企業の事業年度ごとの収支その他の経営状況を示す資料等）、当該時点におけるIRR（internal rate of return）、各投資案件の評価等を報告させることも有用であろう。

b 意見申述・承認権限
① 意見申述権
　組合の運営に関する一定の事項について、有限責任組合員の意見を述べる機会が与られる場合がある。かかる意見については、無限責任組合員に対する拘束力を有しないことが通常であるものの、無限責任組合員が有限責任組合員の意見をまったく無視した運営を行うことも想定しがたく、組合の運営に有限責任組合員の意向を反映させるために、一定の意義があるものと考えられる。また、意見申述の機会を設けることで、意見対象事項に係る組合の運営状況を把握することもできる。
② 承認権限
　組合の運営に関する一定の事項について、意見申述の機会にとどまらず、一定割合の有限責任組合員の承認を必要とすることがある。有限責任組合員に承認権限を与えることで、有限責任組合員の利益を害するおそれのある無限責任組合員による業務執行をより直接的に防止することができる。もっとも、上記(1)で述べたとおり、有限責任性の観点からは、有限責任組合員が組合の運営について広汎な権限を有することにより、組合の業務執行を行っていると解されないように留意する必要がある。
③ 諮問委員会
　上記の有限責任組合員による意見申述や承認権限の行使に関し、一定の対象事項について、一部の有限責任組合員により構成される諮問委員会（アドバイザリー委員会等、他の呼称が用いられることもある）が、これを行う仕組みが用いられることがある。対象事項について有限責任組合員による統制を及ぼすとともに、一定の有限責任組合員で構成される諮問委員会に監督権限を委ねることで、逐次各有限責任組合員の個別の承諾を取得することなく、機動的な運用を図ることができる。諮問委員会は、(i)出資約束金額が一定以上である有限責任組合員で構成される場合や、(ii)無限責任組合員が選任した有限責任組合員で構成される場合等がある。

有限責任組合員としては、諮問委員会が無限責任組合員と利害関係を有しない第三者で構成されているかに留意する必要があり（利害関係者については、諮問委員会の構成員となる場合でも議決権を認めないといった対応も考えられる）、また、無限責任組合員により諮問委員会の構成員が選任される場合、必要に応じ、組合への加入にあたって、自らを構成員として選任するよう求めることも重要である。

　④　組合員集会

　投有責組合において、組合契約上の機関として、組合員集会が設置されることがある。有限責任組合員としては、上記③で述べた諮問委員会に参加しない場合であっても、組合員集会を、定期的に自らの意見を表明する場として活用することが可能であろう。

　⑤　外国投資家に関する税制特例

　外国投資家が投有責組合を通じて投資を行う場合、他の組合員が組合事業について国内に恒久的施設（所得税法第164条第1項第1号ないし第3号、法人税法第141条第1号ないし第3号。以下、「PE」（permanent establishment）という）を有している場合には、当該外国投資家も国内にPEを有しているものとされ（所得税基本通達164－7）[3]、組合事業の利益分配に係る源泉徴収、所得税・法人税の申告納付が必要となってしまう。また、国内にPEを有しない外国投資家が行う内国法人の株式の譲渡について、一定数の株式を保有する投資家が一定数の株式を譲渡する場合、その譲渡益が国内源泉所得に該当し、事業譲渡類似の株式の譲渡として、譲渡益課税が発生するところ（所得税法164条第1項第4号イ、所得税法施行令第291条第1項第3号ロ・第6項、法人税法第141条第4号イ、法人税法施行令第187条第1項第3号ロ・6項）、投有責組合においては、かかる一定数の算定にあたって、投有責組合が保有・譲渡

---

[3]　後藤昇・阿部輝男・北島一章編『所得税基本通達逐条解説』841頁（大蔵財務協会2009）。したがって、無限責任組合員が組合事業に関する国内のPEを有していれば、外国投資家たる組合員を含む全組合員が国内にPEを有していると判断されることになる。

する株式数をもって、外国投資家たる有限責任組合員が保有・譲渡する株式数とみなされる場合がある（所得税法施行令第291条第1項第3号ロ・第4項・第5項、法人税法施行令第187条第1項第3号ロ・第4項・第5項）。

　本稿では詳細な説明は行わないが、外国投資家がこれらの税制に関する特例の適用を受けるための要件の一つとして、外国投資家が、組合事業に係る業務の執行またはその承認等を行わないことが必要とされており、特例の適用を受けるためには、上記①ないし④で述べた有限責任組合員の行為が特例の適用要件における業務の執行、またはその承認等に該当しないかを検討する必要がある[4]。

c　キーパーソン（key person）条項

　組合を運営する単数または複数の者をキーパーソンとして定め、キーパーソンが組合の運営に従事することができなくなった場合に、新規投資の停止・出資約束金額の減額・投資期間の終了・組合の解散等、一定の効力を発生させるのがキーパーソン条項である。

　有限責任組合員にとって、特定の個人の投資手腕を前提に組合に出資するような場合には、当該個人をキーパーソンとして定め、キーパーソンの組合の運営への従事を確保することに重要な意義があろう。組合が組織的に運営されており、当初から期中における組合の運営担当者の交代が想定されるような場合であっても、組合の運営体制に大きな変化が生じた際には、新体制が有限責任組合員にとって納得できるものかを判断する機会を確保するために、複数の重要な運営担当者をキーパーソンとして定めておき、これらの3分の2あるいは過半数の交代があった時をキーパーソン条項の発動条件にすること等も考えられる。最近、同条項を導入している例は多いが、無限責任

4　業務の執行への該当性につき、国税庁の確認をふまえた経済産業省の解釈の指針が公表されている（経済産業省「外国組合員に対する課税の特例、恒久的施設を有しない外国組合員の課税所得の特例における『業務執行として政令で定める行為』について」(2009)）。

組合員側の組織その他の事情により、その要件や効果は多様である。

  d 無限責任組合員の解任

　無限責任組合員の解任は組合にとって重大事項で、解任については厳格な要件が定められることが一般的である。軽微な契約違反だけでは解任は認められず、解任が認められるのは無限責任組合員に重大な契約違反・法令違反があった場合に限られ、かつ、一定以上の特別多数による有限責任組合員の決議を必要とすることが多い。海外のLimited Partnership等では、ある程度長期の治癒期間が設けられ、かつ、無限責任組合員の法令・契約違反について確定判決があった場合に限定する等、さらに厳格な要件が定められている例も少なくない。

　有限責任組合員の立場からみて、あまりに厳格な要件が定められると、真に必要な場合に無限責任組合員を解任することが困難となり、無限責任組合員に対する牽制機能にも欠ける。一方で、要件を緩やかにすると、多数派の有限責任組合員によって無限責任組合員が変更されてしまう可能性があることにも留意する必要がある。

　近時では、無限責任組合員の義務違反等がない場合であっても、一定の割合以上の有限責任組合員の決議によって無限責任組合員の解任を認める規定が検討される例も見受けられる。過度に無限責任組合員の解任の要件を緩やかにすることは、無限責任組合員の活動に萎縮効果を与えかねず、また、一部の有限責任組合員によって組合の運営が左右されるおそれも生じるため、慎重な検討を要する。

④ 有限責任組合員の地位の変動

(1)　追加加入・追加出資と組合員間の利害調整—組合員の追加加入

　組合の組成にあたり、当初の投資家の募集状況や現存する投資機会の状況を考慮し、組合契約の締結時点では、一部の投資家のみで組合を組成し、組

合の組成から一定の期間、追加での組合員の加入や、既存の組合員の出資約束金額の増額を認めることがある。

　組合員が新たに加入し、または出資約束金額を増額するにあたっては、それまでに既存の組合員により負担された組合費用や、すでに実行された投資案件に係る出資について、既存の組合員と追加加入または出資約束金額を増額した組合員（総称して以下、「追加出資組合員」という）の負担を調整する必要が生じる。追加出資組合員は、それまでに既存の組合員により組合に拠出された金額について、追加出資組合員が当初より加入（または、増加後の出資約束金額を約束）していれば負担していたはずの金額を加入時において拠出することになる。かかる追加出資は、組合員間の出資比率の調整のためのものであり、当該時点までに必要な金額は既存の組合員によりすでに拠出されていることから、追加出資額については、追加出資組合員に係る管理報酬に充当されるほかは、既存の組合員に対する払戻しに充てられることが多い。また、実質的にみると、既存の組合員は、追加出資組合員が当初から加入していれば当該組合員が負担していたはずの金額を、当該組合員が加入するまでの間かわりに出資していることになる。そのため、追加出資組合員が加入・増額時において拠出すべき金額に対し、一定の利息相当額（期待収益率とする場合もある）を上乗せして支払うものとされることがある。

　法令または社内規程により一定割合以上の出資が禁止されている有限責任組合員の場合、組成時の組合の規模では法令または社内規程上の出資の上限額が実際に希望する出資額に満たない場合があり、投資家の追加加入により組合の規模が増大するときに、出資約束金額を増額するよう合意されることがある。この点、無限責任組合員による募集状況等、組合の運営者側の事情によって組成時には組合が十分な規模に至らないことを理由にかかる合意がなされる場合もある。出資約束金額を増額する有限責任組合員としては、かかる場合には、当初より想定されていた追加出資に対する上記の利息相当額等の支払を回避できる措置を求めることが考えられる。

(2) 地位譲渡に係る制限
a 無限責任組合員の承諾

通常、有限責任組合員は、無限責任組合員の承諾がない限り、その組合員の地位を譲渡することができない。有限責任組合員としては、その必要性に応じて、自らの子会社やその組成・運用するビークルに対する譲渡については、無限責任組合員が承諾を（不合理に）拒絶、留保しないことを求めることも考えられる。ただし、かかる子会社等に対する譲渡についても、以下の制限に服する。

b 金融商品取引法上の適格機関投資家等特例業務に係る制限

無限責任組合員が、組合持分の取得勧誘を金融商品取引法第63条第1項に定める適格機関投資家等特例業務として行っている場合、(i)適格機関投資家（金融商品取引法第2条第3項第1号）が取得勧誘に応じて組合に参加した場合には、当該適格機関投資家は適格機関投資家以外の者に対して組合持分を譲渡することができず、また、(ii)適格機関投資家以外の投資家が取得勧誘に応じて組合に参加した場合、当該投資家が組合持分を譲渡する場合、当該組合持分を一括して譲渡しなければならない（金融商品取引法施行令第17条の12第3項第1号・第2号）。

また、有限責任組合員が匿名組合の営業者、組合または特別目的会社である場合、当該有限責任組合員に対する出資者の属性も適格機関投資家等特例業務の要件の充足判断において考慮され、場合により拒絶される。組合の加入時に、自らに対する出資者の属性が無限責任組合員における適格機関投資家等特例業務の要件に反するものでないことについて、有限責任組合員による表明保証あるいは誓約が求められることも多く、有限責任組合員としては、自らに対する出資者の属性について確認する必要がある。

(3) 脱退と脱退組合員の取扱い

a 投有責組合法上の脱退事由

組合員は、やむをえない場合において組合を脱退できるほか（投有責組合法第11条）、①死亡、②破産手続の決定、③後見開始の審判を受けたこと、④除名のうち、いずれかの事由が生じた場合に組合から脱退する（投有責組合法第12条）。なお、組合契約で脱退事由が追加されることがある。

b 脱退組合員の持分の払戻し

組合員が脱退する場合、当該組合員の組合持分について払戻しが行われる（投有責組合法第16条、民法第681条第1項）。払戻金額は、原則として脱退時を基準に算出されるが、通常、脱退の時点では投資案件の処分がすべて完了しておらず、投資案件に対して脱退組合員が保有する持分相当額の金銭を払い戻すことは現実には困難である。そのため、脱退後の組合における組合財産の分配において、脱退組合員の持分割合に応じた払戻しを行うかたちがとられることがある。

c 特殊な有限責任組合員の場合

ファンド・オブ・ファンズ（fund of funds）や、ある信託の受託者が有限責任組合員として組合に参加している場合がある。かかるファンドに対する投資家や信託の委託者・受益者等のいわば実質的な投資家において破綻事由等が生じた場合であっても、ファンドや信託の受託者である有限責任組合員自身に脱退事由が認められない限り、当該有限責任組合員は組合に残り続けることになる。この場合、ファンドの投資家や信託の委託者・受益者等から必要な資金の拠出も受けられず、有限責任組合員としての義務を履行できない状態になっていることも考えられる。そのため、これらの者が有限責任組合員となる場合には、実質的な投資家において組合における脱退事由と同等の事由が生じた場合には、当該有限責任組合員が組合から脱退することを可能にしておくことも考えられるであろう。

おわりに

　以上、投有責組合をビークルとする場合の主要な条件について法的見地から概括した。ただ、上記は法令で強制される部分を除き、多くは当事者の交渉と合意により形成されてきたものである。今後も変化しうるものであり、実際ここ数年で実務趨勢が変わった点も散見される。投資にあたっては、専門家の意見を参考にしつつ、組合契約の条件を検討・交渉されることをお勧めする。

Interview

プライベート・エクイティ・ファンドの税務ストラクチャー

ファンド側と投資家側の双方向からのチェックの必要性

KPMG税理士法人
パートナー
石塚直樹氏

Q 日本におけるプライベート・エクイティ・ファンドの税務上の論点はどのように変化してきましたでしょうか。

　国内投資家のみのファンドの場合は、任意組合や匿名組合を使用してどれだけ最終投資家まで税流出を少なくできるかという観点でストラクチャーを組成しますが、最終的には国内で課税される（完結する）ため、一部の特殊な投資家を除き特に税務上の議論は起こっていません。一方、海外投資家を主とするファンドの場合は、日本の課税をどれだけ最小限にできるかという観点でストラクチャーが組成されるため、日本における課税強化が図られます。

　もともと日本にはいわゆる25％・5％ルールがありました。これは、PE（permanent establishment）のない外国法人が、譲渡事業年度終了の日以前3年以内のいずれかのときに内国法人株式を25％以上保有しており、譲渡事業年度において5％以上譲渡した場合に課税されるというものです。25％・5％ルールは、海外のプライベート・エクイティ・ファンドが投資することを想定していなかったと思います。

　ファンド税制が大きく動いたのは、「平成17年度税制改正」でした。海外のプライベート・エクイティ・ファンドの場合、ケイマンのLPSを使用するケースが多いのですが、ケイマンのLPSは本邦の税務上はパス・スルー扱いになるため、各

第2章　プライベート・エクイティ・ファンドの法的仕組み

海外投資家レベルで25%・5%ルールが適用されていました。その後、海外のプライベート・エクイティ・ファンドの活動が盛んになるにつれて、税制改正が行われ、25%・5%ルールがファンドレベルで適用されることになりました。一般的には、この「平成17年度税制改正」は、大きな影響があったものと思われます。ただし、ケイマンのLPSがパス・スルーであることに変わりはないため、LP投資家の所在国によっては租税条約の特典により、この改正が行われても、影響を受けない投資家もいました。税制改正により実際にどれだけの海外投資家が日本への投資を敬遠したかは不明ですが、日本への投資を国が促進したいと考えるのであれば逆効果であったことは間違いありません。

その後、「平成21年度税制改正」では、ファンド税制が緩和されました。一定の要件を満たすLPSであれば、各投資家レベルで25%・5%要件を適用できるようになりました。また、国内LPSに投資する海外投資家（海外投資家は原則PEありとみなされてしまう）でも一定の要件を満たす場合、国内にPEがないものとして25%・5%ルールを適用できるようになりました。税制改正により緩和はされてきましたが、いずれにせよ25%というハードルがあるため、使い勝手が悪いという実情があります。

Q 日本のプライベート・エクイティ・ファンドの多くは投資事業有限責任組合で組成されています。投資事業有限責任組合が投資先企業の株式を譲渡してキャピタルゲインを得た場合の課税方法はどのようになっていますでしょうか。

合同会社との違いを考えるとパス・スルー性がわかりやすくなります。合同会社の場合は、株式会社と同じで法人格をもっていますので、課税主体となります。一方、投資事業有限責任組合の場合は、税務上は基本的にはパス・スルーですので、法人格をもたないということで課税主体にはらないというのが原則論です。

年金基金などの非課税団体の場合には原則として非課税団体ですので、投資先から手元に戻るまでにどれだけ税金がかからないようになるのかが大きな関心事

になります。例えば、投資先からのは配当について、投資先と投資家との間に合同会社を入れた場合、合同会社がマジョリティ投資（25％以上）をすれば、入ってきた配当を全額免税できます。しかし、合同会社を間に入れた場合でも、そこが25％未満しか投資していないと、合同会社において配当の半分が課税されて、その半分課税された後の金額が年金基金に配当されてきます。それが、合同会社ではなくて投資事業有限責任組合を使えばパス・スルー扱いになりますので、投資先からの配当がそのまま課税されずに投資家に入ってきます。キャピタルゲインについては、合同会社を間に入れた場合、合同会社が持分を売却すると、合同会社に課税が起きて、課税ずみの金額が投資家に入ってくることになります。合同会社などが間に入る場合には匿名組合などを使って、税効率をあげる仕組みを検討する必要があります。

　海外投資家が保有するケースについては、先に述べましたとおり、25％の制限などがありますので、これに抵触すると法人税法上でPEが認識され、せっかく投資事業有限責任組合がパス・スルーという性格をもっているにもかかわらず、日本でキャピタルゲイン課税が起きてしまいます。これは現在のファンド税制の問題点でもあるのですが、海外投資家にとってはネックになってきます。

Q 日本のプライベート・エクイティ・ファンドへの投資を行っている日本の機関投資家からよく相談のある税務上・会計上の論点は何でしょうか。

　一つ目は、各LP投資家がバラバラの時期に参加してくる場合の時価の問題です。最近は、バイアウト・ファンドの募集期間も長くなっており、第一次設定から最終設定までに２年近くかかるケースも出てきています。例えば、第一次設定でLP投資家がコミットした段階で投資を実行したとします。そこから半年なり１年経って、今度は次の投資家が入ってきたとします。投資先の価値が変わっていなければよいのですが、価値に変化が生じている場合には、もう一度時価を算定し直す必要が生じます。

また、仮にもともと30％もっていた投資家の持分が、新たに別の投資家が後から入ってきたことにより、20％になった際に、その10％の持分は、譲渡したとみなされるのか、それとも第三者割当増資で持分の希薄化を起こしているだけなのかという議論があります。いろいろな考え方がありますが、その10％分が譲渡とみなされてしまうリスクもあるのです。

　二つ目は、他の投資家からLP持分を取得した後に、ポートフォリオが売却された場合の課税関係です。他の投資家からLP持分を取得した新LP投資家のLP持分の取得価額はLP持分の買取価額（時価）になっているわけですが、ファンドが保有しているポートフォリオの簿価について洗い替えが行われるわけではありません。したがって、ファンドがポートフォリオを売却した際に売却益が計上されても、当該売却益が当該新LP投資家にとっては売却益ではない可能性があります。新LP投資家は税務申告をする際に、譲渡対価と譲渡原価の計算を適正に行わないと不要な税流出を起こしてしまう可能性があるので留意が必要です。

　三つ目は、会計上の問題ですが、連結問題（持分割合、投資委員会への参加）や洗い替え（売買目的有価証券）の問題について相談が寄せられます。例えば、ファンドの持分を半分以上もっているような投資家の場合には、ファンドを連結するという話になってくると思いますが、マイノリティの持分を取得していても、ファンドの意思決定を行う投資委員会に投資家の方がメンバーとして入るとすると、実質的にファンドの意思決定を投資家自ら行っているという判断になり、連結の対象にするという議論が出てくることになります。

　洗い替えについては、売買目的の有価証券なのか長期保有目的の有価証券なのかによって会計上の扱いが変わってきます。売買目的であれば、洗い替えをすることになりますが、その場合、投資先の時価情報をすべて集めなければなりません。バイアウト・ファンドのように件数をたくさん投資しないようなファンドであればまだよいのですが、ファンド・オブ・ファンズのようなかたちになると、ファンドの最終投資先をすべてみていくと何百社というレベルになりかねませんので、その時価評価を行うのが実務上非常にむずかしくなります。ファンド・オ

ブ・ファンズのコントローラーの方々に聞いてみても、すべての投資先の時価情報はもっていないということが実情のようです。そうすると、実務上どうするのかという議論が出てきますが、このような相談があった場合には、監査法人に助言を求めることになります。

Q 日本の機関投資家が海外のプライベート・エクイティ・ファンドへの投資を行う際の留意点はありますでしょうか。

　国内の機関投資家が海外のファンドへ投資する場合に、どのような課税関係が起きるのか、また、なんらかの申告義務があるかという点が重要になってきます。できれば各投資家での申告や納税は避けたいということで、ブロッカーを間に入れて、そこに申告等をやってもらう方法があります。

　しかし、ブロッカーのデメリットもあります。外国税額控除FTC（foreign tax credit）というかたちで、投資家が海外で払った税金を日本で納める税金から控除できるという制度があるのですが、間にブロッカーを挟んでしまいますと、残念ながら直接保有ではなくなってしまいますので、自分が納めた税金ではなくなってしまいます。それで、外国税額控除ができなくなってしまうというデメリットがあります。

　海外では、IFRSやUS GAAPを組み込んでいる会社があります。それを取り込んだときに、親会社のほうで同様の会計基準でやっていれば、対応ができると思うのですが、もし日本GAAPしか採用していない場合には、投資先の会計基準を日本基準に引き直したらどうなるのかを考えなければなりません。どこまで引き直すかも問題になると思いますので、監査法人に助言を求めるのがよいでしょう。

Q プライベート・エクイティ・ファンドの税務・会計の管理については、ファンド側と投資家側の双方のバックオフィスの役割が重要になります。バックオフィスのプロフェッショナルは、どのような姿勢でファンドの税務について考えていくのがよいのでしょうか。

　まず、キャピタルゲインや配当がファンドで認識された際に、LP投資家が適切な申告ができるような情報提供をファンド側がすることが重要です。ファンド側のバックオフィスの管理機能というのは非常に重要で、ファンドの帳簿レベルの維持・管理をきちんとしていただくということが重要になってきます。

　また、海外投資家にとっては、日本の税金をどれだけ節約できるかが重要なポイントになってきますので、源泉徴収手続や租税条約届出などで節税できる場合は、ファンド側がそれに関する情報を提供してあげる必要があります。例えば、租税条約の届出を出せば、源泉税のパーセンテージが変わるということがあれば、放っておくのではなくて、積極的に投資家に知らせてサポートしてあげるとよいと思います。

　それから、ファンドのストラクチャーの検討を十分に行うことが大切です。ファンド側も投資家側もそれぞれ独自に分析されると思いますが、アドバイザーからの助言を受けながら、双方向からチェックをすることが重要です。

　当社は、アドバイザーの立場でサポートしますけれども、ファンドの管理上どのような問題が起きるのか、あるいは投資家に受け入れられるストラクチャーになっているかという視点でもアドバイスをします。ファンドの方々がもっている情報とアドバイザーの助言をうまく組み合わせて、ストラクチャーを検討していく必要があると思います。

　それから、投資家側も、ファンド側が提案してくるストラクチャーに対してよく吟味する必要があります。ファンドの目論見書にもタックス・アドバイザーに課税関係を確認してほしい旨の文言が必ず入っています。ファンドのバックオフィスの方々に聞くとともに、アドバイザーを適宜起用していただければと思います。

第Ⅰ部＿基礎編

Q プライベート・エクイティ・ファンドの投資先企業の税務問題で留意すべき点はありますでしょうか。

　ファンドが企業に投資をするときには、税務デューデリジェンス、財務デューデリジェンス、法務デューデリジェンス等を行って問題点を洗い出しますので、ある程度のリスクというのは事前に把握できると思います。税務リスクについては、投資後に解決していくということはもちろんのことですが、加えて、その投資先に何か節税のメリットがあるのではないかということを常にチェックするようにするとよいと思います。何か節税策があるのではないかということは、ファンドのフロントの方よりもバックオフィスの税務に長けた方々のほうが気づきやすいと思いますので、何か余地があるのであれば、バックオフィスの方々が積極的に探していくことをお薦めします。

　また、デューデリジェンスのなかで発見できなかったようなリスクがあるかもしれませんので、そのような点についても、バックオフィスの方々のサポートが必要になると思います。当社でも「クイック診断」というツールを提供していますので、適宜ご相談いただければと思います。

Q これからプライベート・エクイティ・ファンドへの投資を検討する機関投資家にメッセージをお願いします。また、今後のファンド税制の方向性についてお話し願います。

　どんなに優秀なファンド・マネジャーの方々がいても、LP投資家の方々が動かなければファンドの組成ができません。ファンドにとっていちばん重要なのは、どれだけお金を出してくれる投資家を発掘していけるかだと思います。そのためには、効率のよいファンドのストラクチャーを設計し、LP投資家の方々に投資利回り等も含め納得していただくことが必要となります。プライベート・エクイティ・ファンドには、単に資金を提供するだけではなく、企業が過去の「しがらみ」でできなかったことを可能にして、価値を高めていく役割を担っています。そういう意味でも、投資家層が拡大していき、ファンドの活動が活発化していく

ことが期待されています。

　いまのファンド税制というのは、ファンド・ビジネスをしている方々にとって決して魅力的な税制にはなっていません。せっかくファンド税制ができたにもかかわらず、海外の大口投資家が25％以上出資すると、日本で課税が起きるという問題や、25％以下の持分でもファンドの投資委員会に強い権限をもって関与する投資家は駄目というのは、さすがにハードルが高いと思うのです。このような点においても柔軟な税制にしていかないと、海外投資家を誘致することができなくなってしまいます。今後は、いくつかの不備を、ファンドの方々や専門家の方々と歩調をあわせながら、財務省を含め税務当局に働きかけていく必要があると感じています。

Profile

石塚直樹氏

KPMG税理士法人 パートナー
明治大学商学部卒業。カリフォルニア大学バークレー校エクステンションプログラム（ファイナンス）修了。M&A、PEファンド・不動産投資、企業再生関連税務アドバイザリー業務担当。税理士。

第 I 部 基礎編

第 3 章

バイアウト・ファンドの特徴

超過リターンの獲得に向けた企業価値創造

カーライル・ジャパン・エルエルシー
マネージング ディレクター 日本共同代表 **山田和広**
シニア アソシエイト **吉岡 正**

はじめに

　本章では、日本でも一定の認知を得たバイアウト投資について、さらに広い投資家層の理解を得るための一助となることを希望して、投資家にとってのバイアウト投資という観点で解説を行う。

　まず、バイアウト投資の現状についてグローバル、日本それぞれの状況を述べる。次にその特徴、特に上場株式対比で歴史的に高いリターンをあげている点について触れる。続いて、バイアウト投資が企業価値創造を行うための投資のプロセスに関して説明を行う。さらに、この点については、カーライル・グループの行ったキトー社への投資事例を紹介することで、より読者の理解を深めることを試みる。最後に、日本でのバイアウト市場の展望、とりわけその発展の可能性について、著者の見解を述べていく。

1 バイアウト投資の現状

(1) グローバルにおけるバイアウト投資の現状

　ここでは、バイアウト投資の端緒であり、また全世界で最大の規模を有する米国市場の状況を中心に、グローバルにおける歴史と現状について概説する。

　米国に端を発したバイアウト投資は産業金融の一形態として継続的に拡大

を続けている。米国において1960年代にいくつかの事例がみられ始め、1976年のKohlberg Kravis Roberts（KKR）の設立以降、1980年代前半に複数のファンドの設立が始まった。1980年代の欧米においては、これまで積極的な事業拡大を続けてきた多くの大企業が、事業戦略の転換とともに事業ポートフォリオの整理を行った。このような状況下、バイアウト投資はコングロマリットの非中核部門の売却（spin-off）の受け皿の一つとして、リスクマネー供給者の役割を果たしてきた。以降、1990年代の順調な成長、その後2000年代の2回の不況（ITバブル崩壊とリーマン・ショック）を経て、現在に至っている。

　バイアウト投資を中心とするプライベート・エクイティの全世界における2011年の投資総額は3,020億ドルに達しており[1]、リスクマネーの重要な一供給源となっている。また、米国においては同年、1,097億ドルの投資元本およびキャピタルゲインを機関投資家に還元している[2]。なお、2011年時点において同国のプライベート・エクイティの投資先が810万人の雇用を担うに及んでいる[3]。

　昨今のバイアウト市場は地域的にも拡大をしており、特にエマージング・マーケットにおいて活動が積極化している。全世界のプライベート・エクイティ投資におけるエマージング・マーケットのシェアは2002年には3％であったが、2010年には12％にまで増加している[4]。

　各ファンドは、投資家に価値をもたらすための手段として、グローバル化ならびにファンドサイズ拡大に加え、企業価値の向上に傾注する動きを強めている。各ファンドとも、投資対象会社の非上場化を通じ、経営陣が中長期

1　Thomson Reuters, data posted in PEGCC website accessed in Feb. 2012
2　PitchBook Data, Inc., "PitchBook", data posted in PEGCC website accessed in Feb. 2012
3　PitchBook Data, Inc., "PitchBook", data posted in PEGCC website accessed in Feb. 2012
4　Emerging Markets Private Equity Association, Feb. 2011

的成長に集中できる環境を提供している。また、投資プロフェッショナルのスキルアップに加え、外部アドバイザー・プールをより充実させることで、業界経験者の知見を活用し、投資先の成長支援の動きを強化している。

なお昨今では、事業会社が積極的にファンドと協働する動きが活発になっている。従来のように非中核部門売却の受け皿としてではなく、共同買収を行う相手としてファンドを活用する例が出てきている。事業会社にとっては、資金負担や連結財務諸表への影響などの財務上のインパクト軽減に加え、買収時のデューデリジェンス、価格算定、買収後の経営管理や事業価値創造について、ファンドのノウハウを活用できるというメリットがある。

各国市場によって浸透度には濃淡があるものの、このようにバイアウト投資は企業の間接金融の一形態という観点からも、投資家に対する運用手段の一形態という観点からも広く普及が進んでいる。

(2) 日本における動向

日本においてもバイアウト投資は、10年強の歴史を経て一定の成長を遂げている。ベイン・アンド・カンパニー出身者により設立されたアドバンテッジパートナーズが1997年に日本初のバイアウト・ファンドへのサービスの提供を開始した。また、ゴールドマン・サックス出身者により設立されたユニゾン・キャピタルも1999年にバイアウト・ファンドを立ち上げた。バイアウト投資はこれらを皮切りに本格化する。1990年代後半の不良債権問題の受け皿としてバイアウト投資は認知度を高め、2000年代前半の外資本格参入を迎えるなど、多くのファンドが設立された。2006年、2007年には大型のファンドレイズが行われるなど市場は活況を呈した。その後、リーマン・ショックを経て市場は縮小したが、2011年に入り大型の案件も復活するなど回復基調にある。日本バイアウト研究所によれば2011年におけるバイアウトの公表取引総額は7,457億円、取引件数は53件となっている[5]。

業界団体である一般社団法人日本プライベート・エクイティ協会の加盟

ファームは、2013年1月現在で29社存在する（図表3－1）。そのうち、どの企業グループ系列にも属さず創業された国内独立系としては、例えばアドバンテッジパートナーズ、ユニゾン・キャピタルなどがあげられる。また、グローバルに活動を行うグローバル・ファンド系列としては、例えばカーライル・ジャパン、ベインキャピタル・アジア、KKRジャパン、TPGキャピタルなどがあげられる。そして、金融機関や商社などのグループ力を背景に活動を行う大企業グループ系列としては、例えば東京海上キャピタル、みずほキャピタルパートナーズ、丸の内キャピタルなどがあげられる。

図表3－1　日本プライベート・エクイティ協会加盟ファーム一覧（正会員）

アイ・シグマ・キャピタル	東京海上キャピタル
アドバンテッジパートナーズ	日本みらいキャピタル
アドベント・インターナショナル	ニューホライズンキャピタル
アント・キャピタル・パートナーズ	PAG Japan
MBKパートナーズ	フェニックス・キャピタル
カーライル・ジャパン・エルエルシー	ベアリング・プライベート・エクイティ・アジア
グロービス・キャピタル・パートナーズ	
KKRジャパン	ベインキャピタル・アジア・LLC
シーヴィーシー・アジア・パシフィック・ジャパン	ペルミラ・アドバイザーズ
	ポラリス・キャピタル・グループ
CLSAキャピタルパートナーズジャパン	丸の内キャピタル
CITICキャピタル・パートナーズ・ジャパン・リミテッド	みずほキャピタルパートナーズ
	ユニゾン・キャピタル
ジャパン・インダストリアル・ソリューションズ	リバーサイド・パートナーズ
	ロングリーチグループ
大和PIパートナーズ	ほか1社
TPGキャピタル	

（出所）　日本プライベート・エクイティ協会Webサイト（2013年1月現在）会員紹介に基づき筆者作成

5　日本バイアウト研究所「日本のバイアウト市場の推移—2011月12月末現在—」2012年4月23日付．

ファンドが多数設立された時期を経て、リーマン・ショック後の市場縮小のなかで撤退するファンドも散見され、日本のバイアウト市場は淘汰の時代を迎えた。しかしながら、残ったファンドにおいてはそれぞれの特色を生かし、企業価値創造のためのスキルを磨き、グローバル市場と同等の実績をあげていく努力を続けている。

2 バイアウト投資の特徴

(1) 投資の形態について

典型的なバイアウト投資は、安定したキャッシュフローのある企業に対して、議決権のマジョリティを取得し、借入金によるレバレッジ効果を活用して株式価値の向上を図る投資形態である。これらの点について、下記に詳述する。

a 投資対象企業のライフステージ

投資対象となる企業は、ライフステージでいえば成長期、成熟期、成長鈍化期を迎えた企業が中心である（図表3-2）。レバレッジをかける関係上（後述するが）、一定の安定的キャッシュフローの基盤があり、リターンの源泉となる収益性改善や成長の可能性がある企業が投資対象になる。

b マジョリティ（過半数）の取得

バイアウト投資では一般的に、ファンドは対象企業の議決権のマジョリティ（過半数）を取得する。通常は3分の2以上、多いときは90％以上の議決権を取得する。これにあわせて、取締役会の議席数も過半数を取得する。株主ならびに取締役としてファンド単独で意思決定可能な状況を確保することで、迅速な経営を可能とする体制を構築することを意図している。また、経営の所有と分離を明確にし、経営陣に対して一定の緊張感を与えることで、着実なモニタリングを行う体制を構築する効果を期待している（モニタリングの詳細は後述する）。

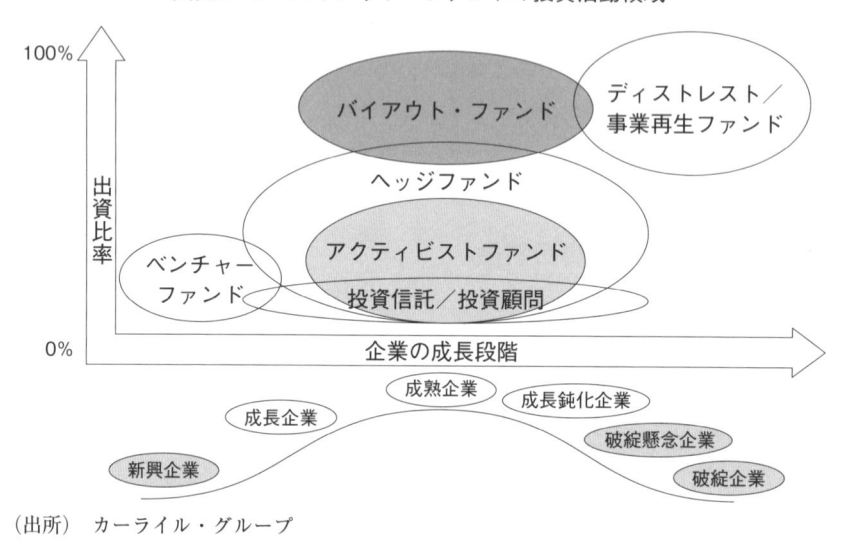

図表3-2 バイアウト・ファンドの投資活動領域

```
100%┤
    │         ┌─────────────┐      ┌──────────┐
出   │         │バイアウト・ │      │ディストレスト/│
資   │         │ファンド     │      │事業再生ファンド│
比   │         └─────────────┘      └──────────┘
率   │       ┌──────────────────┐
    │       │   ヘッジファンド  │
    │  ┌──┐ │ ┌──────────────┐ │
    │  │ベン│ │ │アクティビストファンド│ │
    │  │チャー│ └──────────────┘ │
    │  │ファンド│ ┌──────────────┐
    │  └──┘ │投資信託/投資顧問│
 0% ┤         └──────────────┘
    └─────────────────────────→
              企業の成長段階
```

　　　　　　　成熟企業　　成長鈍化企業
　　　成長企業　　　　　　　　　　破綻懸念企業
　新興企業　　　　　　　　　　　　　　破綻企業

(出所)　カーライル・グループ

　なお、投資実行の際に、あわせて経営陣に一定の出資を求めることが一般的である。企業価値向上に向けた経営陣とファンドとの利害関係を一致させる効果を期待したものである。

c　レバレッジの活用

　バイアウト投資のもう一つの特徴として、レバレッジの活用があげられる。レバレッジとは、企業買収の際の所要資金のうち一部を金融機関からの借入金（LBOローン）でまかなうことにより、ファンドからの投資資金を抑えることを差す。ここでは、レバレッジのメリットについて解説する。なお、投資リターン効率があがる効果については後述する。

　一つ目は、キャッシュフロー分析の精緻化を通じた対象企業のリスク特性の把握である。借入金の滞りない返済のために、より精緻に、複数のシナリオのもと対象企業のキャッシュフローを分析する必要がある。これにより、対象企業のリスク特性をより深く把握することが可能となる。

二つ目は、経営に対する規律である。LBOローン契約における財務コベナンツの遵守を通じ、株主のガバナンスに加えて経営の規律を対象企業にもたらす。

レバレッジの多寡と対象企業の経営リスクの増減は表裏一体の関係であり、金融機関の発言力も変わってくることから、レバレッジ水準の設定は慎重に行われる必要がある。よって、ファンド・マネジャーによる事業リスクの見極め能力は非常に重要である。

ところで、黎明期にみられた比較的高いレバレッジ比率はバイアウト投資の成熟化に伴い低下してきている。米国における総投資額に占めるエクイティの割合は、1987年にわずか7％であったが、1990年に21％、2011年の第1四半期で42％にまで上昇してきており、事業のリスクに応じた適正なレバレッジに納めようという傾向がうかがえる[6]。

(2) リターンが生まれる仕組み

次に、それぞれの対象企業に投資した株式の価値が増加し、リターンが生まれる仕組みについて説明する。

まず、企業価値および株式価値の関係を表現した下記の算式を念頭に置く。

式1：①企業価値＝②有利子負債価値＋③株式価値

次に、企業価値を複数の構成要素に分解する。企業価値の算定にはDCF法、類似取引比準法、利益倍率法などの方式があるが、バイアウト投資で一般的に使用されるEV／EBITDAマルチプル（企業価値／EBITDA倍率）を用いて解説を行う。

---

[6] "LCD's Leveraged Buyout Review - 2Q 2011", "Standard & Poor's Leveraged Commentary Data (Jul. 2011)"

式2：①企業価値＝④EBITDA（税引前・償却前営業利益）×⑤EBITDAマルチプル

ここで上記の式1、2を統合すると、株式価値は下記のように表される。
式3：③株式価値＝④EBITDA×⑤EBITDAマルチプル－②有利子負債価値

式3の前提に立って、左辺である株式価値を増加させるためには、式3の右辺の各項目の改善を行う必要があることがわかる。これにおける改善とは、それぞれ下記のことを指す。
④EBITDAの増加（収益性の向上）
⑤EBITDAマルチプルの改善（よりよい市場評価の獲得）
②有利子負債の削減（キャッシュフローの改善）

図表3-3　株式価値向上の仕組み（イメージ）

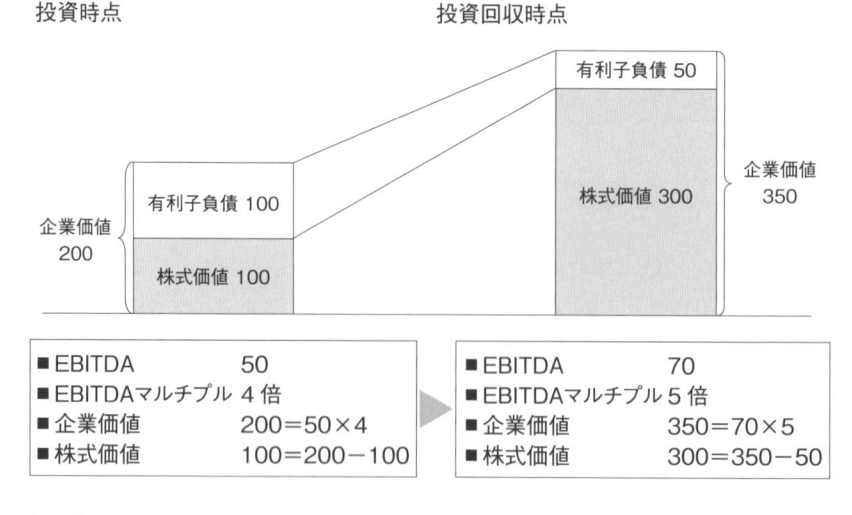

投資時点

- 企業価値 200
- 有利子負債 100
- 株式価値 100

- ■EBITDA　　　　　　50
- ■EBITDAマルチプル 4倍
- ■企業価値　　　　　200＝50×4
- ■株式価値　　　　　100＝200－100

投資回収時点

- 有利子負債 50
- 株式価値 300
- 企業価値 350

- ■EBITDA　　　　　　70
- ■EBITDAマルチプル 5倍
- ■企業価値　　　　　350＝70×5
- ■株式価値　　　　　300＝350－50

（出所）　カーライル・グループ

図表3－3は、これらの関係性を図式化したものである。なお、それぞれの項目の改善手法については3節で、具体的な株式価値向上の事例については、4節で述べる。

(3) ファンド全体のキャッシュフローの特徴
　これまでは個別の企業に対する投資という観点でバイアウト投資の特徴を述べた。ここでは、機関投資家の観点からのファンドのキャッシュフローの特徴を述べる。まず前提として、一般的なファンドの投資期間および投資件数のイメージを説明し、そのうえで結果としてのファンド全体のキャッシュフローの特徴を解説する。

a　投資期間
　1ファンド全体で通常10年間程度のファンド期間があり、基本的に解約は不可となっている。おおむね、当初の5～6年間が個別に投資を実行する期間、以降残りがエグジットを行っていく期間となる。対象企業の価値創造を中長期的な観点で行うために、一件の投資当り通常3～5年程度を要することが要因である。

b　投資件数
　1ファンドにて実行可能な投資案件数は実質的には限られている。正確な統計はないが1ファンド当り5～10件程度が一般的と思われる。
　バイアウト投資は比較的成熟した企業を投資対象とし、個別の投資から着実にリターンをとることに主眼を置いている。ハイリスク・ハイリターン投資の成功をねらい、それでほかの損失を穴埋めするというスタイルではない。一件当りの成功確率を高めるために、各投資リスクとキャッシュフローを精緻に見極め、価値創造を丁寧に行うことに相応のリソースをかける必要がある。これが、1ファンドの投資件数に実務上の制限がかかる理由である。
　一方、リスク分散のために「ファンドコミットメント総額のうち20％以上

を1案件に投資することは認めない」といった上限が設けられているのが一般的である。

c　ファンド全体のキャッシュフロー

上記a・bをふまえたファンド全体のキャッシュフローを一般的な事例をあげて解説する。当初数年間（5～6年程度）は新規投資が行われていくため、ファンドのキャッシュフローはマイナスの状態が継続する。その後、初期の投資のエグジットが出始めるとファンドのキャッシュフローはプラスに転じ、ファンド期間の後半にかけてその金額が増加していく。このキャッシュフローの特徴を、Jカーブ効果と呼ぶ（図表3-4）。

このように、バイアウト投資は投資家に対して長期のコミットを要請する。逆に、かかるコミットを獲得しているからこそ、短期的な市場のプレッシャーに左右されずに中長期的な観点での企業価値創造を行い、リターンを

図表3-4　一般的なバイアウト・ファンドにおけるファンド・キャッシュフロー

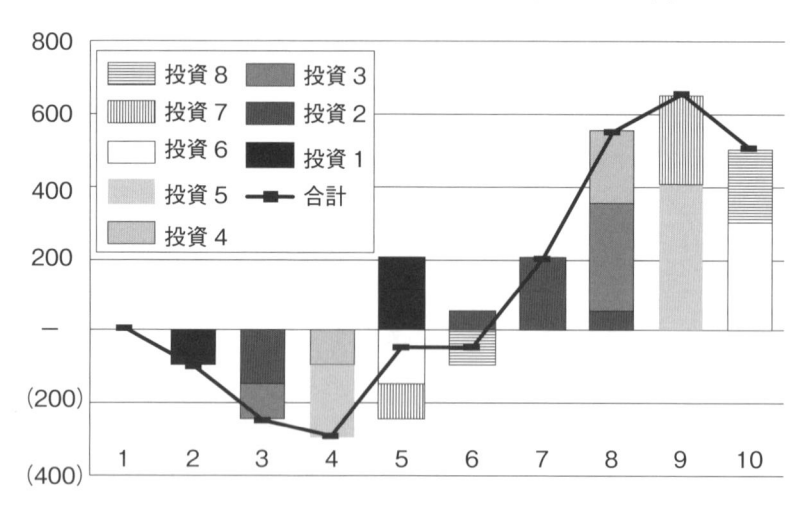

（注）　金額はイメージ、マネジメント・フィー等支払は除く。
（出所）　筆者作成

創出することが可能となっている。なお、投資家の流動性補完の仕組みとしては、別章にて解説されるセカンダリー投資の存在があげられる。

(4) バイアウト投資のトラック・レコード

最後に、バイアウト投資が過去20年間において上場株式対比で高いリターン（超過リターン、extra return）を生み出している点について紹介する。図表3－5によれば、米国、欧州、アジアとも、過去5年、10年、20年の期間で比較した場合のいずれにおいても、上場株式対比でリターンが明らかに高いことがうかがえる。

また、上位25％のファンドの運用成績はファンド全体（中央値）との比較において、突出していることがうかがえる。バイアウト・ファンドにおける超過リターンは、上位のファンドを中心に生み出されている。

この超過リターンを生み出し、トップ25％のファンドとしての実績を残すことが、バイアウト・ファンドにとっては次のファンドを募集するための最重要課題である。このために、大手のファンドは先述のグローバルリーチと、経営知見を提供するアドバイザー・プールを充実させ、企業価値創造の取組みを積極化している。

逆にいえば、投資家がバイアウト投資から超過リターンを獲得するためには、マネジャー選別が重要である。

図表3－5　各地域における公開市場投資とのリターン比較（Net IRR）

	米国				欧州			アジア (Developed)	
	Top 25%	全ファンド	S&P	NASDAQ	Top 25%	全ファンド	MSCI Europe	全ファンド	MSCI Pacific
5年	14.5%	5.7%	2.6%	3.5%	17.8%	7.2%	2.0%	9.5%	−0.1%
10年	14.0%	5.0%	3.3%	4.2%	17.7%	9.9%	5.7%	13.1%	4.8%
20年	31.5%	12.1%	8.7%	9.2%	18.1%	11.4%	8.3%	N.A.	2.2%

（出所）　Thomson Reuters, Cambridge Associates, all data is as of 3.31.2011

③ バイアウト投資における価値創造のプロセス

本節では、バイアウト・ファンドの個別案件に対する投資実行、株式価値向上、リターン創出のプロセスについて解説を行い、そのうえでバイアウト・ファンドが企業価値向上にもたらす要素について考察を行う。

(1) 投資のステップ
a 投資対象企業の発掘（ディール・ソーシング）

魅力的な投資対象企業の発掘は、投資を成功させるための重要かつ最初のステップである。対象企業をスクリーニングするための基準は二つ（事業の魅力度と資本が動く蓋然性）ある。

第一に、事業の魅力度を見極める。ビジネスモデル、成長性、業界ポジション、収益力ならびにキャッシュフローの安定性などの要素および、対象企業の企業価値の妥当性により判断する。割安でも、事業性が低ければ投資成功のハードルは高くなる。

次に、ディールが起こる蓋然性を検証する。魅力的な事業でも、MBO (management buy-out) を選択する蓋然性がまったくない場合は時間の浪費となる。蓋然性を決める要素は、売手または対象企業の経営陣の動機などである。売手の動機はさまざまある。事業承継ニーズ（オーナー系企業）、スピンオフ・ニーズ（コングロマリット）、業界再編ニーズ、ファンド期間終了に伴うエグジット・ニーズ（ファンド）などがあげられる。これに加えてバイアウト・ファンドが提供可能な付加価値（対象企業の事業成長のサポートなど）が明確かつ強力であれば、売手や対象企業の動機が強まり蓋然性も高まる。

対象企業を特定した後に、関係者（売手のオーナー創業者や親会社、または対象企業など）にコンタクトを行い、案件の可能性について協議を行う。関係者への接触は、バイアウト・ファンドの直接または間接的なネットワーク

を通じて行う。複数関係者の合意が必要なため、ディール・ソーシングには、長いもので数年を要するケースもある。このように能動的に案件が創出されるケースのほか、外部から案件が持ち込まれるケースや、銀行、証券会社や投資銀行などから入札案件に招聘がかかるケースもある。

なお、売手との相対交渉となれば、買手間の価格競争による買収価格の上昇は起こらない。このため、相対のディール（proprietary deal）を創出することはファンド・マネジャーの重要な課題である。

b　買収前調査（デューデリジェンスまたは"DD"）

次に、対象会社の企業価値を見極めるための買収前調査を行う。大きくビジネスDD（対象企業の事業性と将来性の見極め）と、最終確認DD（Confirmatory DD、事業継続に支障となるような瑕疵の有無の確認）に分けられる。

デューデリジェンスには、通常1.5～2カ月程度を充てる。なお、デューデリジェンスの終了後、クロージングのプロセスがある。この期間に、売手との契約交渉、LBOローンの調達などを行う。また、非公開化案件の場合はこの間にTOBなどを同時並行で行う。クロージングには別途、1～2カ月程度をかける。

c　モニタリング（企業価値向上への取組みと業績フォロー）

投資後、業績フォローに加え、事業戦略、中期経営計画または予算の策定などの会社の重要な意思決定にかかわり、企業価値向上に必要なサポートを行う。これをモニタリングという。特に重要なアクションは、投資直後の数カ月（通常3～6カ月間）に集中的に改革を行うプラン（100日プラン）を策定し実行することである。この目的は、必要な意思決定を迅速にできる仕組みを構築することと同時に、対象会社の経営陣と経営戦略上のアクションを定め、これを実行フェーズに移行し、この進捗を定期的に監視することである。責任者および期限を設け、PDCAサイクルを確実に進行していくことが重要である。

100日プラン終了後の重要なアクションとしては、経営計画進捗のフォ

ローに加え、経営陣がその後の環境変化に即応しすみやかに戦略実行を行うためのサポートがあげられる。

d　投資回収（エグジット）

　投資の回収は、IPOまたはトレードセール（第三者への譲渡）にて対象企業の株式または事業資産を売却することで実現される。また、状況に応じてリキャップ（re-capitalization、後述）を行い、部分的に実現される場合がある。

　このためにまず、エグジット戦略を立案する。対象会社の永続的成長の実現と企業価値最大化のための資本政策の方向性について、投資前から仮説を構築し、経営陣とも協議のうえ定める。投資後さらに、対象会社と議論を積み重ねて資本政策を練り上げていく。

　そのうえで、IPOを目指す場合は上場準備、トレードセールに移る場合は事業価値拡大に適切な資本提携先を探していく。トレードセールにおいては、特定の相手方との交渉を行う場合も、入札により買手候補を探す場合もある。IPO、トレードセール双方を同時追求することもある。

　リキャップとは、再びレバレッジをかけて資金調達を行い、これを配当や自己株買いに充て、資本構成の再構築を行うことであり、投資の部分的な回収手段の一つである。

　適切なエグジットのタイミングは投資によってさまざまであるが、予定された経営計画が順調に遂行され、対象会社の成長が実現し、ファンドとしての付加価値提供に一定のメドが立った段階となることが多く、投資後3～5年後が一般的である。これに加えてIPOの場合は、株式市場の影響なども勘案する必要がある。なお、IPOの場合は通例ロックアップ（上場後一定期間の売却制限）が設けられることがあり、一度に市場に放出できる割合も限られていることから、期間をかけて数回に分けての回収となることが一般的である。バイアウト投資のエグジットは、公開株式を市場で売買するように簡易に行えるものではない。適切なタイミングでの着実なエグジットのために

は、いずれの方式であってもあらかじめ綿密な準備を行う必要がある。

　以上、上記 a～d のプロセスを経て最終的にリターンを実現する。長い案件では一つのディールの発掘からエグジットまで、7～10年近くを要する場合もある。

(2)　株式価値向上の手段

　投資先企業の株式向上のための、三つの要素（収益性の向上、有利子負債の削減、そしてよりよい市場評価の獲得）の重要性については2節ですでに述べた。ここでは、これら三要素についての具体的実現方法と、これにかかわるファンドの付加価値について解説を行う。

a　収益性の向上

　収益性の向上のためには、成長によるトップライン（売上高）の拡大と、効率性追求による利益率の改善を行う必要がある。

　トップラインを伸ばすための方策として、既存事業の拡大、新規事業の育成・買収、グローバル化の進展などがあげられる。既存事業の拡大において、ファンドは、戦略立案支援、人材獲得の支援、顧客紹介などの点を通じサポートを行う。新規事業の育成においては、企業提携、M&Aを通じた事業ドメインの拡大などの支援を行う。

　また、グローバル化においては、人材獲得、組織整備、提携・M&A、現地制度・法制調査といった支援や、現地顧客やネットワークの紹介、現地事業の経営管理のサポートなどを行う。よい技術やビジネスを有しているものの、内需拡大が見込みにくい国内市場が主戦場の企業にとり、グローバル化の実現は今後の5～10年を見据えた場合に大切な戦略である。これらの企業に、ファンドとしてもあらゆるネットワークを駆使して付加価値の提供を行い、永続的な企業価値の創造を図れる企業体質への転換をサポートしていくことが重要である。

　なお、ここでいう成長とは、短期的な利益成長ではなく、中長期的な成長

に布石を打つことを指している。よって、事業戦略遂行のために一時的に売上高や利益が減少することは大きな問題とはならない。

　次に、利益率の改善について述べる。方策としては既述の売上高の拡大に加え、生産性の向上やコスト見直しなどによる費用の効率性追求があげられる。これに関するファンドの付加価値で最も重要なものは、バイアウト実行を機会にいったんゼロベースで徹底的に効率化を追求できる環境を提供することである。製品ごとに目標とする利益率達成のための徹底要因分析、取引価格設定の見直し、調達の多様化、生産体制および組織の見直しといった項目について、従来の発想を超えた取組みを促すことがファンドには可能である。なお、この実現に際しても中長期的な視点で戦略を遂行する必要がある。目先のコスト削減により骨を削り短期的な収益の改善を行い、将来の永続的な成長を損ねてはならない。

b　有利子負債の削減（キャッシュフローの改善）

　キャッシュフローの改善のためには、同様に効率化の追求が重要となる。ファンドの付加価値としては、キャッシュフロー経営の徹底ならびに資産の効率化の加速があげられる。

　キャッシュロー経営の徹底は、KPI指標の設定と月次のモニタリングを通じて行われる。ファンドが経営陣と協議のうえ、経営の重要項目としてキャッシュフロー経営を社内に浸透させることでキャッシュフロー改善の実現性が高まる。この一助として、インセンティブ・プランの指標にキャッシュフローを組み入れることもある。

　資産効率化については、徹底した数値管理の導入、外部専門家の知見を用いたオペレーションの改善に伴う運転資本の効率化や、実質的に稼働していない資産の活用方法見直し（含む売却）などが方策としてあげられる。ファンドは、経営陣がしがらみにとらわれずにこれらを検討・実行することの支援を行うことができる。

　ここでも同様に、成長のために必要な投資については、経済環境や企業の

経営状況に応じて、将来性を見据えて実行を後押しすることが重要である。
c　よりよい市場評価の獲得

　最後に、よりよい市場評価の獲得について述べる。企業が市場からよい評価を獲得するためには、既述の収益性の向上、成長性の実現を通じた同業他社対比でのプレミアムの獲得が必要だ。これに加え、投資家または戦略的パートナーにとり魅力ある企業への変革を目指すために、単独では成しえなかったグローバル展開、M&Aや事業提携などによる事業強化を実現することも重要となる。また、より成長性の高い別の業界に属するとみられるような実績の達成とそれに裏付けられたエクイティ・ストーリーをつくりあげることも、より高いマルチプル獲得の一手段となる。

(3)　バイアウト投資が企業価値創造に貢献できる理由

　ここで視点を変えて、何ゆえ上記のような企業価値創造がファンドの投資後に実現するのか、特にファンドがもたらす付加価値について筆者の考えを整理したい。

a　ファンドのガバナンス形態がもたらす経営上の効果

　バイアウト投資の特徴である議決権と取締役数で過半数をとるガバナンス形態が、経営に対して下記の効果をもたらすものと考えられる。

① 経営陣の着実な意思決定

　一般的なバイアウト投資のスタイルは、信頼できる経営陣に経営を委ね、徹底して経営陣を後押しすることである。ファンドが、経営陣の過去の「しがらみ」等から離れた合理的な意思決定を支援すること、常に経営陣の戦略の方向性を議論する相手となりダブルチェックの機能を果たすこと等が、事業計画の達成確度をあげるために重要な役割を果たしていると考えられる。

② 的確な経営管理と迅速かつタイムリーな軌道修正

　ファンドのガバナンスにより経営戦略の的確な進捗管理が行われることで、戦略の迅速かつタイムリーな軌道修正が可能になるものと思料される。

また、ガバナンスにより、経営の迅速な補強や適切なタイミングでの交代が行われる。これらによって、事業計画遂行の実行確度が高まるものと思料される。

③　タイマー機能

ファンドの一案件当りの投資期間は有限（3〜5年が一般的）であり、この期間での確実な企業価値向上を求められる。このため、ファンドは経営陣との間でPDCAサイクルを着実に回していく必要があり、これが企業価値向上の確度を高める要素となる。この、中長期的かつ一定の期間で着実に成果を出すことが求められる環境づくりを、ファンドのタイマー機能と筆者は呼んでいる。

b　ファンド固有の機能がもたらす付加価値

既述のとおり、ファンドが国内外のネットワークを活用し対象企業をサポートできることもファンドの付加価値の重要な要素である。ネットワーク活用の一例としては、ファンドの既存投資先との連携、海外オフィスからの情報収集、アドバイザーからの業界知見や現地政府との関係構築などがあげられる。なお、ファンドのこのようなサポートは、ひとえに対象企業の企業価値創造に向けられている。事業会社の場合に想定される、自社ビジネスと対象企業との間の潜在的コンフリクトと同様の懸念は生じない。

4　価値創造における取組み事例の紹介　〜キトーの事例〜

これまで述べてきた企業価値創造の具体的事例として、筆者が所属するカーライル・グループが2003年に投資し、2011年に投資回収を完了したキトーを取り上げたい。

(1)　会社概要とこれまでの沿革

キトー（本社：山梨県）は、ホイスト（巻上げ機器）およびクレーンなどの

搬送用機器を製造販売するグローバルメーカーである。特に、チェーンホイストでは世界のトップシェアを誇っている。カーライル・グループは2003年3月にキトー経営陣と今後の事業の方向性に関し議論を開始。キトーの事業戦略の見直しと同時に、今後5年間の中期経営計画を策定した。同年7月にキトー経営陣とともにTOBを実施、キトーは同9月にジャスダックから非上場化を果たした。

2003年当時、キトーは国内の長期需要低迷に苦しんでいた。すでに自力にて米国、中国、ヨーロッパと海外展開を図っていたが、海外売上比率は30％程度と伸び悩み、単独では今後の成長戦略を描けずにいた。売上げ200億円程度の中堅企業にとって、単独で積極的にグローバル展開を図ることは、資金面に加え、人的リソース面においてもハードルが高いことはいうまでもない。一方、キトーは製品の品質、利便性、堅牢さにおいて海外の競合メーカーと比べても秀でており、その評判もきわめて高いものがあった。

われわれは約2カ月間をかけ、キトービジネスの現状および将来性を検証し、評価した。その分析結果に基づき、キトー経営陣と今後の経営戦略に関し、じっくりと議論を重ね、海外での成長を中心とした5年間の中期経営計画を策定した。この中計に基づき、具体的なアクションプランとそのスケジュールを策定、経営陣と弊社のメンバーが一体となり、6カ月をメドにこのプランを実行した。その結果、2003年3月期売上高207億円、営業利益10億円であった業績が、2007年3月期には売上高318億円、営業利益は44億円に拡大、キトーは2007年8月に東証一部に再上場を果たした。また、2010年には、フィンランドの同業大手であるコネクレーン社（KONE Cranes、以下「KONE」という）と対等な事業提携を結び、グローバルなホイストメーカーの仲間入りを果たした。

(2) 企業価値創造の具体的アクション

では、どのようにして4年間で売上げ1.5倍、利益4.4倍を果たしたのか、

われわれがキトーの事業価値創造に取り組んだ施策について、事業、組織・人事、財務のそれぞれの観点からご紹介しよう。

a　事業強化

まず、事業に関しわれわれが取り組んだ経営支援は、海外事業の強化、生産体制の見直し、コア事業へのリソースの集中などである。

①　海外事業の強化

まずは海外事業の強化について説明しよう。前述のとおり、1990年当時からキトーは自力にて海外展開を図っていた。1990年に米国現地販社を買収するかたちで米国に進出、1993年にはカナダに100％子会社を、1995年には中国に現地経営陣の独立を支援するかたちで子会社を設立した。われわれはキトーが進出ずみのエリアを中心に市場調査を行い、その結果に基づき、どこにリソースを集中すべきかを経営陣とともに議論した。そして、成長の潜在力の高い米国、中国ビジネスの強化を優先した。米国市場でのキトー製品の評判はきわめて高かった。一方、ホイスト市場が毎年5％成長するなかで、キトー米国子会社の売上げは年間3％弱の成長にとどまっていた。原因分析してみると、販売戦略の脆弱さおよび、米国経営陣のマネジメント能力不足にあることが判明した。われわれの米国での社内外のネットワークを駆使し、代理店販売に経験のあるCEOを採用、米国での販売戦略を一から見直した。その結果、米国子会社の業績は急成長。売上高は3年で約2倍になり2007年3月に約90億円に達した。

次に、中国戦略について述べる。キトーは中国を今後の成長を支える重要市場として位置づけ、リソースを集中した。まずは14億円をかけ、新工場を新設。最新鋭の設備とシステムにより、生産キャパシティを一気に増強した。さらにガバナンス強化を目的に、国際会計基準を導入、収益管理体制を構築した。加えて中国子会社の持分を現地パートナーから買い増し、45％の少数持分を、最終的に90％まで引き上げた。この結果、子会社のキトー本社との連携はいっそう強まり、売上げは3年で2倍強の53億円に達した。中国

図表3-6　キト―社のグローバル化の取組みとカーライルの支援内容

ニッチ・トップのホイストメーカーの真のグローバル化を多面的に支援

キト―：グローバル化の軌跡

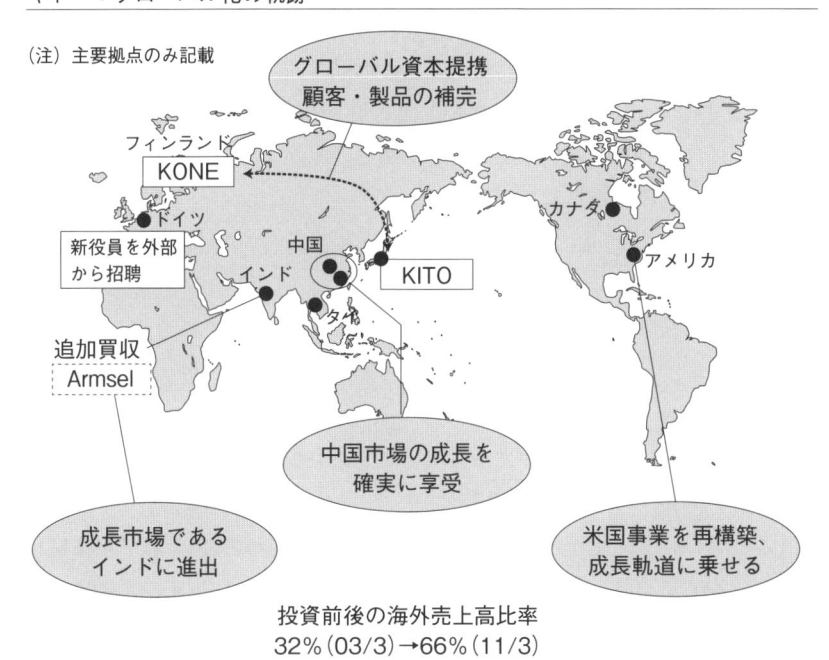

(注) 主要拠点のみ記載

- グローバル資本提携 顧客・製品の補完（フィンランド KONE）
- 新役員を外部から招聘（ドイツ）
- 追加買収 Armsel
- 成長市場であるインドに進出
- 中国市場の成長を確実に享受
- KITO
- 米国事業を再構築、成長軌道に乗せる（カナダ・アメリカ）

投資前後の海外売上高比率
32％(03/3)→66％(11/3)

カーライルの支援内容

① M&A	② 経営インフラ・組織整備
■ フィンランド同業（KONE Cranes）との資本業務提携 ■ インド同業（Armsel）の買収 ■ カーライルは買収交渉から買収後の統合作業に至るまでキト―を徹底サポート	■ 米国経営体制の強化（新CEOの招聘） ■ 中国事業の立直し（JVのマジョリティ獲得、現地経営チーム招聘） ■ カーライルはかかる人材採用・組織強化を支援

(出所) カーライル・グループ

事業は引き続き顕著な成長を続けており、2011年3月では売上げが70億円に達している。

さらなるグローバル化を推進するため、M&Aも積極的に活用した。今後大きく成長する新興国市場への参入を目的に、インドのクレーン会社であるアームセル（Armsel）を買収した。また、商品ラインアップおよび販売地域拡充を目的に、フィンランドのKONEと戦略的資本業務提携を行った。KONEのグローバルなネットワークを活用し、東南アジア、中国、ヨーロッパ、北米での協働を推進している。

結果として、投資前の2003年3月期に32％であった海外売上高比率は、2011年3月期に66％にまで上昇した。

② 生産体制の見直し

国内においては生産体制の見直しを行った。専門のコンサルタントと協働し、トヨタ生産方式を導入、生産ラインもセル生産に切り替えた。その結果、在庫は大幅に減少し、注文から出荷までの時間が大幅に短縮された。

③ コア事業へのリソース集中

海外事業の強化、生産の見直しを行うとともに、経営資源をコア事業に集中した。2003年当時、キトーはホイスト・クレーン事業に加え、自動倉庫事業を展開していた。同事業は戦後キトーがパイオニアとして始めた事業であり、高いクオリティのサービスを提供するとともに、多くの優良顧客を有していた。一方、業界ではダイフク、村田製作所、豊田自動織機など名だたる大手メーカーが乱立しており、競合環境が厳しく、同事業は営業赤字の状態であった。当時、同事業継続の是非に関し、キトー経営陣のなかでも意見が分かれており、早急に方向性を決める必要があった。われわれは固定観念にとらわれず、冷静にこの事業を分析し、すべてのオプションの可能性について経営陣とオープンに議論を重ねた。その結果、キトーにおいての事業継続は困難と判断し、業界トップのダイフクに事業譲渡を行い、ホイスト・クレーン事業に経営資源を集中した。譲渡した自動倉庫事業はダイフクのもと

で順調に成長し、いまでもダイフクのなかで重要なビジネスに成長を遂げている。

b　組織・人事強化

　事業の強化に加え、組織、人事の強化へ着手した。これまでキトーは、伝統的なキトーカルチャーのもと内部人材を中心に日本的経営を行ってきた。しかしながら、さらなるグローバル化を目指すべく、キトーカルチャーを維持しながら、グローバルな人材を積極的に活用する経営にシフトした。われわれがもつ社内外のグローバルなネットワークを生かし、積極的に優秀な外部人材を採用した。米国CEOに加え、ヨーロッパ現地法人の社長、海外担当役員、経営企画担当など数多くの優秀な人材を外部から登用するとともに、内部人材の活性化も図った。また、今後のキトーの成長を支える海外拠点との一体化を図るため、グローバルボードを設置し、米国社長の役員昇格を実現した。また、取締役会においてもガバナンスの強化を図った。グローバルな経営の経験が豊富で、この業界などに知見のある2名の社外役員を外部から登用し、冷静で公平な外部の視点を入れたことで、取締役会での活発な議論が行われるようになった。また、報酬委員会も設置した。本社取締役を含め、海外拠点のトップの報酬はこの報酬委員会で決定される。

　人事評価、報酬制度に関してもキトーは大幅に見直しを行った。日本においては、これまでの年功序列型の報酬制度を見直し、能力重視型の報酬制度を導入した。また、海外においては、グローバルなコンサルティング・ファームと協働し、現在の報酬レベルを見直すとともに報酬制度の改正を行った。

c　財務の強化

　続いて財務体質の強化について述べる。キトーは2003年当時、約200億円の売上げに対し、100億円程度の有利子負債があり、積極的な投資に踏み切れる財務状況ではなかった。この問題の解決のため、資産サイドの見直しを行い、不稼働資産の活用に取り組んだ。前述した在庫の削減、持合い株の売却、本社ビルの売却などを実行し、経営の指標もキャッシュフロー重視にシ

フトした。その結果、有利子負債は劇的に減少、3年間で有利子負債が約30億円となり、現金が有利子負債を上回るネットキャッシュ状態となった。その後も積極的な投資を行いながらキャッシュフロー経営を続けた結果、2008年には有利子負債はゼロとなった。

(3) 経営陣との信頼関係

　最後に、われわれが企業価値創造を図る際に重要と考える要素をもう一点述べたい。それは、われわれと経営陣との信頼関係および経営陣のコミットメントである。事業計画がどんなに優れていても、それを遂行する経営陣とファンドとの間に信頼関係がなければ、実現はなされず単に絵に描いた餅に終わる。このため、われわれは投資前の段階で現経営陣が本当の信頼関係をつくれる相手かどうか慎重に確認を行い、その後経営陣との信頼関係構築に最大限の努力を払う。加えて重要なことは経営陣の経営に対するコミットメントである。いくらアクションプランを策定しても、経営陣にその気がなければ、いっこうに物事は進まない。また、特に投資後6カ月間のアクションが非常に重要である。アクションが遅くなればなるほど、変革を起こすことがむずかしくなる。

　キトーの場合、鬼頭社長を筆頭に経営陣が一丸となって変革に積極的に取り組んでいただいたため、これだけの変化、業績をあげることができた。

　投資をしてからアクションプランを策定するようでは遅い。投資をした時点から全速力で変革に取り組むことが肝要である。したがって、われわれはデューデリジェンスのステージで、経営陣と大いに議論を行い、投資後のアクションプランを策定することを旨としている。

　これらの取組みの結果、キトーの株式時価総額は2007年の再上場時点で、非公開化直前の約7倍に増加した（図表3-7）。価値創造の内訳をみれば、その約50％が収益性の改善、26％がキャッシュフローの増加（有利子負債の減少）要因によるものとなっている（図表3-8）。カーライルが非公開化に

際して投下したエクイティの価値は非公開であるが、キトー社の株式時価総額の増加に伴って、投下エクイティから相応のリターンをあげたことが推察いただけるものと思料する。

図表3-7 キトー社の非公開化前および再上場後の財務指標比較

(金額：百万円)	非公開化前	再上場後	差額
決算期	2003/3/31	2007/3/31	
株式時価総額 (注1, 2)	5,581	39,765	34,184
ネット有利子負債 (注3)	4,315	-4,637	-8,952
企業価値	9,896	35,128	25,232
EBITDA	1,997	5,451	3,454
EV/EBITDA（企業価値EBITDA倍率）	4.96倍	6.44倍	1.49倍

(注1) 株式時価総額の時点：非公開化前 2003年10月27日、再上場後 2007年8月9日
(注2) 非公開化前の株式時価総額は、カーライルが投資したエクイティ総額を表すものではない
(注3) ネット有利子負債＝有利子負債－現金および現金等価物
(出所) SPEEDAに基づき筆者作成

図表3-8 キトー社の株式価値増加に占める要因別貢献度

(金額：百万円)	算式	増加額	株式価値増加に占める貢献度
株式価値増加額	A=B+C	34,184	100.0%
①有利子負債減	B	8,952	26.2%
企業価値の向上	C=D+E	25,232	73.8%
②うち収益性の改善 　（EBITDAの成長）	D	17,116	50.1%
③うち市場評価の改善 　（マルチプル拡大）	E	8,116	23.7%

(出所) SPEEDAに基づき筆者作成

5 バイアウト・ファンドの日本市場での将来性

本節では、日本において一定の普及が進んだバイアウト投資の将来性に関して、筆者の意見を述べることとしたい。

(1) バイアウト市場発展のための要件と日本における状況

日本においても、バイアウト市場発展の要件は満たされて来たと思料される。図表3－9は、筆者が属するカーライル・グループが分析するバイアウト普及の要件と、各要件がいつ日本・米国・欧州において整備されたかを整理したものである。これをみると、パイオニアであった米国を追うかたちで、日本でも2000年代に入りすべての要件が整備されてきたことがうかがえる。

図表3-9 バイアウト投資の普及要件が各地域において整備された時期

	1970年代	1980年代	1990年代	2000年代
1　インフラ				
ビジネス規範	米	欧・日		
M&A関連法制度	米	欧	日	
2　資金供給				
レバレッジの提供者の存在		米	欧	日
エクイティ資金の提供者の存在	米		欧・日	
3　プレーヤーのスキル				
投資プロフェッショナルのスキル		米	欧	日
ファンド運営者のスキル			米	欧・日
4　市場環境				
売手の企業売却に関する意思決定		米	欧	日
コーポレート・リストラクチャリングの必要性		米	欧	日
認知度			米	欧・日
エグジットの機会の存在		米	欧	日

(出所)　カーライル・グループ

(2) M&A市場からみた成長可能性

次に、M&A市場からみた成長可能性について述べる。日本のGDP対比のプライベート・エクイティ投資金額の割合は他国対比で小さい。2010年において、米国が0.43%、英国が0.34%であるのに対し、日本は0.06%と低い割合にとどまっている[7]。

また、日本のM&A市場に占めるバイアウト案件は、増加傾向ではあるものの引き続き欧米に比較して割合としては低い（図表3-10）。逆にとらえると、日本のプライベート・エクイティ投資は、経済活動ならびにM&A市場

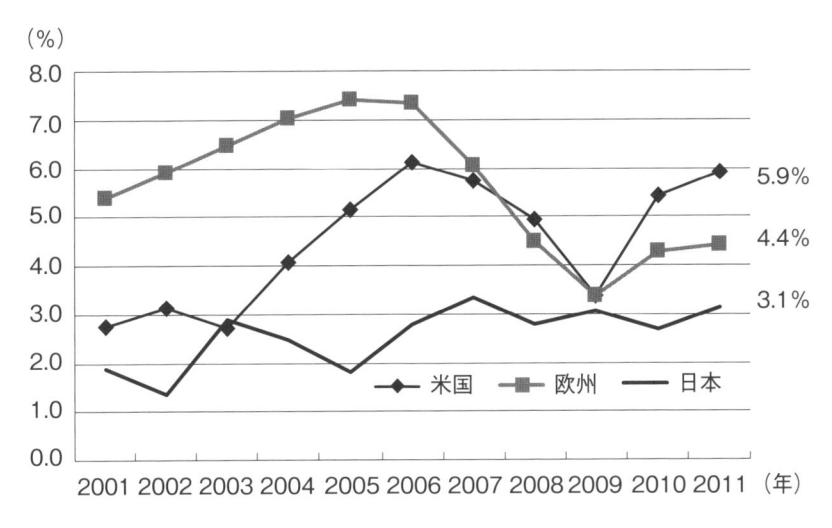

図表3-10　各地域別のM&A件数に対するバイアウトの件数

（出所）　Thomson Reuters、レコフ、日本バイアウト研究所のデータをもとに筆者作成

---

[7] Emerging Markets Private Equity Association, "EMPEA Industry Statistics Fundraising & Investment Analysis – Q1 2011, Historical Statistics – Since 2002, Performance Data - Q3 2011", pp24, data cited from Centre for Management Buyout Research（UK）, Pitch Book（US）, Asia Private Equity Review（Japan）

との比較において、欧米並みの規模に成長する拡大余地が存在するものと考えられる。

　上記の拡大余地を予想させる定性要因として、例えばコングロマリットにおける円高などを背景とした買収戦略の一環としてのノンコア事業売却の活発化、オーナー高齢化に伴う企業の事業承継ニーズの高まりなどがあげられる。また、対象会社がグローバル化を目指しファンドのリソースを活用する動きや、事業会社がファンドと組んで海外企業の買収を行う動きの加速も、これに加えることができると思料される。これらはすべて、日本のバイアウト市場においてプラスの動きとなるものといえよう。

(3)　今後の市場拡大を後押しする原動力

　以上のように、日本のバイアウト市場の基盤整備の進展ならびに日本のM&A市場の規模に基づく成長余地の存在にかんがみると、日本のバイアウト投資が拡大する潜在性は引き続き大きいと筆者はみている。加えて、バイアウト投資の意義を体現するプレーヤーのスキル向上、これによるバイアウト投資の認知度向上、さらには投資家層の拡大が、今後の市場成長を後押ししていくものと考える。

　バイアウト・ファンドは対象企業にとって、リスクマネーの供給者であると同時に、グローバル化をはじめとする成長戦略実現のパートナー足りうる存在である。一方、投資家にとり、超過リターンを期待できる投資手段として、また投資資金を通じて対象企業の成長を支援する手段となると考える。

　これらのバイアウトの意義を実現する際に重要な役割を担うのが投資プロフェッショナルである。バイアウト市場の歴史は10年を超え、日本国内のバイアウト・ファンド、および投資に携わる投資プロフェッショナルの経験値は蓄積されてきた。事業経営、金融、コンサルティングなどの幅広いバックグラウンドを有する人材がファンドに集まり、価値創造手段の多様化とスキルの向上を図ってきた。今後、これらのファンドが日本市場に十分なコミッ

トを行い、リソースを注ぎ込むことにより、対象企業、投資家に価値をもたらす投資が増えていくものと考える。この結果として、バイアウト投資の認知度があがり、その活用が浸透していくものと期待している。

さらに、今後も投資家層は広がっていくものと想定される。現状では、日本においてバイアウト・ファンドの投資家層は限定的である。しかしながら、先行する欧米では、公的年金基金、企業年金基金が最大の資金の出し手となっていることをふまえると、日本でもバイアウト投資の普及にあわせて、同様に幅広い投資家の関与が期待される。

これらが相互に影響し合い、認知向上による案件数の拡大（バイアウト活用の増加）と、投資資金の拡大（投資家層の広がり）の双方がバイアウト投資の成長の原動力となっていくことを期待している。

おわりに

機関投資家をはじめとする幅広い投資家層に、バイアウト投資の概要をより知っていただく目的で本章を執筆した。バイアウト投資は、優良ファンドを選別し、特に上位25％のファンドへ投資することで、上場株式対比の超過リターンを期待できる投資であること、投資資金を通じて対象企業の企業価値創造を行う仕組みの投資であること、日本でも10年の歴史を経て、今後すそ野が広がっていく可能性があることをご紹介させていただいた。

筆者は、バイアウト投資について、日本企業のグローバルな成長のサポートを行う産業金融の一形態として、とりわけ有効な機能であると考えている。この仕組みが日本でも定着するためには、企業の成長を実現すると同時に、投資家に納得のいくリターンを提供しなくてはならないという思いを強くもっている。これを実現するよりよい投資を行うために、日々努力を重ねて行きたいと考える。これは、バイアウト投資に携わる多くのプロフェッショナル共通の思いであると信じている。

読者の皆様が、バイアウト投資の概略についてご理解を深めていただくと

同時に、オルタナティブ投資のなかの一つの魅力的な投資対象として少しでもご検討いただくことになれば、望外の喜びである。

付記

本章の執筆にあたり多方面から知見をいただいたカーライル・グループの安達保氏、三井麻紀氏、資料収集に多大な協力をいただいた同じくカーライル・グループの石川隆太氏、Daniel Bowels氏、Amber Oblazney氏、最後に本企画の構想にあたられ、本章の校正に関しご意見をいただいた日本バイアウト研究所代表の杉浦慶一氏に謝辞を述べさせていただきたい。

参考文献

杉浦慶一（2012）「バイアウト実施企業の財務特性と経営改善―キトーの海外における事業展開の強化を中心として―」『年報経営分析研究』第28号、日本経営分析学会、pp. 60-69.

Cambridge Associates (2011) *Global (Ex.U.S.) Private Equity & Venture Capital Index and Benchmark Statistics - Private Investments*, Cambridge Associates.

Harry Cendrowski, James P. Martin, Louis W. Petro and Adam A. Wadecki (2008) *Private Equity: History, Governance, and Operations*, Wiley Finance.（若杉敬明監訳・森順次・藤村武司訳（2011）『プライベート・エクイティ』中央経済社）

Interview

機関投資家によるバイアウト・ファンドへの投資

優秀なファンドとのリレーション維持と
継続的な投資が鍵

大同生命保険株式会社 市場投資部
プライベート・エクイティ投資課長
山村一郎氏

Q 大同生命保険としては、いつ頃からバイアウト・ファンドへの投資を行ってきましたでしょうか。また、プライベート・エクイティのうちバイアウト・ファンドへのアロケーションはどれくらいでしょうか。

　当社では、1992年頃からリスク資産を適切にコントロールするため、国内株式の圧縮を進めていましたが、国内株式の比率の引下げと並行して新たな運用商品の調査を開始しました。そのなかで、伝統的資産との相関の低さやリスク対比で高いリターンが期待できるオルタナティブ投資の有効性に着目し、中長期的に安定して高いリターンを維持させるため、1999年からオルタナティブ投資を一つのアセット・クラスとして位置づけて、その取組みを開始しました。

　プライベート・エクイティ・ファンドへの投資開始に際しては、ノウハウの蓄積やファンド運用会社へのアクセスを確保する目的で、まずは、欧米のファンド・オブ・ファンズ（FOF）への投資からスタートさせ、その後、シングル・ファンドへの投資にシフトさせました。2002年には、三菱商事と合弁で国内初のプライベート・エクイティ・ファンドへの投資に特化したアドバイザリー会社のエー・アイ・キャピタル（AIC）を設立し、本格的に投資を開始しました。これまで多数の人間をAICに出向させ、人材の育成とネットワーキングを進めてきました。現在でも、当社のアドバイザーとして、新規案件のソーシング業務、デューデリジェ

ンス業務、モニタリング業務の一部を委託しています。

当社がプライベート・エクイティ投資をスタートした当時は、このような投資に取り組む国内の機関投資家は限られており、「バイアウト」や「レバレッジド・バイアウト（LBO）」という言葉でさえあまりなじみがありませんでした。また当初は、パフォーマンスが優れた欧米の有力ファンドへのアクセスにも苦労はしましたが、仲介業者の活用やFOF投資を通じ当社の認知度を高めることで徐々にアクセスを広げていきました。

さまざまな戦略のなかでは、当初からバイアウトを投資の柱としており、現在、当社のプライベート・エクイティ・ファンド・ポートフォリオでバイアウトが約70％を占めています。その理由は、バイアウトの市場規模が大きいこと、欧米では主要な戦略であること、一定の資産を有してキャッシュフローを創出している企業を投資対象とすることから、ベンチャー・キャピタル・ファンドなどと比較して安定的なリターンが見込めると判断したからです。また、ベンチャー・キャピタル・ファンドに関しては、高いリターンが期待できるトップクラスのファンドの募集額は小さいため世界中でも少数の投資家しかアクセスできない事情も、バイアウトを優先した背景にあります。

地域別では、欧米ファンドを中心に取り組んでおり、国内投資比率は当初こそ30％強でしたが、足元では10％弱まで低下しています。2000年初頭は、国内企業を投資対象としたバイアウト・ファンドがようやく立ち上げられたばかりでその数も多くありませんでした。しかし、当社がホームグラウンドとする国内市場でも欧米並みにプライベート・エクイティ市場が発展することを期待して、運用マネジャーから投資コンセプトや具体的な検討案件の概要をヒアリングしながら、ある意味手探りで投資を開始しました。当初は、ファンド間の競争も限られており国内ファンドのパフォーマンスも欧米並みの高い水準でしたが、残念ながら1990年代後半にかけては欧米と比較するとパフォーマンスが必ずしもよいとはいえないことも国内の比率を低下させた要因です。

今後の投資方針ですが、バイアウト・ファンドは、当社のPEポートフォリオを

構築するうえでは、引き続き中心的な投資戦略として位置づけています。ただし、レバレッジに過度に依存する投資戦略は2008年のような金融危機時には、個別企業の業績以外の市場環境の影響を大きく受けるため、今後はレバレッジに大きく依存しないグロース型やターンアラウンド型の比率を徐々に引き上げ、投資戦略の分散を図ることで、パフォーマンスのブレを抑えていく方針です。

Q プライベート・エクイティ投資プログラムにおいて、バイアウト・ファンドをアセット・アロケーションに組み込むことの意義についてはどのようにお考えでしょうか。

バイアウト・ファンドは、投資銀行や事業会社、コンサルティング会社などでさまざまなノウハウや経験を積んだ優秀な人材が集まり、自らも出資をしてリスクキャピタルを提供するモデルです。企業へのリスクキャピタルの提供は、民間の金融機関や官でも実施していますが、さまざまな問題から必ずしもうまく機能しているとはいえないため、その間を埋める意味ではバイアウト・ファンドの担う役割は大きいと考えています。

多くの機関投資家がバイアウト・ファンドへの投資をプライベート・エクイティ・ポートフォリオの中核としている理由は、世界のM&A市場でバイアウト・ファンドが関与する取引が増加していること、小規模なローカルマネジャーを除けば比較的アクセスしやすいこと、優秀で長期間の経験を有する専門家によるデューデリジェンスを通じた銘柄選択により高いリターンが期待できることなどがあげられます。

また、定性的な要素ではありますが、非上場企業への投資は、上場企業へのパッシブな株式投資と異なり、経営やガバナンスに深く関与（ハンズ・オン）が可能であるため、これまでのパフォーマンスを振り返ると上場株式を5～10％上回るリターンをあげています。投資戦略の観点からも、次のような構造的な優位性をバイアウト戦略がより発揮しやすいと考えています。

プライベート・エクイティ投資の構造的な優位性

①銘柄選択のプロセスで、対象企業の精査時には、秘密保持契約を締結したうえで企業から提供されるさまざまな非公開情報に基づき、投資判断を行えること。
②短期的なマーケット変動や経済環境の変化にとらわれずに、中期的な視点（3〜5年間）でじっくりと価値創造に取り組むことができること
③取締役会などへの参加を通じて、重要な経営戦略の策定や経営の意思決定プロセスに深く関与し、経営陣の入替えやコーポレート・ガバナンスを強化するなど自らの力で企業価値を高めることができること。

Q バイアウト・ファンドの特徴である「Jカーブ効果」についてはどのようにお考えでしょうか。また、「Jカーブ効果」をカバーするためにどのような工夫を行っていますでしょうか。

　バイアウト・ファンドの特徴としては、Jカーブだけでなく、ブラインドプール型投資、流動性の低さなどもあげられます。また、優良な運用会社へ投資するためには、属人的なリレーションも重要であり、これらのバイアウト・ファンドの特性を、機関投資家の執行部門や経営層が認識して取り組むことが重要なポイントの一つだと考えています。
　当社では、Jカーブ効果を緩和させるため、先行して比較的安定して投資収益の計上が期待できるヘッジ・ファンド投資を行いました。また、過去のビンテージ・イヤーを分散させる目的でセカンダリーFOFへの取組みも並行して実施しました。

> Q プライベート・エクイティ・ファンドは、ファンドの償還まで通常10年程度かかり、かつ途中売却がむずかしいアセット・クラスですが、「長期投資」「非流動性」という点についてはどのようにお考えでしょうか。

すでに述べたとおり、構造的な優位性があることから中長期的には高いリターンが期待できますが、その対価として流動性を放棄しなければいけません。また、流動性プレミアムに見合うリターンを稼ぐためには、優良なファンド運用会社へ厳選投資できるかが鍵となります。これを実現させるためには、優秀な運用会社へのアクセスと銘柄選定に不可欠な"目利き"が重要となります。そのためには、一定のコストはかかりますが、外部アドバイザーの採用やFOFを通じて投資をスタートすることが近道だと思います。なお、優良な運用マネジャーと構築したリレーションをその後も維持させることは、高いパフォーマンスを得るための重要な要素の一つです。ファンドと常にコンタクトできる態勢を維持し、投資後もポートフォリオの内容把握のため定期的にモニタリングを行うことも、リレーションを維持させるうえで重要です。

なお、「長期投資」や「流動性の低さ」という特性から、プライベート・エクイティへの参加者は年金基金、大学基金、ソブリン・ウェルス・ファンドなど長期の負債を有する投資家が多くなっていますが、投資家は各々の負債特性やリスク許容度を十分に認識しプライベート・エクイティへの最大配分額を定めたうえで、長期的な投資スタンスで取り組むことが重要です。

> Q 10年以上にわたり投資を継続してきた経験から、日本のバイアウト・ファンドをみる際のポイントは何だと感じていますでしょうか。

基本的には、欧米とは大きく変わらないと考えています。具体的にはディールソーシング能力、トラック・レコード、組織の安定性、投資先企業の価値創造力のいずれも重要なポイントとなります。

あえて日本特有の事情をあげるとすれば、欧米と比較すると「ファンド」とい

うだけで投資候補先の経営陣から身構えられることがまだまだ多いですし、大企業からのカーブアウト案件では、トップの経営陣との粘り強い交渉も不可欠となりますので、ファンドの投資担当者には忍耐強さとトップの経営層に切り込むことができる人脈が求められます。

また、リレーションという観点では、国内でLBOローンを提供している銀行の数が限られているため、銀行を含むデット提供者と良好な関係を維持することも重要な要素となります。特に投資先が厳しい状況に陥ったときに、どのように立ち振る舞うのかは、デット・プロバイダーだけでなく投資家もみており、ファンドを評価するポイントの一つとなります。

欧米に比べると日本では優秀な人材がまだまだ大企業に滞留しがちですので、ファンドが投資先の経営陣を入れ替える際に最適な人材を探すのが困難だといわれています。企業価値創造という観点では、優秀な経営陣やマネジメント層をタイムリーに派遣できるか否かで業績を大きく左右する場合もありますので、ファンドを評価する際には、これらの人材へのアクセスをどのように確保しているかということもポイントの一つになると考えています。

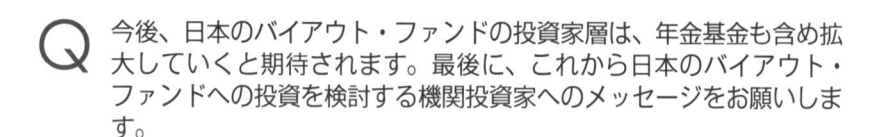

Q 今後、日本のバイアウト・ファンドの投資家層は、年金基金も含め拡大していくと期待されます。最後に、これから日本のバイアウト・ファンドへの投資を検討する機関投資家へのメッセージをお願いします。

繰り返しになりますが、プライベート・エクイティ・ファンド投資は、長期投資できわめて流動性も低い資産であることから、投資を開始するに際しても、長期的な視点で取り組むことが重要となります。例えば、短期的な運用方針の変更で投資の中断や中止を繰り返すと、せっかく積み上げた各ファンドとの良好なリレーションを維持させることが困難となり、思うような投資行動がとれない可能性もあります。

運用会社とのリレーションや投資家間のネットワークを構築させるための一つ

の鍵は、人材育成だと考えています。金融機関の場合、どうしても人事ローテーションで長期間この業務にかかわるのはむずかしいのですが、組織としてノウハウを蓄積するだけでなく、外部とのリレーションを組織としてどのように維持・継承させていくのかが大切になります。

　また、上場株式や債券への投資と異なり、管理コストがかかることを認識する必要があります。会計処理方法は、ファンド形態によって異なりますし、税務の面でも留意が必要です。そのため、ミドルやバック機能を充実させることも、フロント部門の人材育成以上に大切かもしれません。バイアウト・ファンドへの投資が日本でも拡大していくと、ミドル業務のアウトソースのニーズはこれまで以上に高まると考えています。

Profile

山村一郎氏

大同生命保険株式会社 市場投資部 プライベート・エクイティ投資課長

1989年関西学院大学法学部卒業。同年大同生命保険相互会社に入社。以後2000年まで大同生命信用保証株式会社、個人融資課、融資部、市場金融部で個人・法人向け融資業務に10年あまり携わる。2000年に証券投資部に異動し、ヘッジ・ファンド、プライベート・エクイティ投資に従事し、2003年から2008年6月まで三菱商事と大同生命保険の合弁として2002年に設立されたアドバイザリー会社であるエー・アイ・キャピタル株式会社に出向し、プライベート・エクイティのゲートキーピングビジネスおよびファンド・オブ・ファンズの組成・運営に携わる。2008年7月に大同生命保険に帰任し、プライベート・エクイティ投資に従事する。

第 4 章

ベンチャー・キャピタル・ファンド／グロース・キャピタル・ファンドの特徴

産業育成・企業創造を通じた絶対リターンの追求

株式会社グロービス・キャピタル・パートナーズ
マネージング・パートナー　**仮屋薗聡一**
株式会社グロース・イニシアティブ
代表取締役　**吉崎浩一郎**

はじめに

　ベンチャー・キャピタル・ファンド／グロース・キャピタル・ファンドの定義として、事業モデルを二つの側面から語ることが欠かせない。一つは、投資機関としての側面、もう一つは、運用受託機関としての側面である。投資機関としてのビジネスプロセスは、未公開の有望なベンチャー企業、または起業家を発掘し、事業成長のための資金を供給し、投資先の経営支援を行い、株式公開もしくはM&Aにより資金回収を図る、というものである。運用受託機関としてのビジネスプロセスは、ファンドを組成し、複数の投資先へ分散投資を行い、ポートフォリオを組むことによって、ハイリスク・ハイリターン、かつ複雑性・難易度の高いベンチャー企業投資において、中長期的に絶対リターンを追求できるアセットクラスを、年金基金、機関投資家やファミリーオフィス等に提供するというものである。この二つの側面を同時に運営できているのが、今日におけるグローバル・スタンダードのベンチャー・キャピタル・ファンドとグロース・キャピタル・ファンドのジェネラル・パートナー（以下「GPという」）であるといえる。

　ベンチャー・キャピタルおよびグロース・キャピタルの収益機会とは、成長市場と成功企業の見極めに対する「情報の非対称性」と、投資対象となるベンチャー・成長企業への「アクセスの難易度」、および投資後の経営支援

による「付加価値の専門性」から生まれる企業価値の未公開市場と公開市場の「アービトラージ」を利用した『絶対リターン(absolute return)』の追求である。

本章では、ベンチャー・キャピタル・ファンドとグロース・キャピタル・ファンドの特徴について明らかにする。

1 ベンチャー・キャピタル投資／グロース・キャピタル投資の特徴

(1) 投資領域

ベンチャー・キャピタル・ファンドの投資対象は、事業がシード、スタートアップの次の段階、いわゆる規模化の実現がみえ、新規市場の創造を志向するアーリーステージの急成長企業である。持分比率は、ある程度まとまっ

図表4-1　事業ステージと利益

1. Venture Capital
新規市場創造における急成長企業を支援
 - 急成長を実現するための"まとまった資本投下"を実行
 - 目標とする市場およびビジネスモデルが検証されつつある状態(シード・スタートアップは、本書ではAngel/Incubatorが中心的役割と定義)
 - 技術やノウハウはあるものの、ビジネスモデルがScalableなものになっていないため、成長のための投資および運転資金の必然性
　例) 大企業のCarve out、急成長ベンチャー企業

2. Growth Capital
中堅企業の非連続的成長を支援
 - 非連続的成長を志向する企業を対象
　・業界再編(M&A)による規模拡大
　・海外進出等新たな市場開拓
 - 事業の規模拡大や仕組みを変えるための資金
 - より事業の成長に適したガバナンスに変更

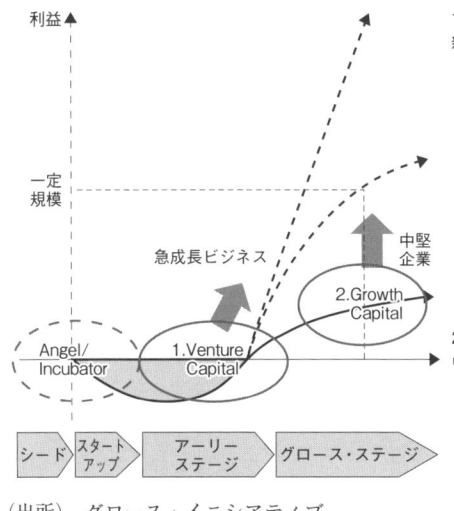

(出所)　グロース・イニシアティブ

図表4−2 事業ステージと持分比率

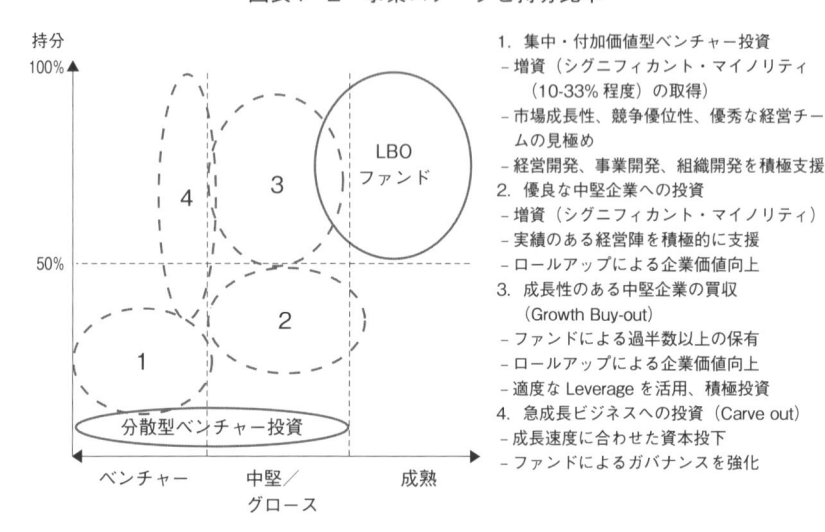

持分
100%

50%

ベンチャー　　中堅／グロース　　成熟

4　3　LBOファンド

1　2

分散型ベンチャー投資

1. 集中・付加価値型ベンチャー投資
 - 増資（シグニフィカント・マイノリティ（10-33％程度）の取得）
 - 市場成長性、競争優位性、優秀な経営チームの見極め
 - 経営開発、事業開発、組織開発を積極支援
2. 優良な中堅企業への投資
 - 増資（シグニフィカント・マイノリティ）
 - 実績のある経営陣を積極的に支援
 - ロールアップによる企業価値向上
3. 成長性のある中堅企業の買収（Growth Buy-out）
 - ファンドによる過半数以上の保有
 - ロールアップによる企業価値向上
 - 適度な Leverage を活用、積極投資
4. 急成長ビジネスへの投資（Carve out）
 - 成長速度に合わせた資本投下
 - ファンドによるガバナンスを強化

（出所）　グロース・イニシアティブ

た持分、シグニフィカント・マイノリティ（10〜33％程度）の出資を目標とする。グロース・キャピタル・ファンドの投資対象は、すでに事業が黒字で運営されており、M&Aや海外展開等の非連続的な成長を志向する中堅企業である。持分比率は、シグニフィカント・マイノリティの出資により、成長資金を投入することが一般的であるが、対象企業の状況によって、マジョリティの取得や一部株式の譲渡との組合せとなることも散見される。

(2)　投資意義　〜投資家からみた意義（Jカーブ・非相関・絶対リターンの追求）〜

年金基金にとってのベンチャー・キャピタル・ファンド／グロース・キャピタル・ファンドへの投資意義とは、オルタナティブ投資分野のなかでも最もハイリスク・ハイリターンの特性を追求するものであり、「短中期の非流

動性」および「資産価値のJカーブ特性」を許容しながらも、「高い収益性」と「ポートフォリオ分散効果」をねらえる、というところにある。年金・基金という長期的運用視点と運用金額の大きさという特徴を生かし、短期視点の運用者では取り組めない、非上場と上場企業における情報および投資先アクセスの非対称性と、企業成長への中長期的付加価値付与による企業価値創造の二点をテコにして、高い収益倍率とIRRを獲得できるアセットクラスを取り込める、という点にその投資意義の本質が見出せよう。

　一方、このアセットクラスに取り組むにあたっては、中長期的投資プログラムの設計とコミットメントが重要となる。これは、当該アセットクラス特有のリターンサイクル、景気循環サイクルに呼応して投資に適したタイミングとExitに適したタイミングが、中期的にめぐってくるという特性による。よって、ハイリスク・ハイリターンかつボラティリティが高いアセットクラスにおけるアベレージリターンを追求するために、GPおよびビンテージの分散をかけ、リターンおよびキャッシュフローの安定継続性を保持する、という戦略となる。また、当該アセットクラスの収益源泉が情報の非対称性、アクセスの難易度と付加価値の専門性であることから、これらの能力を有するGPへのアクセスと選定が大変重要な運用ノウハウとなることも付記しておきたい。

(3)　キャッシュフローの特徴

　ベンチャー・キャピタル・ファンドは、設立時にリミテッド・パートナー(以下「LPという」)からのファンドへの出資額がコミットされ、GPは投資運用先への個別の投資実行に応じて、必要額をLPへコールする(LPからつどドローダウンされる)キャピタルコール方式をとるのが一般的である。また、ファンドの運用期間としては、10年が標準となるが、投資リターンを生み出す活動として、そのなかで①投資先開発、②投資先成長支援、および③Exit(投資回収)の三つのステージに分けられる。

それぞれの期間としては、おおむねであるが、ファンド設立当初から3～5年目までが新規投資先の開拓によるポートフォリオ構築、3～7年目が投資先のモニタリング・成長支援、5～10年目がIPOやM&Aによる投資回収となる。よって、キャッシュフローの特徴としては、①の期間においては、投資開発が進むにつれキャピタルコールが行われ、3～5年目の投資ポートフォリオの構築が完了するまでに、その後の追加投資枠およびマネジメント・フィー枠を除いたコミットメント総額に対する3分の2から4分の3がドローダウンされる。②の期間は投資先の成長ステージによって適宜追加投資が行われる、そして③の期間、ファンド後半5～10年目において投資回収が漸次行われていく。結果、新規投資が行われる期間のファンドの5年目に向けてドローダウンが最大化し、5年目以降Exitとディストリビューションが開始され、キャッシュポジションが回復、6～8年目でブレークイーブンを迎え、その後10年目に向けて一気にリターンを創出するという、典型的Jカーブをたどるのが一般的となる。

　また、上記のキャッシュフロー・パターンは、ファンドの投資戦略で、そのJカーブの深さ、ブレークイーブンのタイミング、および最終リターンの大きさが変わる。アーリーステージの投資においては、投資期間を5～7年、期待IRRを50～100％以上とし、成功確率は20％前後となるハイリスク・ハイリターンの投資プロファイルとなる。一方、レイトステージ投資では、投資期間を1～3年、期待IRRを35％程度とし、成功確率も高いミドルリスク・ミドルリターンの投資プロファイルとなる。これらの特性をふまえステージ特化の戦略をとると、アーリーステージ集中の場合、Jカーブがより深く、ブレークイーブンも長くなる一方、最終利益のアップサイドをねらえ、レイトステージ集中の場合ではその逆となる。ファンドによっては、バランス型ポートフォリオ戦略をとり、それぞれのリスクをヘッジしている。

　グロース・キャピタルにおいては、上記のキャッシュフロー・パターンを基本としながら、投資先成長支援期間からExit（投資回収）までの期間がベ

ンチャー・キャピタルに比べ短い。これはアーリーステージからレイトステージまでの幅広い事業ステージを投資対象とするベンチャー・キャピタルに対し、グロース・キャピタルの対象企業は比較的安定した事業基盤をもつ中堅中小企業にフォーカスされることによるものである。事業ステージ別のポートフォリオというよりも案件ごとにベンチャー・キャピタル的なアップサイドをねらう投資かまたは、安定したリターンを得ながらミドルリスク・ミドルリターンを求めるかを個別に設計する形式が特徴となる。そういう意味では、投資インストルメントとしてメザニンやデットを絡めたディール・ストラクチャーをとるケースもあり、この場合、キャピタルゲインに加えて、金利によるインカムゲインの補填も行うことが可能であり、Jカーブの底上げの効用も期待できる。

(4) 投資収益の源泉の相違点（株式価値向上の観点）

　ベンチャー・キャピタル投資、バイアウト投資、グロース・キャピタル投資のそれぞれの相違点を投資した株式の価値向上の観点から整理する。
　一般的にプライベート・エクイティにおいて投資した株式の価値向上の源 (value creation) は、三点である。
　第一点は、対象企業の利益向上である。投資を実行した対象企業の業績が向上し、売上・利益ともに拡大し、対象企業の市場価格が上昇し、株式売却の結果、投資収益が得られることである。
　第二点は、対象企業の株式の割安購入である。対象企業の株式を想定される市場価格に対して、割安な価格で購入することである。割安に投資することにより、市場価格またはそれより高い価格で売却した場合、相応の投資収益がもたらされる。
　第三点は、株式購入にあたり借入金を活用する借入金効果（レバレッジ）である。株式購入資金をファンドが拠出する資金に加え、外部から調達する借入金を組み合わせることによって、より少ない資金で投資を行い、ファン

ドの資金効率をあげることができる。

　ベンチャー・キャピタル投資の場合は、基本的に対象企業がアーリーステージであり、いまだ事業として利益計上されず、客観的にビジネスの実態を測ることが困難であるため、投資実行にあたり、想定される市場価格の妥当性の判断がむずかしい。したがって、株式の価値向上は、主に対象企業の飛躍的な成長による利益向上から見込まれる。

　バイアウト投資の場合は、対象企業はある程度の事業規模を抱えた成熟した企業で、かつ相応の資産を保有し、安定したキャッシュフローを創出している。よって通常、対象企業の株式購入にあたり、外部からの借入金を組み合わせ、ファンドからの株式に投資資金をレバレッジし、かつ対象会社のキャッシュフローによって借入金の返済を行うことによって、株式の価値向上を図ることを行っている。また、投資実行の際、交渉により、想定される市場価格に対して、割安な価格で購入することが、リターンにとって重要なファクターと考えられる。

　グロース・キャピタル投資の場合は、対象企業の事業成長がリターンの源泉となる投資のため、投資資金に外部の借入金を組み合わせることは行わない。ただし、マジョリティを取得する場合は事業の成長性、現状のキャッシュフローを加味し、一部借入金を組み合わせる場合もある。ベンチャー・キャピタル投資と同様に、対象企業の業績向上による投資収益の獲得が最重要である。また、バイアウト投資と同様に割安な価格で投資することが、リターンに与える影響が大きい。

② 日本におけるベンチャー・キャピタルについて

(1) 日本のベンチャー・キャピタル

　ベンチャー・キャピタル産業のロールモデルといえば、米国シリコンバレーにおける高い専門性と運用実績をもつベンチャー・キャピタルと次々と

創出されるグローバルITベンチャー、そしてそれを支える年金・基金という三位一体のエコシステムであろう。このトライアングルにより、圧倒的に高い絶対リターンを創出してきた歴史が、ベンチャー・キャピタルというアセットクラスの隆盛そのものであるといえる。

一方、世界各国でもエコシステムや環境の整備が進んできており、グローバルレベルでのトラック・レコードと卓越性をもつベンチャー・キャピタルも出現してきている。

この収益機会を追求できる背景として、以下の三つの環境要件があげられる。

① 成長市場（テクノロジー&ビジネスイノベーションor New market）
② 人材流動（優秀な人材の流入）
③ Exit環境（成長を評価に織り込むExit市場およびM&Aの存在）

成長市場の観点では、テクノロジーイノベーションの起こる分野として、IT、バイオ・メディカル、素材・エネルギーなどが、ビジネスイノベーションの起こる分野として、メディア、流通などがあげられる。また、昨今では、人口動態と市場発展の両面により、BRICSなど国そのものを成長市場としてとらえる観点も出ている。

人材流動の観点では、企業は人なりの言のとおり、優秀な人材が上記成長市場における成長企業に参画し、急成長を支える基盤となるプロセスが欠かせない。この点、米国シリコンバレーは、世界中の優秀な経営人材および技術人材が集まり、かつ採用の自由度も高いことによる利点が大きい。日本も、1990年代後半からの終身雇用の崩壊による大手企業からのベンチャーへの転身や、東証マザーズなど新興市場創出によりベンチャー企業IPOが増加し、ベンチャー経営経験者の厚みが増している。

Exit環境においては、日本は東証マザーズに代表される新興市場の創設に

より、世界でも有数のベンチャー企業のIPOおよびベンチャー・キャピタルのExit環境整備が進んでいる。米国のIPOは上場企業の規模感や知名度において圧倒的に優れているともいえるが、日本の新興市場が小規模でも上場ができ、かつベンチャー・キャピタルのExitとしての流動性も相応に備えている、という環境背景は、ベンチャー・キャピタルのリターン創出においては大いに活用すべきアドバンテージである。

　日本においては、上記の三つの要件が1990年代終わりから徐々に満たされるようになってきたが、ベンチャー・キャピタル産業としての発展としては、ちょうど構造変化の真っ只中にあるといえる。

　ベンチャー・キャピタルの年間投資額推移においては、2000年代半ばのIPOブームにおける隆盛の後、世界金融危機を契機に3分の1である1,000

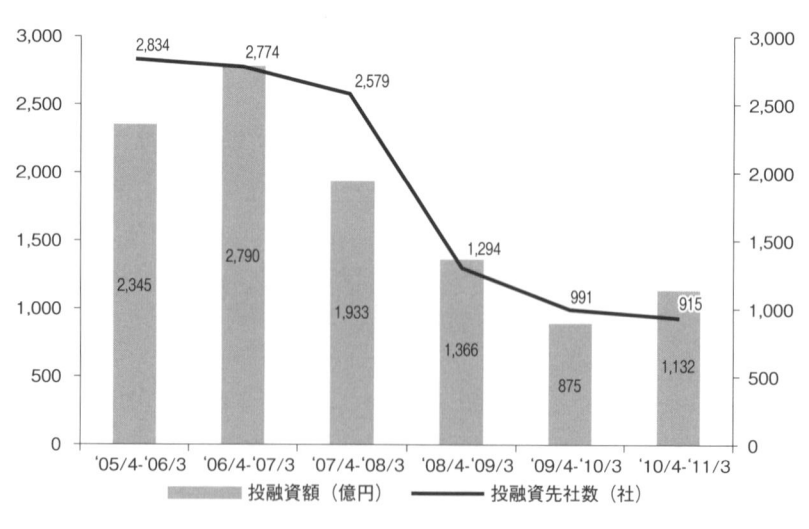

図表4-3　VC年間投資件数と投融資額の推移

期間	投融資額（億円）	投融資先社数（社）
'05/4-'06/3	2,345	2,834
'06/4-'07/3	2,790	2,774
'07/4-'08/3	1,933	2,579
'08/4-'09/3	1,366	1,294
'09/4-'10/3	875	991
'10/4-'11/3	1,132	915

（出所）　一般財団法人ベンチャーエンタープライズセンター「2011年ベンチャービジネスの回顧と展望」

億円弱にまで低下してきたが、2011年で横ばいに転じた。

　現在、日本のベンチャー・キャピタル産業は、重要な岐路に立っていると思われる。それは、かつて1990年代において金融系ベンチャー・キャピタルの主流投資戦略であった未公開と公開市場間のアービトラージ機会が、インターネット等による情報化の進展に伴い収縮したことにより、リターンの創出において、投資分野における専門性やネットワーク、および投資先への経営付加価値が必然となってきていることである。これは、米国が1980年代に迎えた構造変化ときわめて似た側面をもつ。2008年の世界経済危機を変局点に、ベンチャー・キャピタル投資額こそ低下したが、需給バランスからバリュエーション等の投資条件は好転しており、アセットクラスとしての妙味が出つつあるといえる。

　さらに、経営付加価値型の投資戦略を実践する独立系ベンチャー・キャピタルが増え、またスタートアップ起業家を投資・サポートするインキュベーターの活動も活発となっており、日本の起業環境は、質的に向上しつつあるといえるだろう。また、厳しい環境だからこそ、新たな時代をリードするベンチャーを創出すべく、起業家とベンチャー・キャピタルのみならず、証券会社、監査法人、証券取引所等、ベンチャー生態系のあらゆるプレーヤーが危機感を共にし、協調する姿がみられるようになった。このように競争より共創というコンテクストでベンチャー生態系が機能してきつつあり、今後はIPO数の増加も予測されている。このようななか、あらためて日本におけるベンチャー・キャピタル・ファンドというアセットクラスが、欧米のように機関投資家から認知・支持され、国内機関投資家からも本格的資金供給を受けて、日本の競争優位性ある産業を創出していく基盤として機能していくことを期待したい。

(2)　ベンチャー・キャピタルの投資戦略

　ベンチャー・キャピタルの投資戦略類型としては、さまざまのパラメータ

があるが、典型的なものとしては、以下であろう。

a　投資対象ステージ

　投資対象ステージとしては、会社設立段階に近いシードステージから、事業モデルとしての立ち上げ・売上げの獲得が始まるアーリーステージ、規模化・損益分岐を迎えるエキスパンションステージ、そしてIPOにも近く、Exitを見据えることのできるレイトステージの大きく四つに分けられる。投資ステージは、設立に近いほど、投資は少額でハイリスク／ハイリターンのプロファイルになり、エキスパンション・レイトステージに行くほど、投資額は大きく、かつローリスク／ローリターンとなりやすい。

　業界全体を俯瞰すると、投資件数では、アーリーステージが最も多く、一方投資総額ではエキスパンションおよびレイトステージの投資が比較的大きい。ベンチャー・キャピタルのポートフォリオとしては、日本ではマルチステージに投資するVCが比較的多いが、エキスパンションおよびレイトステージで、しっかりボトムのリターンをとりつつ、アーリーステージでいかにホームラン案件を出せるかが、ファンド全体のリターン創出においては鍵となるといえよう。

b　投資対象業種

　ベンチャー・キャピタルの投資対象としては、イノベーションの起こっている成長産業全般となるが、とりわけ中心となってきたのは、IT関連（情報通信・ソフトウェア・セミコンダクタ）、インターネット関連（メディア・エンターテイメント）、バイオテクノロジーなどの専門成長分野である。また、2000年代中盤よりは、クリーンテクノロジーが加わった。特にインターネット関連分野は、90年代中盤のインターネット創生以降、数多くのグローバルジャイアントとなる企業群が生まれており、ベンチャー・キャピタルの価値創造の中核分野を成しているといえる。

　また、IT・インターネットは、すでに諸経済活動のインフラとしてあらゆる産業における業務基盤としても浸透しているため、今後はこのIT・イ

ンターネットを活用した既存産業の構造転換（トランスフォーメーション）も、新たな投資機会となっていくと思われる。GPにおける投資対象業種のカバレッジにおいては、ファンドの主要構成メンバーの知見に負うところが大きいため、ことバイオテクノロジーやクリーンテクノロジーなど専門性の高い分野では、特化した投資戦略をとるところも多い。

c 投資対象地域

　ベンチャー・キャピタルは、投資先開発および支援において、経営陣との時間共有がきわめて大切となるため、投資地域もコミュニケーションのとりやすい近いところに限定して投資することが多い。米国シリコンバレーのベンチャー・キャピタルの投資哲学としても、「車で通える近場の企業にのみ投資する」といわれていたこともあるくらいである。一方、昨今では日本企業もグローバル化・アジア化が成長の至上命題にもなってきているため、創業間もない頃からグローバル展開を意識した企業群が出現してきている。特に、モバイルやコンテンツなど、日本の競争優位性の高い分野においては、この傾向が顕著になってきており、日本発世界の次なる競争力ある産業生態系の創出が待たれる。

d 投資先への付加価値・差別化

　投資先への付加価値・差別化は、もはやGPの投資戦略としては、なくてはならないものとなっているといえよう。各GPの出自によって、この付加価値・差別化は変わりうる。例えば、金融機関グループの子会社ベンチャー・キャピタルでは、総合的金融サービスやグループのネットワークを通じた顧客紹介などが主な付加価値になるであろうし、専門性の高いGPでは、当該領域での知見をもとにした経営支援全般や人材リクルーティングまでを含むような業界ネットワークの提供などに及ぶ。この付加価値・差別化の要件については、この後の章で、さらに詳しく述べることとする。

(3) ベンチャー・キャピタルのバリューチェーン

　ベンチャー・キャピタルの基本投資戦略においては、先に述べたとおり、分散投資型・ショットガン&アービトラージ型から付加価値型・集中投資型へ大きくシフトしている。ここでは後者のグローバル・スタンダードに基づいた日本におけるベンチャー・キャピタルのバリューチェーンにおけるプラクティスについて、以下に俯瞰したい。

a　案件開発　〜独自の案件開発ルート構築（exclusive, proprietary）〜

　投資案件開発については、金融機関系の子会社ベンチャー・キャピタルが中心であった時代においては、投資件数や金額の多寡がその指標となっていた折もあり、各々営業的案件開発の人数を擁し、未公開企業へのローラー営業的アプローチにより、早い者勝ち的なボトムアップ戦略であった。しかしながら、未公開と公開のアービトラージ機会も減り、リターンもマージナルになっている時代背景においては、上記とはまったく違ったアプローチ、すなわち成長市場および勝つ戦略に対する戦略的仮説思考をもち、それを実現化する経営チームを探索・組成するという、トップダウン戦略が重要となっている。

　このトップダウン型案件開発の実現のためには、投資対象分野における専門知見の深化、人材ネットワークとしてのインサイダー化・ハブ化、またこれら活動を長い時間軸で丁寧に進めていくことで得られる信頼関係に基づく、紹介案件ルートの開発がきわめて重要となる。このような中長期的インサイダー化アプローチをとりえた場合には、投資案件に対してオークション的になることなく、一対一でじっくりと話を進められるという相互信頼の関係性による案件化が可能となる。

b　デューデリジェンス・ネゴシエーション　〜Brand（戦略的投資仮説検証とディールストラクチャリング）〜

　デューデリジェンスにおいては、ことベンチャー・キャピタルが対象とする成長市場は、いまだ業界として、もしくはビジネスモデルとして定義され

ていないことが多く、市場成長予測、競合環境、顧客分析など、整備されていないことがほとんどである。結果、重要な情報獲得は、徹底した業界関係者、顧客、識者へのヒアリングとなり、その結果としての市場進化、競合進化仮説の検証がきわめて重要な意思決定要件となる。

　また、アーリーステージのベンチャー企業においては、市場や顧客の進化が急速に起こるため、経営陣の高い経営・実践能力と、柔軟性、スピードなどが問われる。よって、経営陣に対するデューデリジェンスもきわめて重要となり、ここで案件開発から長らくの信頼関係を築いてきた経営メンバーへの投資となると安心感が増すこととなる。このように新たに立ち上がる市場において、ベンチャー・キャピタルと経営陣が相互の専門性やネットワーク、実践力を駆使して、いかに連携して新たな市場を創造していくのかが重要となるため、おのずとインセンティブのすり合せのため、優先株式やストックオプションを使った経営陣のアップサイドと、ベンチャー・キャピタルのダウンサイドプロテクションの双方のニーズを満たす投資ストラクチャーの設計もまた不可欠となる。

c　経営支援　〜業界および経営の専門性（expertise）とネットワーク〜

　ベンチャー・キャピタル投資のリターン創出において、もはやハンズオン・経営付加価値型投資は必須のものといえよう。前述のとおり、当該投資手法においてのバリュークリエーションにおいて、最もインパクトをもたらすのが、売上および利益の成長による企業価値創造である。営業支援や提携支援、成長に応じた追加投資など、ステージに応じた単発的経営支援はもとよりであるが、新たな市場・新たなビジネスモデルの創出による次代のリーディング企業を開発していく中長期的プロセスにおいては、「戦略設計」および「経営設計」の二つの視点での支援が本質的ドライバーとなる。

　よって、ベンチャー・キャピタルからは、業界知見と人材ネットワークを携えた担当が社外取締役等の立場で投資先に関与しながら、経営陣の事業開発の支援を行うこととなる。戦略設計では、変化の著しい成長市場におい

て、市場・顧客進化仮説と競合進化仮説に基づき、適切な戦略の登用および実践が鍵となる。的確な顧客理解とそれに基づいた商品・サービス開発を行い、また戦略的マーケティング・営業戦略とデリバリープロセスの設計により、一連のバリューチェーンでスムースかつスピーディーにマーケットにアクセス、ファーストムーバーとして市場シェアの獲得ができるようにするのである。

　また、当該戦略を滞りなく効果的に行うための経営設計が成功への礎となる。経営設計においては、取締役会および経営会議等の会議体の設計やKPIの明確化を通じて、経営の仕組み化・みえる化を進め、的確な経営情報フィードバックと外部環境把握を行い、経営のPDCAがしっかりと執り行われるよう、組織設計と運用徹底に尽力する。また、短期的経営視点のみに陥ることのないよう適宜経営合宿などを行い、中長期的経営戦略、組織設計を検討する場ももつ。この中長期的成長を促すなかで、ベンチャー・キャピタルのほうから経営チーム強化のためのリクルーティング・ヘッドハンティング・戦略的提携のイニシアティブをとるケースも出てくる。

　これら一連の経営循環を、中長期的視野に立って、経営陣のコーチとして支援するのがベンチャー・キャピタルの本質的付加価値活動＝企業価値創造につながるのである。

d　Exit　〜経験値（experience）に基づいた資本市場・買収先コミュニケーション〜

　ベンチャー・キャピタルのExit手段は、IPOとトレードセールに大きく分かれる。日本においては、東証マザーズが、世界でも稀な小型でのIPOが可能な新興市場となっており、ベンチャー・キャピタルのExitの主流となってきた。一方、米国ではExitの主流であるトレードセールだが、買収主体となる日本の大手企業群は、一義的には事業の内製を好み、M&Aによる成長戦略を志向していないため数は少なく、常にIPOできないときのセカンドベスト的選択肢であった。が、近年では、IT関連で急成長したベンチャー企業

において、M&Aによる事業成長・人材登用を志向する企業も出てきており、ベンチャー・キャピタルのExit戦略にも変化の兆しがみられる。

　IPO Exitによる付加価値において、大変重要な要件としては、上場準備における内部統制の強化と資本市場に向けての戦略的IRストーリー（エクイティー・ストーリー）の構築の二つに分かれる。前者では、2年にわたる厳しい上場審査のプロセスにおいて、大変な労力と専門性および経験値が必要となり、優秀かつ経験を有したCFOの登用が何より望まれるが、それと共に管理部門および組織経営全般において公開企業に準ずる経営プロセスを踏襲することが必須となり、必然的に経営レベル全体をあげていく必要がある。よって、経営陣全体のコミットメントはもとより、相性およびコミットメント度の高い主幹事証券・監査法人の選定やチームアサインメントが成功の鍵を握るため、ベンチャー・キャピタルはIPOの経験値を基に、これらプロセスの方向性づけを経営陣に対して行うのである。

　上記と並行して、リターンの最大化に対してインパクトをもたらすのが、戦略的IRストーリーの構築である。事業経営に精通した経営陣でも、資本市場の専門家を擁することはきわめて少ない。しかしながら、上場というリターン創出への最後の一歩においては、すばらしい成長を遂げてきた当該企業の戦略優位性や成長性を、資本市場特有のロジックで的確にコミュニケーションしなくては、伝わるものも伝わらず、結果として、事業の本質的価値を株価に反映させることができないケースも少なくないのである。よって、ここの段階では、ベンチャー・キャピタルによる主幹事の証券アナリストやIR専門家をも総動員した戦略的エクイティ・ストーリー構築と個人や機関投資家に向けたコミュニケーション戦略設計が重要となってくるのである。

　一方、トレードセールにおいては、IPOとは異なり、買手候補先の特定と買収意向の識別からアプローチが始まる。トレードセールについては、投資段階よりIPOの次善策として、投資契約にも盛り込まれ、経営陣と常々その可能性と実効性について議論の擦り合せが進められるべきものである。ト

レードセールを成功裏に遂行するためには、対象先のキーマンとのネットワークおよび継続的コミュニケーションが鍵となる。市場の発展段階や投資先企業のポジショニングを見極めながら、IPOの具体性や想定リターンよりも、トレードセールのほうが実現可能性および企業の継続成長が可能と判断される場合には、経営陣との納得感の醸成を図りながら、トレードセールに向けての買手の価値判断や買収必然性を上げていくような事業モデルへとアジャストメントを進めていく。この買手の理解・意欲と、経営陣の納得感を醸成していくプロセスにおいて、ベンチャー・キャピタルのExit創造の手腕が問われるのである。

(4) ベンチャー・キャピタルの人材と組織

　ベンチャー・キャピタルのバリューチェーンで示してきたとおり、ベンチャー・キャピタリストの付加価値提供は、案件開発から経営支援、およびExit創造まで多岐にわたる。そうなると、業界の専門知識、ファイナンス・アカウンティング知識、マーケティング、その他の戦略コンサルタント的能力等々、個別の知識を有することが必要な能力と思われるかもしれないが、それ以上に大切な能力がある。それが、対人関係能力である。

　シリコンバレーにおけるベンチャー・キャピタリストのスキル調査においても、上記のようなビジネス固有スキルよりも、コミュニケーション、コーチング・カウンセリング、説得等のスキルのほうが圧倒的に重要とされるとの結果も出ている。唯一の実務的付加価値として上位にあがったのが、優秀な人材のリクルーティング能力であった。この結果が指し示すとおり、ベンチャー・キャピタリストに必要な能力というのは、個別スキルを保有した優秀な人材を束ね、一つの優秀な企業体として中長期的創造のプロセスをマネージしていくリーダー・コーチとしての全人格的スキルなのである。

　このような人材が集まり能力を発揮する組織としては、おのずと少数精鋭の実務経験豊富な（徒弟制度的な）プロフェッショナル型組織となり、人数

規模と分業を軸とする大企業型組織とは趣を異にする。日本におけるベンチャー・キャピタルは会社型、ファンドは自己勘定もしくは親会社との二人組合的ファンドが多いのに対して、米国におけるベンチャー・キャピタル組織とは、パートナーシップ（法的にはLLC）であり、外部からの調達を主軸としたファンド（法的にはLP）を運用する形態となる。また、プロフェッショナルに対するコンペンセーションも、パフォーマンスにリンクし、キャリードインタレスト（成功報酬）をパートナー、その他のメンバーで分配するスキームをとっており、まさに成功なければ報酬なしとなり、LPとのダイレクトなインタレストアラインメントがなされている。

3 日本におけるグロース・キャピタルについて

(1) 日本のグロース・キャピタル

a はじめに

「グロース（成長）」という言葉と成熟化する日本経済の状況から、日本の「グロース・キャピタル」というと日本のプライベート・エクイティのなかでもそもそも対象企業が少なく、投資がむずかしい分野と思われがちである。実際に日本では、中国、インドのグロース・キャピタル・ファンドが対象とするような自国の経済成長と共に高い成長を達成する企業は決して多くはない。

一方で長年にわたり、安定的に事業を運営する中堅中小企業は多く、こうした企業群が、日本国内での業界再編（M&A）や海外市場への進出により、事業規模を拡大する機会が増加しており、グロース・キャピタル・ファンドによる投資機会も今後増えると思われる。

本節では、海外でのグロース・キャピタルの状況を参考にしながら、日本でのこうしたグロース・キャピタルについて全般的に述べることとする。なお、「グロース投資」は、通常、上場株式を対象とした投資手法として使わ

れており、本節では、「グロース・キャピタル」を統一した用語として使用する。

b　日本のグロース・キャピタルの特徴

① 海外のグロース・キャピタル

先進国である欧米では、グロース・キャピタルは、ベンチャー・キャピタル、バイアウトと共にプライベート・エクイティの一般的な投資手法である。英語では「growth capital」のほか、「growth equity」、「development capital」、「expansion capital」といった表現が同義の用語として使用されている。また、欧米のほか、成長著しい中国、インドをはじめとしたアジア諸国でも、すでにある程度、事業の基盤が確立した企業に対して、今後のさらなる事業成長のための資金を提供するグロース・キャピタル投資がプライベート・エクイティの投資手法として定着しつつある。これはベンチャー・キャピタル投資の延長線上にある投資形態で、マクロレベルの経済成長を背景に各個別企業の成長シナリオにかける投資である。多くの投資案件は、主に各国、各地域の内需拡大をターゲットとしたビジネスであり、かつ人件費をはじめとしたコストアドバンテージによる利益率向上を想定している。

② 日本のグロース・キャピタル

一方、日本におけるグロース・キャピタルはやや趣が異なる。経済の低成長、成熟化を背景に日本の企業は一部の企業を除き、その規模を問わず、内需による成長には限界を迎えている。こうした状況で、現在の経営上の重要なテーマは、業界再編等によるビジネスモデルの効率化、海外をはじめとした新しい市場の開拓である。日本でのグロース・キャピタル投資は資金提供のみならず、事業戦略構築やガバナンス強化といった観点で、このような対象企業のニーズに対応することが必要となる。ベンチャー・キャピタル投資の延長線上にあるアジア諸国でのグロース・キャピタル投資に対し、日本のグロース・キャピタル投資は、経営関与による付加価値提供の側面が強い投資といえよう。

また、日本のグロース・キャピタル投資で特徴的なことは、対象企業でのレバレッジの活用である。日本のプライベート・エクイティ投資において、借入金（レバレッジ）については、その効果は主にバイアウトで語られることがほとんどであった。しかし一方で、事業資金の調達手段としてのレバレッジとして、低コストで資金調達を行うことができることは、中堅中小企業にとっては最大のメリットの一つである。金融機関の取引先への個別の融資姿勢はあるものの、例えば、対象企業側がグロース・キャピタル導入によって、適正な資本構成をもち、よりよい条件で借入金の調達を行うことも可能である。また、単純なバイアウトでの株式取得のためのレバレッジではなく、事業成長に応じて必要な資金をレバレッジで調達する方法は、日本のグロース・キャピタル・ファンドが対象とする成長企業にとっても重要なメリットである。

c　対象企業を取り巻く環境変化

　近年、日本でのグロース・キャピタルの対象企業を取り巻く、事業面および金融面での環境が徐々に変化し、グロース・キャピタル・ファンドの投資機会増加につながると考えられる。

　まず、資金調達の方法である。従来、日本の中堅中小企業は、運転資金等の短期資金のみならず、事業拡大のための設備投資等の長期資金も間接金融による資金調達を主体としてきた。これは担保および第三者による保証を与信の軸に据えてきた日本の金融機関の姿勢によるところが大きく、いまだ中堅中小企業の資金調達の特徴の一つである。しかし、昨今では、いわゆる担保主義からキャッシュフローなどを判断の軸とした融資に移行が始まっており、金融機関のバランスシート見直しによる融資先の選別化も進んでいる。

　こうした背景により、企業側も資金調達として直接金融、エクイティによる資金調達をオプションの一つとして検討する必要性が増加している。

　次に、株主資本主義の浸透である。日本の企業は、上場、非上場にかかわらず、長らく間接金融による手厚い支援およびガバナンスによって守られて

きた。前述の金融機関の姿勢の変化とともに、日本の上場市場にも「株主資本主義」を旗印に海外や独立系の資本家が出現し、以前に増して、より株主、経営陣、会社という区分を意識する場面が多くなっている。グロース・キャピタル・ファンドが対象とする未上場の企業でも、こうした一連の流れにより、直接金融やM&A等の資本異動に対する意識が変化している。

最後に、企業を取り巻く事業環境の変化である。情報通信、交通手段等の発達により、国境を越えた経済のボーダーレス化が急速に進み、日本の企業も従来の日本国内だけの事業展開からグローバルな事業展開を迫られるケースが多い。また、特に中堅中小企業は今後の生き残りをかけて、積極的に国内での業界再編や海外との競争に挑戦するケースが増えている。

⑵　グロース・キャピタルの投資戦略
ａ　投資形態

投資形態は、増資（プライマリー）により直接対象企業に資金を投下する形式が一般的であるが、対象企業および対象企業の株主の事情により、既存の株主から直接株式の譲渡を受ける（セカンダリー）場合も散見される。

グロース・キャピタル投資による持分比率については、基本的にマイノリティであるが、ベンチャー・キャピタル投資と異なり、ある程度まとまった持分、対象企業の発行済株式の10％から49％程度を保有する場合が多い。こうしたマイノリティ投資の場合、単純な普通株式による増資のほか、対象企業の事業の安定性をふまえ、種類株式や転換社債を使用し、投資元本の保全を図るなど、事業がダウンサイドに振れた場合、投資家の経済性の観点から、プロテクションを設けることが一般的である。

また、既存の株主から譲渡を受ける場合、対象企業の発行済株式の過半数以上の持分を取得することもある。グロース・バイアウトとも呼ばれ、適正なレバレッジを活用しながら、事業の成長性にかける投資である。また、対象企業の規模という観点で、ベンチャー・キャピタルのレイターステージ投

資やPre-IPO投資と混同されることが多いが、こうした投資はIPOというファンドのExitに向けたイベントが予測できる状態を前提にしている。結果、投資時の株価およびその他の投資条件の調整余地は少ない。また、対象企業側はファンドの積極的な経営関与、ガバナンスを前提としていない。加えて、特にPre-IPO投資の場合は、IPO直前の株主構成の調整の目的が強く、通常一社当りの投資金額も多額ではなく、取得する持分比率も低い。

b　対象企業に対しての関与およびガバナンス

　基本的にマイノリティを保有する投資であるため、既存の経営陣を中心とした対象企業のガバナンスに重大な変更は生じない。ただし、投資金額、持分比率に応じてではあるが、経営改善を含め、事業成長の実現のために、グロース・キャピタル・ファンドが積極的に対象企業の経営およびガバナンスに関与することが前提となる。マジョリティを保有するバイアウト・ファンドの場合と異なり、マイノリティ投資でありながら、どの程度、対象企業の経営上の意思決定に関与できるか、前述のプロテクションの件同様、投資条件の交渉上、最も重要なポイントの一つとなる。

c　投資金額の規模

　すでに事業基盤を保有し、規模を兼ね備えた企業を対象とし、かつファンドがある程度の持分を保有する投資のため、通常ベンチャー・キャピタル投資に比べ、一件当りの投資金額は大きい。対象企業の代表的な資金使途がM&Aや海外進出のケースが多いため、相応のまとまった資金ニーズに対応する投資となる。

d　投資リターンの創出

　グロース・キャピタル投資のExitについては、IPO実現後の上場市場での株式売却か事業会社等への売却（トレードセール）が想定される。まとまった持分を保有するために一般的なベンチャー・キャピタル投資に比べると株主としての発言力は強く、IPOのケースでもトレードセールのケースでもExitのプロセスに深く関与し、コントロールすることが可能である。

昨今は、ファンドへの売却という新しいExitオプションも一般的になりつつあることから、ファンドを相手とした売却プロセスに売手側にファンドであるグロース・キャピタル・ファンドが立つという点で、よりその役割が高まると考えられる。また、対象企業が相応の事業基盤を有していることから、投資期間中においても投資先の期中のキャッシュフローから金利、配当といったかたちで経常的なリターンをあげることも可能である。さらに、対象企業に対しての投資期間が終了する場合には、償還条項、プットオプション等、事前に決定された諸条件により、投資元本を含めた一定の回収を図るスキームが投資実行以前にインストールされるゆえ、投資のダウンサイドリスクはある程度ヘッジが可能である。

　こういった意味では、グロース・キャピタルはメザニンに近い分野でもあるといえる。メザニンは主にコベナンツという契約条件を主体に、投資先のキャッシュフローを担保する。しかしながら、グロース・キャピタルはコベナンツ設定と共に、投資先のガバナンスに直接関与することによって、事業の成長戦略の支援を行いつつ、投資先の業況をたえず把握し、キャッシュフローのモニタリングを行い、投資のダウンサイドリスクをヘッジできるといえる。加えて、創業まもないベンチャー企業と異なり、グロース・キャピタルの対象企業は通常、歴史、背景を抱えた企業である場合も多く、多額の借入金や資産が毀損している場合もある。Exit時の想定価格を算定のうえ、株価等条件を決定するベンチャー・キャピタル投資と異なり、グロース・キャピタル投資ではあくまでも投資実行時の対象企業の状況をふまえ、「時価」をふまえたうえで、投資条件を決定する。結果、「割安」に投資することも可能である。

(3) グロース・キャピタルのバリューチェーン

　では、よいGPとは何か。グロース・キャピタルの投資プロセスの各段階における視点および必要とされるスキルという観点から整理することとす

る。
a 案件開拓および投資条件交渉

　ベンチャー・キャピタルの場合、スタートアップ、アーリーステージの企業がファンドレイジングとして投資家に対して、投資の検討を依頼するというプロセスであるが、グロース・キャピタルの案件開拓は、すでに安定した事業基盤を抱えており、かつ、成長性があり、潜在的な資金需要のある企業にこちらからアプローチする方法が基本である。これはグロース・キャピタルがターゲットとする企業は、金融機関からの与信もあり、足元の資金面に不安がないため、そもそも外部の投資家と接点をもつ必要性がないケースが多いからである。

　そういった意味では、バイアウトのアプローチに近く、対象企業の事業戦略や経営上の課題、資本政策から株主などのステークホルダーの問題について、プロアクティブに多面的に提案することが必要とされる。したがって、ビジネス、ファイナンスの現状を把握するうえでの分析力や今後の成長戦略の提案力のみならず、対象企業の経営陣、株主、取引先、金融機関等のステークホルダーとの間で、意見調整を行いながら投資プロセスを進めていく高度な交渉力ならびにコミュニケーション力が欠かせない。

b モニタリング（バリューアップ）およびExit

　次に、投資後のモニタリングであるが、ベンチャー・キャピタル投資で必要なスキル、ノウハウに加えて、業界再編、海外進出を投資先の成長戦略の核とするケースが多いため、グロース・キャピタル・ファンド側にM&Aのノウハウ、国内外との業界ネットワーク等が必要とされる。M&Aの場合、こうした価値提供はグロース・キャピタル・ファンドの投資担当の個人のネットワークに依存する部分が多い。実際のM&Aの実行経験やノウハウだけでなく、経験豊富な弁護士、会計士、投資銀行家、M&Aアドバイザー等の外部プロフェッショナルとのハイレベルな信頼関係が必要である。

　同様に、投資先の経営体制強化のための外部のプロフェッショナル経営者

とのネットワーク、業界再編、海外進出に備えた国内外の関連業種企業との接点も必要とされる。また、グロース・キャピタル・ファンドの対象企業は事業展開に必要な資金をエクイティだけでなく、金融機関からの借入金によって調達するため、調達方法、交渉において、投資先からさまざまなアドバイスが求められる。また、投資先の事業の成長性、業界動向をふまえ、IPOのみならず、トレードセールがグロース・キャピタル・ファンドのExit手段になる可能性も高い。この場合は、グロース・キャピタル・ファンドが直接的な売手として、買手とコンタクト、交渉するケースが多い。前述の場合と同様にM&Aのノウハウ、経験、よいサポートを受けるための人的ネットワークが必須となる。

　グロース・キャピタル・ファンドの投資担当は、成長を指向する経営者と事業成長への熱い想いに同調できる主観と対象企業の現状および今後の成長戦略を第三者的に整理し、かつ冷静に経営者と議論できる客観を兼ね備えておく必要がある。ベンチャー・キャピタリスト的な経営陣を見極める素質、戦略系コンサルタント的視点、そして投資銀行的なディール組成力の組合せといってもよい。

4 ベンチャー・キャピタル／グロース・キャピタルの日本市場での将来性

　日本において、機関投資家がオルタナティブ投資を開始してから久しいが、その多くは、上場株式を対象としたヘッジ・ファンドや、不動産を対象としたREITである。日本では、オルタナティブ投資へのアロケーションそのものを含め、そのなかの投資分野としてプライベート・エクイティ、ひいてはベンチャー・キャピタル・ファンド／グロース・キャピタル・ファンドへのアロケーションは、欧米でのそれぞれの分野へのアロケーションの実績と比べ、いまだ著しく低い。

機関投資家からのベンチャー・キャピタル・ファンド／グロース・キャピタル・ファンドへの資金流入が少ない状況でありながら、前述のとおり、日本では、それぞれの分野での投資案件は増加傾向にあり、Exit環境についても好転しているといえる。ベンチャー・キャピタル・ファンド／グロース・キャピタル・ファンドの投資環境として、明らかに資金の需給バランスが崩れている。ベンチャー・キャピタルについては、ブーム期を生き残り、長年にわたって活動を行うGPに残存者利益として、グロース・キャピタルについては、経験と知見を備えた新たなGPのブルーオーシャンとして、絶好の収益機会が出現している。

　また、投資機会が増加する背景として、投資対象となるビジネスについて、二つの大きな流れをみることができる。一つには、通信、インターネット分野、特にスマートフォン、ソーシャルアプリ、クラウド等の関連ビジネスやCool Japanをテーマとした日本独自の商品、サービスを海外に展開していく事業のグローバル化である。また、一方で日本国内では、業界を問わず、ビジネスの効率性向上を目的とした業界再編は進んでおり、ベンチャー企業から大企業、中堅中小企業に至るまで、昨今M&Aの話題等欠かせない。こうした流れのなかで、経営陣のイニシアティブを支持、維持しながら、積極的に事業規模拡大、効率性向上を支援するベンチャー・キャピタル／グロース・キャピタルの存在は欠かせないものとなりつつある。

　加えて、投資活動にとっていちばん大事なExitであるが、投資分野によって差はあるが、海外企業との連携の一環としての株式売却や他のファンドへの株式売却、また、欧米に比べ、いまだ特殊性はあるものの、先進国のなかで唯一、日本の株式市場では比較的少額の時価総額で上場ができるというメリットがあることも重要なポイントである。

おわりに

　日本では、従前、経験と知見を兼ね備えたベンチャー・キャピタリスト、

ファンド・マネジャーの不足が叫ばれていたが、今世紀になってからのプライベート・エクイティ業界全体の拡大期において、多くのよい人材が生み出された。現在では投資活動、特に投資後にしっかり投資先とタッグを組んで、投資先の価値向上に奔走できる投資プロフェッショナルが増えており、LPにとってGPのクオリティが確実に向上している。

　また、ファンドレイジングおよびファンド運用においても、機関投資家の要求水準に呼応したマネジメント／IRレベルを施行しうるGPが増えているのも新たな潮流である。こうした経験あるGPが業界に定着することが、LPにとって長期にわたり、安定的かつ継続的なリターンを生み出す源泉となり、新成長企業・産業、ひいては新規雇用の創出による日本経済の活性化に寄与することで、良質な投資機会を増加させ、業界の一段の発展をもたらすと信じている。

Interview

ベンチャー・キャピタル・ファンドの特性

ファンド間のリターンの差が
大きい投資形態

東京海上アセットマネジメント投信株式会社
プライベートエクイティ運用部部長
久村俊幸氏

Q 東京海上アセットマネジメント投信（東京海上日動グループ）としては、いつ頃からベンチャー・キャピタル・ファンドへの投資を行ってきましたでしょうか。

東京海上では、古くから国内のベンチャー・ビジネスへの直接投資を行っていたこともあり、1980年代から国内のベンチャー・キャピタル・ファンドに投資を行っていました。ただし、案件の開拓やノウハウの吸収なども目的としていましたので、いまのプライベート・エクイティ・ファンド運用の視点とは異なっていました。

その後1997年から、プライベート・エクイティ・ファンドを一つのアセットクラスととらえてグローバルに投資を開始しました。ベンチャー・キャピタル・ファンドへの投資は、米国は1997年、日本は1999年、アジアは2006年から行っています。

プライベート・エクイティ・ファンドへの投資開始にあたっては、ポートフォリオとして絶対リターン10〜15％、相対リターンで主要株式インデックス＋500bpを目標としました。手法別配分目標は、バイアウト（企業買収）系60％、ベンチャー系30％、不良債権系10％でスタートしました。1990年代後半は、ベンチャーが好調な時期で、良好な成績のファンドもたくさんありましたので、

30％という比較的高い割合でスタートしていました。

　しかし、2000年代を通じベンチャー・キャピタル・ファンドの成績は伸び悩んだことから、現在のベンチャー系の配分割合は20％程度に落ちてきています。また、その内訳も従来は米国での高成長産業であるTMT、ヘルスケア中心であったものが、アジアの成長企業へ投資するグロース・キャピタル・ファンドの割合などが増えています。日本は1999年から3年間くらいは複数のベンチャー・キャピタル・ファンドに投資をしたのですが、現在リレーションシップを維持しているファンドの数は減ってきています。

Q　プライベート・エクイティ投資プログラムにおいてベンチャー・キャピタル・ファンドをアセット・アロケーションに組み込むことの意義については、どのようにお考えでしょうか。

　いろいろな観点があり、投資家によってその意義はさまざまですが、いくつかあげてみましょう。

　第一の意義は、他の手法では得られない収益源泉を提供している点です。ベンチャー投資は新しい事業を生み出すことにより価値を創出しています。他の運用手法では獲得できない収益源泉であり、投資家にとっては収益源泉の分散という点で意義があると考えられます。

　もちろん、収益源泉が異なるだけでは投資家が継続して投資することはできません。新規の事業をつくりだすことにより、実際に高いリターンを獲得できることが重要です。米国においては、もともと大学基金がベンチャー・キャピタル・ファンドへの投資をしていました。そのなかでセコイア・キャピタル（Sequoia Capital）やクライナー・パーキンス（Kleiner Perkins）など、高い運用実績をあげ続けるマネジャーがいて、継続的に投資をしているという実態があります。

　また、米国のベンチャー・キャピタル・ファンドの主要な投資家のカテゴリーの一つである公的年金基金は、実績を残しているベンチャー・キャピタル・ファンドに投資を継続していることに加え、地元での新規ビジネス創出による雇用の

確保という観点などからも一部アロケーションをされています。

　第二の意義は、プライベート・エクイティ・ポートフォリオのリスク分散の観点で意義あることです。1990年代までは、リターンの創出タイミングがバイアウト・ファンドとは逆相関になるという実態があり、プライベート・エクイティ・ファンドとポートフォリオのバランスがとれたこともあるかと思います。ただ、2000年代に入りベンチャーによるリターンが低迷したことにより、この意義はだんだん意識されなくなってきているようです。

　第三の意義は、株式インデックス＋αの目標をもつ投資家にとってグロースの要素をもつベンチャー・キャピタル・ファンドを一定割合入れておかないと株式市場が好調なときにインデックス・リターンについていけないという背景があります。2005年にTOPIXが年率40％超上昇した年がありましたが、私どものポートフォリオでも、国内のベンチャー・キャピタル・ファンドで大型のホームラン案件が2〜3件出て高リターンを確保しました。

　これらの点が、機関投資家がベンチャー・キャピタル・ファンドに投資する意義ということになろうかと思います。

Q　ベンチャー・キャピタル・ファンドの「Jカーブ効果」についてはどのようにお考えでしょうか。また、「Jカーブ効果」をカバーするためにどのような工夫を行っていますでしょうか。

　ベンチャー・キャピタル・ファンドのJカーブのマイナスの期間が長い、深いということを理由に投資を行わないことはありません。企業の創設期から投資するアーリーステージ（early stage）のベンチャー・キャピタル・ファンドの場合、投資開始後3年程度の間に計画どおりにいかない企業の淘汰が起きるため、管理報酬以上に損失が先行することがあり、プライベート・エクイティ・ファンドのなかでもJカーブのマイナスが深くなったり、長くなったりする傾向があります。こうした特性は最初からわかっていますので、ポートフォリオ全体で吸収できるようコミットメント金額を抑えることによって対処しています。

ベンチャーに限らず、エクイティに投資するプライベート・エクイティ・ファンド全般にいえることですが、その投資の性格上、投資を積み上げるのに5年程度、また個々の投資案件ではエグジットするまでに4〜7年程度かかります。一部の評価損益は初期の段階から発生するものの、当初は管理報酬の負担のため個別のファンドでみると2〜3年はマイナスになることが多いです。

　マイナス期間を超えて保有期間が長くなってくると、バイアウトであれば業績成長や業績改善効果、ベンチャーであれば事業伸展により大きなリターンが望め、ネットベースでみて上場株式リターンを500bp上回るリターンが期待できます。管理報酬部分は、コミットメント額に対して2％程度と実額としては小さいため、プライベート・エクイティ・ファンドへの投資が定着している欧米では、このようなリターンを得るためのトレードオフとして認識されています。

　とはいっても、マイナスの期間が短いほうが、プライベート・エクイティ・ファンド投資の導入を新たに検討する投資家にとって取り組みやすくなることは事実ですし、その方法もあります。

　具体的には、ポートフォリオの構築初期に、投資時のディスカウントで初期のリターンが期待できるセカンダリー・ファンドや、金利収入が期待できるメザニン・ファンドなどのデット系ファンドから取り組むことが有効であり、国内の投資家でも実践されています。

Q　10年以上にわたり投資を継続してきた経験から、運用パフォーマンスが良好なベンチャー・キャピタル・ファンドの共通点は何だと感じていますでしょうか。また、機関投資家の視点でみた優秀なベンチャー・キャピタリスト像は何でしょうか。

　過去に成功しているベンチャー・キャピタルに良質な案件が集まる傾向があると思います。ゲートキーパーの立場や機関投資家の観点で考えるのであれば、成功するベンチャー・キャピタルの共通項というのは、まずは「過去に成功してきている」ということが大前提としてあります。

ファンドに投資する際の一般的なデューデリジェンス項目に沿って共通項を考えるとき、投資戦略や抱える人材の面、ディールソース、デューデリジェンスの質、投資判断、ポートフォリオ構築など、いくつかのポイントがあります。

最も成功しているベンチャー・キャピタルは、投資戦略において、数年後を見据えて自分たちで新たな産業をつくりだす、ビジネスモデルをつくりだすだけの情報、洞察力、経験をもっています。加えて、大きな市場を対象とするビジネスに投資することによって成功をしています。

「人材」という観点では、「投資戦略遂行に必要な人的リソースを十分に確保している」、「個人に頼らないでチームでアプローチしている」、「投資先に対して適切な指南や論議ができる役員を送り込めている」などの共通点があります。

また、ディールソースについては、「成功が成功を呼ぶ」といわれているように、成功の蓄積があるベンチャー・キャピタルからは、良質なベンチャー企業が資金を受け入れる傾向にあると思います。デューデリジェンスや投資判断においては、「成功経験を積んでいる」、「失敗を繰り返さない」、「投資規律を保っている」、「流行を後追いしない」といったことが徹底されていることが重要です。さらに、ポートフォリオを組む際に、時間分散も考えながら組むことができているかも重要なポイントです。

次に、ベンチャー・キャピタリスト個人ですが、共通項をあげるのは少しむずかしいと思っています。特定の成功する人物像というのがあるわけではありませんし、ベンチャー企業といっても、成長段階もビジネスも異なりますので、その局面でベンチャー・キャピタリストに求められるものが変わってきます。一人で理想像を体現できるとは考えていません。

一般的な能力というのは、MBAで学ぶようなファイナンス、マーケティング、マネジメントの基本も必要ですし、シニア層になってくると、自分たちでビジネスを創出するような案件開拓能力も必要です。加えて、デューデリジェンス能力や失敗・成功に基づいた投資判断力も必須です。投資先のサポートについては、全人格が試されるような部分もありますので、コミュニケーション能力・説得力

から始まって、市場・競争環境の変化にあわせてビジネスプランを修正する力、アントレプレナーのモチベーションをアップさせる力、業界のエキスパートを紹介するネットワークをもっているかどうかも鍵になってきます。

　いままで成功しているベンチャー・キャピタルの個人の方々と話をしてきた経験から私が感じたことは、長い成功経験によってもたらされた業界内外にまたがるネットワークを築けているということです。性格的には、楽天的な方々が多いのが共通項かもしれません。前向きで、話をしていて人を引きつける魅力を感じることが多々ありました。

　ただし、投資家としてファンドを選ぶという観点では、特定の個人だけを評価して投資をするわけではありませんので、チーム運営ができているかどうかという点も重要になってきます。10年間のファンド存続期間中に運営に必要なリソースを保持できるか、特に5〜6年の投資期間中に鍵となるメンバーが残るかどうかを見極める必要があります。

Q　海外では年金基金がベンチャー・キャピタル・ファンドに投資するケースもありますが、日本の年金基金がベンチャー・キャピタル・ファンドに投資をするためには、どのようなハードルを乗り越える必要があるのでしょうか。

　まず、ベンチャー・キャピタル・ファンドで高いリターンを期待できるファンドや実績のあるファンドが少なくなっているという点があります。投資家の観点からみると、高いリターンをあげてきたファンドで、かつ将来もそのリターンを維持できるようなファンドであれば、年金基金も投資を検討する余地があると思います。残念ながら、国内に限らず、実績のあるファンドが他のバイアウトなどの手法に比べると相対的に少なくなっているということがあると思います。

　次に、よいファンドへのアクセスをどのようにするかという点が課題になります。残念ながら、欧米のトップクラスのベンチャー・キャピタルが日本でマーケティングすることはほとんどありませんので、よいファンドへのアクセスという

面では、日本の年金基金にとっては非常にハードルが高いと思っています。そのような意味では、ネットワークとアクセスをもつゲートキーパーを起用するか、ファンド・オブ・ファンズを通して投資をすることが現実的です。

　また、ベンチャー・キャピタルのシングル・ファンドはリスクの高い運用手法であるため、資産運用総額が小さい日本の企業年金基金や厚生年金基金にとっては組み入れるのはむずかしいという点です。ベンチャーは、バイアウトなど他の手法に比べてリスクが高いことから、他の手法のファンドと組み合わせるアプローチが一般的だと思います。これをシングル・ファンドからなるポートフォリオで実現するためには、最低でも年間50億円くらいのコミットメント枠が必要になりますし、プライベート・エクイティ・ファンド全体の残高も200億円程度を維持する必要があります。それよりも小さいポートフォリオの場合、ベンチャーのシングル・ファンドを入れるというのは、規模的にもあいませんし、リスクのとりすぎになっている可能性があります。ベンチャーも対象としているファンド・オブ・ファンズに投資するということが解になってくるだろうと思います。

　一方で、投資家の規模が極端に大きい場合、優良なファンドからはアロケーション金額を十分にはとりにくいということもハードルになります。米国の優良なベンチャー・キャピタル・ファンドからのアロケーションは、ぜいぜい10〜20百万ドル程度です。仮に、大型の年金基金が投資する場合、ベンチャー・キャピタル・ファンドへの投資枠確保のためにはファンド数を増やす必要がありますので、管理負担の問題が生じてしまいます。この場合は一社型のファンド・オブ・ファンズの採用が現実的かと思います。

Q　最後に、日本の機関投資家がベンチャー・キャピタル・ファンドへの投資を積極的に行うようになるための課題についてお聞かせいただければ幸いです。また、これから投資を検討する機関投資家へのメッセージをお願いします。

　日本の機関投資家にとってベンチャー・キャピタル・ファンドへの投資を積極

的に行うための課題というのは、いくつかの側面があろうかと思います。金融機関はさまざまな資本規制が強化されているなかで、ベンチャー・キャピタル・ファンドへの投資は、流動性が低く、より多くの資本を必要とされるアセットになってきており、それに見合ったリターンが期待できるのかどうかというのが大きな要素になります。米国の優良ファンドへの意味ある金額のアロケーション確保がむずかしいなか、日本の機関投資家にとっては、日本を含むアジアのベンチャー・キャピタル・ファンドの継続的な成功が鍵になってくるかと思います。

　昨今の中国をはじめとしたアジアにおけるベンチャーや成長投資の興隆や日本におけるモバイル関連、e-Commerce関連のVBの成功などベンチャー・キャピタルが対象としている市場の魅力度はあがってきています。後は、IPOに偏っている投資資金回収方法が多様化してくること、また、投資家に継続的にリターン提供できるベンチャー・キャピタル・ファンドが育ってくることを期待したいと思います。

　ベンチャー企業への投資は、新たなビジネスを創設し、市場の満たされないニーズに対応し新たな市場をつくり、雇用も拡大させることにつながり、ゼロサムではない価値を創造し、社会的な意義のある投資といえるのではないでしょうか。上手に投資できるのであれば、この点からは、機関投資家として検討する価値は十分にあると思います。

　ベンチャー企業への投資は、その性質から投資資金がゼロになるリスクは他の手法に比べるとはるかに高い一方、成功すれば大きなキャピタルゲインを獲得できます。機関投資家が投資をする際にはベンチャー・キャピタル・ファンドに投資をすることになりますが、ベンチャー投資の投資成果にバラツキが大きいように、ファンド間のリターンの差も大きなものになります。投資家としては、成長する事業、優れた経営陣を選択し、価値創造をサポートできるマネジャーをいかに選ぶかが大事になります。

　ベンチャー・キャピタル・ファンドへの投資を検討する際に１点陥りやすい失敗を指摘しておきます。ファンドをご覧になる際に、短期間のリターンをマネ

ジャーの実力ととらえてしまうことです。ベンチャー・キャピタル・ファンドは、初期段階で1件でもIPOすると、一見非常に高いリターンとなりますが、それに惑わされないようにしてください。プライベート・エクイティ・ファンドにおいては、マネジャーが成功を繰り返す可能性が高いかどうかを見極めることが必要ですので、短期間のトラック・レコードはあまり参考になりません。

　ベンチャーの場合には、プライベート・エクイティのほかの手法に比べても、最終的なリターンに大きな差がつきます。マネジャーを選ぶということがいちばん大事だということを肝に命じていただければと思います。

Profile

久村俊幸氏
東京海上アセットマネジメント投信株式会社 プライベートエクイティ運用部部長
東京大学経済学部卒業。American Graduate School of International Management 国際経営学修士。1983年東京海上火災保険株式会社（現東京海上日動火災保険株式会社）入社。1997年より運用部門にて、ヘッジ・ファンド、プライベート・エクイティ・ファンドへの投資を担当。2002年12月に、東京海上アセットマネジメント投信株式会社に移り、現職。現在、東京海上本体のプライベート・エクイティ・ファンド・ポートフォリオについて、投資一任で運用するほか、日本の年金基金・機関投資家向けにファンド・オブ・ファンズの運用を行っている。日本証券アナリスト協会検定会員。

第 5 章

メザニン・ファンドの特徴

安定したキャッシュフロー収入と早期の投資回収

株式会社メザニン
エグゼクティブディレクター **松野 修**

はじめに

　日本で本格的なメザニン市場が誕生してから10年近くが経過した。2000年代半ばのメザニン・ファンドの設立によって、メザニン・ファイナンスへの投資機会は広く機関投資家に開かれたものの、他のオルタナティブ投資と比較すると、メザニン投資の認知度ならびに利用度はいまだに低いのが現状である。しかしながら、過去数年の伝統的資産や海外投資、他のオルタナティブ投資のリターン低迷を受けて運用対象の見直しの動きが続くなか、足元においては機関投資家、特に企業年金基金によるメザニン投資への関心の高まりを実感している。背景には、メザニン投資がもつ、他の運用対象資産では得られない特長があると考えている。ここでは、投資家からみたメザニン投資の特徴を、メザニンのさまざまな活用例、メザニン市場の歴史と将来性、そしてメザニン・ファンドにおける投資プロセスとともに説明することで、機関投資家のメザニン投資への理解と関心をいっそう高めてもらいたいと考えている。

1 メザニン投資の特徴

(1) メザニン・ファイナンスの概要

　メザニン・ファイナンスとは、シニア・ローン（銀行ローン[1]）と資本（普

通株式)の中間に位置する資金調達手法の総称で、日本では優先株式(無議決権)または劣後ローンの形態をとることが多い。優先株式(無議決権)は、議決権が発生せず既存株主に希薄化を生じさせない株式で、リターンは発行要項であらかじめ定められている。大半のケースにおいて、リターンの一部が毎年固定の配当で支払われ、残りが元本償還時の上乗せ金額として支払われる。一方、劣後ローンは、金利や元本の返済順位がシニア・ローンより劣後するローンであり、金利の一部が毎年固定で支払われる一方、一部の支払は元加して元本返済時まで繰り延べられるという特徴がある。

世の中には不動産、証券化商品、インフラなど、さまざまな投資対象向けのメザニン・ファイナンスが存在するが、ここでは、個別のコーポレートクレジットを対象とする企業向けのメザニン・ファイナンスについて説明を行いたい。

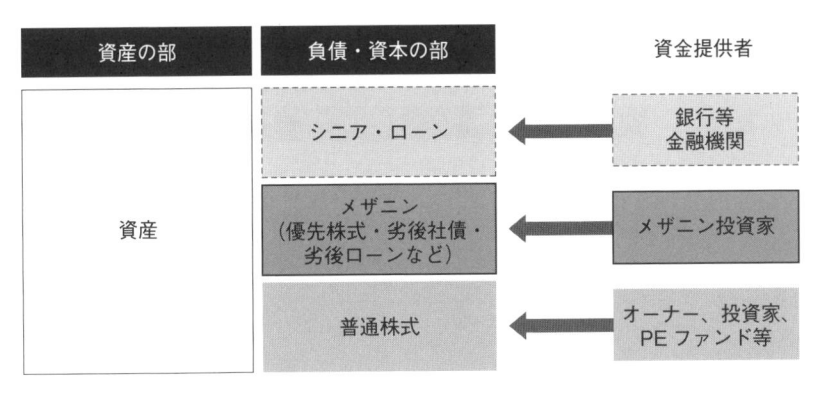

図表5-1　貸借対照表におけるメザニンの位置づけ

資産の部	負債・資本の部	資金提供者
資産	シニア・ローン	銀行等金融機関
	メザニン(優先株式・劣後社債・劣後ローンなど)	メザニン投資家
	普通株式	オーナー、投資家、PEファンド等

(出所)　MCo

1　ここでいう「銀行ローン」は主に銀行が提供するシニア・ローンのことであり、銀行が提供するものであっても劣後ローンなどメザニン・ファイナンスは含まない一方、銀行以外の投資家が提供するシニア・ローンを含む。

(2) リスクとリターンの特徴

投資家からみたメザニン・ファイナンスの特徴は、普通株式とシニア・ローンの中間的なリスク・リターンのプロファイルをもったミドルリスク・ミドルリターンの投資だという点である。

a ミドルリスク

主に銀行によって提供され、資金の出し手にとって「ローリスク」であるシニア・ローンに対し、メザニン・ファイナンスの元利払いの順序は劣後する。メザニン・ファイナンスの元本返済はシニア・ローンの元本返済がすむまで行われず、返済期限もシニア・ローンの半年ほど後に設定されるのが一般的である。また、メザニン・ファイナンスの金利／配当の一部は毎期支払われる（「Cash金利／配当」）ものの、残りは元本返済時まで繰り延べられる（「PIK金利／配当」）ことが多く、Cash金利／配当についても、企業の業績が一定基準を下回ると支払が繰り延べられたりする。さらに、シニア・ローンが第一順位の担保をとるのに対して、メザニン・ファイナンスは第二順位の

図表5-2 LBO案件におけるメザニンの特徴

		返済順位	期待リターン	投資期間	経営への関与	議決権への影響
銀行ローン	負債	第一順位 主要資産に第一順位の担保	低 3～5％程度 毎期現金で全額受領	5～7年	なし	なし
メザニン 劣後ローン 優先株式等		中 無担保ないし第二順位担保	中 6～20％程度 一部を毎期現金で受領	銀行ローン ＋0.5～1年	限定的 取締役の派遣など	なし 限定的に保有する例あり
普通株式 (PEファンド)	資本	最劣後	高 20％超 キャピタルゲインのみ	期限なし	強 過半数の取締役の派遣など	あり 通常は90％超の議決権を保持

（出所） MCo

担保であったり、担保なしであったりすることは、有事の回収可能性が銀行ローンに劣ることを意味する。

一方、「ハイリスク」である普通株式に対し、メザニン・ファイナンスの元利払いの順序は優先する。メザニン・ファイナンスの元利払いの金額は契約上明記されており、投資対象会社に返済義務があるため、投資対象会社に返済能力がある限り得られるリターンが決まっている。普通株式には返済期限はなく、投資家にとってのエグジットは原則として第三者への売却となるが、そのタイミング、価格はエグジット時までわからないし、投資時の価格を下回ることもしばしばである。このように、ローリスクであるシニア・ローンよりはリスクが高く、ハイリスクである普通株式投資よりはリスクが低い、ミドルリスクがメザニン投資の特徴である。

b　ミドルリターン

ミドルリスクを反映して、メザニン・ファイナンスの期待リターンは、銀行ローンと普通株式の期待リターンの中間の水準となっている。例えば、メザニン・ファイナンスが活用されることの多いLBOファイナンスにおいて、銀行ローンのリターン水準はおおむね年3～5％の水準であり、普通株式の期待リターンは20％超の水準であるため、メザニン・ファイナンスの期待リターンはその間、6～20％と幅広い。期待リターンは、個別案件のリスクや金融環境を反映して決定されるが、一般的には10％台前半となることが多い。

(3)　メザニン・ファンドのキャッシュフローと損益の特徴

a　メザニン投資のリターンの特徴

メザニン投資の期待リターンは、四つの要素から構成される。まず、投資時に投資先から受領する投資時手数料である。一般的には投資金額の2～3％程度であるが、案件によっては存在しないこともある。次に、金利または配当で、元本金額に対してあらかじめ定められた比率の現金が毎年一定回

数（2回が多い）投資先から支払われる。メザニン投資に特徴的な収益がPIK（payment-in-kind）で、元本金額に対して年間何％といったあらかじめ定められた比率で計算されるが、投資先企業から現金で投資家に支払われるのはメザニン投資の返済または償還時まで繰り延べられる。最後に、案件によっては投資先の発行する新株予約権が付与され、その期待リターンが上乗せされる。新株予約権付与の有無は、投資先やスポンサーの事情、メザニン投資家の希望によって、案件ごとのケース・バイ・ケースで決まってくる。四つのリターン構成要素のうち、リターンの大半を占める金利／配当、PIK、そして投資時手数料、の三つについては契約であらかじめ定められた固定的なリターンであり、投資先に返済能力がある限りにおいて決まった金額が支払われる。最終的に保有有価証券を売却するまではリターンがどうなるかわからないエクイティ投資と比較した、メザニン投資の特長の一つは、リターンの変動リスクの小ささにある。

図表5-3 メザニンの期待リターンの構成要素

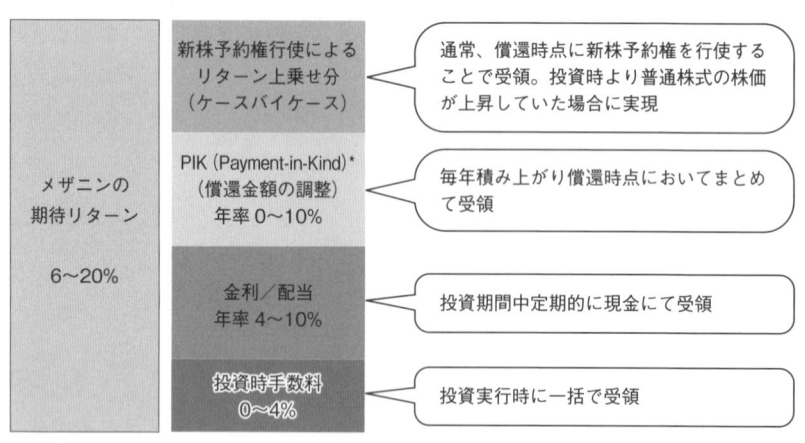

メザニンの期待リターン 6〜20%	新株予約権行使によるリターン上乗せ分（ケースバイケース）	通常、償還時点に新株予約権を行使することで受領。投資時より普通株式の株価が上昇していた場合に実現
	PIK（Payment-in-Kind）*（償還金額の調整）年率 0〜10%	毎年積み上がり償還時点においてまとめて受領
	金利／配当 年率 4〜10%	投資期間中定期的に現金にて受領
	投資時手数料 0〜4%	投資実行時に一括で受領

＊投資期間の経過とともに積み上がり、償還時点において当初元本に上乗せして支払われる収益

(出所) MCo

b　メザニン投資のキャッシュフロー

　投資直後から定期的なキャッシュフローが期待できる点もエクイティ投資と比較したメザニン投資の特長の一つである。ここで投資時手数料が投資金額の３％、金利／配当が同６％、PIKが同７％という条件のメザニン投資を20億円実行し、投資実行後３年で返済を受けたケースのキャッシュフローをみてみる。

　投資実行時に投資金額20億円のキャッシュアウトに対し、その３％相当の6,000万円が投資時手数料として受け取れるため、ネットのキャッシュアウトは19億4,000万円となる。投資後は、定期的な金利／配当として、年当り投資金額20億円の６％相当の１億2,000万円を受け取ることになる。投資回収時には、投資元本20億円に加え、毎年繰り延べられ積み上がったPIKをまとめて受け取ることになる。このケースでは年当り投資金額20億円の７％の３年分、すなわち４億2,000万円である。このケースにおけるメザニン投資

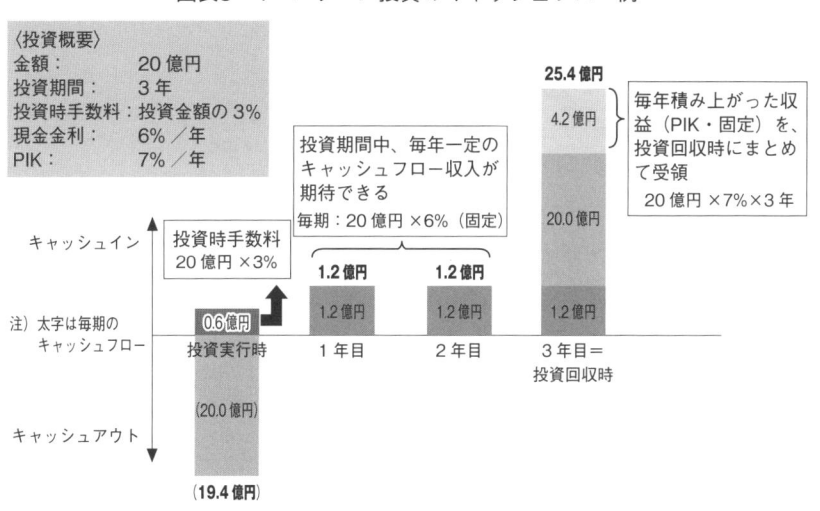

図表5－4　メザニン投資のキャッシュフロー例

〈投資概要〉
金額：　　　　20億円
投資期間：　　3年
投資時手数料：投資金額の3％
現金金利：　　6%／年
PIK：　　　　7%／年

注）太字は毎期のキャッシュフロー

投資実行時：キャッシュイン 20億円×3％ = 0.6億円、キャッシュアウト (20.0億円)、ネット (19.4億円)

1年目：1.2億円
2年目：1.2億円
3年目＝投資回収時：25.4億円（1.2億円 + 20.0億円 + 4.2億円）

毎年積み上がった収益（PIK・固定）を、投資回収時にまとめて受領　20億円×7%×3年

投資期間中、毎年一定のキャッシュフロー収入が期待できる
毎期：20億円×6%（固定）

（出所）　MCo

のIRRは13.4％となる。

c　メザニン投資の収益計上

　同じ経済条件のメザニン投資であっても、劣後ローン／劣後債であるか優先株式であるかによってPIKの収益計上の方法、タイミングが異なる。劣後ローン／劣後債の場合、PIKは契約上金利であるが、一定のタイミングで元加され、現金の支払は返済まで繰り延べられるというものである。そのため、PIKは通常の金利収入と同様に収益計上され、元加のタイミングではPIK分だけ投資元本が増えることとなる。例えば、上記ｂのメザニン投資のケースの場合、収益はおおむね図表５－５のように計上される。

図表5-5　メザニン投資の収益計上例（劣後ローン／劣後債）

（出所）MCo

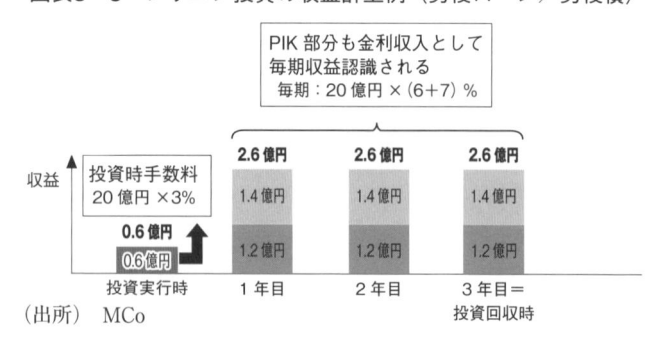

図表5-6　メザニン投資の収益計上例（優先株式）

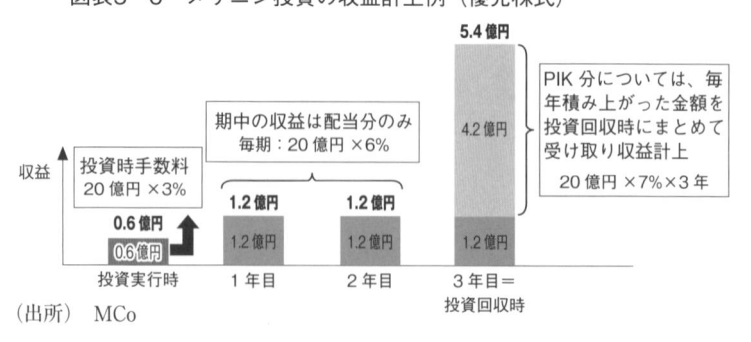

（出所）MCo

一方、優先株式の場合、PIKは契約上償還金額の上乗せ調整といったかたちで定められており、償還のタイミングまで収益として認識されず、償還時に投資期間分の収益がまとめて計上されることとなる。上記 b のメザニン投資の場合、収益は図表5－6のように計上される。

d　メザニン・ファンドのキャッシュフローと損益の特徴

　メザニン・ファンドもバイアウト・ファンド同様にキャピタルコール方式のファンドであり、投資家からコミットメントを受けた金額の範囲内で投資期間内に複数のメザニン投資を実行し、ファンドの期限までの間に回収する仕組みである。エクイティ投資を対象とするバイアウト・ファンドの欠点として投資家からしばしば指摘されるのが、ファンド投資後しばらくの間、管理報酬の支払は続く一方投資からの収益がないため損失が続いてしまうＪカーブ効果の存在である。

　これに対し、メザニン・ファンドの場合、基本的には個々のエクイティ投資から数年後のエグジット時まで収益計上のないバイアウト・ファンドと異なり、個々のメザニン投資の実行直後から定期的に得られる金利・配当収入や投資時手数料収入が管理報酬の支払を相殺し、早期に損益が黒字化する、すなわちＪカーブ効果が小さいという特長がある。また、メザニン投資のエグジットまでの期間は平均して３年程度であるため、キャッシュフローがプラスに転じるまでの期間も、エグジットまでの期間がより長いエクイティ投資を対象とするバイアウト・ファンドより早い傾向にある。Ｊカーブの浅さならびに資金回転の早さも、メザニン・ファンドを評価する投資家がその特長としてあげることの多いポイントである。

(4)　メザニン・ファイナンスのエグジット

a　リファイナンス

　メザニン・ファイナンスが実行される際はシニア・ローンも同時に実行されることが一般的であるが、両社の優先劣後の関係のなか、メザニン・ファ

イナンスの元本返済期限はシニア・ローンのそれより半年ほど後に設定されることが多い。しかし、実際にメザニン・ファイナンスは、シニアレンダーの了解を得て、返済期限より前にリファイナンスによって返済されることが大半である。

　リファイナンスによる返済のタイミングは個別案件の事情やそのときの金融環境等さまざまな要因によって決まってくるが、投資実行後平均で3年程度、早いものだと1年、遅いものでも5年程度となる。資金調達者である企業、スポンサー、メザニン投資家のいずれにとっても、リファイナンスによるエグジットはメザニン・ファイナンス実行時のメインシナリオである。第2節「メザニン・ファイナンスの活用例」で説明するように、企業・スポンサーは、メザニン・ファイナンスにメリットを見出し活用するわけであるが、シニア・ローンに比較してメザニン・ファイナンスの調達コストが高いことは事実であり、なるべく早めにより調達コストの低い資金調達に切り替えたい意向をもつ。

　一方、メザニン投資家としても、投資先の事業計画を業績が一定程度下回っても期限内にエグジット可能であることを前提に投資を行うため、業績が事業計画を上回るほど好調な場合には早期に返済を受けることを想定している。ただし、メザニン投資家にとっては投資実行前のデューデリジェンスや交渉に相応の労力のかかるファイナンスであり、あまりにも早い返済を受けると採算割れといった事態にもなりかねないため、1～2年程度の早期返済禁止期間を契約上設けることが多い。

　想定されるリファイナンスとしては、シニア・ローンによる借換え、コストの安いメザニン・ファイナンスによる借換え、普通株式に転換後売却（優先株式の場合）といったパターンがあるが、投資実行後一定期間の間にシニア・ローンの約定元本返済が進み貸付残高が減ったことを受けて、メザニン・ファイナンス部分も含めた外部資金調達全体をシニア・ローンで借り換える例がいちばん多い。メザニン・ファイナンスの種類や対象会社の置かれ

図表5-7　リファイナンスのパターン

	想定されるリファイナンス	特徴	財源	経営陣・株主への影響
劣後ローン	①シニア・ローンに借換え（一般的、かつ容易）	ローンからローンへの借換えであるため、容易に実行可能	新規シニア・ローン（借入余力必要）	金利負担軽減（程度中）
優先株式	①シニア・ローンに借換え（一般的、かつ容易）	分配可能額の範囲内で実行可能		金利負担は軽減するが、償還金額分、自己資本が縮小
	②コストの安い優先株式による借換え	分配可能額の制限を受けない	新規優先株式（優先株式投資家必要）	金利負担軽減（程度小）
	③普通株式に転換後売却		資本参加者の出資（資本参加者が必要）	金利負担なし議決権の希薄化あり

（出所）　MCo

ている状況によって活用可能なリファイナンスのパターンは決まってくる。メザニン投資家としては投資実行前に将来のリファイナンスの蓋然性とタイミングを分析し、リファイナンスが起こりにくいと判断した場合には、返済のリスクがその分高いと認識し、リターンの上乗せを求めたり、契約上の手当を行うといった対策をとることもある。

b　回収時におけるミドルリスクの意味

　リファイナンスによる返済が起こらない場合、メザニン・ファイナンスのエグジットはスポンサーによるエグジットのタイミングと同時となる。この局面が、メザニン・ファイナンスのミドルリスクの意味が鮮明になるタイミングともいえる。対象企業の企業価値の範囲内で、優先順位の高い順、つまりシニア・ローン、メザニン、普通株式の順に回収をしていくことになるため、メザニンの回収はシニア・ローンの元利金のすべてが回収されるまで起こらないが、一方でメザニンのPIKを含む元利金のすべてが回収されるまで

普通株主の回収は起こらない。すなわち、メザニンの回収は普通株式より優先するため、普通株式の価値が残る限り、メザニンは全額回収され、普通株主が自らの回収のために行う努力によってメザニンの価値が保全される仕組みとなっている。

　この関係を単純化して示した例が図表5－8である。

　投資実行時にA社を100で買収するに際し、銀行ローン（シニア・ローン）60、メザニン15、普通株式25の割合で資金調達を行う。3年後にスポンサーによるエグジット時のA社の売却価格（企業価値）ごとの各資金提供者の回収額が表示されている。元本返済の進んだ銀行ローンは元本が45に減り、PIKが累積したメザニンの元本は20に増えている。両者の合計金額は65であるので、売却価格が125に増えた場合も、買収価格と同じ100の場合も、75に減った場合も、銀行ローン、メザニンは全額回収される。

　一方、普通株式の回収金額は、売却価格から銀行ローン、メザニンへの返

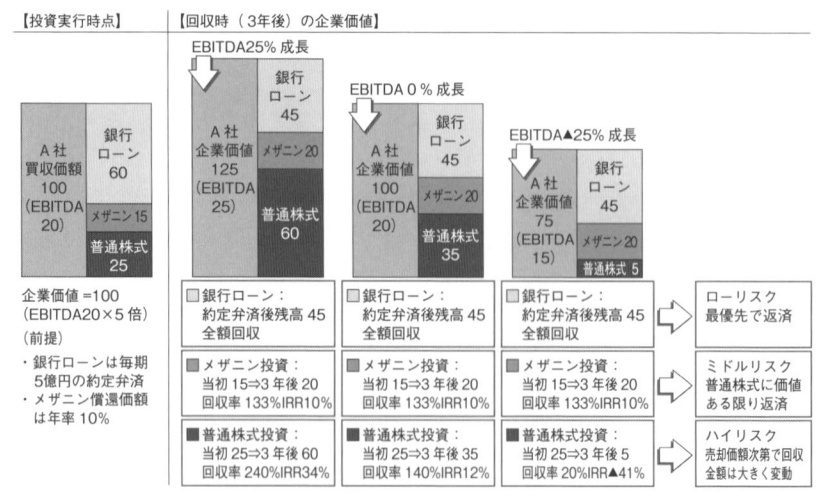

図表5－8　企業価値と回収金額

【投資実行時点】	【回収時（3年後）の企業価値】			
A社買収価額100（EBITDA 20） 銀行ローン60 メザニン15 普通株式25	EBITDA25%成長 A社企業価値125（EBITDA25） 銀行ローン45 メザニン20 普通株式60	EBITDA 0%成長 A社企業価値100（EBITDA20） 銀行ローン45 メザニン20 普通株式35	EBITDA▲25%成長 A社企業価値75（EBITDA15） 銀行ローン45 メザニン20 普通株式5	
企業価値=100（EBITDA20×5倍）（前提） ・銀行ローンは毎期5億円の約定弁済 ・メザニン償還価格は年率10%	■銀行ローン：約定弁済後残高45　全額回収	■銀行ローン：約定弁済後残高45　全額回収	■銀行ローン：約定弁済後残高45　全額回収	ローリスク　最優先で返済
	■メザニン投資：当初15⇒3年後20　回収率133%IRR10%	■メザニン投資：当初15⇒3年後20　回収率133%IRR10%	■メザニン投資：当初15⇒3年後20　回収率133%IRR10%	ミドルリスク　普通株式に価値ある限り返済
	■普通株式投資：当初25⇒3年後60　回収率240%IRR34%	■普通株式投資：当初25⇒3年後35　回収率140%IRR12%	■普通株式投資：当初25⇒3年後5　回収率20%IRR▲41%	ハイリスク　売却価格次第で回収金額は大きく変動

（出所）　MCo

済額を除いた残額となるため、売却価格125の場合は普通株主の回収額は当初投資額の2.4倍の6億円、IRR 34％と高く、売却価格75の場合は当初投資額の0.4倍の10億円、IRRはマイナス26％と元本割れのマイナスリターンとなる。売却価格がさらに下がり普通株式の回収額がゼロとなった場合、銀行ローンに先んじてメザニンの回収額が元本を割ることになる。

メザニン・ファイナンスの元本は普通株式の価値が残る間は守られ、普通株式の価値がゼロになっての回収局面ではシニア・ローンに先立って毀損することになる。このようにハイリスク・ハイリターンの普通株式よりはリスク・リターンが低く、ローリスク・ローリターンのシニア・ローンよりはリスク・リターンが高いのがミドルリスク・ミドルリターンのメザニンの特徴である。

c　売却によるエグジット

契約上、メザニン・ファイナンスを第三者に譲渡することはできるようになっているが、日本にはいまだメザニンのセカンダリー・マーケットが存在しないため、第三者への売却によるエグジットは、当面はあまり起こらないと思われる。

2 メザニン・ファイナンスの活用例

(1) バイアウトにおける活用

買収に際して買収対象会社の信用力を利用して買収代金を調達するノンリコース型資金調達において、メザニンが活用される事例である。買収会社として出資金額を抑えたい、買収対象の価格が高い、銀行ローンの借入余力が足りないといった場合に不足する買収代金としてメザニンが活用されることとなる。

買収会社がメザニンを活用する利点としては、出資金額を抑え買収に伴うリスクを抑制することができる、銀行ローンで足りない金額をメザニンで調

図表5-9　バイアウトにおけるメザニン活用例イメージ

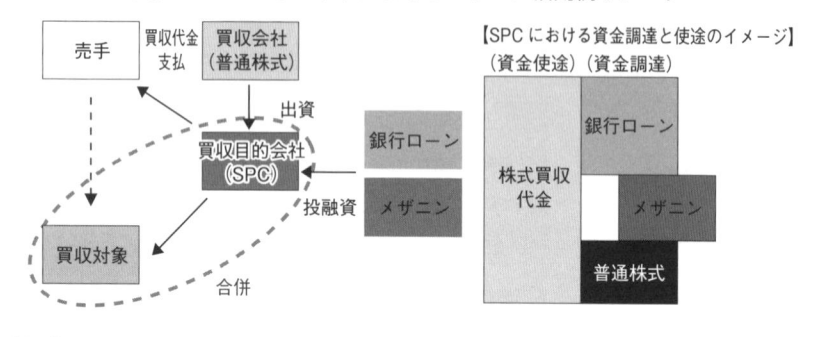

（出所）　MCo

達することでより高い価格での買収が可能となる、普通株式の希薄化を招かずに資本性の資金を取り入れることができるといった点があげられる。

　一般的には、バイアウト・ファンドがLBO、MBOを行う際に活用され、バイアウト・マーケット黎明期から活用事例がある。買収会社が事業会社の場合であっても、「小が大を飲む」買収などで活用例がみられ、2008年後半のリーマン・ショック前後から事業会社による活用事例が増えてきている。また、2009年11月の吉本興業における非公開化のように、複数の事業会社がコンソーシアムを組んで普通株式を出資してバイアウトを行うという新たな活用方法も出てきている。

(2) 純粋MBOにおける活用

　純粋MBOとは、経営陣や従業員だけで原則議決権の100％を取得するMBOである。個人である経営陣や従業員は企業買収を行うのに十分な資金力がないことも多く、彼らが出資する普通株式と銀行ローンだけでは買収代金や資本性資金が不足する場合に、メザニンが活用されるものである。議決権を要求しない資本性資金というメザニンの性質は、資本不足になりがちな純粋MBOにおいて効用が高い。

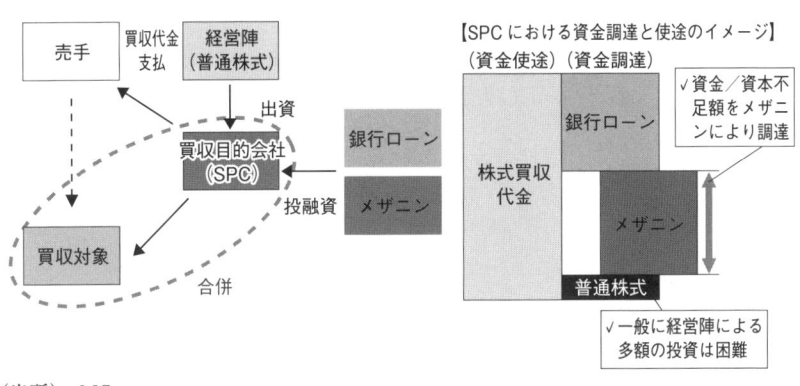

図表5-10　純粋MBOにおけるメザニン活用例イメージ

（出所）　MCo

日本における最初の本格的純粋MBOは2005年のワールドと比較的最近であるが、経営陣やオーナーが会社を売却すること（議決権を第三者に渡すこと）に抵抗が強い日本において純粋MBOのニーズは年々高まってきており、2011年において発表された戦略的非公開化24件のうち16件、実に7割近くが純粋MBOとなっている（MCo調べ）。

純粋MBOが実行可能な会社は、安定性のある事業を営んでおり、信頼できる経営陣がいるなど、スポンサーによる強力なガバナンスが不要で、かつ取引時の企業価値が合理的な水準であることが多い。既存の大株主であるオーナー経営者が主導して純粋MBOを行う場合も外部から調達する資金を抑えることができるため、純粋MBOの対象となりやすい場合が多い。

(3)　事業会社の成長資金としての活用

事業会社が他の会社を買収する、あるいは大規模な設備投資を行うに際して多額の資金が必要な場合に、メザニンを活用して資金調達を行う事例である。銀行ローンの借入余力が十分でなかったり、借入増による財務体質悪化を避けたい一方、第三者割当増資がむずかしかったり、それに伴う議決権の

図表5-11　事業会社の成長資金としてのメザニン活用例イメージ

（出所）　MCo

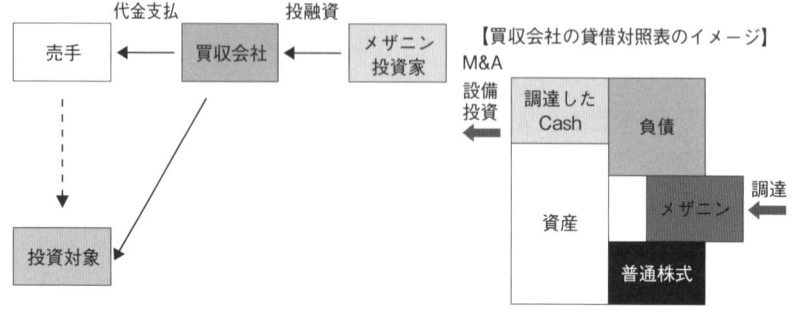

希薄化を防ぎたい場合において、議決権の希薄化を招かずに資本性資金の調達ができるメザニンに対するニーズが生まれる。

　日本では長らく一般事業会社によるメザニン資金ニーズはあまり高くなかったが、資本コストへの意識の高まり、銀行における収益性重視傾向といったトレンドのなか、リーマン・ショックの際に資金確保に苦しんだ事業会社のなかには銀行への過度の依存について問題意識をもつところも増えたこともあり、今後大きな成長が期待できる分野である。

(4)　資本・負債再構築における活用①

　資本に比して外部資金調達が少なく資本効率が悪い事業会社において、普通株主が資本効率を向上させるために、新たにメザニンで調達した資金で自らの投資金額の一部を回収するという活用事例である。

　普通株主は投資資金の一部回収を行いつつこれまでどおりの議決権を維持することができるのに加え、資本性資金であるメザニンの調達によって、普通株式が自己株消却等によって減少する部分を補い、自己資本比率を維持できるなど、財務体質の悪化を防ぐことができるメリットがある。

図表5−12　資本・負債再構築におけるメザニン活用例イメージ①

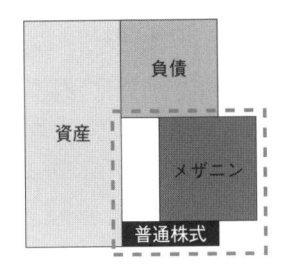

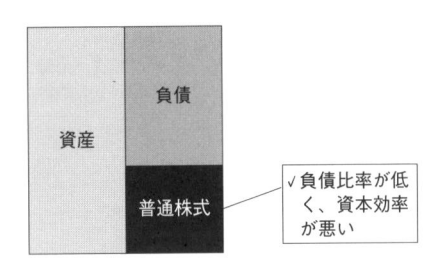

【資本・負債再構築後のイメージ】　　【現在の貸借対照表のイメージ】

(出所)　MCo

　資本効率に対する意識の高いバイアウト・ファンドの活動が活発であり、金融環境が緩かった2006年から2008年頃にかけて多く活用された事例であり、リーマン・ショック以降はしばらく活用事例がみられなかった。資本効率に対する意識の高まりが進めば活用される機会が増えると期待され、最近再び活用事例が出てきている。

(5) 資本・負債再構築における活用②

　過去の不採算事業投資の結果として過大な借入金を抱えていたり、資本が過小となっている企業において資本増強を図りつつ借入金返済を行いたいものの、第三者割当増資による議決権の希薄化は回避したいというニーズがある会社がメザニンを活用して資本性資金を調達する事例である。

　企業にとっては、借入金の減少と資本性調達の増加により財務体質が改善し、銀行からの借入金の条件を緩和し、事業の維持成長のために必要な設備資金等を創出するという効果が期待できる。

　経済環境が不安定な時期にこうしたタイプの投資機会は数多くあるが、メザニン投資家としては、投資対象企業の本業の安定性に問題がなく、経営陣

図表5-13　資本・負債再構築におけるメザニン活用例イメージ②

【現在の貸借対照表のイメージ】　　【負債再構築後の貸借対照表のイメージ】

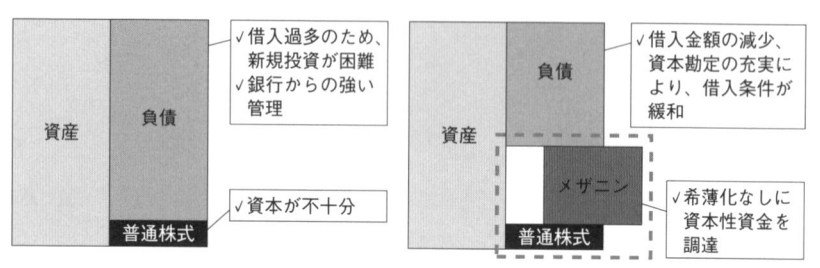

(出所)　MCo

の交代や事業方針の大きな変更は必要なく、財務体質の改善のみが問題解決のために求められているといった企業を厳選して投資することが重要である。

③ 本邦メザニン市場の歴史と現状

(1) 本邦メザニン市場の歴史

　本邦におけるメザニン投資の機会は、最初のLBO取引が行われた1998年からほどなく2000年頃からみられるようになった。それ以前も、優先株式・劣後ローンといった名称で、広い意味でのメザニン・ファイナンスの利用がみられたが、それらは銀行や業績不振企業が、親密取引先などから資本性資金を安価に調達したものが多く、資金調達企業と既存取引関係のない純粋投資家が投資対象とできるようなリターン水準ではないものも多かった。初期のメザニン・ファイナンスは、バイアウト・ファンドがスポンサーとなるLBO取引の資金調達の一部であることが大半であった。資本性をもちながら議決権の希薄化を招かず、リターンのアップサイドもとらないというメザニン・ファイナンスの効用は、借入金によるレバレッジを活用して高いエク

イティの期待リターンをねらうLBO取引において最も顕著であったためである。しかし、2002年頃までのLBO黎明期は、LBO取引の数が少なく、案件サイズも小さく、メザニン・ファイナンスに理解のあるバイアウト・ファンドも限られていたことから、メザニン投資の機会が少なく、金額も小さかった。

2003年頃からは、LBO取引件数が増えてきたこともあり、銀行によるLBOファイナンスへの融資積極化の影響によるネガティブな影響を受けつつも、メザニン投資の機会は増加していった。2005年頃までの間に、経済情勢を反映して、事業再生型のLBOにおいて優先株式が活用されるケースや、低バリュエーションの機会をとらえたMBOにおいて資本増強のためにメザニンが活用されるケースが多くみられた。

2006年から2008年半ばのリーマン・ショックの前までの時期は、景気回復と株価上昇に伴い、M&Aにおける買収価格の高騰と金融機関の融資姿勢の積極化が同時進行し、数多くの大型LBO案件が成立した。高い買収価格を可能にするため、メザニン・ファイナンスが積極的に活用され、外資系金融機関がアレンジャーとなった大型のメザニン・ファイナンスも多数組成された。しかしながら、レバレッジが高いがゆえにリスクの高い案件が多く、メザニン投資家としては投資する案件の見極めが重要であった時期といえる。

リーマン・ショック前の2008年中頃からは、金融機関の融資姿勢の慎重化に伴い、メザニン・ファイナンスのリスクが良質化、すなわちレバレッジが低下して、リスク対比でのリターンの改善が顕著となった。リーマン・ショック後2009年中頃までは急激な金融経済環境の変化によりLBO取引が激減したが、銀行の融資姿勢の慎重化と株式相場の低迷に伴ってメザニン・ファイナンスの意義が見直され、LBO以外でのメザニン・ファイナンスの活用、すなわち事業会社によるコーポレート・メザニンの活用が進んだ。2009年の秋頃からはLBO取引におけるメザニン投資機会も回復してきている。

(2) 本邦メザニン市場の現状

　日本のメザニン市場は過去10年間で、黎明期から次第に用途を広げながら成長し、金融緩和期の市場拡大とリスク・リターン・バランスの悪化を経て、現在はリスク・リターンの良質な案件の投資機会が期待できる環境にある。メザニン投資の機会は、バイアウト・ファンドによるLBOからスタートしたが、現在では大きく多様化し、リスク・リターン・バランスの悪化を招いた一因であるメザニン・プレーヤー間の過当競争も多くのプレーヤーの退出とともに解消している。

　良質なリスク・リターンのバランスをもったメザニン投資機会の増加には、本邦金融市場において、メザニン・ファイナンスの意義・効用がきちんと理解されることが重要であるが、これには資本コストに対する意識の高まりと、銀行による融資プライシングの正常化が果たす役割が大きい。これまでも徐々に進んできたこうしたトレンドは、会計基準の厳格化に伴う株式持合いの解消や新BIS規制導入に伴う銀行におけるリスク対比収益向上への取組みによって今後さらに加速することが期待され、メザニン・ファイナンスの意義や効用が見直される機会はいっそう増えると思われる。

(3) 本邦メザニン市場のプレーヤー

　本邦メザニン市場のプレーヤーは、大別すると３種類に分けられる。①自らのバランスシートを使ってメザニン投資を行う金融機関と、②機関投資家から集めたお金を使ってメザニン投資を行うメザニン・ファンド、③主に手数料収入を目的にメザニン・ファイナンスのアレンジ、引受けを行う金融機関である。

a　金融機関（自己投資）

　自らのバランスシートを使ってメザニン投資を行う金融機関としては、保険会社、リース会社、銀行が存在する。日本におけるメザニン・ファイナンス市場の黎明期からメザニン投資に取り組んできたのが東京海上日動火災保

険とオリックスであるが、最近はメザニン投資にさほど積極的ではない。これらに遅れて取組みを開始したものの資金力に優る日本政策投資銀行は現在では主要プレーヤーとなっている。かつてはバランスシートを使ったメザニン投資を行っていた銀行もほかに存在したが、現在はあまり見かけない。最近では一部のリース会社による新規参入もみられる。

b　メザニン・ファンド

　本邦メザニン・ファンドの運営会社の大半は、大手銀行の子会社あるいは関連会社であり、運用資金の大きな部分を親会社から提供されている。三井住友トラスト・グループの三井住友トラスト・キャピタル（旧中央三井キャピタル）が管理・運営するメザニン・ファンド、みずほフィナンシャルグループのみずほキャピタルパートナーズが運営の受託を行っているメザニン・ファンド、日本政策投資銀行と三井住友銀行が共同で組成したUDSメザニン・ファンド、三菱東京UFJ銀行と日本政策投資銀行が出資しているメザニン・ソリューション1号ファンドなどである。一方、独立系で本格的なメザニン・ファンドを運営するプレーヤーとしては株式会社メザニン（MCo＝エムコ）が存在する。

c　金融機関（アレンジャー）

　LBOファイナンス市場の大きな成長が見込まれ、大型案件への期待が高まる2000年台半ば、主に手数料収入を目的にメザニン・ファイナンスを引き受け・アレンジする外資系金融機関の市場参入が相次いだ。その後のリーマン・ショックなどを経てこれら金融機関の経営方針が大きく変わるとともに、大型案件のファイナンス機会が減ったこともあり、これらのプレーヤーの多くは市場から撤退した。現在、アレンジャーとしてメザニン・ファイナンスを手がける主たるプレーヤーとしては野村キャピタル・インベストメントがあげられる。

4 メザニン・ファンドにおける投資プロセス

(1) ソーシングとオリジネーション

　メザニンの投資機会には、すでにメザニン・ファイナンスへのニーズが顕在化しているものと、メザニン・ファイナンスへのニーズが顕在化していないものがある。前者の多くはバイアウト・ファンド主導で検討されているLBOや、M&Aアドバイザーがファイナンスを取りまとめているコーポレート案件（バイアウト・ファンドがスポンサーとして存在しない案件）である。バイアウト・ファンドや銀行、証券会社、M&Aアドバイザーなどのプロフェッショナルは、資金調達の検討にあたって、その制約条件とエクイティ、シニア・ローン、メザニンの特徴を照らし合わせてストラクチャーを考案する。メザニン・ファイナンスが必要になった場合には、その内容に対応可能なメザニン投資家に声をかけて検討を依頼、条件を交渉する。

　メザニン・ファンド側からみると、こうしたバイアウト・ファンドや銀行、証券会社、M&Aアドバイザーといったプロフェッショナルに、自らの存在と提供可能なファイナンスの内容（金額、商品性、経済条件）を日常的に認識してもらい、メザニン投資機会があったらすぐに声をかけてもらえるようにしておくことが重要である。競争を避けつつ良好な案件を獲得するためには、クレジットリスク以外で検討がむずかしいような案件、すなわち複雑な契約内容や時間的制約のために迅速な意思決定が要される案件に柔軟に対応できる能力をもち、そのことを関係者に理解しておいてもらうことが重要である。

　一方、いまだメザニンの市場が発展途上である日本においては、潜在的なメザニン・ファイナンスへのニーズが顕在化していないケースも多々ある。こうしたケースは純粋MBOや資本・負債の再構築においてよくみられる。メザニン・ファンドとしては、潜在的ニーズがありそうな事業会社やオー

ナーへの直接マーケティングを通じたオリジネーション活動や、事業会社やオーナー会社に影響力をもつM&Aアドバイザー、弁護士、会計士等のプロフェッショナルとのネットワーク構築、提案活動に日常的かつ継続的に取り組むことでこうした投資機会を自らつくりだすことができる。

(2) クレジット、ストラクチャー分析・検討、プライシング

デット・プロバイダーとしての視点から、ビジネス、法務、財務のデューデリジェンスを含む詳細なクレジットおよびストラクチャーの分析と検討を、スピード感をもって行う。クレジット分析にあたっては、事業環境ならびに競争環境の詳細な調査に基づき事業計画の妥当性を検証し、キャッシュフロー・プロジェクションのセンシティビティ分析を行い、経営者との面談、工場や物流センターなどへのサイトビジット等も実施する。ストラクチャーの検討にあたっては、案件の特性を考慮しつつ、クレジット分析の検討結果を反映する。

クレジットやストラクチャーを反映したリスクに応じた適切なプライシングを行い、その際にはエクイティ投資家としての視点からの検証も行う。自らオリジネーションした案件においては、メザニンはもちろん、必要に応じてディール全体、ファイナンス全体のストラクチャー構築を行うことで、投資機会獲得を確実なものとするとともに、投資に際してリスク対比有利な投資条件を実現する。事業計画の検証やリスクの分析、ストラクチャーの検討や契約の交渉にあたっては、多層的かつ複眼的に取り組むことが効果的であり、メザニン投資はもちろん、LBOファイナンスやバイアウト投資の豊富な経験をもち、クレジット分析、契約実務、法務・会計・税務知識に詳しいメンバーの存在に加え、コンサルティング、M&A、経営等の多様なバックグラウンドをもつメンバーの存在も有意義である。

(3) エグゼキューション

　契約条件の詳細な詰めを多数の関係者と交渉をしながら、メザニン投資によって不適切なリスクを抱え込まぬよう契約をつくりこんでいく。メザニン契約、債権者間協定、関係者間合意書、株主間契約など多数の契約について、利害が相反する多数の関係者と交渉をしつつメザニン投資家の利益を守るような内容につくりこんでいくためには、メンバーの能力および豊富な経験に基づくドキュメンテーション作成能力、交渉力が求められる。また、弁護士等外部の有能なアドバイザーと適時適切に協力を得られる関係をもち、組織内においてもスピーディでありながら適切なプロセスを踏んだ検討が行えるような体制を構築しておくことも重要である。スピーディかつ堅実なエグゼキューションができることは、投資機会の数を増やすこと、有利な投資条件を獲得することにもつながる。

(4) モニタリングとエグジット

　契約を通じて業績動向や財務諸表など投資先の情報を定期的に入手・分析し、状況に応じて経営陣・スポンサーに対して、クレジット保全のために必要なアドバイスや働きかけを行う。加えて、取締役会への参加（社外取締役、オブザーバー）や経営陣、スポンサーとの頻繁なコミュニケーションなどを行うことで、能動的なモニタリングを心がける。投資先企業の業況悪化時には、必要に応じてスポンサーあるいは経営陣に対して業績改善のための具体的な働きかけを行う。

　メザニン投資のエグジット手段としては、シニア・ローンや他のメザニンによるリファイナンス、収益弁済・償還、スポンサー・エグジットの際のタグ・アロング（tag-along）やドラッグ・アロング（drag-along）と多様な形態があり、そのタイミングをうまくとらえることが第一であるが、状況によっては自らエグジットを仕掛けることも重要となる。

5　メザニン投資の日本市場での将来性

　日本のメザニン市場は過去10年強の間に徐々に用途を広げながら成長し、金融バブル期の市場拡大と条件悪化を経て、現在小ぶりながら良好な市場環境にある。しかしながら、金融・経済に占める日本のメザニン市場のサイズは欧米に比較するとまだまだ小さく、大きな成長余地があると考えられる。市場が未発達な理由としては、メザニン・ファイナンスの主要なディールソースたるM&AやLBOの件数が欧米と比べるとまだまだ少ないことをあげられる。欧米と比べ会社を第三者に売却することへの抵抗が強い日本においては、LBO市場の拡大は必ずしも欧米のように進まない可能性もあるが、一方で、会社を第三者に売却しなくてすむ純粋MBOのような取引に対する企業・経営者のニーズは根強く、取引事例が増え企業・経営者の理解が進むなかで純粋MBOの件数は順調に増えている。前述のとおり、純粋MBOにおいてはメザニン・ファイナンスを活用する意義は特に高く、今後のメザニン市場の拡大が期待できる。

　長らく株主資本コストに対する意識が薄く、融資のプライシングがきちんと行われてこなかったという日本の金融市場の特殊性も、メザニン市場の発達を阻んできた理由の一つと思われる。この点については、会計基準の厳格化や銀行への新BIS規制の導入によって、持合い株の解消や銀行によるリスク対比収益の向上へ向けた動きがこれまでより加速することが期待され、資本コストの上昇と融資プライシングの厳格化を通じて、メザニン・ファイナンスの意義や効用が見直される機会はいっそう増えるであろう。

　今後の成長が期待できるメザニン・ファイナンスの活用例としては、上述の純粋MBOのほかに、コーポレート・メザニンの分野があげられる。欧米ではハイ・イールド債が担っている市場でもある。BSリストラクチャリング型コーポレート・メザニンのほかに、グロース・キャピタル型コーポレー

ト・メザニンがあげられる。

おわりに

メザニン市場が比較的未発達な日本において、メザニン・ファイナンスに対する潜在的ニーズは数多く存在すると考えており、今後の成長余地は大きい。各メザニン・ファンドが潜在的ニーズの掘り起こしによる投資機会の増加と、規律をもった投資姿勢でリスクに見合ったリターンをもった投資案件創出に努力し、市場の健全な成長と、機関投資家に対する良質なミドルリスク・ミドルリターンの投資機会の提供に努力することが重要と考えている。

Interview

年金基金によるメザニン・ファンドへの投資

ミドルリスク・ミドルリターンをねらう投資形態

三井住友信託銀行株式会社
オルタナティブ運用部
オルタナティブグループ
次長兼オルタナティブグループ
運用第2チーム長
松井　博氏

三井住友信託銀行株式会社
オルタナティブ運用部
オルタナティブグループ
運用第2チーム　調査役
竹ノ谷修氏

Q 2000年代半ばに組成されたメザニン・ファンドの後継ファンドが組成される動きが顕著になっていますが、日本の年金基金によるメザニン・ファンドへの投資の変遷について簡単にお話し願います。

松井　三井住友信託銀行のオルタナティブ運用部は、年金顧客を中心にヘッジ・ファンド、不動産、プライベート・エクイティなどのアウトソース・プロダクトのご提供を行うセクションです。このうち、インフラストラクチャー投資を含むプライベート・エクイティ投資を担うのが運用第2チームです。

オルタナティブ運用部では、それぞれのプロダクト担当チームが、取扱商品の選定からデューデリジェンスや投資後のモニタリングを行っています。

竹ノ谷　当社では、グループの三井住友トラスト・キャピタル（旧中央三井キャピタル）がワールドの非公開化案件で500億円を超えるメザニン投資を行うなど、この分野において積極的な取組みを行っていることもあって、年金基金のお客様にも積極的に国内メザニン・ファンドをご提供しています。

弊社が年金顧客に最初にメザニン・ファンドへの投資をご提供したのは2005年で、現在までに5ファンドを提供しています。2006～2007年にご提供したファ

ンドにつきましては、おおむね投資を完了しましたので、現在は後継ファンドをご提供しているというステージにあります。

松井 国内のメザニン市場は、バイアウト市場の拡大を背景として、順調に拡大してきました。金融危機を転機としまして、いったん市場規模は頭打ちとなりましたが、投資条件は大幅に改善し、投資家層につきましても大きな変化が発生したものと認識しています。

弊社が2006～2007年にご提供した各ファンドは、いまご説明しましたように投資期間の途中で金融危機を経験していますが、金融危機以前では、シニア・ローンのレンダーの積極的な融資スタンスを背景とした買収価格の高騰や、外資系のメザニン・アレンジャーのメザニン市場への積極的な参入を背景に、投資の進捗が遅れるという傾向もありましたが、金融危機以降は、割安なバリュエーションで良質な投資案件の組入れが進捗しました。

ファンドの投資家層についても、第一世代のファンドは金融機関が主要投資家となっていましたが、後継ファンドでは年金基金が半分を占めている状況にあります。メザニン・ファンドは、年金基金の投資対象としての認知度が高まるとともに、年金基金自体が国内のメザニン・ファイナンスを支える重要な役割を担っているものと認識しています。

Q メザニン・ファンドは、日本の年金基金にとっても受け入れられやすい商品であるといわれていますが、その理由は何でしょうか。また、実際にメザニン・ファンドへの投資を行っている年金基金さんからは、どのような声がありますでしょうか。

松井 国内株式市場の低迷長期化に加えて、国内金利水準の低下もありまして、年金基金はオルタナティブ投資への配分を増加していますが、こうしたなかで、メザニン・ファンドへの投資のミドルリスク・ミドルリターンという特性が受け入れられているものと認識しています。

竹ノ谷 プライベート・エクイティ投資については、いわゆるJカーブ効果や

投資期間が長期にわたることへの抵抗感が強いという傾向もあります。一方、メザニン投資の場合は、一定の現金配当があることや相対的に短期間での回収が見込まれることが受け入れられていると考えています。

　加えて、国内メザニン・ファンドの場合は、投資先企業、シニアレンダーからエクイティ投資家まですべてが国内で完結することから、初めてプライベート・エクイティ投資を行うお客様にとって、わかりやすいこともポイントではないかと思われます。

Q どのようなタイプの年金基金がメザニン・ファンドへの投資に積極的なのでしょうか。また、メザニン・ファンドへ投資している年金基金は、どのようなアセット・アロケーション戦略をとっているケースが多いのでしょうか。

竹ノ谷　私どもの年金顧客の場合は、資金規模が中規模の年金基金からの受託もございますし、単独型・総合型などのタイプや、基金の設立地域もさまざまですので、特に年金基金の属性によって、積極的かどうかといった違いはないと思います。すでにヘッジ・ファンド投資などでオルタナティブ投資のご経験がある、あるいは年金財政に比較的余力があって中長期的な投資に取り組むことが可能な先であるというのが、主な特徴ではないかと思われます。

松井　資金規模が比較的大きい年金基金であれば、プライベート・エクイティ投資のなかでの分散の一環としてメザニン・ファンドへの投資も検討される事例もございますが、中規模の年金基金の場合は、オルタナティブ投資全体の配分のなかで、一定割合を国内メザニン・ファンドへの投資に配分している事例が多いと思われます。

竹ノ谷　さらに、国内メザニン・ファンドのみに投資されるお客様もいらっしゃいますが、海外インフラ・ファンドなどの低リスクのプライベート・エクイティ・ファンドとの組合せにより、キャピタル・ゲインを主体とするバイアウト・ファンドとは異なるリスク・リターンのポートフォリオ構築を志向することもあります。

Q 最後に、メザニン・ファンドが資産運用商品として確立していくための要件についてお話いただければ幸いです。

竹ノ谷 伝統資産を含めた運用ポートフォリオ全体でリスク・リターン特性を計測した場合に、国内外の上場株式のウェイトを低下させる一方で、代替資産として相対的に市場リスクの低いメザニン・ファンドを組み入れることにより、投資効率の向上を目指していくといったアロケーション戦略を採用するケースがあります。

また、昨今の年金財政の成熟化により掛け金よりも給付のほうが上回っているような年金基金において、元本を取り崩さずにインカム・ゲインにより給付資金をまかなうことを志向して、メザニン・ファンドへの投資を利用するケースが出ています。

松井 日本の場合は、メザニン投資を行う資金提供者が欧米と比較して限定されており、同業者間での競合は現在のマーケット環境ではそれほど激しいものではありませんが、徐々に市民権を得つつあることも事実です。

しかしながら、メザニン市場全体でみた場合には、まだまだバイアウト市場全体の動向に左右される側面が強く、特に国内においては、シニアローンを提供する銀行などの金融機関のプレゼンスが高いことから、シニアの融資姿勢によって全体のメザニン部分のボリュームが増減するという動向も見受けられます。

年金基金側からみても、通常はキャピタル・コール方式となるメザニン・ファンドに対するコミットメント枠を設定したとしても、適切な時期に十分な投資、キャピタル・コールが行われないとすると、年金資産全体でも当初の計画どおりの資産配分が達成できなくなるおそれがあります。先ほども述べましたように金融環境等の外部要因による影響というものはありますが、良質なリターンを獲得するためにはメザニン・ファンド側でも「純粋MBO」、すなわちエクイティ・スポンサーの介在しない直接的な案件の組成能力を高めていくことも必要ではないかと考えています。

Profile

松井　博氏

三井住友信託銀行株式会社 オルタナティブ運用部 オルタナティブグループ
次長兼オルタナティブグループ運用第2チーム長

1989年4月中央信託銀行株式会社（当時）入社
1993年4月中信投資顧問株式会社（現三井住友トラスト・アセットマネジメント株式会社）に出向。国内株式を中心とするファンド・マネージャー業務に従事。1995年5月年金運用部に復帰。企業年金のポートフォリオ・マネージャー業務に従事。2003年4月三井アセット信託銀行株式会社（当時）運用企画部に異動。ヘッジファンド・プライベートエクイティ投資・為替オーバーレイ等のオルタナティブ関連商品の企画業務に従事。2005年4月投資商品業務部の新設により上記業務の移管および異動。2012年4月より現職。

竹ノ谷修氏

三井住友信託銀行株式会社 オルタナティブ運用部 オルタナティブグループ
運用第2チーム 調査役

1994年4月三井信託銀行株式会社（当時）入社。1999年8月受託資産運用部に異動。公的年金資金等のポートフォリオ・マネージャー業務に従事。2005年4月財団法人年金総合研究センター（現公益財団法人年金シニアプラン総合研究機構）に出向。主任研究員として年金資金運用等に関する調査研究業務に従事。2008年4月中央三井アセット信託銀行株式会社（当時）投資商品業務部に復帰。プライベート・エクイティ投資およびインフラストラクチャー投資業務に従事。2012年4月より現職。

第 6 章

セカンダリー・ファンドの特徴

プライベート・エクイティの流動化ソリューション

アント・キャピタル・パートナーズ株式会社
セカンダリー投資グループ
マネージング・パートナー　佐村礼二郎

はじめに

　プライベート・エクイティ・ファンド持分のセカンダリー市場は、プライマリー市場の拡大を背景に、金融機関の規制、合併、アセット・アロケーションの調整手法として急速に拡大を続けている。本章では、プライベート・エクイティ投資を行うにあたって、障害の一つとなっている流動性およびJカーブの問題を軽減できる手段としてのセカンダリー投資について全般的な解説を行う。仕組み、歴史、特徴、投資のメリットなどの基本的な事項を説明した後に、実際の取引手法、最近の市場動向等を紹介する。また、一般的なセカンダリーでのファンド持分投資とは異なる手法である、ダイレクト・セカンダリー投資についても簡単に触れる。最後に、日本市場においてセカンダリー投資が発展してゆく可能性について、筆者の意見を述べる。

1　セカンダリー投資の特徴

(1)　プライベート・エクイティのセカンダリー取引の仕組み

　プライベート・エクイティにおける一般的なセカンダリー取引とは、LPセカンダリーと呼ばれるもので、図表6－1のとおり、ファンドの存続期間中に既存投資家が保有するプライベート・エクイティ・ファンドの持分（未払いコミットメントを含む）を途中転売することを指す。もう一つは、ダイレ

クト・セカンダリーと呼ばれるもので、直接企業の株式ポートフォリオの売買に関するセカンダリー取引を指す。セカンダリー取引における売手は、ファンドの期間終了を待たずに資金を回収することができ、また未払いコミットメントが残っている場合は、その拠出義務も解消される。買手は、ファンドが一定年数経過した後に投資することから、管理報酬等の費用負担も少なく、早期の回収が期待でき、また直近の評価額に対してディスカウントでの投資が可能であることからも、いわゆるJカーブ効果が軽減される。

一般的には、プライベート・エクイティは流動性に乏しい投資であるが、こうしたセカンダリー取引により売手は流動性を確保し、また買手にとっても通常のプライベート・エクイティとは異なるリスク・リターンの特徴をもつ投資が可能となる。

プライベート・エクイティのように流動性の乏しいアセットのセカンダリー譲渡は、アセットに内在されている流動性オプションの取引とも考え

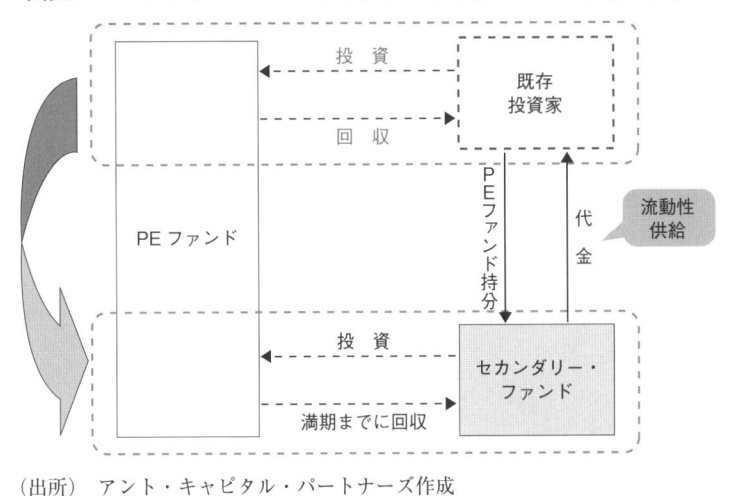

図表6-1　プライベート・エクイティのLPセカンダリー取引の仕組み

（出所）　アント・キャピタル・パートナーズ作成

られ、当該オプションは相対でその価値が決定されることから、買手と売手の状況に大きく依存することになる。

(2) セカンダリー投資の歴史

　図表6－2のとおり、セカンダリー市場規模は、2000年以降急激に拡大してきた。歴史をさかのぼると、1980年代前半からセカンダリー取引が徐々に始まったが、当初は非常に小規模な取引にすぎず、1990年代後半までは市場が大きく発展することもなかった。1990年代後半からファンドの大型化が始まり、米国のレキシントン・パートナーズ（Lexington Partners）や英国のコラー・キャピタル（Coller Capital）などのセカンダリー投資会社がグローバル・ファンドを設立したのもこの時期であった。

　その後、ひとつの契機が2000年のドットコムバブルの崩壊であり、投資家によるベンチャー・キャピタル・ファンドの持分の流動化ニーズが高まる要因となった。また、市場が大きく拡大したのは、2000年以降に欧米金融機関のリスク資産圧縮に伴う売却が増加したことによる。この結果、セカンダリー投資への参入者が増加し、また、ファンドサイズも大きく伸びることとなった。その後も年金基金等がアクティブ・ポートフォリオ・マネジメントの一環としてポートフォリオの入替目的でセカンダリー市場を活用するなど、市場の参加者がますます増加し、取引規模も増加の一途をたどることとなった。2008年のリーマン・ショックにより、一時的に市場は縮小したものの、2009年以降セカンダリー・ファンドの募集が大きく伸びたこともあり、さらに市場は拡大傾向にあるといえる。

　日本国内では、2000年前後より小規模なセカンダリー・ファンドが複数設立され、その後、日本アジア投資および弊社が比較的規模感のあるファンドを設立したものの、欧米にみられるようなブームは発生していない。また、日本国内ではプライベート・エクイティ・ファンドの歴史がまだ浅いことから、LPセカンダリーよりもダイレクト・セカンダリーが中心の取引となっ

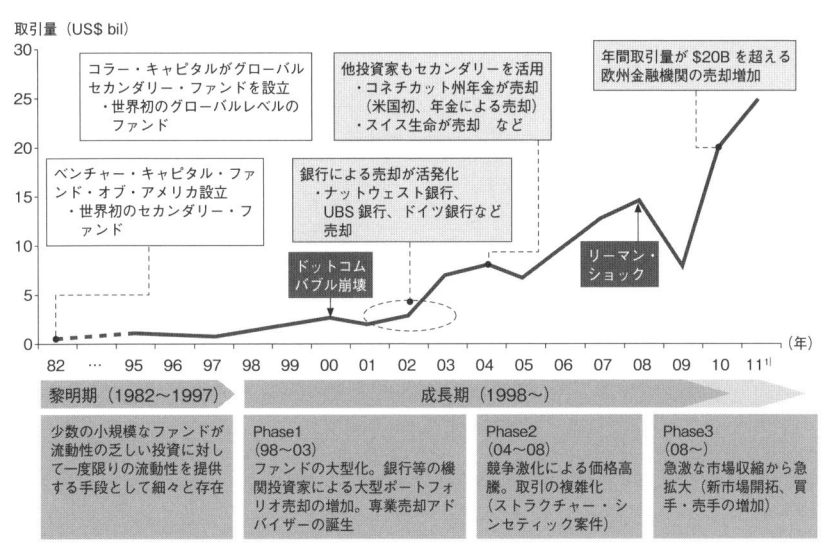

図表6-2　グローバルベースでのセカンダリー取引量の推移と主な出来事

取引量（US$ bil）

黎明期（1982～1997）	少数の小規模なファンドが流動性の乏しい投資に対して一度限りの流動性を提供する手段として細々と存在
成長期（1998～）Phase1（98～03）	ファンドの大型化。銀行等の機関投資家による大型ポートフォリオ売却の増加。専業売却アドバイザーの誕生
成長期 Phase2（04～08）	競争激化による価格高騰。取引の複雑化（ストラクチャー・シンセティック案件）
成長期 Phase3（08～）	急激な市場収縮から急拡大（新市場開拓、買手・売手の増加）

主な出来事：
- ベンチャー・キャピタル・ファンド・オブ・アメリカ設立：世界初のセカンダリー・ファンド
- コラー・キャピタルがグローバルセカンダリー・ファンドを設立：世界初のグローバルレベルのファンド
- ドットコムバブル崩壊
- 銀行による売却が活発化：ナットウェスト銀行、UBS銀行、ドイツ銀行など売却
- 他投資家もセカンダリーを活用：コネチカット州年金が売却（米国初、年金による売却）、スイス生命が売却　など
- リーマン・ショック
- 年間取引量が$20Bを超える欧州金融機関の売却増加

（出所）　Triagoのデータに基づきアント・キャピタル・パートナーズ作成

ている。

(3) キャッシュフローの特徴

　一般的には投資が相当程度（キャピタル・コールの進捗率50％以上）進んだファンドがセカンダリー投資の対象となることから、ファンドのGPが各ポートフォリオ企業に対して価値創造を行い、出口活動を行っている段階で投資することになる。

　通常プライマリーでプライベート・エクイティ・ファンドに投資する場合は、投資が進む段階では管理報酬のみが発生することから、当初数年間はネット累積キャッシュフローがマイナスになることが一般的で、これがいわゆるＪカーブといわれるものである。

　図表６－３のとおり、セカンダリー投資ではこのＪカーブ期間を回避して

図表6-3　セカンダリー投資の特徴（Jカーブ期間の回避）

ネット累積キャッシュフロー
（＝キャッシュイン－キャッシュアウト）

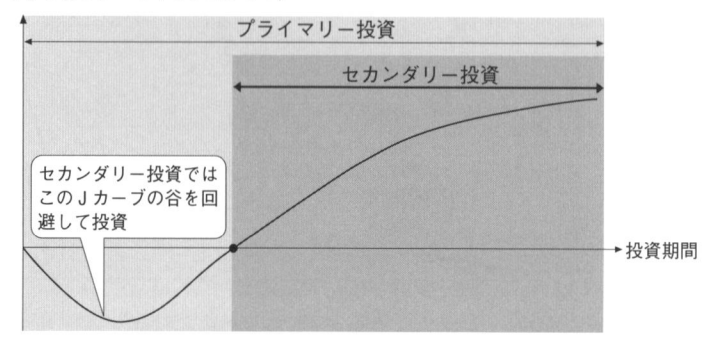

［プライマリー投資／セカンダリー投資／セカンダリー投資ではこのJカーブの谷を回避して投資／投資期間］

（出所）　アント・キャピタル・パートナーズ作成

投資できることから、早期にネット累積キャッシュフローをプラスにすることが可能といえる。

　ダイレクト・セカンダリー投資においても、当初の投資家（売手）が長期間保有している投資先が主な対象となっていることから、一般的なプライベート・エクイティが必要としている価値創造のプロセスを経ることなく、割安での投資を行っている限り、早期回収が可能であり、Jカーブ期間は比較的短いといえる。

⑷　**セカンダリー投資のメリット**

　セカンダリー投資には、プライベート・エクイティ・ファンド投資を行うにあたっての最初のハードルであるJカーブ効果を上記のとおり軽減できる点など、リスク・リターンの観点から、以下のようなメリットがあると考えられる。以下のメリットは、主にLPセカンダリーについて該当することであり、ダイレクト・セカンダリー投資については後ほど述べることとする。

① 早期の投資回収（Jカーブ効果の軽減）

投資が進捗し、残存期間が5年未満のファンドが主な投資対象となることで、回収までの期間を短縮化することができる点に加えて、管理報酬等の費用負担を軽減[1]することができる点が大きなメリットといえる。

② ディスカウント投資

一般的にはオープンな競争入札を経ることなく、相対で非効率なマーケットで取引をされること、買手の数が限定的であることなどから、対象資産の純資産価値（net asset value、以下「NAV」という）からディスカウントで投資をすることが可能である。さらに、売手の特殊事情（緊急性を要することなど）、対象資産の特殊性（小規模、地域性が高いことなど）によっては、ディスカウント幅が非常に大きくなることもある。

③ 分散投資（リスク分散）

セカンダリー投資では、過去のビンテージにさかのぼっての投資が可能であることから、特に新規でプライベート・エクイティ投資を開始する投資家、一定期間投資を停止していた投資家等が、過去のビンテージのポートフォリオを加えることで、アセットの分散化を図ることが可能である。また、ファンド・オブ・ファンズ的な側面ももつことから、投資戦略、地域、業種および運用マネジャーの分散も図れることはいうまでもない。

④ ポートフォリオの透明性

プライマリーのファンド・オブ・ファンズでは、投資時点においてポートフォリオ構築がなされていないため、いわゆるブラインドプール・リスクがある。ブラインドプール・リスクとは、投資案件を特定せずに投資家がファンドに出資する形態をとる際に、投資家からみた透明度が低いというリスクである。プライベート・エクイティ・ファンドへの投資では避けられないリ

---

[1] 当初の投資家（売手）が、それまでの費用を負担していることおよびファンドの残存期間が短い場合は管理報酬が減額されるケースが多い。

スクではあるが、特にプライマリーのファンド・オブ・ファンズでは、投資するファンドが特定されず、さらに当該ファンドが投資する案件も特定されないことから、二重の意味でブラインドプール・リスクが高まることになる。一方、セカンダリー投資では、あらかじめ投資が進んだポートフォリオを取得するため投資実行の際の透明度が高い。

⑤ 優良ファンドへのアクセス等

プライマリーでの募集の際には、アクセスができなかったり十分な投資アロケーションを確保できなかったファンドについて、セカンダリー投資によってこうしたファンドへのアクセスが確保できる。

2 セカンダリー取引の実際

(1) 投資家がセカンダリー・ファンドに売却する理由

投資家が売却する理由としてはさまざまであるが、投資戦略の変更、現金化ニーズ、各種規制への対応に加え、最近ではアクティブ・ポートフォリオ・マネジメントの観点から、アセットの入替えを目的として売却を進めるケースもみられる。以下に、いくつかの事例をあげながら理由を述べる。

① 投資戦略の変更

自社ないしは外部環境の変化（親会社の変更、M&A等）により、プライベート・エクイティ投資からの撤退、エクスポージャーの削減をせざるをえない場合や当初の取得理由である政策目的（戦略的提携、営業上の目的等）が消滅した場合が考えられる。これはLPセカンダリーだけでなく、日本の事業会社、金融機関が政策投資として持ち合うような取引先株式をダイレクト・セカンダリーで売却するといった事例も含まれる。

② 現金化

ファンドからの分配金が想定以下となったり、未払いコミットメントに対する追加出資負担義務等から、キャッシュフロー・リスクを解消するため

に、早期の現金化を求める事例がある。特に、リーマン・ショック時のように市場のボラティリティおよび流動性プレミアムが上昇する状況では、こうした現金化ニーズが高まる傾向にある。

③　管理・事務コスト削減

ファンドが清算期間に入るなどして、将来のアップサイドが見込めない、残高が大幅に減少してポートフォリオ全体に対するインパクトが薄れた場合などに、当該ファンドの管理・事務コストを削減したいとのニーズが高まり、売却に至るケースがある。

④　規制・制度変更への対応

米国におけるボルカー・ルール（Volcker Rule）のように金融機関がプライベート・エクイティを保有することを禁じたり、国内においても銀行に対するBIS規制、保険会社に対するソルベンシー・マージン比率規制の強化等から、リスク・アセットを削減したいとのニーズが高まっている。

⑤　アクティブ・ポートフォリオ・マネジメント

上記に加えて、伝統的なアセット・クラスで通常行われるような戦略的な資産入替えの観点から、同一戦略をもつマネジャーの入替え、戦略アロケーションの見直し（例：不況時にディストレス戦略を増やし、好況時にベンチャー戦略を増やすなど）、ビンテージの入替え等を行うために、セカンダリー・マーケットを活用するケースがある。

⑥　デノミネイター・エフェクト（分母の影響）

通常、機関投資家は運用ポートフォリオのアロケーションについて、プライベート・エクイティを全体の一定割合を上限とすることが多い。図表6−4のとおり、株式やクレジット市況の悪化により、分母の全体の運用ポートフォリオの市場価値が縮小した場合、分子であるプライベート・エクイティの割合が上限を超えるケースがある[2]。この場合、当該割合を修正するためにプライベート・エクイティ・ポートフォリオを削減する必要性が出てくる。これをデノミネイター・エフェクト（分母の影響）という。

図表6-4 デノミネイター・エフェクトのイメージ図

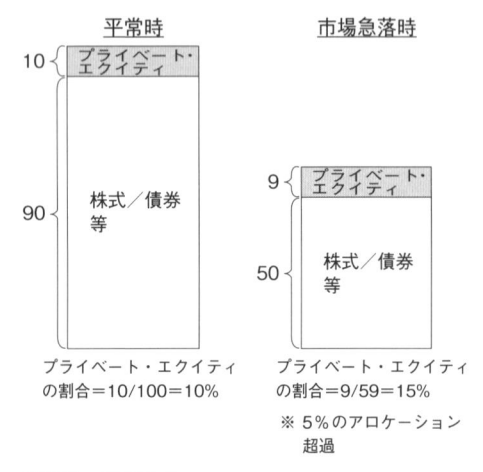

平常時
- プライベート・エクイティ：10
- 株式／債券等：90
- プライベート・エクイティの割合＝10/100＝10%

市場急落時
- プライベート・エクイティ：9
- 株式／債券等：50
- プライベート・エクイティの割合＝9/59＝15%
- ※ 5％のアロケーション超過

(出所) 筆者作成

(2) セカンダリー投資のデューデリジェンス

　ここでは主としてLPセカンダリーを主題に、プライマリー・ファンド・オブ・ファンズとの違いを明確にしながら、実際のデューデリジェンス、エグゼキューションについて述べる。デューデリジェンスは、次の三つの観点（①GPレベル、②ファンドレベル、③ポートフォリオレベル）を中心に行うことになる。また、投資進捗の度合いによって、ポートフォリオレベルでのデューデリジェンスがより重要になる。ダイレクト・セカンダリーについては後述する。

2　プライベート・エクイティ・ファンドの評価は通常四半期ごとで、かつ評価が明らかになるには2～3カ月のタイムラグがあること、そもそも公正市場価値の算定が困難であることから、価格の下方硬直性がある。

① GP(運用者レベル)

プライマリーのファンド・オブ・ファンズと同様にGPのデューデリジェンスを行う。特に、未払いコミットメントの割合が大きい場合はブラインドプール・リスクが顕在化することから、GP評価の重要度が高まる。

本事項については多くの書物ですでに述べられていることも多く、詳細は割愛するが、投資担当者(キー・パーソン)、組織面(意思決定プロセス、スポンサー等)、トラック・レコードおよび投資戦略等について、リスク分析を行う。特に、セカンダリー投資において重要視するのは、GPのインセンティブが働く状況になっているかどうかである。例えば、投資対象となるファンドのパフォーマンスがきわめて劣っている場合、成功報酬が発生する可能性が低くなり、GPのインセンティブが弱くなり、将来のパフォーマンスに影響を及ぼすケースがある。また、新規ファンドを設立できないようなGPの場合、ファンドを早期に終了させるというインセンティブが弱くなるケースもある。

上記のとおり、投資対象ファンドのポートフォリオの状況、未払いコミットメントの金額、パフォーマンス、GPの経営状況等によって、重要視するデューデリジェンスのポイントが変わってくる。

② ファンドレベル

ここではファンドの各種条件およびLPの権利・義務等を確認することで、ストラクチャー上のリスクを精査する。ファンドの主要条件(期限、投資期間、管理報酬、成功報酬)について評価を行い、この結果、今後発生すると予想される経費を計算する。また、将来の債務として未払いコミットメント、これに加えて偶発債務としてLP(投資家)によるクローバック・リスク(clawback risk)の有無を確認する必要がある。

また、GPおよびLPの権利義務関係が、スタンダードな条件と比較して、GP有利となっているか、LP有利となっているかの精査を行うことも必要である。一般的には、経済的な条件も含めて、ファンド・レイズが好調であっ

た資金余剰期（例：2006〜2007年）はGP有利な条件となっており、逆に不調であった資金タイト期（例：ITバブル崩壊直後、リーマン・ショック後等）はLP有利な条件となっていることはいうまでもない。

　加えて、投資先企業の評価について、どういった評価基準を採用しているのかは重要なポイントであり、真の意味で公正価値を表しているのか否かを確認する必要がある。最近でこそ、グローバル投資パフォーマンス基準（GIPS: Global Investment Performance Standards）等を採用する動きが出ているものの、依然としてGPの裁量により評価がなされる傾向にある。したがって、GPの評価基準を見極めることは重要なポイントの一つとなる。

　③　ポートフォリオレベル

　セカンダリー取引におけるプライシングでは、各ポートフォリオ企業の現在価値をボトムアップで積み上げてゆく方式が一般的である。したがって、通常のプライベート・エクイティの企業価値評価と同様に、各ポートフォリオ企業のデューデリジェンスを行う。しかしながら、LPセカンダリーの場合は、GP経由の限られた情報のみで評価を行わねばならず、この点がセカンダリー投資家にとってハードルとなる。情報収集のためには内部での情報データベースの構築、業界内外におけるリファレンス等が重要となることから、専門的なスキルをもった、専門チームによるデューデリジェンスが成功の鍵となると思われる。

(3)　新たな投資手法（シンセティック・セカンダリー等）

　売手・買手の事情に応じて、単純な売買ではない特別なストラクチャーを利用したセカンダリー取引を行う場合がある。

　例えば、売手がポートフォリオ売却による損失をできる限り回避するか、繰り延べたいというニーズがある場合に、売手がポートフォリオを現物出資して買手であるセカンダリー投資家とのジョイント・ベンチャーを設立することが可能である。当該ジョイント・ベンチャーについては、ポートフォリ

第Ⅰ部＿基礎編

図表6-5　シンセティック・セカンダリー取引の例（ジョイント・ベンチャー方式）

①ポートフォリオ現物出資による特別目的会社設立

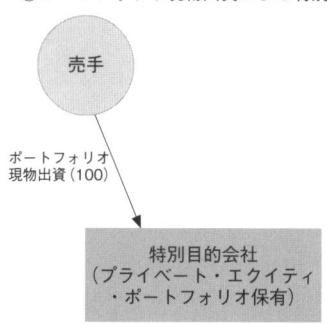

売手
↓ポートフォリオ現物出資（100）
特別目的会社
（プライベート・エクイティ・ポートフォリオ保有）

②セカンダリー・ファンドに特別目的会社持分を一部譲渡

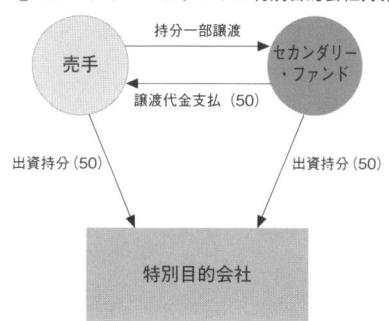

売手 ⇄ セカンダリー・ファンド
　持分一部譲渡
　譲渡代金支払（50）

出資持分（50）　出資持分（50）
↓　　　　　　　↓
特別目的会社

③収益分配

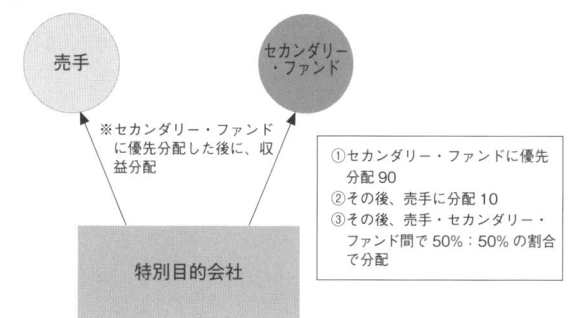

売手　　セカンダリー・ファンド
↑　　　　　↑
※セカンダリー・ファンドに優先分配した後に、収益分配

特別目的会社

①セカンダリー・ファンドに優先分配 90
②その後、売手に分配 10
③その後、売手・セカンダリー・ファンド間で 50%：50% の割合で分配

（出所）　筆者作成

第6章　セカンダリー・ファンドの特徴　187

オのNAVを基準として出資を行い、その後のポートフォリオからの回収については、ウォーターフォールを設けて売手と買手の収益配分を決定することができる（図表6－5参照）。

　ほかには、大企業傘下でプライベート・エクイティ投資をしていたが、親会社の方針により撤退せざるをえない状況下で、買手がポートフォリオを取得するだけでなく、当該投資チームにそのまま運用を継続させることで、新たにファンドをストラクチャーすることも可能である。

　日本国内では、まだこうしたストラクチャーを利用したセカンダリー取引は少ないが、ポートフォリオの規模が一定以上になれば、売手の事情にあった取引手法が増加してゆくのではないか。そのためにはセカンダリー取引の活性化が必須である。

3 最近のセカンダリー市場の状況

(1) 市場規模

　ここでは、主にLPセカンダリーについて述べる。プライベート・エクイティの大手アドバイザリーであるTriago（トライアゴ）によれば、セカンダリー市場規模は、この数年で急激に拡大しており、2011年には250億ドルに達したとされている。主な理由としては、プライマリー市場の拡大と、参加者の増加があげられる。一般的には、プライマリー市場で募集されたファンドの3～5％程度がセカンダリー市場で取引されるといわれている。リーマン・ショック以降、プライマリー・ファンドの募集は若干の一服感があり、セカンダリー市場規模は一時的に縮小する可能性はあるものの、2(1)で述べたとおり、セカンダリー売却の理由は多様化しており、また、後述するように市場参加者が増加していることから、市場の拡大傾向は継続するのではないかとみている。

(2) プライシング

1の(4)②ディスカウント投資で述べたとおり、セカンダリー市場は相対で非効率なマーケットであることから、通常のプライシングは対象資産のNAVからのディスカウントとなる。しかしながら、株式・クレジット市場の相場、マーケットの需給、対象資産の特殊性、売手の特殊事情等から、ディスカウント幅は大きく変動する。

リーマン・ショック時のように市場流動性が枯渇し、需給がタイトな状況では、平均のディスカウント幅が6割にまで拡大する一方で、買手の資金が潤沢な状況下ではディスカウント幅が1～2割にまで縮小することもある。

また、対象資産によってもディスカウント幅は大きく異なり、例えばプライマリーでも供給の少ない優良なベンチャー・キャピタル・ファンドやトラック・レコードの秀逸なファンド等は、場合によっては逆にプレミアムがつく場合もある。

加えて、プライベート・エクイティ・ファンドの基準となるNAVは、通常四半期ごとにしか更新されず、その開示は2カ月程度遅れるのが慣行であるため、実際にプライシングを行う時期とでタイムラグが生じる（例：10月にプライシングを行う場合に基準となるのは、9月末ではなく6月末のNAVである）。したがって、市況が上昇傾向にある場合には基準となるNAVに対しディスカウントが縮小し、逆に下降傾向にある場合にはディスカウントが増加することになるので注意が必要である。

(3) プレーヤー

セカンダリー取引に関与する参加者としては、買手、売手のほかに昨今ではエージェントが増加しつつある。

買手としては、伝統的にセカンダリー投資を専門とするファンドのほか、プライマリーのファンド・オブ・ファンズや年金基金等の機関投資家もセカンダリー市場に積極的に参加している。セカンダリー・ファンドの募集額は

増加しており、昨今では前述のコラー・キャピタルやレキシントン・パートナーズのように、50億ドル規模のファンドを募集するなど、サイズも拡大傾向にある。

売手としては2(1)で述べたとおりの理由をもつ投資家として、金融機関、年金基金等が主要な割合を占める。昨今では2(1)⑤⑥で述べたとおり、アクティブ・ポートフォリオ・マネジメントやデノミネイター・エフェクトの観点から、ポートフォリオ管理の一環で、セカンダリー市場を使う投資家が増加する傾向にあり、売手のユニバースが拡大している。

4 ダイレクト・セカンダリー投資

(1) ダイレクト・セカンダリー投資の仕組み

冒頭で述べたとおり、プライベート・エクイティのセカンダリー取引には、LPセカンダリーとダイレクト・セカンダリーがある。いずれも流動性の乏しいアセット・クラスに流動性を供給するもので、ダイレクト・セカンダリーとは、未上場企業の既発行の株式を既存株主から直接購入するものである。LPセカンダリーと異なり、直接株式を保有することから、自らがポートフォリオ企業を運営・管理することになる。

欧米でも比較的ニッチな投資戦略であり、国内ではほとんど普及しておらず、読者にはなじみが少ないと思われることから、図表6-6とあわせて、以下に複数の事例を紹介する。

① ベンチャー・キャピタル・ファンドがファンド満期でポートフォリオを処分しなくてはならず、IPOやM&Aでの出口には時間がかかることから売却のニーズへの対応。

② 事業会社の子会社でベンチャー投資およびプライベート・エクイティ投資を事業として行っていたが、親会社の方針変更による事業から撤退するとのニーズに応えて、当該ポートフォリオを購入する。

図表6-6 ダイレクト・セカンダリーの仕組み

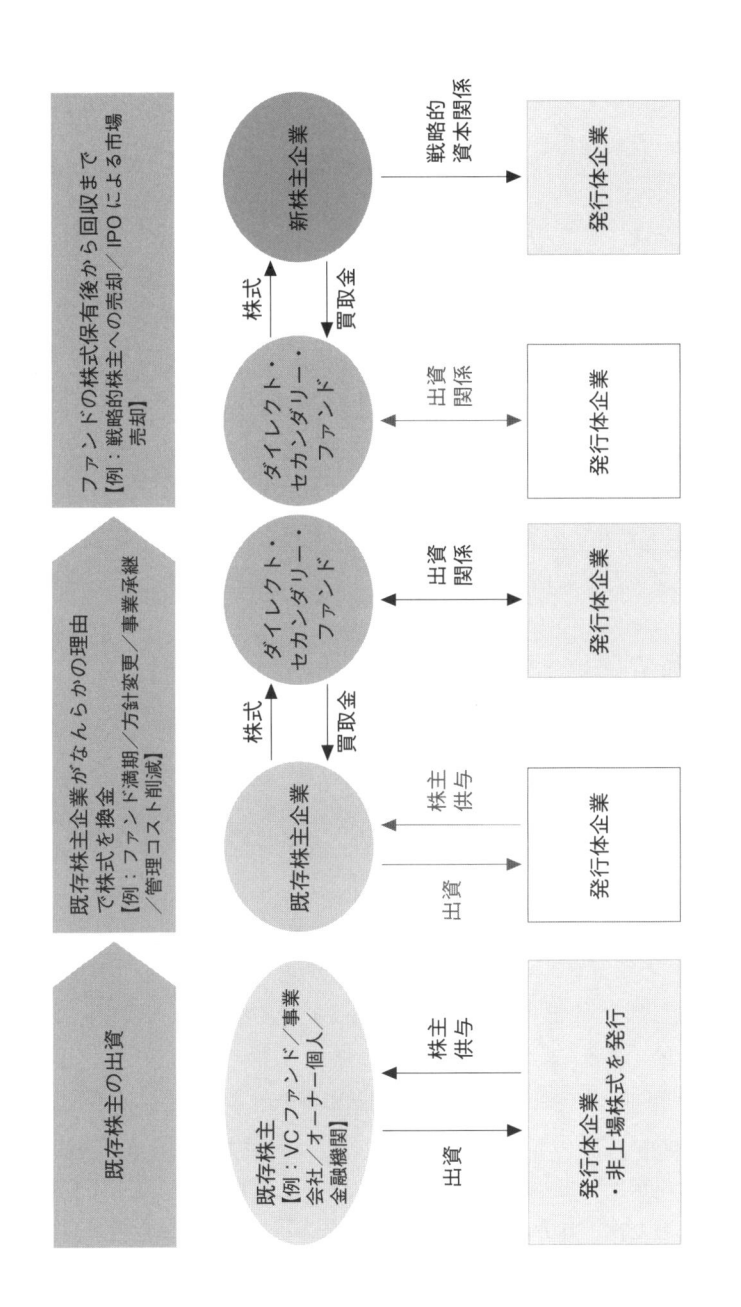

(出所) アント・キャピタル・パートナーズ作成

第6章 セカンダリー・ファンドの特徴 191

③ 未上場企業のオーナーが高齢化やその他の理由により持株を全株もしくは一部現金化したいとのニーズに応えて、当該株式を購入する。

　ダイレクト・セカンダリー投資は、柔軟な設計ができるのが特徴で、上記①のケースでは単純なポートフォリオ購入にとどまらず、購入後も当該ベンチャー・キャピタル・ファンドのGP（運用者）に運営を委託したり、共同運営も可能である。また、②のケースでは2⑶の新たな投資手法でも述べたとおり、当該プライベート・エクイティ投資事業を担当していたチームを独立させるようなかたちでポートフォリオの運営を委託することも可能である。
　一方、LPセカンダリーとの連携では、大規模なポートフォリオ購入を行う際に、LPセカンダリー・ファンドが資金を提供し、ダイレクト・セカンダリー・ファンドに運営を委託するといった形式がみられることもある。

⑵　参加者

　ダイレクト・セカンダリー投資の主な投資家には、米国のWキャピタル・パートナーズ（W Capital Partners）、インダストリー・ベンチャーズ（Industry Ventures）、セインツ・キャピタル（Saints Capital）や、欧州のヴィジョン・キャピタル（Vision Capital）などがあげられるが、世界的にみても数が少なく、一定規模のファンドを有する投資家は数える程度である。アジアにおいては数百億円以上の規模となると、韓国のSTICパートナーズ（STIC Partners）と筆者が属するアント・キャピタル・パートナーズ（日本・台湾）しか存在しない。LPセカンダリーと比較するとマーケットが小さいことからも限定的である。
　昨今の米国の例では、未上場株式の流通市場を運営する参加者(SecondMarketやSharespost)のように、売買のプラットフォームを提供する例も出ており、その裾野は広がっている。国内においても未上場株式の流通市場を構築する試みはあったが、魅力的な企業がなかったこと、参加する投資家が少なかっ

たことから、成功しているとは言いがたい。

5 セカンダリー・ファンドの日本市場での将来性

(1) ファンド持分投資

　欧米では、セカンダリー市場が年々拡大傾向であるのに対し、現状日本ではきわめて小規模な市場にとどまっている理由について考察してみる。

　まず、日本ではプライベート・エクイティの歴史が浅く、プライマリー市場の規模が小さいことがあげられる。また、投資家層についても年金基金が市場に参入してきたのは最近のことであり、伝統的には金融機関や事業会社が中心で、純粋な投資目的以外に運用会社や系列の親会社とのリレーションシップをベースの投資家が比較的多かったという事実もあり、売却するモチベーションのある売手が少なかったのではないかと考えられる。

　一方で買手サイドとしても、欧米のセカンダリー・ファンドが日本の金融機関が苦境に陥った1990年代後半に一時的に日本に参入したものの、その後純粋な国内の買手は事実上不在の状況が長く続いたことも理由の一つである。

　加えて、ファンドの質の問題も指摘する。欧米でも同様であるが、質の低いファンドになればなるほど、売却する際のディスカウント幅は大きくなり、売手のモチベーションを低下させてしまうことになる。

　上記のとおり、問題点は指摘したが、今後については2(1)で述べたとおり、売却を余儀なくされる投資家も増加し、またプライベート・エクイティ投資が一般的になればポートフォリオマネジメントの観点からセカンダリー市場を活用されるようになることから、セカンダリー市場にとってはプラスである。しかしながら、最も重要なのはプライマリー市場の拡大とファンドの質の向上であり、これはプライベート・エクイティ業界全体として弊社も含めて努力しなくてはいけない点である。

(2) ダイレクト・セカンダリー投資

　日本におけるダイレクト・セカンダリー投資については、その投資スタイルの柔軟性から大きな飛躍の可能性があると考えられる。

　欧米のダイレクト・セカンダリーは、主としてベンチャー・キャピタル・ファンドやバイアウト・ファンドの受け皿的な投資が中心であり、その活動がプライベート・エクイティ業界のなかにとどまっているケースが大半である。

　日本におけるダイレクト・セカンダリー投資活動がプライベート・エクイティ業界のなかにとどまるとすると、その市場は限定的になるとはいえ、近い将来に業界再編のなかで業務縮小や撤退せざるをえないベンチャー・キャピタル・ファンドやバイアウト・ファンドの受け皿として大きな役割を果たすことになろう。一方で、業界の受け皿的な役割にとどまることなく、ベンチャー・キャピタル・ファンドやバイアウト・ファンドだけでは解決できない日本固有の未上場企業が抱える問題点のソリューション提供者として、ダイレクト・セカンダリーの活躍の場があるのではないかと考える。

　すなわち、伝統的な持合構造の維持が困難になり、安定株主を求める企業や、後継者難に悩む事業承継が必要な企業、親族間での株式移転の問題を抱える同族企業、ノンコア事業を抱えているが切り離しによって経営陣や従業員に大きな負担をさせたくない大企業に対するソリューションを提供できると考える。例えば、大企業がノンコア事業と位置づけたマイノリティ出資の関連会社株式を売却する場合、マイノリティであるがゆえに、バイアウト・ファンドの対象とはならず、また成長性に乏しく、新規資金の必要もないケースが多くみられることから、ベンチャー・キャピタル・ファンドの対象にもなりにくい。一方、ダイレクト・セカンダリー投資により、いったん対象会社の株式を買い取り、経営は経営陣に委任することにより、一度に大きな変化を与えることなく、スムーズな資本異動を図ることができる。また、仮に過半数の出資の子会社株式の売却であっても、対象企業が経営権の維持

を強く望み、売手の大企業側も対象企業の意思を尊重するケースでは、一般的なバイアウト・ファンドの投資対象にはならなくとも、ダイレクト・セカンダリー投資の考え方が適用できると考える。詳細については、別の機会に譲りたいが、流動性の供給、資本構成の再構築、経営陣に対する友好的なアプローチなどをキーワードにして、日本固有の問題を解決できる新たなるプライベート・エクイティ投資スタイルを追求することが著者の中期的な課題である。

おわりに

　以上で述べたとおり、プライベート・エクイティのセカンダリー市場は規模の拡大および参加者の増加に伴い近年成熟化してきた。また、取引形態も単純なものから、シンセティック・セカンダリーなどの複雑な取引も増加しておりますます進化しつつある。

　日本国内でも投資家、売手にとって、セカンダリー市場の重要性が認識されるとともに、参加者が増え、浸透してきている点は、業務に携わる者として嬉しく思う。

　加えて、セカンダリー投資の一形態であるダイレクト・セカンダリー投資が一般的な海外の手法とは異なるかたちで発展をしてきた点も指摘し、日本固有の資本市場の問題点を解決する役割の一端を担う存在になることを期待することで、本稿の締めくくりとしたい。

Interview

年金基金によるセカンダリー・ファンドへの投資

ポートフォリオの透明性とJカーブ効果の軽減による投資の早期回収

株式会社大和ファンド・
コンサルティング
投資戦略ソリューション部長
玉之内直氏

T&Dアセットマネジメント
株式会社
グローバル株式運用部
チーフ・ファンドマネジャー
菊本力夫氏

Q 貴部署は、年金基金に対してどのようなサービスの提供を行っていますでしょうか。また、日本では、2000年代前半にセカンダリー・ファンドが登場しましたが、セカンダリー・ファンドへの投資を行う年金基金の数は増えてきていますでしょうか。

玉之内 当社は、運用助言、ファンド調査、年金運用コンサルティングの三つの機能を柱とし、幅広い分野のお客様に対してソリューションを提供しております。私の部署の業務内容ですが、まず年金基金を中心とする機関投資家のお客様を訪問して、資産運用に関しどのようなお悩みをもっているかヒアリングさせていただいています。そして、そのお悩みを解決するためのソリューションを、主にプロダクトの導入を通じてご提供しています。ご提案プロダクトは、シングルでのご提供になることもありますし、複数のプロダクトの組合せということになることもあります。また、プロダクトの種類は、プライベート・エクイティだけではなく、ヘッジ・ファンドですとか普通の株式のベータの商品、あるいは、国内外の債券を含め総合的にご提供しています。

　セカンダリー・ファンドを具体的に年金基金にご提案したのは、リーマン・

ショック後です。実はそれが奇しくも私どものプライベート・エクイティ業務の開始と重なっています。その後も、興味を示していただいた年金基金さんは多かったのですが、日本ではそれほど組成された数が多くありませんので、複数の種類のファンドをいろいろな年金基金さんに提案するということには至っておりません。

菊本 当社は、アセットマネジメント会社ですが、私の所属するグローバル株式運用部では、広く株式の運用手法のご提案をしております。私の業務としましては、ヘッジ・ファンド、プライベート・エクイティ・ファンド、インフラストラクチャー・ファンドなど一般的にオルタナティブ投資といわれている分野の投資機会を、投資家様の状況に応じてご提案しています。業務自体は、各プロセスで多少関与の度合いは異なっていますが、当初の選定から先方との交渉、顧客に対する提案、投資後のモニタリング、レポーティングまで多様なサービスを提供しております。

セカンダリー・ファンドを初めて取り扱ったのは、リーマン・ショック後でした。年金投資家様からは常に一定のご興味をもっていただいていますが、投資の裾野はまだ十分に広がっていません。世界を見回しますと、多くのセカンダリー・ファンドがありますが、これらを個別に選定して投資ができる投資家様はそれほど多くないと感じております。

Q セカンダリー・ファンドは、日本の年金基金にとっても受け入れられやすい商品であるといわれていますが、その理由は何でしょうか。また、実際にセカンダリー・ファンドへの投資を行っている年金基金さんからは、どのような声がありますでしょうか。

菊本 ファンドの持分を買いに行くセカンダリーの場合は、ある程度できあがったポートフォリオがみられるという優位点があります。また、当初のコストが発生する期間というのが終わっているファンドを対象にすることができるというメリットがあります。したがって、セカンダリー・ファンドへの投資では、Jカー

プ効果を軽減させて早期の投資の回収を図ることができます。

また、すでにプライベート・エクイティ・ファンドへの投資をされている投資家さんであったとしても、ビンテージの穴があると思いますので、その穴をセカンダリー・ファンドへの投資によって埋めるというメリットもあるかと思います。

玉之内　菊本さんのコメントにもありましたとおり、最大のメリットは、やはり「ポートフォリオがみえる」ということではないかと思います。総合型の年金基金の代議員会や資産運用委員会での議論などを聞いてみましても、投資にあたり運用者がどのようなことを行っているのかを十分理解したうえで投資の意思決定を行っていただけました。

また、Ｊカーブ効果については、セカンダリーというのはもうポートフォリオが決まっていますので、投資の初期段階から分配が出る可能性があるということが一般にいわれています。実際に当社がご提案させていただいたセカンダリー・ファンドについても、そのとおりになってきています。

Q　どのような考え方をもっている年金基金がセカンダリー・ファンドへの投資に積極的だと感じますでしょうか。

玉之内　プライベート・エクイティ・ファンドに投資している年金基金の多くは、日本株式への集中投資のようなものを比較的受け入れやすいという傾向にあると思います。それは何かというと、どのような投資対象にどのような考え方、手法で投資しているのかがよくわかるからという部分に共通項があるためだと思います。そのなかで、とりわけセカンダリーについては、プライベート・エクイティ投資を始める際の入り口のようなところで投資されることも多かったと思います。

また、株式のボラティリティを避けるかわりに流動性を捨ててもよいということを前向きに考えている年金基金が、セカンダリーを含めプライベート・エクイティを受け入れる傾向にあると感じています。

菊本　プライベート・エクイティ投資には魅力を感じるものの、時間をかけて

複数のプライベート・エクイティ・ファンドのポートフォリオを構築する余裕はない、また投資当初のJカーブ効果を避けたいと考えている投資家、規模的には、200億円前後から500億円の資金規模の年金基金が多いと感じております。このような投資家の方々には、これからポートフォリオを構築するブラインドプール型ではなく、ある程度投資期間が経過できあがったポートフォリオがみられ、それに対して投資できるという点についてメリットを感じられていると考えています。

年金基金の目標リターンという観点では、昨今、年金基金の目標リターンそのものがかなり下がってきており、積極的にリスクをとる必要は小さくなっていますが、株式のポートフォリオのなかで、上場株式に加えて、ロングショートのヘッジ・ファンドやプライベート・エクイティ・ファンドも取り扱われるというような投資家様もおられます。

Q 日本におけるセカンダリー・ファンドの将来性についてお聞かせいただければ幸いです。

玉之内 まず、セカンダリー・ファンドのみならず、プライベート・エクイティ・ファンド投資の裾野を広げることが重要です。そのためには、プライベート・エクイティ・ファンドの流通市場をもっと発展させていく必要があります。例えば、Aという年金基金さんがいま保有しているファンド持分を、何かのご事情があって売らなければならない際に、それを簡単に引き取ってくれて、Bという年金基金さんを探してきてくれる人たちがいたら、その経路はもっと短縮され、その結果、プライベート・エクイティ・ファンド投資の裾野が広がるのではないかと考えられます。

もう一つは、セカンダリーというのは、何か売却する理由があって成立するものですので、その説明というのを躊躇せずにしていただくということが、今後の課題になると思います。

菊本 セカンダリーは、非常におもしろい投資機会だと考えていますが、リター

ンの特性をみていますとシクリカリティがあると思います。また、プライベート・エクイティ全体のそれぞれの手法でもシクリカリティがあると思いますので、セカンダリーだけが独立して発展していくのではなくて、さまざまなマクロ環境やビジネス・サイクルにおける、プライベート・エクイティの各戦略の収益性の循環を勘案して、いろいろな商品をご提案していくという取組みが必要になるのではないかと感じています。

　プライベート・エクイティのポートフォリオが構築できれば、5年や7年という投資の回収期間が順番に出てきますので、投資期間の長さや流動性の制約に対する抵抗感が少なくなってくると思います。その辺りは、私どももしっかりとご提案していきますし、年金基金も期間に対する覚悟をある程度もっていただくことが必要かと思います。その際の抵抗感をなくすためには、セカンダリー市場の存在が重要になってくると考えられます。

Q 最後に、これからプライベート・エクイティ・ファンドへの投資を検討する機関投資家へのメッセージをお願いします。

玉之内　特に年金基金さんには、株式の投資としてプライベート・エクイティを進めていってほしいと思います。株式投資の一部について流動性を放棄していただくことにより、上場株式のみに投資するよりも、投資タイミングによらずリターン獲得の可能性は増えてくると思います。その結果として、株式ポートフォリオのパフォーマンスが安定することが期待できます。

　投資にあたっての課題としては、次の2点になろうと思います。まずは、流動性を放棄するからには、流動性を放棄するに足るプレミアムを享受できる戦略（ファンド）を選択することが重要であり最もむずかしい課題です。次に、プライベート・エクイティ投資にもさまざまな戦略があり、時期により戦略の旬は異なります。プライベート・エクイティ・ポートフォリオが十分に分散の利いたものであるためには、戦略の選択肢を広くしておくこともまた重要な課題となります。

菊本　日米の成長力の差というのは株式に対する投資の意欲に集約されている

のではないかと思います。次世代の産業の育成や雇用機会の創出という意味でも、未上場株式への投資というのは非常に重要だと感じています。また、上場株式に投資していますと、流動性を求めるがゆえにボラティリティを甘受しなければいけません。株式ロングショート戦略やマーケット・ニュートラル戦略等のヘッジ・ファンド手法や株式ロング戦略でもさまざまな投資手法によりボラティリティを抑制し運用効率の向上を目指していますが、上場株式を対象としている限り、市場のベータを完全に抑制することはむずかしいと思います。

　プライベート・エクイティのアプローチでは、時価評価の際に投資倍率が市場の影響を受けますが、運用者の意に沿わない強制的な現金化により損益を確定することは避けられますし、GPの経営参画による企業価値向上がボラティリティの影響を抑制する効果も期待されますので、この部分は投資家にも支持されるべきだと考えております。

Profile

玉之内直氏

株式会社大和ファンド・コンサルティング 投資戦略ソリューション部長
1991年センチュリーリサーチセンタ株式会社（現伊藤忠テクノソリューションズ株式会社）入社、債券ポートフォリオの最適化システム、銀行VaRの計算などのプログラム開発に従事。1997年株式会社大和総研入社、主として厚生年金基金、企業年金基金、共済年金の年金資産運用のコンサルティングに従事。2006年株式会社大和ファンド・コンサルティングへ出向、2008年転籍し2011年4月から現職。

菊本力夫氏

T&Dアセットマネジメント株式会社 グローバル株式運用部 チーフ・ファンドマネジャー
1986年に早稲田大学卒業後、マニュファクチャラーズ・ハノーバー銀行（現JPモルガン・チェース銀行）等の複数の米系銀行にて為替取引業務に従事。1991年大同生命保険相互会社（現大同生命保険株式会社）に入社し、債券、株式等の資産運用業務、1999年同社米国現地運用子会社にてファンド・オブ・ヘッジファンド運用を行い、2005年帰国後は太陽生命保険株式会社に出向しオルタナティブ投資の立上げ、2007年T&Dアセットマネジメント株式会社に出向、転籍。年金基金をはじめとする機関投資家へのオルタナティブ投資商品の提案、運用モニタリング、レポーティング業務に従事。

座談会 ①

日本のバイアウト市場の将来展望
～相対取引が多い中堅・中小企業のバイアウト案件の魅力～

ポラリス・キャピタル・グループ株式会社 代表取締役社長	木村雄治 氏
CLSAキャピタルパートナーズジャパン株式会社 マネージング ディレクター	清塚 徳 氏
ネクスト・キャピタル・パートナーズ株式会社 代表取締役副社長	本坊吉隆 氏
インテグラル株式会社 代表取締役	山本礼二郎 氏
フェニックス・キャピタル株式会社 代表取締役	三村智彦 氏
(司会者) 株式会社メザニン 代表取締役	笹山幸嗣 氏

日本のバイアウト市場における投資機会
～中堅・中小企業の案件の魅力～

笹山 本日の座談会において、私は現在のメザニン・ファンドのGPという立場ではなく、過去10年以上にわたり、デットサイドからバイアウト市場にかかわってきたという中立的な立場で司会を務めさせていただきます。

まず、皆さんの会社とファンドのご紹介をしていただきつつ、企業規模や案件タイプなどからみて、今後の日本のバイアウト市場の投資機会がどのようなところにあるかについて教えていただければと思います。

木村 ポラリス・キャピタル・グループ（ポラリス）は、2004年9月にみずほ証券とDIAMアセットマネジメントのジョイントベンチャーとして誕生したバイアウト・ファンド運営会社です。その後、ポラリス主要役職員が出資するPCGパートナーズ組合をはじめとする多数株主の資本参加を経て、現在ではみずほフィナンシャルグループの完全非連結になっており、金融グループ系と独立系のそれぞれの持ち味を生かしたいわゆる「ハイブリッド型」のポジショニングに位置しております。すなわち、案件ソーシングという点でみずほフランチャイズを活用しやすいこと、一方で経営の独立性を確保することで意思決定の中立性や迅速性が担保されているのが特徴でありま

す。また、ハンズオン型バイアウト・ファンドを標榜しており投資後100日プランを実行したり、投資先に対する徹底したモニタリングやバリューアップにこだわることもポラリスが投資家に評価されているところであると自負しています。

これまで技術・製造業に加え、小売・流通、外食、サービス、ソフトウェア、物流など幅広い業種に投資をしてきました。案件のタイプについては、大企業の子会社・事業部門のカーブアウト・スピンオフや上場企業の非上場化に加え、最近はオーナー系企業の事業承継のポートフォリオに占める割合が増えてきています。

案件の規模としては、EV（企業価値）で50～500億円くらいのミッドキャップ案件を対象にしています。そのサイズを重視する理由としては、中堅・中小企業はヒト・モノ・カネの経営資源が不足がちであるがために、外部資源の投入余地が大きく、将来の成長ポテンシャルが大きいということがあげられます。また、大企業傘下やオーナー経営であるがために、その個有の「しがらみ」によって企業価値の向上が図れないでいる企業も多いと思います。つまり、企業規模の面で、バリューアッ

木村雄治氏

図表1　日本バイアウト市場におけるミッドキャップ案件の魅力

潤沢なディールフロー
- 98年以降の国内バイアウト案件のうち、ディールサイズで100億円未満の案件数で約70％超、300億円未満の案件数で90％超を占める
- オーナー事業承継、大企業の非コア事業部門・子会社のカーブアウト・スピンオフ、非公開化は中型案件が中心

LBOファイナンスの機動性
- 大型案件はメガバンクにとって魅力は大きいものの、アンダーライティングやシンジケーションの観点で、中型案件のほうが金融機関の裾野が広く機動的な調達が可能

高いバリューアップ潜在力
- 中堅・中小企業はヒト・モノ・カネの経営資源が不足がちであり、外部資源の投入余地が大きいうえ、企業規模の面でバリューアップ施策を浸透・徹底しやすい

エグジットの柔軟性
- 大型案件と比べ、買収能力の観点でトレードセール時の潜在的な買手候補先が多い

（出所）　ポラリス・キャピタル・グループ

プ施策を浸透・徹底しやすいため、このゾーンの案件には魅力があると考えています。また、ファンドは買収にはレバレッジ効果を利用するのが一般的ですが、ミッドキャップ案件であればレバレッジの調達が容易であることもあげられると思います。

それから、エグジット市場の環境もミッドキャップの案件には優位性があります。IPO市場が機能していないなかではM&A市場が重要になってきますが、ミッドキャップの案件では買収能力という観点から買手候補先の裾野も広がるという面はあると思います。大型案件のエグジット対象先は十分な資金が必要となるので、資力のある大企業となるとそもそも数が限られていますし、大企業にとっては昨今国内企業の買収より円高のメリットを享受した海外企業買収を優先するものと思われます。

今後の投資機会についてですが、今年に入って案件のご相談というのは着実に増えてきています。アプローチの仕方次第では、相対で進められるような案件も増えていますので、これから有利な投資を仕込んでいくチャンスが到来するとみています。アクティブに動いているファンドの数が以前より少なくなってきていますので、競争力のある価格をあえて呈示しなくとも投資案件を取得できるケースが増えてきていると思います。

三村 フェニックス・キャピタル

三村智彦氏

は、2002年に創業して、ちょうど10年が経過したところです。エクイティ投資に加え、デット投資も一部行っており、それらを両方合わせて合計6ファンドを運営してきました。多少のバラツキはありますが、1本当りの平均ファンド規模は300億円で、合計2,000億円程度のファンドを運営してきました。最初のファンドは、投資の回収も終わりまして、投資家さんへの分配も終了しています。

当社のファンドは再生ファンドという位置づけであり、日本で不良債権が課題といわれていた時代に過剰債務企業をいかに再生させるかというところからスタートしています。投資スキームとしては、既存株主から株式を取得するというよりも、増資という形態で新たにリスクマネーを注入するというかたちが多くなっています。

投資サイズについては、ファンド1本当りの平均が300億円ですから、ポートフォリオ分散の観点から、1件当りの投資金額は10億円前後のものから、多くても40億円くらいが適切であろうかと思います。投資先の企業規模については、過剰債務企業が多いので単純にEVでは説明できませんが、売上規模でいうと100億円を切るレベルから500億円くらいがいちばんハンズオンが行き届く規模感だと思っていま

す。

　この先どのような投資機会があるかについてですが、再生ファンドという弊社のアプローチの観点からみれば、引き続き資本増強のニーズがあると感じています。例えば、市場での資金調達やシニアデットでの調達が困難な上場企業や、自己資本が毀損してエクイティでの資金調達が必要な企業というケースが現実にありますし、非上場企業からの相談もあります。不採算の事業部門があって、当該部門をテコ入れすると資本が毀損するというケースもあります。

　案件開拓という観点からは、業界としてはまだ成熟していないと思っています。ファンドの活動が行き届いていないともいえますし、すべての事業会社にファンドが提案を行っているわけではありませんので、まだ企業再生という観点でのバイアウトの市場が伸びる余地があると思います。

本坊　ネクスト・キャピタル・パートナーズも再生ファンドでして、2005年に独立系として設立されました（一号ファンドの規模は約90億円、関連個別ファンドを含めると約300億円）。ハンズオンによる中堅・中小企業の事業再生が専門ですが、投資先は売上げで30〜150億円、大きくても200億円くらいの比較的規模の小さい企業を対象と

本坊吉隆氏

図表2　事業再生型バイアウト案件の規模別分布

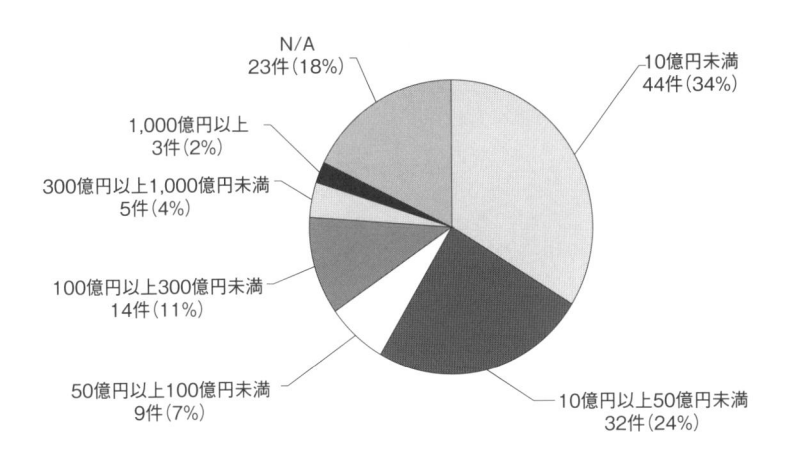

- N/A　23件（18％）
- 1,000億円以上　3件（2％）
- 300億円以上1,000億円未満　5件（4％）
- 100億円以上300億円未満　14件（11％）
- 50億円以上100億円未満　9件（7％）
- 10億円以上50億円未満　32件（24％）
- 10億円未満　44件（34％）

（出所）　日本バイアウト研究所

しています。一号ファンドは投資期間が終わりまして、現在二号ファンドを募集していますが、ファンド総額目標は100～150億円くらいで、計7～8件に投資する予定です。1件当りのエクイティ投資金額は5～15億円を想定しています。

　キャッシュフローをほとんど生んでいないような会社にも投資しますので、現在の株主から株を取得するというよりはニューマネーを投入して会社を活性化させていくという戦略になります。基本的な戦略としては、エクイティ投資により、新しいガバナンスを構築し、合理化の推進やコスト構造の改善により収益力を高めてキャッシュフローを安定させ、その後企業の将来の成長へつなげていきます。

　今後の投資機会ですが、2013年3月の中小企業金融円滑化法の出口戦略というのが脚光を浴びています。これを約30万社が適用しているといわれていますが、そのうちエクイティを入れて抜本的に再生しようという会社が仮に1％あるとすれば、それだけでも3,000社になります。そのような観点からも、そろそろ相談案件が増えてくる気配があります。ただし、金融円滑化法で単に延命をされてきたような企業も結構多いので、ファンドからの投資という観点からは、目利きをきちんとしてお金を入れないと、すぐ倒産してしまうということになりかねません。その辺りは、コアビジネスの評価やターンアラウンドができてリターンを創出できるかどうかの見極めが重要だと思っています。

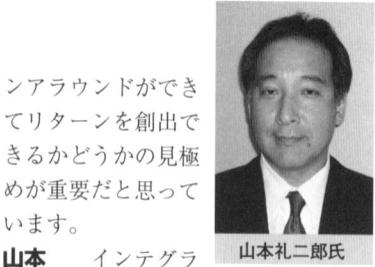

山本　　インテグラルは、バイアウト投資、M&Aおよび経営改革における日本の草分け的経験者が結集し2007年に設立しました独立系投資会社です。その特長は、「ハイブリッド投資」と「i-Engine」、そして相対取引の多い圧倒的な案件ソーシング力とご評価いただいています。日本で唯一、自己資金とファンド資金の両方を用いた独自の「ハイブリッド投資」により日本の経営カルチャーに適したエクイティ投資を行うということで、創業者や大企業親会社といった譲渡希望株主や対象会社経営者から相談を受けやすい投資モデルを提供しています。「i-Engine」機能は、インテグラルに内在する実務経験のある経営人材が投資先企業に直接常駐して企業価値向上のサポートをするもので、必要な期間、必要な領域に迅速に対応する機能として日本のバイアウト投資における先進的な特長となっています。

　業種は、経験豊富なメンバーの業界対応力を背景にハイテク製造業から消費財・サービス産業に至るまで、幅広く取り組みリスク分散が図られており、業界トップ・世界ブランド・成長率1位といったキラリと光る企業に投資します。不動産物件やベンチャーは

山本礼二郎氏

投資対象としていません。案件の規模は、日本市場でコンスタントに案件機会数があるミッドキャップの中堅企業向け投資にフォーカスし、エクイティ投資金額でおおむね15億円以上を想定しています。「ハイブリッド投資」と「i-Engine」という特長と、長年築き上げたメンバー個々人の多様なネットワークによる強力な案件のソーシング力により、過去に検討した案件の4分の3が相対取引でしたが、今後も相対取引を重視していきます。

一号ファンドからの投資は6件で、事業再生が2件、企業の再成長資金供給のための資本増強が2件、オーナー企業の事業承継が1件、グロースが1件となっています。再生案件については慎重で、再生の確実な青写真が描けるものに限って投資をします。踊り場に差し掛かった中堅企業や大企業子会社への再成長資金の供給は事業基盤がしっかりしているだけに再成長の確度の高い優良なものがあります。また、日本で定着してきましたオーナー企業の事業承継には積極的ですし、ベンチャー・キャピタルの10年の投資を経て優良企業になったものの市場不調でIPOできない企業に新フェーズの株主として投資する案件にも優良なものがあります。

今後の投資機会ですが、昔からのお付き合いや口コミによる紹介なども含めて、直接お話をいただくケースが増えていきそうです。後は、オーナーさんのすぐ傍にいる税理士さんや個人のコンサルタントの方々が結構いますので、この方々がオーナーさんのご意向を受けて動くような案件も出てくるかと思います。その他、M&AのFA業務を行っているファームからの紹介もあります。

清塚 　CLSAサンライズ（CLSA Sunrise Capital）は、2006年にUSドル建て3億5,000万ドル（約400億円）で日本の一号ファンドをスタートしています。GPの資本的な背景ですが、大元の親会社は、クレディ・アグリコルグループという商業銀行で、直接の親会社は、香港のリサーチとブローカレッジを本業としているCLSAになります。

特徴としては、日本特化型のMBOファンドであることと、アジアに根ざしたCLSA独自のネットワークを活用したポートフォリオ企業の成長支援を行うということの二つがあります。投資対象については、EVで50〜300億円のミッドキャップ案件に特化しております。業種はすべてを対象としますが、特に、消費財、食品・飲料、ヘルスケア、小売、物流、アウトソーシングサービス、産業機器製造業を重点業種としています。

なぜ、ミッドキャップをねらうのかということですが、データをみると根

清塚　徳氏

図表3　日本のバイアウト案件の取引金額別・タイプ別の分布

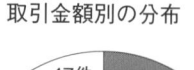

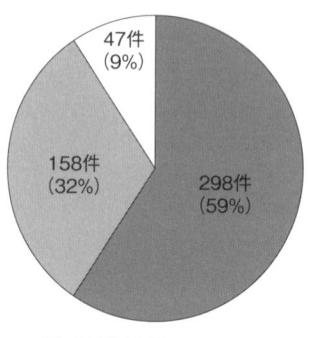

取引金額別の分布

- 47件（9%）
- 158件（32%）
- 298件（59%）

■ 50億円未満
■ 50億円以上300億円未満
□ 300億円以上

タイプ別の分布

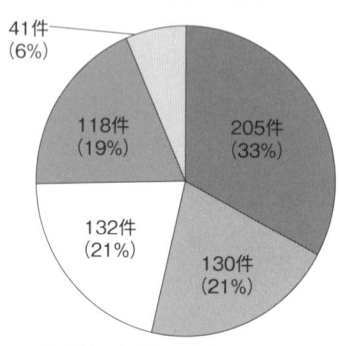

- 41件（6%）
- 118件（19%）
- 205件（33%）
- 132件（21%）
- 130件（21%）

■ 子会社・事業部門売却
■ 事業再生
□ オーナー企業の事業承継・資本再構築
■ 公開企業の非公開化
■ 第二次バイアウト

（注）取引金額別の分布には、取引金額が公表されていない123件が含まれていない。123件の99％は、「50億円未満」か「50億円以上300億円未満」のいずれかに該当すると推定される。
（出所）日本バイアウト研究所

拠がわかります。日本バイアウト研究所のデータによりますと、年度ごとに多少のブレはありますが、傾向としては、スモールキャップ（50億円未満）とミッドキャップ（50億円以上300億円未満）の案件で占められています。実際に、この1年半に見送った案件も含めて私たちがみてきた傾向を調べてみると、50億円未満が30％でいちばん多く、その次が50〜150億円が20％弱くらいで、150億円以上のものは7％ときわめて少なかったです。明らかに日本はスモールキャップとミッドキャップの市場といえます。

今後の案件のソーシングですが、やはり中堅・中小企業の案件に魅力があります。日本は、売上げが100億円もないのに、グローバルニッチのナンバーワンという非常に優れた技術を有する中堅・中小企業が山のようにある珍しい国だと思います。そこで、ここからディールを創出できれば、非常におもしろい投資機会になると考えています。

機関投資家からみたバイアウト・ファンド投資
～Ｊカーブ、透明性など～

笹山 次は、機関投資家にとってのバイアウト・ファンド投資という観点からお話を伺いたいと思います。日本の機関投資家を大きく二つに区分すると、金融機関（銀行、保険会社、リース会社など）というカテゴリーと、年金基金（単独型・連合型・総合型）というカテゴリーになります。この10年間を振り返ってみると、金融機関については、日本で投資活動を行うバイアウト・ファンドへの投資をだいぶ増やしましたが、年金基金は全体としてはまだ少ないと感じています。こうしたLPサイドからみたバイアウト・ファンド投資の魅力と問題点、また、海外の機関投資家は日本で投資するバイアウト・ファンドをどうみているのかなどについて教えてください。

清塚 CLSAサンライズのファンドは、米国の年金基金を中心とした海外の機関投資家の資金を運用しています。海外の機関投資家の思考と日本の独特なバイアウト市場の環境をどのように結びつけるかについて常に考えています。マクロ経済が伸びていない日本で、どのようにバイアウト・ファンドが高いリターンを出していくのかということについては、三つの観点で説明していて、海外の年金基金の方々にも納得していただいています。

一つ目は、全体としては伸びていないけれども、逆に伸びていないがゆえに、個別のセグメントをみると、非常に伸びている人口動態のセグメントもあるし、業種もありますよということです。具体的には、お年寄り向けのビジネスであったり、結婚しない人が増えていますから、独身向け、特に女性向けのビジネスであったりとか。

二つ目は、中国やアジアのような成長市場に近いので、そこで新たな成長をつくるということです。例えば、レディースアパレルのバロックジャパンでは、投資後に中国で現地法人を設立して直営店20店舗をオープンするなど、強力に中国・アジア展開を推進しています。またその過程で、中国勤務経験のある弊社投資担当者を上海に駐在させ、現地法人の立上げを支援いたしました。

三つ目は、海外のバイアウト市場と比較して優位な点として、日本では相対の案件が豊富にあるということを強調して説明しています。アメリカだと、絶対的なバイアウト市場の規模がありますが、経済合理性に基づくオークション案件が多く、競争環境でしかディールが成立しません。その意味では、日本は発展段階で相対の案件がまだある珍しい国です。

本坊 現在、二号ファンドの募集を行っていますが、弊社は海外のファンド・オブ・ファンズからもすでにコミットをいただいたり、興味をもっていただいています。海外のファンド・オブ・ファンズは、欧米の年金基金などのコミットメントを得ており、規模も大きくビジネスとして非常に発達しています。それで、投資対象先として日本は魅力が低下しているとはいえ、GDPで３位の国ですので、一定のアロケーションはしますということで、スモールキャップやミッドキャップのバイアウト・ファンドにはある程度入れてもよいかなという動きが出てきていると思います。

一方、日本には世界最大級の現預金や金融資産があるのに、それがリスクマネーというかたちでプライベート・エクイティ・ファンドに回ってきていません。これは、本当に日本にとって残念なことですが、もう少しリスクマネーに回れば、日本の活性化にもつながると思います。とりわけ日本のバイアウト・ファンドの投資家層の拡大という意味では、日本の年金基金に期待するところが大きく、さきほど申し上げたようなきちんと運営されているプロフェッショナルなファンド・オブ・ファンズを通じて、バイアウト投資の実績や経験値をあげていくことも有効と考えます。実際、ここ数年で、年金基金にもそのような機運が出かけていたところもあったのですが、AIJのよ

うな程度の低い問題が起きてしまって、特に総合型の年金基金が消極的になってしまいました。その辺りも、非常に残念

笹山幸嗣氏

なことですが、やはり日本の年金基金にもう少しプライベート・エクイティに入ってきてほしいなと思います。

山本 日本の年金基金の方々は、「流動性確保」や「長い投資期間」についてよく話をされます。流動性確保という話でいうと、年金基金の方々は、すぐに解約できるヘッジ・ファンドを優先的に頭に浮かべられますが、その欠点は「みえない投資」になってしまうという悩みもあげています。そういう方々へは、ヘッジ・ファンドそのものの仕組みとして投資がブラックボックスになるのが宿命なのですが、一方で、バイアウト・ファンドは「みえる投資」で１件１件の投資案件の詳細がわかるので安心できるという点を説明しています。インテグラルは、大手監査法人による監査、高い専門能力を有す社外役員や常勤監査役によるチェック、頻度高い投資家向け報告による「健全でみえる投資」であることに高い評価を得ています。

また、「投資期間の長さ」については、「バイアウト・ファンドの投資期間が10年とはものすごく長いですね」という話があげられることがあります。インテグラルでは、「キャピタル

図表4　保有期間別のエグジット案件数

保有期間	件数
1年未満	16
1年以上2年未満	33
2年以上3年未満	67
3年以上4年未満	70
4年以上5年未満	28
5年以上	33
サンプル数	247

（注）　2011年12月末までに、株式公開、M&Aによる株式売却、第二次バイアウト、株式の買戻しのいずれかでエグジットした案件のみをサンプルとして集計。
（出所）　日本バイアウト研究所

図表5　エグジット方法別の平均保有期間

エグジット方法	平均保有期間	サンプル数
株式公開	3年8カ月	26
M&Aによる株式売却	3年1カ月	154
第二次バイアウト	2年11カ月	36
株式の買戻し	3年5カ月	31
合計	3年2カ月	247

（注1）　2011年12月末までに、M&Aによる株式売却、第二次バイアウト、株式の買戻しのいずれかでエグジットした案件のみをサンプルとして集計。
（注2）　株式公開は、投資実行から株式公開達成時までの期間を集計。実際には、すべての株式を売却するまでにプラス数年要することが多い。
（出所）　日本バイアウト研究所

コール方式で、全額が長期に張りつく投資ではなく、1件当り2～4年の平均3年前後の投資期間ですので、仮に最初の3年くらいで投資をして次の3年で出口を迎えれば、全体でならしても合計6年くらいで、さらに伸びる場合でも7～8年くらいですので実際には10年はかからない運用となりうるものです」ということを実例などで説明をしています。流動性確保の観点からヘッジ・ファンドのほうが優れているとお考えの方々でも、10年よりも早く終わる可能性の話をすると、「みえる投資」の優位性に加えて、さらなるプラス要因として日本の年金基金さんには好感をもたれます。

三村　フェニックスの投資家の構成は、商業銀行、保険会社などの金融機関が多く、年金基金と事業会社が一部入っていますが、「Jカーブ」が投資のハードルとしてあげられることが多いと思います。また、エグジットの際に大きく利益を出すだけではなく、期中においてもコンスタントに利益を出してほしいというご要望に接することもあります。

　一般に、プライベート・エクイティ・ファンドは、エグジットが実現した際に利益が出て、そうではないときには利益が出ないという特徴がありますが、弊社ではなるべく早いタイミングで、全部ではなくとも部分回収できるようなエグジット・スキームを追求するように心がけています。

図表6　ビンテージの分散によるパフォーマンスの平準化

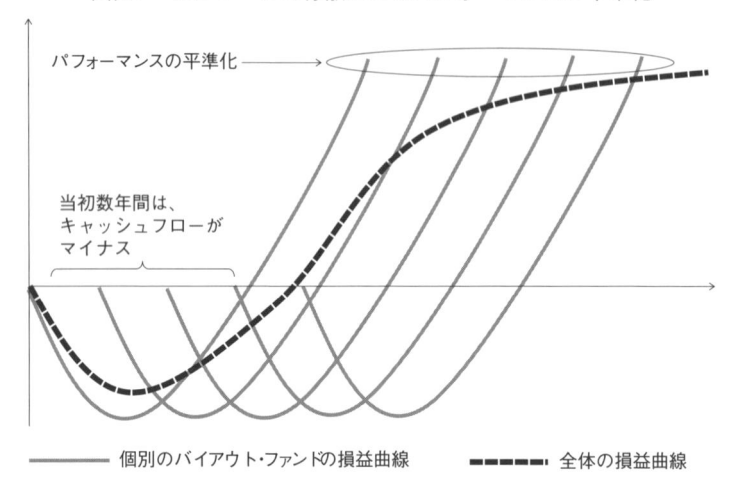

パフォーマンスの平準化

当初数年間は、キャッシュフローがマイナス

───── 個別のバイアウト・ファンドの損益曲線　　━━━━ 全体の損益曲線

（注）　イメージ図であり、実際の曲線を示すものではない。
（出所）　日本バイアウト研究所

　企業価値をあげてM&Aでエグジットして、そのValueを実現するというのがプライベート・エクイティの基本的手法ではありますが、昨今では、市場におけるマルチプルも低下傾向にありますので、エグジット時のターミナルバリューだけに依拠するというのではなく、比較的早いタイミングで投資回収できるような手法を採用してゆくと、投資家からみても利益の計上／Cash回収が平準化するので、より投資しやすくなるのではないかと期待しています。
　一方で、複数のファンドに継続的に投資している投資家のなかには、時間的な分散投資といいますか、継続的に異なるビンテージイヤーのファンドに分散投資している結果、パフォーマンスが平準化されているケースもみられます。投資したばかりのファンドがJカーブの底の時期にあったとしても、別のファンドが投資回収時期にあれば、トータルでは利益／Cash面でカバーされ、コンスタントにパフォーマンスが出ているということです。
　特に利益面だけではなくCash面でのリターンにも敏感な日本の年金基金にプライベート・エクイティを受け入れてもらうためには、日本ならではの創意工夫を凝らした投資手法というのが必要だと思いますし、私どもも心がけているところです。

木村 ポラリスが運営する2本のファンドは総額約620億円で機関投資家と企業年金基金を中心とした国内投資家のみ対象とした設計にしていますが、銀行、証券、生保、損保、企業年金基金がバランスよく入っています。すなわち、生保・損保は30％、銀行・証券は50％、企業年金基金は20％くらいを占めています。昨今の状況下、生損保、都市銀行、証券などはプライベート・エクイティ投資に消極的になってきていますが、その一方で企業年金基金や地銀のなかには積極的に取り組もうと動き出しているところもふえています。

特に、企業年金基金に対しては開示の透明性が重要だと思っています。投資家への四半期報告や投資先状況報告では投資先を個別具体的にできるだけルックスルーできるようになっていることが重要であり、私どもは業績推移だけでなく投資後ファンドが実行してきた企業価値施策の効果などをきめ細かく説明することを心がけています。

それから、企業年金は長期的な大きなリターンよりも短・中期的なミドルリターンを求める傾向があります。議決権のマジョリティを確保し、レバレッジド・バイアウトで仕組んだ案件の場合でも、投資後できるだけ早いタイミングでレバレッジを解消し、リキャップや資本政策を実行し早期回収を図ることで、Ｊカーブを極力埋めていくオペレーションが可能であることを投資家に説明していくことが効果的な場合もあるでしょう。

また、企業年金には企業審査やフィナンシャル・エンジニアリングのノウハウの伝授なども含めてファンド投資に対する興味を深めてもらうことも重要であると思っています。弊社では三号ファンドを募集中ですが、相当長く時間をかけて丹念に説明してきたので、新規の投資家のなかにはいくつか企業年金が含まれています。

日本のバイアウト市場の中長期的な将来展望

笹山 最後に皆さんから、将来展望についてコメントいただければ幸いです。

木村 日本のバイアウト市場の魅力というのは、やはりミッドキャップの領域にあります。日本の中堅・中小企業のなかには、潜在的成長力がありながら既存の「しがらみ」や市場環境のもとでは十分に持ち味を出し切れていない企業が多く存在しており、投資素材が豊富にあると思います。ファンドを介して「しがらみ」からの脱却を推進し、日本独自の技術力やブランド力をグローバル市場に拡大していけば成

長性を見出すことができます。

　地の利を生かした日本企業のアジア市場展開の道筋を立てることができれば、海外投資家からみた日本企業への投資妙味はさらに増してくると思われます。企業価値増殖への日本のファンドの実力を疑う海外投資家もいますので、われわれファンドがこれまで実践してきたバリューアップの成功実例を如実に示しながら中長期的に日本バイアウト市場の魅力を愚直にアピールしていくべきであると思います。

　それから、残念ながらこれまでのバイアウト業界が規模を追求するあまり国内の新規投資家開拓を怠ってきたことは否めないでしょう。今後はわれわれミッドキャップのプレーヤーが中長期的視点に立って国内の投資家の裾野を拡大すべくマーケティング活動を地道に続けていくことだと思います。また、当局やゲートキーパーへの働きかけも必要となるでしょう。

　地域金融機関に対しては、レバレッジやM&Aでのタイアップでのビジネス機会を説明しながら勧誘していくことでしょうし、企業年金基金に対しては投資先のバリューアップなどの実例やオルタナティブ投資におけるバイアウト投資の社会的意義を説いて回ることであると思います。また、富裕層個人に対してバイアウト投資を啓蒙していくことも視野に入れていく必要があるでしょう。とにかく中長期視点に立って国内の投資家の隅々まで日本のバイアウトの魅力を広く伝えていくことをバイアウト業界として手がけていく必要があるのではないでしょうか。

本坊　やはり中堅・中小企業の案件は、再生や事業承継などの局面を通じてこれからたくさん出てくると思います。日本の特徴としては、業績が好調な企業というのは、一般には売却の対象にはなりにくく、PEファンドが入ることはむずかしいのですが、立ち行かなくなると売却対象になってくるという傾向があります。そのようななかで、磨けばまだ光るものをきちんととらえて磨いていくことがわれわれ事業再生ファンドの役目になると思っています。

　将来展望ということにも関係しますが、特に過去に成功体験のあるオーナー系の企業は放っておくとなかなか自ら改革できません。そのままで放置しておくとジリ貧になってしまうような企業に対して、新しいガバナンスを構築して、企業変革の契機をご提供していくのが事業再生ファンドの役割になってくるだろうと思います。それまで負け組だった企業でも、収益が改善してよい企業になれば会社の人も元気になりますし、社会の活性化にもつながるので、そのような案件を継続的に創出することが使命になると思っています。

清塚　2000年前半からリーマン・ショック前にかけて、日本のバイアウト市場がそれなりに成長し、成功して

いた時期があって、その延長線上でGPもLPも過大評価しすぎてしまったように思えます。結果的に、市場の実態にそぐわないファンド規模になってしまったのが、いろいろ派生している問題の根源だと思っています。それを将来展望に向けると、おそらくこの問題が数年後には解消に向かっていくと思います。歴史をみていれば、悲観的な時期にこそすばらしいディールが必ずできているので、非常に良好なリターンが出せるビンテージが来ているのではないかと感じています。

　今後は、引き続き生き残って投資を続けられる側にいられるか、淘汰されて消える側にいくかということがポイントになります。非常に厳しい局面にきていて、トラック・レコードが厳しく問われていますし、自分たちやマーケットの魅力をどれだけきちんと説明できるかということにかかっているという印象です。

　また、全体のドライパウダーのサイズも過剰ですし、もう少しファンドの淘汰が起きると予想します。ファンド規模を日本の実態にあわないくらい大きくすると、投資枠を使わなければならないという制約にとらわれて、無理な投資をしてリターンを下げるという悪循環につながってしまいます。そこで、実態を冷静にみて、市場にあったファンド規模をきちんと認識し、仮にたくさん集まっても、それ以上は拡大しないというディシプリンが重要ではないかと思います。

三村　ファンドに対するアレルギーは、それなりに減ってきたと思いますが、今後はGP側で案件をいかに発掘し、投資を促進できるかが重要になってきます。難易度の高い案件であっても、いかに投資案件としてつくりあげていくかが大切だと思います。その結果として投資が進捗し、そのような投資を評価していただける投資家層が拡大していくという流れが出てくる、というのが好循環だと思います。

　また、投資先に対して実際に何を提供したかということも厳しく問われてくると思います。投資家に対しては、リターンをお返しするということが重要ですが、投資を受けた企業に対しては、どのような付加価値をつけられたかが大切です。それは、ガバナンスの確立かもしれませんし、体質改善ができたとか、思い切った施策が打てたとか、大きな事業戦略の転換期にあって、そのための資金が提供できたとか、いろいろな付加価値があります。

　そのような意味でも、投資家からの評価に加えて、投資を受けた企業側からもレピュテーションがあがっていくようなことが非常に大切です。さらには、ファンドには金融出身の人材が多いかと思いますので、事業の感覚をもった人材がたくさん入ってくると業界が活性化するのではないかと思っています。

　それから、最終的にファンドがエグ

ジットする際には、最終的な買手である事業会社にお売りするのがベストになるのではないかと考えています。ファンドの運営者として、投資家により多くのリターンを返すために、高値をつけてくれる買手が金融投資家であった場合、そちらにお譲りすることも可能性としては否定しませんが、再生ファンドとしては、できることなら事業再編や産業再編につながるようなエグジットを心がけようと思っています。

山本 まず、年金基金を中心とした投資家層の拡大については、バイアウト・ファンドを評価いただく機関として、年金コンサルタントや運用受託機関など専門家の方々の推奨というのが重要になってくると思います。年金基金に対しては、「Jカーブ」や「流動性課題」を補うものとして「みえる投資」という点の存在をうまく説明していく必要がありますので、この理解が得られるように努力していきたいです。

投資については、相当なディシプリンをもって、魅力のあるミッドキャップの案件をみていくべきだろうと思います。また、日本の産業界でバイアウト・ファンドが役割を担うという意味では、傍らで大型案件をできる仕組みをつくる必要があります。大口の金融投資家とのコンタクトを維持し、また事業会社さんとも連携して、共同投資の機会に備えるということが必要になってきます。

バリューアップについては、株主の立場というものは力をもっているので、とにかくハンズオンで手を突っ込みたくなるという勘違い的な行動も一部のバイアウト・ファンドにおいて過去にはありました。しかし、これまでの経験を振り返ると、必要な時間に、必要な領域に、必要な人を派遣してハンズオンをするという視点がきわめて重要であると理解しています。そして、「長続きする仕組みや企業カルチャー」を根付かせることを成し遂げて、なるべく早くその企業のプロパーの人やその会社に長く居続ける方々にバトンタッチできるというのが理想です。そして、エグジットでは、産業再編につながることが理想ですし、それが実現すればすばらしいことだと思います。

笹山 今日ご出席の皆さんのお話を伺っていて、バイアウト・ファンドのGPとして投資活動を行っているなかで、企業の再生、成長や発展、業界の再編などに貢献していこうという皆さんの高い意識と積極的な姿勢をあらためて強く感じました。そして、そのGPの活動を支えるものはLP側の投資家層の拡大であり、日本の金融機関、年金基金などの機関投資家はもちろん、海外の機関投資家からの日本のバイアウト市場への投資が促進されることを非常に期待しています。本日はお忙しいなかご出席いただき、どうもありがとうございました。

Profile

木村雄治氏
ポラリス・キャピタル・グループ株式会社 代表取締役社長
1985年東京大学教養学部卒業。1991年米国ペンシルバニア大学大学院修了（MBA）。株式会社日本興業銀行（現株式会社みずほコーポレート銀行）にて、国内外取引先向けコーポレートファイナンスを担当。金融証券制度改革メンバーとして興銀証券株式会社（みずほ証券株式会社）設立の中心的役割を果たした後、同社において社債引受けを担当。株式引受免許取得後直ちに同社資本市場グループコーポレートファイナンス部エクイティキャピタルマーケット室長に就任し、株式引受業務を本格的に立ち上げる。その後みずほ証券株式会社プライベートエクティ部長として自己勘定投資をベースとした未公開株式投資業務を立ち上げ、2004年9月ポラリス・プリンシパル・ファイナンス株式会社（現ポラリス・キャピタル・グループ株式会社）設立と同時に同代表取締役副社長に就任。2006年6月同社代表取締役社長就任。経営全般を統括しつつ投資活動の前線に立つ。投資委員会委員長。

清塚　徳氏
CLSAキャピタルパートナーズジャパン株式会社 マネージング ディレクター
滋賀大学経済学部卒業。カリフォルニア大学バークレー校ハーススクールオブビジネスMBA取得。三菱東京UFJ銀行に16年間勤務、うち7年間は東京およびシンガポールにおいてM&Aアドバイザリー業務やシンジケートローンアレンジ業務を中心に投資銀行業務に従事。2001年にカーライル・グループのディレクターに就任し、主にヘルスケア・消費財・化学業界のMBO投資を担当。とりわけ、コーリンメディカルテクノロジー宛て投資の責任者として投資全般を指揮、社外取締役として同社の再生に貢献した。2006年4月、CLSAグループのマネージング ディレクターに就任、日本の中堅企業を対象とするMBO投資を推進。

本坊吉隆氏
ネクスト・キャピタル・パートナーズ株式会社 代表取締役副社長
東京大学法学部卒業。MITスローンスクール（ビジネススクール）修了。株式会社三菱銀行（現株式会社三菱東京UFJ銀行）出身。同行においては、シンガポール支店勤務、ユニオン・バンク・オブ・カリフォルニア（現ユニオンバンク）頭取室出向、東京三菱投信投資顧問株式会社（現三菱UFJ投信株式会社）企画部長等を歴任。グループ内の再建・再編、リストラクチャリング業務等に多数携わる。2005年7月に、独立系再生ファンドであるネクスト・キャピタル・パートナーズ株式会社を、立石代表取締役社長とともに設立、代表取締役副社長就任。

山本礼二郎氏
インテグラル株式会社 代表取締役
1984年一橋大学経済学部卒業。1991年ペンシルバニア大学ウォートン・スクールMBAおよびローダー・インスティテュートMA。1984年株式会社三井銀行（現株式会社三井住友銀行）に入行。1991年よりロンドンにて、企業買収／MBO／LBOファイナンスを多数手がけ、多国籍企業破綻案件とLBOリストラクチャリング案件のワークアウトや不良債権市場売却も多数担当。1998年に帰国後はクロスボーダーM&Aを担当。2000年ユニゾン・

キャピタル株式会社に参画。2004年4月GCA株式会社（現GCAサヴィアン株式会社）取締役パートナー就任。2005年10月株式会社メザニン代表取締役就任。2007年9月インテグラル株式会社代表取締役パートナー就任。

三村智彦氏
フェニックス・キャピタル株式会社 代表取締役

1991年東京大学工学部卒業。1992年株式会社三菱銀行（現株式会社三菱東京UFJ銀行）入行。銀行業務を経験した後に官庁に出向（現経済産業省）。帰任後、投資銀行業務・ファンド関連の企画業務を経て、2002年3月フェニックス・キャピタル株式会社を設立。創業メンバーの一人として取締役に就任し、第一号ファンドであるジャパン・リカバリー・ファンドを組成。私的整理ガイドラインによる最初のDebt Equity Swap案件となった市田株式会社への投資を実行。以降、再生案件を中心にフェニックス・キャピタル株式会社が行った数多くの投資案件を現場で指揮。同年10月からはDebtタイプのファンドの運営を行う日本リバイバル債権回収株式会社の取締役も兼務。2008年6月フェニックス・キャピタル株式会社代表取締役就任。

笹山幸嗣氏
株式会社メザニン 代表取締役

1984年慶応義塾大学経済学部卒業。1993年コーネル大学ジョンソン経営大学院修了（MBA）。1984年に株式会社日本長期信用銀行（現株式会社新生銀行）に入行し、1980年代後半にクロスボーダーのM&Aアドバイザリーに従事。1990年代半ばよりニューヨークにてレバレッジド・ファイナンスに従事。1999年6月株式会社日本興業銀行（現株式会社みずほコーポレート銀行）入行。日本におけるレバレッジド・ファイナンスのパイオニアとして、ソーシングからストラクチャリング、そしてシンジケーションまで含めたワンストップのアレンジを多数行う。2006年12月株式会社メザニン代表取締役就任。

第 II 部

応 用 編

第 7 章	・	220
第 8 章	・	253
第 9 章	・	289
第 10 章	・	320
第 11 章	・	362
第 12 章	・	399
座談会②	・	432

第 7 章

日本におけるプライベート・エクイティ・ファンドの動向

株式会社日本バイアウト研究所
代表取締役　**杉浦慶一**

はじめに

　日本においてプライベート・エクイティ・ファンドの組成が開始されたのは、1980年代からである[1]。ベンチャー・キャピタル・ファンドの組成が先に開始され、1990年代後半にはバイアウト・ファンドの組成が開始された。その後、2000年代に入ると、メザニン・ファンドや本格的なセカンダリー・ファンドが登場した。近年は、グロース・キャピタル投資を想定したファンドも登場しており、運用形態は多様化している。

　本章では、主に日本にフォーカスしたファンドに焦点をあてて、バイアウト・ファンド、ベンチャー・キャピタル・ファンド、グロース・キャピタル・ファンド、メザニン・ファンド、セカンダリー・ファンドの動向について明らかにする。

1　バイアウト・ファンド

（1）ファームの動向

　日本でバイアウト・ファンドが誕生したのは1990年代の後半のことである。独立系ファームとしては、アドバンテッジパートナーズが日本初のバイアウト・ファンドへのサービス提供を1997年に開始し、ユニゾン・キャピタ

---

[1] 日本合同ファイナンス（現ジャフコ）が1982年4月に、日本インベストメント・ファイナンス（現大和企業投資）が1983年4月にベンチャー・キャピタル・ファンドを組成している。

ルが1999年に第一号ファンドを組成して続いた。その後、東京海上キャピタル、ジャフコ、みずほキャピタルパートナーズ（当時は富士キャピタルマネジメント）、日本プライベートエクイティ、アント・キャピタル・パートナーズ（当時はアントファクトリージャパン）、大和企業投資（当時はエヌ・アイ・エフベンチャーズ）、SBIキャピタルなど、金融機関系やベンチャー・キャピタル・ファームがバイアウト・ファンドの運営に参入した。

また、外資系ファームでは、カーライル・グループ（The Carlyle Group）が、いち早く日本特化型ファンドを組成し、実績を積み上げている。さらに、「再生ファンド」と銘打ったファンドも数多く登場し、再生案件への投資を積極的に実施する動きが顕著となった。具体的には、2002年に活動を開始したフェニックス・キャピタルや日本みらいキャピタルが、これに該当する。そのほかには、日本産業パートナーズ、ロングリーチグループ、ポラリス・キャピタル・グループ（当時はポラリス・プリンシパル・ファイナンス）などが2000年代前半より活動を開始している。

その後、2000年代の半ば頃から、すでにバイアウト投資実務の経験があるプロフェッショナルが新たに独立系ファームを設立する動きが数多く出てきた。具体的には、ネクスト・キャピタル・パートナーズ、J-STAR、ヴァリアント・パートナーズ、WISE PARTNERS、トライハード・インベストメンツ、ニューホライズンキャピタル、インテグラルなどが独立系ファームとして新規参入を果たしている。これらは100億〜200億円程度のファンド規模で活動を開始したファームが多く、中小型の案件を中心として着実に投資実績を積み上げてきている。そして、いくつかのファームは、すでに二号ファンドの立上げ時期に入っており、新たな展開を迎えている。また、キャス・キャピタルも独立系ファームとして中堅・中小企業への実績を積み上げている。

外資系ファームでは、シティック・キャピタル・パートナーズ（CITIC Capital Partners）やCLSAキャピタルパートナーズ（CLSA Capital Partners）

が、2000年代半ばに日本特化型のファンドを組成し、日本企業のアジア展開の支援を行っている。

2000年代後半における一つの潮流としては、日本の商社がバイアウトを中心とするプライベート・エクイティ事業を強化していることが指摘できる。市場創成期より複数のバイアウト・ファンドの設立に関与した経験のある丸紅は、100％子会社のアイ・シグマ・キャピタルで中堅・中小企業を支援するファンドを立ち上げている。三菱商事は、三菱UFJ証券（当時）と丸の内キャピタルを設立し、1,000億円のバイアウト・ファンドの運営を開始し、住友商事は、ライジング・ジャパン・エクイティの設立に関与している。

(2) 累計コミットメント金額の推移

図表7－1は、日本のバイアウト・ファンドの累計コミットメント金額の

図表7－1　日本のバイアウト・ファンドの累計コミットメント金額の推移
（2012年6月末現在）

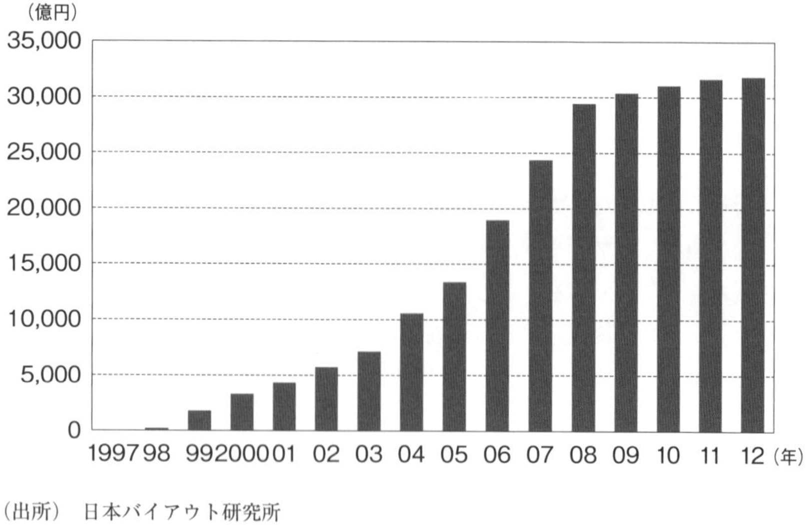

（出所）　日本バイアウト研究所

推移を示している。本調査では、原則として、日本におけるバイアウト投資にフォーカスしたファンドのみを集計しており、単一のファンドから世界各国の企業に投資を行うグローバル・ファンド、ファンド総額の大部分を日本以外のアジア地域も対象とするアジア・ファンドは除外している。また、投資枠の大部分を債権投資に重点を置いているディストレスト・ファンド、地域企業再生ファンドは除外している。

2006年から2008年までは年間のコミットメント総額が3年連続で5,000億円を超え、累計コミットメント金額も急激に拡大した。その後、リーマン・ショック直後は低迷し、一部には、撤退するファームや新たなファンドの組成を行う予定がないファームも出てきた。しかし、2011年頃から少なくとも15社を超えるバイアウト・ファームが後継ファンドの組成の準備に入っており、2012年から2013年にかけてファンド募集が再び本格化する見込みである。

(3) **ファンド規模別の分布**

図表7－2は、日本のバイアウト・ファンドのファンド規模別分布を示しているが、スモールキャップとミッドキャップのファンドが大半を占めていることが読みとれる。大型案件が少ない年もあるため、日本でバイアウト・ファンドを組成する際には、ファンド規模をどれくらいに設定するかが重要な鍵となっている。一方、機関投資家としてもどの規模のバイアウト・ファンドにコミットメントするかの見極めは重要なポイントになってくる。

昨今、各社が後継ファンド組成の準備に入っている背景は、既存のファンドの投資が進んで投資期間終了が近づいてきていることにある。後継ファンドの組成を予定しているファームには、スモールキャップあるいはミッドキャップの案件を投資ターゲットとしているファームが多い。日本のバイアウト市場の課題としては、「案件の少なさ」が指摘されることが多いが、スモールキャップとミッドキャップの領域は、ラージキャップの領域と比較す

図表7-2　日本のバイアウト・ファンドのファンド規模別分布（2012年6月末時点）

ファンド規模	本数
100億円未満	72
100億円以上300億円未満	59
300億円以上500億円未満	18
500億円以上1,000億円未満	9
1,000億円以上	5
合計	163

（注）　集計時点で募集中のファンドの一部は、目標金額でカウントした。
（出所）　日本バイアウト研究所

ると投資機会が多いという現状がある。

(4) 中堅・中小のオーナー企業の案件の増加

　日本のバイアウト案件を規模別にみると、取引金額が50億円未満のスモールキャップ案件と50億円以上300億円未満のミッドキャップ案件が大半を占める[2]。特に、中堅・中小のオーナー企業の事業承継を伴う案件や資本再構築を目的とする案件の増加が顕著である。また、中堅上場企業の非上場化を伴う案件において、バイアウト・ファンドがエクイティを拠出するケースも引き続き出てきており、これらのタイプの案件での投資機会が増加する可能性が高い。

(5) 日本企業の海外展開の支援

　近年、日本において、バイアウト・ファンドの経営支援機能が注目されて

---

[2] 正確な統計データは、本書の第Ⅰ部の座談会や日本バイアウト研究所の各種リリースや出版物を参照されたい。

いる。特に、バイアウト実施企業の経営改善支援の方法として、海外展開の支援を行うケースが増加している。

図表7−3は、バイアウト・ファンドにより日本企業の海外事業支援が実施された主な事例を示している。傾向としては、製造業の案件が多い。特に、香港、上海、北京に拠点のあるファームが、主に中国を中心としたアジアでの事業支援を行う事例が多くなっている。シティック・キャピタル・パートナーズは、食器・洋食器の世界ブランドの製造を行う鳴海製陶や精密プレス金型の製造を行う伸和精工に投資を行い、当該企業の中国での支援を行っている。アジア地域で屈指の実績を誇るベアリング・プライベート・エクイティ・アジア（Baring Private Equity Asia）は、精密バネの製造を行うLADVIKのタイの工場設立を支援し、またブライダルジュエリーの企画・販売を行うプリモ・ジャパンのアジア展開の支援を行っている。そのほかにも、バロックジャパンリミテッドなどのアパレル企業などが、バイアウト・ファンドの支援を受けて中国事業の強化に取り組んでいる。これらの事例のように、日本企業が、外資系ファンドを海外事業の強化を共同で行うパートナーとして活用している事例が多数存在し、成果が出ている案件も多い。

海外の事業を支援しているのは、外資系ファンドのみではない。日本のバイアウト・ファームが海外に拠点を設けるケースも出てきている。国内系で屈指の実力を誇るアドバンテッジパートナーズは、2007年に香港にオフィスを開設し、日本の投資先企業の海外支援のサポートを実施している。アドバンテッジパートナーズは、飲料メーカーのポッカコーポレーションのアジア展開を支援し、同社の事業価値向上に大きく貢献した。

図表7-3 バイアウト・ファンドにより日本企業の海外事業支援が
行われた主な実例

成立年月	案件名	投資会社	海外事業支援の内容
2003年9月	キトー	The Carlyle Group	The Carlyle Groupのアジアチームのサポートにより、アジアでの事業展開を支援。中国では、旺盛な需要に対応するための新工場を建設。
2005年9月	ポッカコーポレーション	アドバンテッジパートナーズ	アドバンテッジパートナーズの香港チームが、アジア展開を支援。シンガポール市場に上場していた現地法人の完全子会社化などを実施。
2006年8月	鳴海製陶	CITIC Capital Partners	CITICの上海チームが、中国ビジネス戦略策定支援、販拡支援、中国調達先の検討支援、中国現地法人等の運営レベルアップ支援などを実施。
2007年9月	バロックジャパンリミテッド	CLSA Capital Partners	CLSAはバロック社の中国展開を側面からサポート。CLSAジャパンのメンバーがバロック上海の董事副総経理として着任し、商流の検討や展開地域の検討、店舗候補地選択、リクルーティングなどのオペレーション面を支援。
2007年12月	LADVIK	Baring Private Equity Asia	Baring Private Equity AsiaのメンバーとLADVIKの経営陣が連携し、アジア展開の可能性を検討し、2010年にタイ工場を設立し、海外での生産体制を強化。
2008年1月	ハウステック	ニューホライズンキャピタル	ハウステックは、ニューホライズンキャピタルの協力の下、中国や中東のパートナー候補企業とのビジネスの構築を検討。
2008年11月	伸和精工	CITIC Capital Partners	中国に強い弁護士、会計士などの外部プロフェッショナルの活用、「シティック」の看板をフル活用した現地での人材採用、管理体制見直しなどの支援を実施。
2009年5月	オリーブ・デ・オリーブ	J-STAR	J-STARの投資担当者が半年間中国に常駐し、企業理念・ビジョン策定、中期経営計画策定、当局向けに必要な申請資料の作成、現地日系金融機関とのネットワーク構築などの支援を実施。

(出所) 杉浦 (2012a) p. 63.

2 ベンチャー・キャピタル・ファンド／グロース・キャピタル・ファンド

(1) ベンチャー・キャピタル・ファームの動向

　日本でベンチャー・キャピタル・ファンドを運営するファームには、金融機関系（銀行系、証券会社系、保険会社系、ノンバンク系など）のファームが多い。また、統合や社名変更を繰り返しながら現在の体制になったファームが多いのも特徴である。具体的には、大和企業投資、三菱UFJキャピタル、みずほキャピタル、SMBCベンチャーキャピタル、りそなキャピタル、三井住友トラスト・キャピタル、ネオステラ・キャピタル、ニッセイ・キャピタル、安田企業投資などが活動している。上場企業では、ジャフコ、日本アジア投資、SBIインベストメント（上場企業のSBIホールディングスのグループ会社）などが該当する。そのほかには、地方銀行の関連会社もベンチャー・キャピタル・ファンドを運営している。

　また、バイアウト・ファンドと同様に、商社系のファームも活動している。伊藤忠テクノロジーベンチャーズ、三井物産グローバル投資、アイ・シグマ・キャピタル（丸紅の100％子会社）、などが積極的な活動を行っている。

　商社以外の事業会社がベンチャー・キャピタル・ファンドの運営に関与するケースも多い。具体的には、NTTドコモとインターネット総合研究所が出資するモバイル・インターネットキャピタル、日本電信電話（NTT）の100％出資会社のNTTインベストメント・パートナーズなどが該当する。事業会社系列のファームは、業種特化型のファンドを組成することも多い。例えば、NTTインベストメント・パートナーズは、情報通信関連分野において、今後成長が有望視される技術・ノウハウをもつ国内外のベンチャー企業への投資を行っている。

　独立系ファームとしては、グロービス・キャピタル・パートナーズやウィズ・パートナーズなどが活動している。グロービス・キャピタル・パート

ナーズは、1996年の第一号ファンド設立以来三つのファンドにおいて、日本を含む世界中の機関投資家からコミットメントを得て、継続した高いパフォーマンスを実現している。ウィズ・パートナーズは、CSKベンチャーキャピタルがCSKグループより独立して誕生したファームであり、バイオ・ヘルスケア産業の成長企業への投資するファンドなどの運営を行っている。

(2) 主要なベンチャー・キャピタル・ファンド

図表7－4は、主要なベンチャー・キャピタル・ファンドを示している。リーマン・ショック前までは、100億円を超える大規模なファンドが数多く組成されていた。その後、リーマン・ショック直後は、バイアウト・ファンドと同様にファンド募集が少なかったが、2006年から2008年にファンドを組成していた大手ファームが、後継ファンドを組成する時期を迎えており、その動向が注目される。

なお、大手ファームのジャフコは、2007年7月に「スーパーV3ファンド」シリーズを組成し、総額1,485億円で最終設定を完了していた。このファンドは、これまで別々に組成していたベンチャー・キャピタル・ファンドとバイアウト・ファンドを一体化して、あらゆる投資機会を取り込む新たなコンセプトのファンドであった。

(3) グロース・キャピタル・ファンド

プライベート・エクイティには、バイアウト投資やベンチャー・キャピタル投資に加えて、グロース・キャピタル投資という領域が存在する。グロース・キャピタル投資とは、創業期の企業に投資するベンチャー・キャピタル投資とは異なり、すでにある程度の事業基盤が確立された企業にリスクマネーを投じて、さらなる成長を支援する投資手法である。また、大規模なバイアウト投資のような高いレバレッジを活用して投資リターンを高めるものではない。

図表7−4　主要なベンチャー・キャピタル・ファンド

設立年月	ファンド名	投資会社	ファンド総額
2006年3月	SBIビービー・モバイル投資事業有限責任組合	SBIインベストメント	320億円
2006年8月	「NIFSMBC-V 2006」シリーズ（NIFSMBC-V 2006S 1 投資事業有限責任組合、NIFSMBC-V 2006S 2 投資事業有限責任組合、NIFSMBC-V 2006S 3 投資事業有限責任組合、NIFSMBC-V 2006 神戸バイオ・メディカル 4 号投資事業有限責任組合）	エヌ・アイ・エフSMBCベンチャーズ（現大和企業投資）	583億円
2006年10月	Globis Fund III, L.P.	グロービス・キャピタル・パートナーズ	180億円
2008年1月	安田企業投資4号投資事業有限責任組合	安田企業投資	N/A
2008年3月	みずほキャピタル第3号投資事業有限責任組合	みずほキャピタル	220億円
2008年3月	NTTインベストメント・パートナーズファンド投資事業組合	NTTインベストメント・パートナーズ	150億円
2008年7月	ネオステラ1号投資事業有限責任組合	ネオステラ・キャピタル	N/A
2009年7月	UTEC 2 号投資事業有限責任組合	東京大学エッジキャピタル	71億4,800万円
2010年1月	JAIC-IF 4 号投資事業有限責任組合	日本アジア投資	47億円
2011年1月	ニッセイ・キャピタル5号投資事業有限責任組合	ニッセイ・キャピタル	100億円
2011年4月	テクノロジーベンチャーズ3号投資事業有限責任組合	伊藤忠テクノロジーベンチャーズ	54億円（当初）
2011年7月	MICイノベーション3号投資事業有限責任組合	モバイル・インターネットキャピタル	当初52億円（2013年1月まで継続募集中）
2011年7月	SMBCベンチャーキャピタル1号投資事業有限責任組合	SMBCベンチャーキャピタル	80億円

（注）　グロース・キャピタル投資を行うファンドも一部含まれている。
（出所）　日本バイアウト研究所

a　グロース・キャピタル・ファームの動向

　日本でも、ベンチャー・キャピタル投資を行う大手ファームなどがグロース・キャピタル投資を一部手がけることはあった。例えば、2000年にベンチャー・キャピタル・ファンドの運営会社としてスタートした三井住友トラスト・キャピタル（当時は、三信キャピタル、その後中央三井キャピタルに商号変更）は、2004年より、新たな成長を目指す中堅企業へのエクイティ投資を行うグロース・キャピタル・ファンドの運営を開始している。

　また、グロービス・キャピタル・パートナーズは、Later／Pre-IPOステージに属する企業への資本提供、大企業の戦略シフトによるノン・コアビジネスのCarve-out案件にも積極的に取り組んでおり、成長拡大期に必要な大型の資本を提供し、継続成長に必要な各種の経営支援を行っている。日本アジア投資は、2009年以降に、「事業基盤を有する持続的成長ステージの企業に対して、一定規模以上の投資を行い、海外への事業展開や新規事業機会の創出などを多面的にバックアップする」というコンセプトの投資を「グロース・エクイティ」と位置づけて、アジアにおいてグローバルな展開を志向する成長企業への投資を強化している。

　加えて、ここ数年、グロース・キャピタルの領域に着目して新たに参入するプレーヤーが出てきている。大手外資系ファームのグロース・キャピタル・チーム出身者が設立したグロース・イニシアティブは、日本の中堅・中小企業の活性化および成長に貢献することを目的に活動を開始し、すでに数件の投資実績を有している。同ファームは、優良な中堅企業や急成長ビジネスへの投資を行うほか、マジョリティのグロース型バイアウトも手がけている。

　地方でもグロース・キャピタル投資を行う取組みが出てきている。広島県では、産業振興・育成に資する企業または事業へ成長資本および経営資源を提供し県経済の発展に貢献することを目的として「ひろしまイノベーション推進機構」が設立された。広島県、金融機関、地元企業などが出資する約

100億円のファンドからは、1件当り数億円から十数億円の投資を行うことが想定されている。

さらに、アジア市場での成長支援をテーマとしたファンドも登場している。大和証券グループとクオンタムリープの合弁により設立された大和クオンタム・キャピタルは、2009年10月に、アジアの成長企業に投資するファンドを組成し、成長企業に対してマイノリティ投資を行う取組みを開始している。同ファンドは、環境セクターと個人消費セクターに重点を置いている。また、三菱商事が設立したきずなキャピタルパートナーズは、優れた技術やノウハウをもつ日本企業の中国での成長を支援するファンドを設立している。

b　グロース・キャピタルの日本での可能性

昨今、日本企業の海外展開が課題となっており、アジアでの生産拠点を強化したい企業や海外での販売網を構築したい企業は多い。このような海外での事業展開のための資金調達において、グロース・キャピタル・ファンドを活用することは有効な手段である。また、内需型の企業でも、積極的な店舗展開を実現したい小売業・外食チェーン、開発資金が必要なIT・情報システム、成長分野である環境・エネルギーなどの企業への投資機会はあると予想され、日本においてもグロース・キャピタルが新たな領域として確立される可能性は高い。

3　メザニン・ファンド

(1)　ファームの動向

日本でメザニン・ファンドが登場したのは、2000年代の半ばである[3]。日本のメザニン・ファンドの草分け的な存在である三井住友トラスト・キャピタル（当時は中央三井キャピタル）が、2004年に第一号ファンドを組成し、バイアウト案件への投融資を開始している。その後、SBIキャピタルソリュー

ションズ（現アドミラルキャピタル）、みずほキャピタルパートナーズ、DBJコーポレート・メザニン・パートナーズ、メザニン（MCo）、ソリューションデザインなどがメザニン・ファンドの運営を開始した。

　2011年に入ると、既存のファンドの投資の進捗が進んだファームが、後継ファンドを組成する動きが顕著になった。2006年の運営開始から実績を積み上げてきたメザニン（MCo）は、「MCo3号投資事業有限責任組合」を組成した。また、2004年に第一号ファンドの運営を開始した三井住友トラスト・キャピタルは、「中央三井プライベートエクイティパートナーズ第八号投資事業組合」を組成した。さらに、イー・アクセスやウエストホールディングなどの上場企業にも投資を行ってきたみずほキャピタルパートナーズは、MCPM2が組成した「MCPメザニン投資事業有限責任組合」の業務を受託している。

　メザニン・ファンドの投資の進捗が早い理由としては、バイアウトなどの買収案件に絡む需要以外にも、企業のリファイナンスやコーポレート・メザニンと呼ばれる企業の資金調達（成長資金・再生資金）など、多様な活用場面が存在することがあげられる。また、バイアウト・ファンドよりもプレーヤーの数が少ないため、競争が少なく、貴重な資金の出し手となっている点も指摘できる。

　メザニン・ファンドへの新規参入はしばらくなかったが、あおぞら銀行と大和PIパートナーズなどの合弁により大和あおぞらファイナンスが設立され、「大和あおぞらメザニン1号投資事業組合」が組成されている。

3　メザニン・ファンドではなく、自己資金でメザニン投融資を行うプレーヤーは2000年頃から存在した。東京海上火災保険（現東京海上日動火災保険）やオリックスは、2000年頃から自己資金でメザニン投融資を手がけていた。また、日本のプライベート・エクイティ・ファームで最初にメザニン投融資を手がける方針を打ち出したのは日本アジア投資であった。日本アジア投資は、2001年にバイアウト案件へのメザニン投融資の実績があるが、メザニン・ファンドではなく自己資金によるものであった。

(2) 累計コミットメント金額の推移

図表7－5は、日本のメザニン・ファンドの累計コミットメント金額の推移を示している。メザニン・ファンドは、ファーム数が少ないためファンドが組成されない年もあるが、類型コミットメント金額は拡大し、2012年6月末時点で6,000億円に迫ろうとしている。メザニン・ファンドの募集が拡大する契機となったのは、2005年に成立したワールドの非公開化案件に伴う資金調達において525億円のメザニン・ファイナンスが活用されたということが大きかった。その後、数社が参入し、2005年から2008年までに合計数千億円のメザニン・ファンドのコミットメントがあった。

その後の数年間は、プレーヤーが少ないため、大幅なコミットメントの増加はなかったが、すでに述べたように、2011年より複数の後継ファンドが組成されたため、累計コミットメント金額が増加した。この局面で各ファームは、金融機関に加えて年金基金からのコミットを得ようと積極的な募集活動

図表7-5　日本のメザニン・ファンドの累計コミットメント金額の推移
　　　　　（2012年6月末現在）

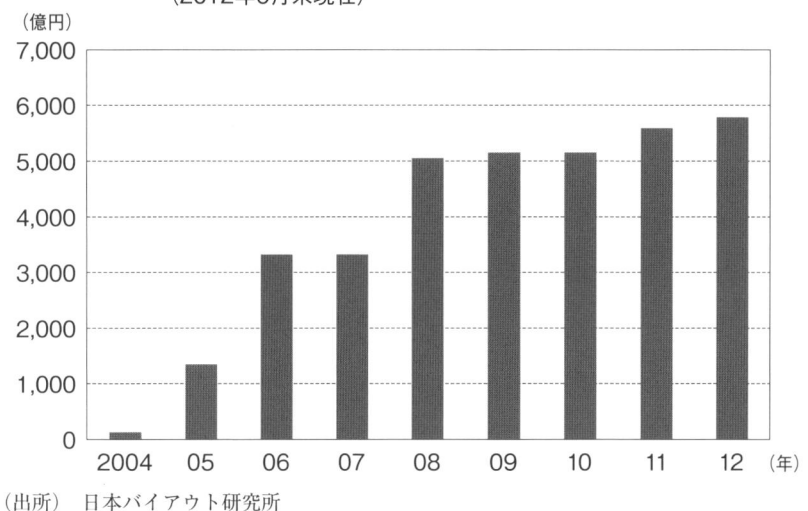

(出所)　日本バイアウト研究所

を行った。その結果、年金基金がメザニン・ファンドへ投資するという動きが以前より増してきた。

メザニン・ファンドの特徴としては、期中に一定の金利収入や配当の支払があるという点が指摘できる。ミドルリスク・ミドルリターンで安定的な収益を得られるため、年金基金などにも受け入れやすいという声も聞かれる。今後もメザニン・ファンドの投資家層が拡大する可能性がある。

(3) **メザニン・ファイナンスの期待リターン**

筆者が2007年2月に実施した「日本におけるLBOファイナンスに関するアンケート調査」では、日本におけるメザニン・プレーヤーが金利換算すると年率何パーセントくらいのIRR（internal rate of return）を期待しているかという質問も実施した。本調査は、日本でLBO案件への投融資業務（シニ

図表7-6　メザニン投融資の期待IRR（internal rate of return）

15～20%	7～15%
10～18%	7～15%
13～15%	6～15%
12～15%	6～15%
10～15%	8～13%
10～15%	8～12%
10～15%	8～12%
10～15%	6～12%
10～15%	8～10%
10～14%	7～10%（劣後ローンのみ）
8～15%	6～10%
8～15%	5～9%
8～15%	5～9%（劣後ローンのみ）
8～15%	

(注)　アンケート調査結果に基づき作成。サンプル数＝27社。
(出所)　杉浦（2007）p.187.

ア・ローンの提供、メザニン・ファイナンスの提供）を手がけている銀行、投資銀行、投資会社（投融資専門会社、メザニン・ファンド運用会社）、保険会社（生命保険会社、損害保険会社）、ノンバンク（リース会社、クレジット会社）を中心に実施された。期待IRRに関する設問については、メザニンを手がけているプレーヤーのうち27社が数値の範囲を回答したが、おおむね8～15％の範囲内での回答が目立った（図表7－6）。劣後ローンを中心に手がけているプレーヤーのなかには5～10％程度の範囲の回答も存在した。

(4) メザニン・ファイナンスの活用場面

日本のバイアウト市場におけるメザニン・ファイナンスの活用場面のタイプは、①バイアウト・メザニン、②上場企業の資金調達、③バイアウト案件以外の未上場企業の資金調達、④リキャピタリゼーション&リファイナンスに区分できる。そのうち②～④はバイアウト以外のシチュエーションでの活用場面である。

①は、通常のバイアウト案件で劣後ローン、劣後社債、優先株式が活用されるケースである。②は、上場企業がバイアウト・ファンド、メザニン・ファンド、プリンシパル・ファイナンス会社などを割当先とする第三者割当増資を実施し、優先株式や転換社債型新株予約権付社債の発行により成長資金や再生資金を調達する案件である。③は、バイアウトを遂行した企業以外の未上場企業が成長資金や再生資金をメザニンの形で調達するケースである。④は、バイアウト企業の資本再構成や株式公開前の資本再構成の段階でメザニンが活用されるケースである。複数のタイプに該当する場合でも、各案件の性質を勘案し、最もふさわしいタイプでカウントしている。

図表7－7は、タイプ別のメザニン・ファイナンス活用案件の件数の推移を、図表7－8は金額の推移を示している。この統計データには、メザニン・ファンドが手がけた案件以外にも、金融機関やプリンシパル・インベストメント会社が手がけたメザニン・ファイナンス案件も含まれている。ただ

図表7-7 タイプ別のメザニン・ファイナンス活用案件の件数の推移（2012年6月末現在）

タイプ	1998年	1999	2000	2001	2002	2003	2004	2005	2006	2007	2008	2009	2010	2011	2012	合計
バイアウト・メザニン	1	2	1	3	1	10	6	6	14	8	12	8	13	8	3	96
上場企業の資金調達	0	0	0	1	0	2	2	10	10	8	11	6	5	3	6	64
未上場企業の資金調達	0	0	0	0	1	2	0	0	2	6	12	4	1	1	N/A	29
その他	0	0	1	0	2	0	0	3	4	4	5	5	1	0	1	26
合計	1	2	2	4	4	14	8	19	30	26	40	23	20	12	10	215

（注）その他には、バイアウト企業のリキャピタリゼーションやリファイナンス、バイアウト企業のプレIPOメザニンなどが含まれる。
（出所）日本バイアウト研究所

図表7-8 タイプ別のメザニン・ファイナンス活用案件の金額の推移（2012年6月末現在）

（単位：億円）

タイプ	1998年	1999	2000	2001	2002	2003	2004	2005	2006	2007	2008	2009	2010	2011	2012	合計
バイアウト・メザニン	8	2	20	105	35	473	104	756	1,324	410	2,792	169	407	255	N/A	6,860
上場企業の資金調達	0	0	0	50	0	90	25	1,672	2,872	1,200	465	737	430	36	309	7,886
未上場企業の資金調達	0	0	0	0	12	1	0	0	34	70	225	45	15	85	N/A	487
その他	0	0	56	0	68	0	0	327	688	193	264	51	0	0	N/A	1,647
合計	8	2	76	155	115	564	129	2,755	4,918	1,873	3,746	1,002	852	376	309	16,880

（注）その他には、バイアウト企業のリキャピタリゼーションやリファイナンス、バイアウト企業のプレIPOメザニンなどが含まれる。
（出所）日本バイアウト研究所

し、ベンチャー・キャピタル・ファンドによるベンチャー企業への投融資は含まれていない。

　件数としては、バイアウト・メザニンが累計96件と最も多い。次いで、上場企業の資金調達も64件となっている。金額については、バイアウト・メザニンと上場企業の資金調達が大半を占めているが、近年は数百億円程度にとどまっている。

4 セカンダリー・ファンド

(1) ファームの動向

　日本で本格的なセカンダリー・ファンドを組成したのは、日本アジア投資とアント・キャピタル・パートナーズである。日本アジア投資は、ベンチャー・キャピタル投資を主体としていたが、2000年代前半にセカンダリー投資とバイアウト投資に参入し、投資領域を拡大させた。アント・キャピタル・パートナーズも、2000年代前半に参入し、セカンダリー・ファンドの専門チームを有しており、未上場株式の流動化のソリューションを提供する貴重な存在となっている。日本アジア投資もアント・キャピタル・パートナーズも、ダイレクト・セカンダリーだけではなく、ファンド持分の取得にも実績がある。

　そのほかには、住信インベストメント（現三井住友トラスト・インベストメント）や安田企業投資もセカンダリー・ファンドを組成している。

(2) 主要ファンド

　前述のアント・キャピタル・パートナーズは、第二号ファンドまでの実績をもとに、すでに第三号ファンドの運用を開始しており、さらなる取組みが期待されている。三号ファンドは、多くの年金基金からもコミットメントを得ているという特徴がある。

日本アジア投資は、2005年11月に「ジェイ・エス・ピー・エフ2号投資事業有限責任組合」を組成している。当時の住信インベストメントは、「住信iハイブリッド型ベンチャー投資事業有限責任組合」を組成している。このファンドは、ベンチャー・キャピタルや事業会社の保有株式の買取りと成長資金の供給を組み合わせつつ、企業ステージと状態に応じた適切なハンズオン支援を行い、成長軌道へ乗せていくことをねらったものであった。

　ファンド持分の取得を行うセカンダリー・ファンドも登場した。2000年代前半より、プライベート・エクイティ投資に特化したファンド・オブ・ファンズの運営や投資助言サービスを行ってきたエー・アイ・キャピタルは、2011年に、アジアのプライベート・エクイティ・ファンドを投資対象とする

図表7-9　日本の主要セカンダリー・ファンド

設立年月	ファンド名	投資会社	ファンド総額
2003年10月	アント・ブリッジ1号投資事業有限責任組合	アント・キャピタル・パートナーズ	25億円
2005年8月	アント・ブリッジ2号投資事業有限責任組合	アント・キャピタル・パートナーズ	197億円
2005年8月	住信iハイブリッド型ベンチャー投資事業有限責任組合	住信インベストメント（現三井住友トラスト・インベストメント）	20億円
2005年11月	ジェイ・エス・ピー・エフ2号投資事業有限責任組合	日本アジア投資	60億円
2010年3月	アント・ブリッジ3号A投資事業有限責任組合　アント・ブリッジ3号B投資事業有限責任組合	アント・キャピタル・パートナーズ	110億円

（出所）　日本バイアウト研究所

「AIC Asia Opportunity Fund, L.P.」を組成している。本ファンドは、プライベート・エクイティ・ファンドの既存出資者のファンド持分を取得するセカンダリー・ファンドであり、成長著しい中国、インド、東南アジア、オーストラリアなどのアジア地域に限定するという特徴を有している。日本政策投資銀行、三井住友銀行、三菱商事、年金基金を含む大手機関投資家からコミットメントを得ており、すでに投資実績を有している。

5 その他のファンド

(1) ディストレスト・ファンド

その他のプライベート・エクイティ・ファンドには、ディストレスト・ファンドなどのカテゴリーが含まれる。ディストレスト・ファンドは、主に債権への投資を行うファンドである。再生型のバイアウト・ファンドとは区別されるカテゴリーであるが、日本では、ジェイ・ウィル・パートナーズ、ルネッサンスキャピタルグループ、キーストーン・パートナースなどが該当する。

(2) ファンド・オブ・ファンズ

日本でファンド・オブ・ファンズの運用を行うファームが登場したのは、2000年代前半である。2002年に設立されたエー・アイ・キャピタルは、ベンチャー・キャピタル・ファンド、バイアウト・ファンドなどのプライベート・エクイティ・ファンドに投資を行うファンド・オブ・ファンズの運営と、機関投資家向けにプライベート・エクイティ・ファンド投資運用・助言を行うゲートキーパー業務を展開してきた。2002年10月に日本を含むアジアのプライベート・エクイティ・ファンドに投資を行うファンド・オブ・ファンズとして、「エー・アイ・キャピタル・ジャパンI投資事業組合」を設立したのをはじめとし、「AIC-PCG Global Private Equity Fund I, L.P.」「エー・

アイ・キャピタル・ジャパンII投資事業組合」「AIC-PCG Global Private Equity Fund II, L.P.」の運用を行っている。

　また、三井住友トラスト・キャピタル（旧中央三井キャピタル）は、「中央三井ファンドオブファンズ第一号投資事業有限責任組合」に続き、2007年8月には、金融機関や年金基金などの機関投資家に分散投資の機会を提供するプライベート・エクイティ・ファンドとして、「中央三井ファンドオブファンズ第二号投資事業有限責任組合」を設立し、効果的な分散ポートフォリオを構築していく取組みを開始している。

　そして、野村プライベート・エクイティ・キャピタル（旧プライベート・エクイティ・ファンド・リサーチ・アンド・インベストメンツ）は、2009年にアジアフォーカスのファンド・オブ・ファンズを組成している。

　さらに、近年は、海外のファンド・オブ・ファンズのファームが日本に拠点を設ける動きも出てきている。欧州系のキャピタル・ダイナミックスは、日本のプライベート・エクイティ・ファンドへの投資を行うファンド・オブ・ファンズの組成を準備中である。

おわりに

　以上、バイアウト・ファンド、ベンチャー・キャピタル・ファンド、グロース・キャピタル・ファンド、メザニン・ファンド、セカンダリー・ファンドを中心に日本のプライベート・エクイティ・ファンドの動向について述べた。

　リーマン・ショック以降は、バイアウト・ファンドやベンチャー・キャピタル・ファンドの領域で、撤退や活動休止したファームも一部出てきているが、一方ではファンド募集の環境も少しずつ回復しつつある。新規参入は少ないが、実績を積んだ既存の有力ファームが後継ファンドを立ち上げる動きが顕著になっている。一部のバイアウト・ファンドや、メザニン・ファンド、セカンダリー・ファンドには年金基金がコミットするケースも出てきて

おり、投資家層の拡大が進むことが期待されている。年金基金としても日本の有力ファームのファンドへ投資するチャンスが到来している。

筆者が最も調査に力を入れているバイアウト・ファンドの領域では、中堅・中小のオーナー企業の事業承継を伴う案件や、中堅上場企業の非上場化を伴う案件への投資機会があり、特にスモールキャップとミッドキャップのファンドの出番が増えている。金融機関がバイアウト案件に対してLBOローンを積極的に提供するようになり、案件の成立の要件が整いつつあるのも追い風である。さらに、リーマン・ショック直後に低迷していたエグジット市場も急速に回復している。バイアウト後の業績が好調で、M&Aで有力事業会社の傘下に入った案件も多数登場し、投資と回収のサイクルが機能するようになってきており、着実に日本のバイアウト市場は回復している。このようななかで、バイアウト・ファームが後継ファンドの組成を行う動きは注目できる。

参考文献

杉浦慶一(2007)「日本におけるLBOファイナンスに関するアンケート調査—調査結果報告—」日本バイアウト研究所編『日本バイアウト市場年鑑—2007年上半期版—』日本バイアウト研究所, p. 187.

杉浦慶一(2010)「日本のバイアウト市場の10年の軌跡」杉浦慶一・越純一郎編『プライベート・エクイティ—勝者の条件—』日本経済新聞出版社, pp. 1-26.

杉浦慶一(2011a)「日本のバイアウト市場におけるセカンダリー案件への投資機会」『オル・イン(Alternative Investment)』Vol. 20, クライテリア, p. 49.

杉浦慶一(2011b)「ベンチャーキャピタルのエグジット方法の多様化と課題」忽那憲治・日本証券経済研究所編『ベンチャーキャピタルによる新産業創造』中央経済社, pp. 272-290.

杉浦慶一（2011c）「実績を積み上げた日本のメザニン・ファンドの最新動向」『オル・イン（Alternative Investment）』Vol. 21, クライテリア, p. 55.

杉浦慶一（2011d）「日本におけるグロース・キャピタル投資の可能性」『オル・イン（Alternative Investment）』Vol. 22, クライテリア, p. 57.

杉浦慶一（2012a）「バイアウト実施企業の財務特性と経営改善―キトーの海外における事業展開の強化を中心として―」『年報経営分析研究』第28号, 日本経営分析学会, pp. 60-69.

杉浦慶一（2012b）「設立ラッシュを迎える日本のバイアウト・ファンド」『オル・イン（Alternative Investment）』Vol. 23, クライテリア, p. 51.

杉浦慶一（2012c）「エグジットが好調な日本のバイアウト市場」『オル・イン（Alternative Investment）』Vol. 25, クライテリア, p. 55.

日本バイアウト研究所編（2012）『日本バイアウト市場年鑑―2012年上半期版―』日本バイアウト研究所.

第Ⅱ部＿応用編

Interview

日本のプライベート・エクイティ市場の現状と展望

バイアウト、ベンチャー、グロース、メザニン、セカンダリーの動向

みずほキャピタルパートナーズ株式会社　代表取締役社長
亀井温裕氏

日本アジア投資株式会社
前取締役会長
松本守祥氏

Q 2000年前後より、機関投資家がベンチャー・キャピタル・ファンドへ投資する動きも顕著になってきましたが、どのようなタイプの機関投資家が増えましたでしょうか。

松本　日本では、ベンチャー・キャピタル・ファンドの投資家層は、まだ十分に拡大していないと理解しています。1990年代より、銀行、信託銀行、地方銀行、保険会社などの金融機関やノンバンクがベンチャー・キャピタル・ファンドへのエクスポージャーを増やし、ベンチャー・キャピタル・ファンドの運営会社の数も増加しました。年金基金も日本でもベンチャー・キャピタル・ファンドへの投資を行っているケースがあると認識していますが、数は限定的かと思います。

Q 1990年代後半には、バイアウト市場が生成しました。ファンド規模が拡大するにつれて、バイアウト・ファンドへ出資する投資家の層はどのように拡大していきましたでしょうか。

亀井　当社は、21世紀がスタートするのと同じタイミングでプライベート・エクイティ業務を開始したわけですが、トラックレコードがない状態からのスター

トでもありましたので、みずほグループとのリレーションが深い機関投資家からの支援を得てファンドが立ち上がりました。具体的には、親銀行に加えて、保険会社や地方銀行などからコミットメントをいただきました。当時は、日本に「MBOファンド」なるものが存在していたわけではなく、欧州の「MBOファンド」をモデルとして、その日本版をつくり進化させていこうという発想でスタートしました。時代背景としては、大企業が「選択と集中」という名のもとでノンコア事業を切り出すという動きが活発化し、当社はそれらを「平成の暖簾分け」と称して株式公開につなげる取組みを行いました。

その後、日本の機関投資家の皆様は非常に熱心に勉強され、海外のファンドへの投資も含めプライベート・エクイティ・ファンドへの投資の経験を積まれてきました。投資家層の拡大という意味では、金融法人以外にも、ノンバンク、商社などもバイアウト・ファンドへの投資を行うようになりました。また、ファンド・オブ・ファンズが活動を開始する動きや、海外の機関投資家が日本のバイアウト・ファンドへ投資を行う動きも出てきましたので、この10年あまりでのプロ投資家層の拡大がプライベート・エクイティ市場の成長を後押しする構図となっています。

海外市場においては、年金基金や財団なども相応の投資家シェアを占めていますが、日本の場合は、年金基金の参加が一気呵成に伸びてきたとは言いがたい状況です。一部の先端的な年金基金は、プライベート・エクイティ・ファンドへの投資を行っていますが、大多数の年金基金は、興味はあるものの踏み込めていないのが現状ではないかと思います。

Q ベンチャー・キャピタル・ファンドとバイアウト・ファンドは、投資後にハンズオンで支援するという特徴がありますが、どのような経営改善支援を行うことが多いのでしょうか。

松本 まず、ベンチャー・キャピタル・ファンドについては、革新的な技術やビジネスモデルをもち高い成長力を有するベンチャー企業に対し、資金を投じて、経営資源（ヒト・モノ・情報）を提供します。最近は、かなりのシェアを確保す

る投資も多くなっており、スタッフが投資先に常駐するケースも出てきています。資金を投じるだけでは、事業の成長を加速できません。日本では、経営人材市場があまり流動化していないので、ベンチャー企業が優秀な人材を確保するのに苦労しています。そのような意味でも、ファンドが資金と一緒に人を派遣してサポートするということには意義がありますし、実際に行われるケースが増えてきています。

バイアウトについては、日本アジア投資と日本M&Aセンターとの合弁会社の日本プライベートエクイティというMBOファンドの運営会社があります。主に中堅・中小企業向けの投資を行っていますが、役員派遣・人材派遣、内部管理体制の整備、経営戦略の策定、資金調達に関する助言、M&A戦略、株式公開準備、マーケティング・チャネルの拡大など、さまざまな支援を行っています。

やはり最近は、オーナー企業の事業承継に絡む案件が増加しています。事業承継後にMBOファンドが果たす役割の一つには、後継者人材・社外プロフェッショ

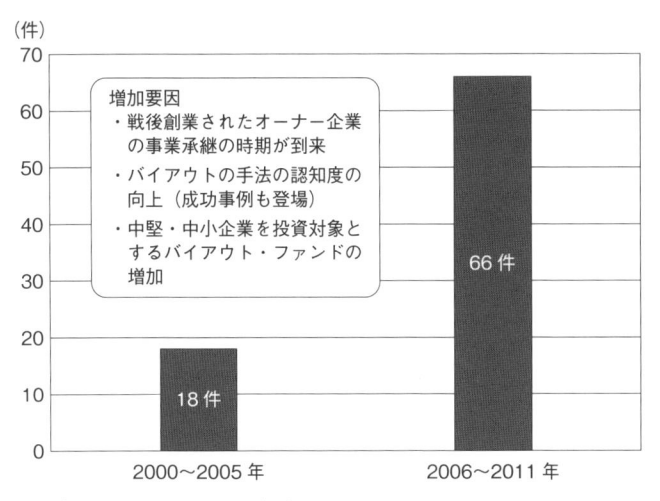

図表1　オーナー企業の事業承継を伴うバイアウト案件の推移

（件）

期間	件数
2000〜2005年	18件
2006〜2011年	66件

増加要因
・戦後創業されたオーナー企業の事業承継の時期が到来
・バイアウトの手法の認知度の向上（成功事例も登場）
・中堅・中小企業を投資対象とするバイアウト・ファンドの増加

（出所）　日本バイアウト研究所

ナルの派遣があります。社内に後継の経営人材がいないケースは、CEOやCOOを派遣することもあります。また、管理体制の強化や上場準備を推進する目的でCFOを紹介するケースも増えてきています。

亀井 私どもの場合は業歴が20年とか30年くらいある会社が中心ですので、一からテーマを設定するというよりも、すでに経営陣が自ら意識している経営改善テーマをどうやってファンド側からも後押しできるかということを念頭に置いて支援することが多くなっています。

そのなかで、特に重視しているのは、海外戦略の支援です。ミッドキャップのバイアウトの対象となる事業会社の場合は、すでに海外拠点を有するケースもありますが、拠点を開設して商圏はあるけれども伸び悩んでおり、どのように本格化させるかということが課題になるケースが多いです。また、この円高にどのように対応するのか、海外と国内の生産比率をどうするのか、サプライチェーンをどのように構築するのか、という課題について経営陣と一緒に考えることが多くなっています。

Q 2000年代半ば頃からメザニン・ファンド、セカンダリー・ファンド、ディストレスト・ファンドなど、新たなプライベート・エクイティ・ファンドが登場しました。まず、メザニン・ファンドの登場の背景や案件の性質についてお話し願います。

亀井 歴史的な背景からすると、まずはバイアウトの買収資金調達という観点からメザニンのニーズが出てきました。最近は、事業承継に絡むかたちでのニーズや、コーポレート・メザニンと呼ばれる財務活動強化のための案件相談も増えてきております。

例えば、昨年ですと、震災後に160件くらいの案件の相談がありました。そのうちの4割がメーカーだったのですが、メーカー以外にも、小売・卸売・サービスなど幅広い業種が含まれていました。売上規模でいうと、100億円以上と100億円未満が半々くらいでした。実際に投資できる案件のヒット率は高くはないです

が、案件を厳選できるだけの候補案件数があることは重要です。そのような投資活動の結果として、メザニンの第一号ファンドは好パフォーマンスに仕上がりつつあります。

投資家の業態については、MBOファンドとほぼ同じですが、それに加えて、メザニンの第二号ファンドを去年立ち上げて以来、年金基金へのアプローチを開始しました。メザニン・ファンドは、早い段階から配当も実施される性格のファンドですので、年金基金には特に受け入れられやすい商品だと思っています。いまは、第二次募集のステージにありますが、着実に年金基金からのコミットメントが積み上がっている状況です。

松本 日本アジア投資でも、2000年代初頭の黎明期にメザニン投資を自己資金で手がけたことがあります。バイアウトの買収資金の足らないところを埋める役割を果たす機会が出てくることを見込んでいました。DIPファイナンスを含めて、

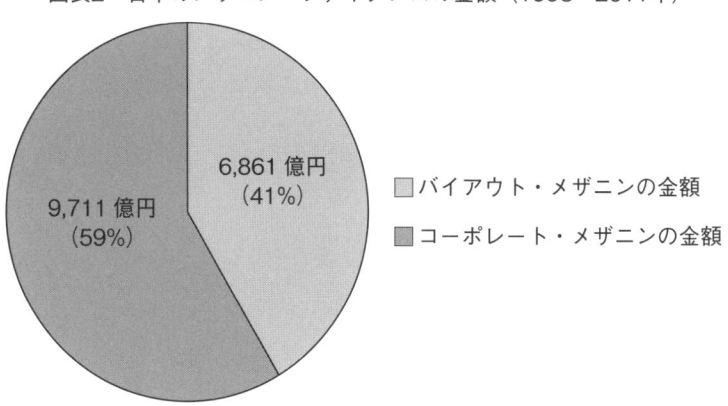

図表2 日本のメザニン・ファイナンスの金額（1998〜2011年）

- 6,861億円（41%） バイアウト・メザニンの金額
- 9,711億円（59%） コーポレート・メザニンの金額

（注）1998〜2011年に実施された205件のメザニン・ファイナンス案件の金額を集計。コーポレート・メザニンには、上場企業の資金調達（PIPEs）、未上場企業の資金調達（成長資金調達 or 再生資金調達）、バイアウト実施企業のリファイナンス＆リキャピタリゼーション、バイアウト実施企業のプレIPOメザニンなどが含まれる。
（出所）日本バイアウト研究所

図表3　商品別のメザニン・ファイナンスの件数（1998～2011年）

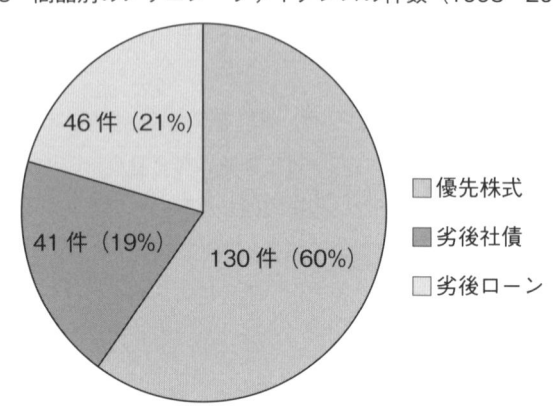

46件（21％）　優先株式
41件（19％）　劣後社債
130件（60％）　劣後ローン

（注）　同一案件に複数のタイプの商品が活用されるケースもあることからダブルカウントも存在する。
（出所）　日本バイアウト研究所

実際に投資実績があります。

　最近は、グロース・キャピタル投資を社債や優先株式で行うケースが出てきています。契約ですべてのリスクをコントロールすることはしょせん不可能ですが、マイノリティでのグロース投資の場合、コベナンツ、マイルストーンなどの設計により柔軟なエグジット・シナリオを確保することが大切で、おそらくメザニンという場所に近い発想だと思います。また、規模は小さいですが、PIPEs（private investment in public equities）の投資機会もありまして、上場企業の転換社債型新株予約権付社債を引き受けたケースもあります。

Q　また、セカンダリー・ファンドも2000年代半ばから登場しましたが、どのような案件への投資が想定されていたのかお聞かせ願います。

松本　セカンダリー投資については、大きく分けてダイレクト・セカンダリーとファンドの出資持分の取得の二つがあります。

　ファンドの出資持分の取得については、投資家が保有している持分の売却ニー

ズが出てこないと、あまり大きな規模の取引になりません。これまで日本の投資家は、売るということに抵抗感があったように思えます。価格の面においても、妥当な価格で本当に売れるのかという不安もあり、取引の慣行は確立されていませんでした。しかし、最近では機関投資家の間でもその認知は進み、セカンダリーの出番は増えてきています。

　一方、ダイレクト・セカンダリーについては企業の株式への直接投資を行います。具体的には、企業の株式持合いの解消や事業の「選択と集中」、投資ファンドの満期到来などにより、未公開株式を保有している金融機関、事業法人、ベンチャー・キャピタルなどから株式を取得します。当社が積極的に行っていたのは、ダイレクト・セカンダリーのほうで、個別銘柄で買うというよりはポートフォリオを一括で引き継ぐというやり方をしています。

Q　リーマン・ショック直後に低迷していたエグジット市場が回復しています。最近のベンチャー、グロース、バイアウト、メザニンのエグジット市場についてお話し願います。

松本　ベンチャーのIPO市場回復というのは、やはりデータをみても2009年以降はむずかしい状況が続いています。件数は少しずつ増えていますが、市場の評価が必ずしも高くなく、価格の面ではもう一歩ということころです。

　一方で、グロース・キャピタルのエグジットは、ベンチャー・キャピタルとは異なり、IPOだけではなく、M&Aでのエグジットが増えるのではないかと思います。手持ち資金の豊富な日本企業がグロース・キャピタル・ファンドの投資先を買収するというかたち、特にリテールやサービスの分野の投資先のエグジットでは、M&Aが増えてくるでしょう。

亀井　当社のバイアウト案件のソーシングの過程では、対象企業の経営陣との間で当面の経営目標の一つとしてIPOを目指すこととしています。また、上場企業をいったん非上場化させて、再上場を目指すというケースも増えています。ただ、実際問題としてはIPOの市場が不活性であるという現実があるので、IPOですべて

の持分を売り出すかたちでのエグジットだけに固執するわけにはいきません。また、当初描いた成長戦略が実行されている状況になっていかないと厳しいのは当然です。

IPOでエグジットせずM&Aを通じてエグジットすることとなった場合でも、上場準備ということで経営陣と従業員がしっかり経営改善努力を続けていれば、第三者からみても企業価値についてキチンとプラスの評価がされるので、ファンド運営の基本方針としても有効であると考えています。

なお、最近は、投資実行当初には想定もしていなかったような企業に、新株主としてバトンタッチするケースも多く印象的です。日本の優良企業が、バイアウト・ファンドが投資した中堅・中小企業を大変よく研究しており、エグジット市場は着実に回復しています。昔は、大企業は自分の手元にあったノンコアの事業を積極的に切り出す側でしたが、いまは逆に自らの事業ポートフォリオに加えたいという買いニーズが高くなっていると感じます。大企業については、バイアウト案件の供給を行うだけでなく、バイアウト・ファンドのエグジット先としての存在感も高めているとの印象があります。

メザニン案件のエグジットについては、基本的に収益償還を大前提として、投

図表4　日本のバイアウト市場におけるエグジット案件の推移

エグジット方法	2008年	2009年	2010年	2011年
株式公開	2	0	1	3
M&Aによる株式売却	25	17	16	26
第二次バイアウト	5	4	2	5
株式の買戻し	4	5	5	12
その他	14	9	6	10
合計	50	35	30	56

(出所)　日本バイアウト研究所

資の実行のときに複数のエグジット方法を検討していますし、いろいろなリスク・シナリオもふまえて条件設定をしていますので、エグジットはかなり順調にできています。元本がすべて毀損してしまうような案件はまったくありません。

Q 最後に、案件のソーシングの今後の展望についてお話し願います。

亀井 メザニン・ファンドやバイアウト・ファンドにしても、事業承継を背景とした案件は、引き続き多いと思います。ただし、相談件数が増えても、実際は投資規模にあわない場合があったり、エグジット・プランが描けなかったりもするので、勝算が見込めるものとなると比率が高くなるわけではありません。投資ファンドとしては、継続的に好リターンを創出するためにその辺りの見極めをきちんと行っていくことが、より強く求められるようになるでしょう。

大型案件は、どうしても価格入札になるので、投資実行後の苦労は大きいと思います。オープンビッドの大型案件ですと、入口の価格が高くなる傾向があるので、当社としては地道な活動で相対でのソーシングを心がけるということが重要になってきます。

ファンドレイズの規模の見極めも重要になってきます。当社では、ミッドキャップやスモールキャップを中心に投資していく規模感でのレイズを繰り返し取り組んでいくことで、投資家の信頼が得られるのではないかと感じています。

松本 ベンチャーのほうは、ICT（information and communication technology）、クリーンテック、ライフサイエンスの分野のソーシングが鍵になってくると予想します。逆にいうと、それ以外の分野については、ベンチャー・キャピタルというよりもグロース・キャピタルでカバーする領域になってくると思います。

もうひとつは、グロース・キャピタルの需要が増えてくると思います。グロース・キャピタルはグロース・エクイティと呼ばれることもあり、ある程度の事業基盤を有する持続的成長ステージの企業に対して、一定規模以上の投資を行う投資です。投資後には、海外への事業展開や新規事業機会の創出などを多面的にバッ

クアップするほか、事業再編や買収による規模拡大などの成長戦略を支援します。日本の中堅・中小企業が成長資金を活用して、新たな事業展開を行う際のリスクマネーの出し手として、グロース・キャピタルという考え方が受け入れられるのではないかと思います。

　セカンダリーについては、プライマリーの市場規模が拡大していけば、必然的に期待や需要も出てきます。昔は、海外ではプライマリーの市場規模に対して、3％から5％というセカンダリーの市場があるといわれていましたが、いまはその割合が増えてきているようです。そして、今後は日本においても、一つのアセットクラスとしてセカンダリー・ファンドの認知度がさらに高まっていくと思われます。

Profile

亀井温裕氏

みずほキャピタルパートナーズ株式会社 代表取締役社長
1979年4月株式会社富士銀行（現株式会社みずほ銀行）入行。国内外証券子会社、証券部およびグローバル企画部にて投資銀行業務に従事。株式会社みずほフィナンシャルグループ グループ戦略第二部参事役、株式会社みずほ銀行 証券・IB部長などを経て、2006年3月みずほ証券株式会社執行役員就任し米国みずほ証券社長委嘱。2008年同社常務執行役員を経て、2010年4月みずほキャピタルパートナーズ株式会社代表取締役副社長就任。2011年3月より現任。

松本守祥氏

日本アジア投資株式会社 前取締役会長
1982年4月ジャパンライン株式会社（現株式会社商船三井）入社。1989年7月日本アセアン投資株式会社（現日本アジア投資株式会社）入社。投資先本部投資先企業部長、ポートフォリオマネジメント本部長を経て2000年6月取締役就任。2002年1月よりPEセカンダリー投資事業担当。2007年6月常務取締役就任（海外業務管掌）。2007年から2010年まではJAIC America Inc. President & CEOを兼務。2009年6月代表取締役社長就任、2012年6月取締役会長就任。

第 8 章

欧米の年金基金によるプライベート・エクイティ・ファンドへの投資の実態

タワーズワトソン株式会社
シニア・インベストメント・コンサルタント　**久保田徹**

はじめに

　欧米の公的年金基金、企業年金基金、大学基金、財団などの機関投資家にとって、プライベート・エクイティは重要な投資対象となっている。これらの機関投資家のなかには、プライベート・エクイティ投資の専門チームを有し、プライベート・エクイティ・ファンドへの投資や、さらには個別企業に対してファンドとの共同投資や直接投資を行っているところもある。本章では、欧米の機関投資家、特に年金基金によるプライベート・エクイティ投資の実態について、これまでの変遷や現在の取組み状況などの具体的な事例も交えながら紹介していく。

1 欧米の年金基金によるプライベート・エクイティ投資の歴史[1]

(1) プライベート・エクイティ投資の起源

　現在では、年金基金をはじめとする機関投資家が大型バイアウト案件やベンチャー・キャピタルなどのプライベート・エクイティ・ファンドへの資金提供者として大きな地位を占めているが、1950年代の米国においてはプライベート・エクイティ投資の大半はベンチャー・キャピタルを通じて行われており、その資金の主な担い手は機関投資家ではなく個人富裕層であった。そ

---

[1] プライベート・エクイティの過去の歴史に関する記述については、Fenn, Liang & Prowse（1995）の内容を主に参照。

の後1960年代後半になると、新規公開市場の活況を背景に機関投資家の資金がリミテッド・パートナーシップ形態を通じてベンチャー・キャピタルに向かうようになっていった。

リミテッド・パートナーシップにおけるジェネラル・パートナーであるプライベート・エクイティ運用会社にとっても、リミテッド・パートナーシップの形態には一定のメリットがあった。当時は米国の1940年投資会社法（Investment Company Act of 1940）の制約もあり、運用プロフェッショナルは通常の給料のかたちで報酬を受け取っており、ストック・オプションやその他の運用成績に応じた報酬を受け取ることができなかった。プライベート・エクイティ運用会社にとってこのような報酬の制約を回避する手段としてリミテッド・パートナーシップ形態は魅力的であり、さらにより洗練された投資家（適格投資家）の獲得にもつながると考えられた。そのようななか、1968～1969年の新規公開市場の活況を背景に、リミテッド・パートナーシップ形態のベンチャー・キャピタルが当時としては多額の資金を機関投資家から集めることができた。

ただし、1970年代になるとオイル・ショック等による景気や株式市場の低迷から新規公開市場も停滞し、ベンチャー・キャピタルによる投資活動は減少した。ベンチャー・キャピタルは成長の見込みが最も高い少数の企業に特化したことから、そのような企業のなかには非常に大きく成功したところも現れた。また、新規公開の数が減少したことから、一部のプライベート・エクイティ運用会社ではバイアウトなどのベンチャー以外のプライベート・エクイティ投資にも乗り出すところが増えてくることとなった。その背景として、米国では1960年代から1970年代にかけて企業のコングロマリット化が進んでいたが、その後の景気低迷を受け事業の見直しが進められており、プライベート・エクイティ運用会社にとってのバイアウト投資の機会が増加していたことがあげられる。このような動きがその後のプライベート・エクイティ業界のさらなる発展につながることになった。

(2) プライベート・エクイティ投資トレンドの変遷

1980年代以降は、米国の年金基金によるプライベート・エクイティへの投資が大きく拡大していくことになるが、これには次項であらためて述べる制度面の影響も一つの大きな要因となっている。すなわち、米国の年金基金を規制する従業員退職所得保障法（Employee Retirement Income Security Act（エリサ法））におけるプライベート・エクイティ投資の取扱いの変更が、それ以降の年金基金による投資を大きく促進することとなったのである。1980年から1982年までの3年間のプライベート・エクイティ・ファンドへのコミットメント額合計は約35億ドルとなったが、これは1970年代の10年間のコミットメント額の合計の2.5倍を超えている。さらに、その後も毎年40億ドル以上のコミットメントが行われ、1987年のピーク時にはコミットメント額は約178億ドルにまで拡大している。

1980年代にプライベート・エクイティ投資を開始した年金基金の代表例の一つとしては、AT&T（当時）があげられる。同社の年金基金では、1980年からベンチャー・キャピタル投資を始め、その後の15年間で90社のベンチャー・キャピタル会社の180のパートナーシップに総額15億ドルの投資を行い、この間年率平均で25％のリターンをあげたとされている。この運用を担当したトーマス・ジャッジ（Thomas Judge）氏は、年金基金によるプライベート・エクイティ投資の草分け的な存在とされている。また、イェール大学をはじめとする大学基金や財団もプライベート・エクイティ投資を開始していった。イェール大学基金のデビッド・スウェンセン（David Swensen）氏は、1985年にCIOに就任以来プライベート・エクイティをはじめとするさまざまなオルタナティブ投資を積極的に行った。さらに公的年金基金でも、例えばオレゴン州公務員退職年金基金は1981年からプライベート・エクイティ投資を行っている。これらの年金基金では、情報が不完全で流動性が低い未上場市場における非効率性を利用して、上場市場を上回るリターンを追求することを大きな目的としていた。

1980年代はプライベート・エクイティ投資の第一次ブームといえ、当初は70年代にベンチャー・キャピタルに支援されたフェデラル・エクスプレス（Federal Express）やアップル（Apple）といった企業の新規公開が大きな成功を収めた影響もあり、ベンチャー・キャピタルへの投資が拡大していた。ただし、その後はベンチャー・キャピタル以外のプライベート・エクイティ投資戦略において大規模なパートナーシップが組成されていくようになっていく。特に「ジャンク・ボンド（junk bond）」を利用したレバレッジド・バイアウト（leveraged buy-out（LBO））の案件が急増していった。1987年のコールバーグ・クラビス・ロバーツ（Kohlberg Kravis Roberts & Co.（KKR））によるRJRナビスコ（RJR Nabisco）の買収案件は、その案件規模の大きさやさまざまな投資銀行やバイアウト会社が競い合ったことからメディアにも大きく取り上げられ、1980年代のLBOブームを象徴する案件となった。

　一般的にLBOファンドのようなファンドは、ベンチャー・キャピタルに比べてファンドの規模も大きいことから、大きな資金規模を有する公的年金等にとってはデューデリジェンスやモニタリングの負担やファンドにおける自身のシェアが過大になることを避けるためにも、ファンド規模が大きいほうがより魅力的な投資対象となった。

　1980年代のLBOブームを背景に、ベンチャー・キャピタル以外のプライベート・エクイティの投資は、1985年にはベンチャー・キャピタルへの投資を初めて上回り、その後もさらにベンチャー・キャピタルを大きく上回るようになった。ただし、1980年代の終わりから1990年初めには、過度なレバレッジをかけたLBO案件の失敗や買収にかかわるインサイダー取引の摘発、LBOを支えたジャンク・ボンド市場の中心的存在であった証券会社のドレクセル・バーナム・ランベール（Drexel Burnham Lambert）の破綻などもありLBOブームは終焉を迎えることとなる。

　その後、1990年代半ばには、過度なレバレッジを利用せず長期的な企業の成長を重視する年金基金などの機関投資家がプライベート・エクイティ投資

を徐々に本格化させていくこととなり、上場企業のノン・コア・ビジネスの買収案件や業界再編に伴うバイアウト案件などを中心に案件規模が増大し、ファンドの数も増加していった。

1990年代終わりのITブームにより、ベンチャー・キャピタルが一大ブームを迎えることとなったが、2000年代初めのITバブルの崩壊によりベンチャー・キャピタルは大きな影響を受けることとなった。また、バイアウト会社のなかにも通信やテクノロジー業界関連企業への投資を行っていたところでは大きな損失を被ることとなった。これに伴い投資家（リミテッド・パートナー）のなかにはプライベート・エクイティ投資を縮小するためにリミテッド・パートナーの持分を売却する動きも増え出し、そのためのセカンダリー市場が発達していくこととなった。

その後の低金利政策や証券化による資金調達の多様化などが進んだことを背景に、2000年代半ばから再びLBOブームが起こっていく。2005年から2007年にかけては、いわゆるメガ・ファンドやメガ・ディール全盛の時代となり、複数のプライベート・エクイティ・ファンドが共同で投資を行う「クラブ・ディール（club deal）」も活発に行われた。ただし、このブームも2007年の米国のサブプライム問題の顕在化に伴うクレジット・バブルの崩壊や2008年9月のリーマン・ブラザーズの破綻の影響により終焉を迎えることとなった。

その後、多くのプライベート・エクイティ運用会社では、過去数年に高値で投資した企業のリストラや経営のテコ入れなどに多くの時間とリソースを割かなければならなくなり、同時に新規の借入れを行うことも困難になったことから、新規の案件を手がける余力は失われた。投資家にとってもポートフォリオにおける投資先企業の時価評価の引下げや、オーバーコミットしていたファンドからのキャピタル・コールへの対応を迫られるなど、投資家のなかにはセカンダリー市場でリミテッド・パートナーシップ持分を売却するところも増加した。

その後、2009年後半になると、IPO市場においてエグジット案件も出始め、新規案件の実行や新たなファンドの立上げも2010年にかけて増加することとなった。また、投資対象の地域についても北米や欧州以外にもアジアをはじめとするエマージング市場のプライベート・エクイティ投資への関心が高まった。

　これまでみてきたとおり、1980年代から始まった年金基金をはじめとする機関投資家のプライベート・エクイティ投資は、当初のベンチャー・キャピタル中心の投資からバイアウト投資を中心に大きく拡大し、また同時にセカンダリーやその他の戦略（ディストレスト、メザニン等）への投資も行われるようになってきている。また、投資地域の面でも従来は米国と欧州で大半を占めていたが、最近ではアジアなどのエマージング市場にも対象が拡大しつつある。このようにさまざまな投資機会の拡大とそれをとらえる運用会社の専門性の高まり、さらに投資家サイドでの投資経験の積重ねや投資のためのリソースの拡大などを通じて、プライベート・エクイティへの投資が拡大してきたといえる。

(3)　年金基金のプライベート・エクイティ投資と規制

　前項で述べたとおり、1980年代以降に年金基金によるプライベート・エクイティ投資が大きく拡大した背景には、米国の年金基金を規制する従業員退職所得保障法（エリサ法）や税制面での取扱いの変更が大きく影響しており、この点について若干補足しておきたい。

　米国におけるエリサ法は、1974年に年金受給権の保護を主な目的として制定され、年金資産の運用については、（運用に精通している）「思慮ある者（プルーデント・マン）」がそのときの状況において行使するであろう注意、技量、思慮および勤勉さをもってその任務を遂行する必要があるという、いわゆる「プルーデント・マン・ルール（Prudent Man Rule）」が定められた。この

ルールには解釈についてあいまいさがあったこともあり、年金基金によるベンチャー・キャピタル・ファンドや中小企業あるいは新興企業の上場株式への投資はリスクの高いものとして禁止されていると当初解釈されていた。しかし、その後1978年に労働省がそのような投資は、ポートフォリオ全体を危険にさらすものでなければ認められるとの判断を下したことで、年金基金によるプライベート・エクイティ投資は大きく促進されることとなり、同時に中小企業のIPO市場への参入も増加していった。

一方、労働省は、1979年にリミテッド・パートナーシップ投資をエリサ法における「年金資産（Plan Assets）」とみなすとした。エリサ法では、「年金資産」を運用する外部の運用会社は1940年投資顧問会社法（Investment Advisory Act of 1940）により投資顧問会社として登録を行う義務が生じ、パフォーマンスに連動した報酬を受け取ることや禁止取引の制約を受けることとなった。これに対しては、ベンチャー・キャピタル業界から強い反発があり、翌年にはリミテッド・パートナーシップが「年金資産」とみなされないための例外規定が定められることになった（例外規定にはいくつかの条件があるが、プライベート・エクイティ・ファンドが「年金資産」からの資本を25％以下に制限しているのはその条件を満たすためである）。

また、税制面ではレーガン政権時代の1981年にキャピタルゲイン課税の引下げが行われ、1978年に49.5％であったキャピタルゲインに対する最高税率は1981年には20％に引き下げられ、これによりベンチャー・キャピタルの活動が後押しされることとなった。

このように規制や税制がプライベート・エクイティ投資に与える影響は大きく、最近でも2008年の金融危機をふまえ、米国や欧州において金融機関に対する規制やその他の規制が新たに制定あるいは検討されているが、これらの規制によるプライベート・エクイティ業界への影響についての関心が高まっている。

2 欧米の年金基金によるプライベート・エクイティ投資の現状

(1) プライベート・エクイティ投資への取組み状況

　ここでは欧米の年金基金をはじめとする機関投資家によるプライベート・エクイティ投資の一般的な状況について、さまざまなコンサルタント会社や調査会社などが行っている調査結果をもとにみてみることとする（なお、これら調査の調査時期や回答者はそれぞれ異なっている点にはご留意いただきたい）。

　一般にプライベート・エクイティ投資は、オルタナティブ投資の一つとして取り扱われていることから、まずは機関投資家によるオルタナティブ投資全体の動向をみてみる。

　ラッセル・インベストメント（Russell Investments）が定期的に行っている年金基金や財団などの機関投資家に対するオルタナティブ投資状況の最新の調査には、世界の146の機関投資家（運用資産総額で1.1兆ドル）が参加しているが、このうち64％の投資家がプライベート・エクイティ投資を行っていると回答している。これは私募不動産の66％に次ぐもので、ヘッジファンドの59％を上回っている。また、回答者のポートフォリオを合算した資産配分は、図表8－1のとおりとなっている。

　なお、タワーズワトソン社がプライベート・エクイティ投資を行っている欧米の大手公的年金基金のみに限定的に行った調査では、過半数を超える回答者がプライベート・エクイティ投資をオルタナティブ投資の一部としてではなく、株式の一部として配分を行っているとの回答を得た。先ほど述べたとおり、プライベート・エクイティは一般的にはオルタナティブ投資の一つとしてとらえられているものの、このようにプライベート・エクイティが上場・未上場をあわせた株式資産、あるいは成長資産の一部としてとらえられている例があることも指摘しておきたい。

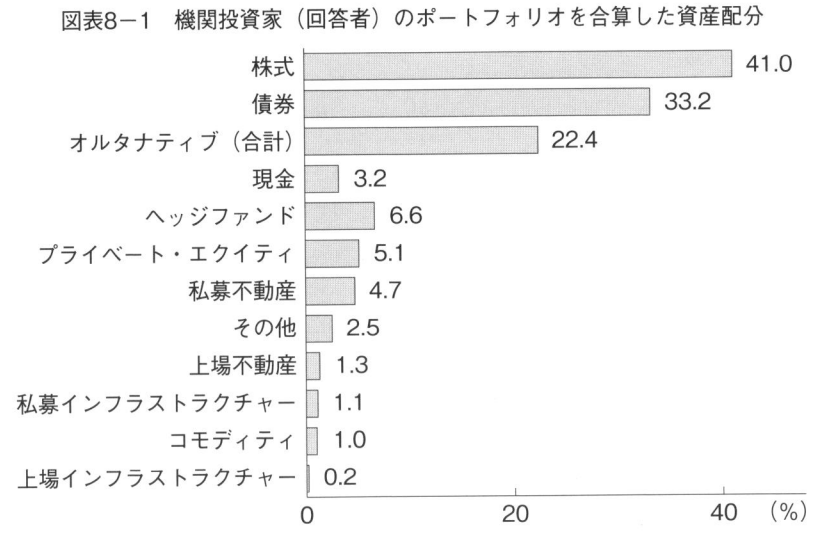

図表8-1　機関投資家（回答者）のポートフォリオを合算した資産配分

資産	比率(%)
株式	41.0
債券	33.2
オルタナティブ（合計）	22.4
現金	3.2
ヘッジファンド	6.6
プライベート・エクイティ	5.1
私募不動産	4.7
その他	2.5
上場不動産	1.3
私募インフラストラクチャー	1.1
コモディティ	1.0
上場インフラストラクチャー	0.2

（出所）　ラッセル・インベストメント「2012年ラッセル・オルタナティブ投資状況調査」

　また、ラッセル・インベストメントの調査によると、地域別では、北米の機関投資家が最もプライベート・エクイティ投資に積極的となっている。これはすでにみたとおり、もともと米国におけるプライベート・エクイティ投資の歴史が長く、現在でもプライベート・エクイティ投資の中心となっていることの表れともいえる。

　それでは、北米の機関投資家の中心である米国の年金基金によるプライベート・エクイティ投資の状況をみてみよう。米国の年金基金では、特に公的年金基金がプライベート・エクイティへの重要な資金供給者となっており、図表8-2からもプライベート・エクイティ投資残高の大きい年金基金の多くは公的年金基金であることがわかる。

　この表からわかるとおり、米国の公的年金基金では100億ドルを超えるプライベート・エクイティ投資を行っている基金も数多く存在し、総資産に対する配分比率で20％を超えているような基金もある。また、公的年金以外で

図表8-2 プライベート・エクイティ投資額の大きい米国年金基金 (2011年)

	年金基金	DB総資産残高(百万ドル)	PE投資残高(百万ドル)	比率(%)
1	California Public Employees' Retirement System	219,361	34,231	15.6
2	California State Teachers' Retirement System	139,222	22,417	16.1
3	New York State Common Retirement Fund	133,833	15,094	11.3
4	Washington State Investment Board	53,137	14,389	27.1
5	Oregon Public Employees Retirement Fund	54,728	13,917	25.4
6	Teacher Retirement System of Texas	101,630	11,712	11.5
7	State of Michigan Retirement Systems	47,825	11,054	23.1
8	Pennsylvania Public School Employees' Retirement System	47,379	10,189	21.5
9	State Board of Administration of Florida	114,463	9,390	8.2
10	New York State Teachers' Retirement System	79,184	7,162	9.0
11	Commonwealth of Pennsylvania State Employees' Retirement System	24,449	7,058	28.9
12	Massachusetts Pension Reserves Investment Management Board	45,576	7,039	15.4
13	General Electric Co.	41,384	6,977	16.9
14	New York City Retirement Systems	109,967	6,778	6.2
15	AT&T Inc.	43,900	6,104	13.9
16	State of Wisconsin Investment Board	73,980	6,050	8.2
17	Virginia Retirement System	49,579	5,843	11.8
18	Verizon Communications Inc.	23,660	5,396	22.8
19	New Jersey Division of Investment	66,204	5,258	7.9
20	State Teachers' Retirement System of Ohio	58,912	5,158	8.8
21	Ohio Public Employees Retirement System	69,910	4,992	7.1
22	North Carolina Retirement Systems	69,603	4,439	6.4
23	Minnesota State Board of Investment	42,841	4,260	9.9
24	International Business Machines Corp.	50,113	4,230	8.4
25	Los Angeles County Employees' Retirement Association	35,503	3,971	11.2
26	Teachers' Retirement System of the State of Illinois	33,465	3,711	11.1
27	Public Employees' Retirement Association of Colorado	36,090	3,503	9.7
28	University of California Retirement System	38,042	3,087	8.1
29	Alcatel-Lucent	32,764	2,867	8.8
30	Boeing Co.	49,256	2,805	5.7

(出所) Pension & Investments誌および各年金基金のホームページ等から作成

はGE、AT&T、Verizon、IBMといった米国の大手企業の年金基金がプライベート・エクイティ投資を積極的に行っている。

また、同じく北米のカナダにおいては、公的年金積立金の運用を専門に行うCPPIB（カナダ年金制度投資委員会Canada Pension Plan Investment Board）が設立されており、プライベート・エクイティ、不動産、インフラストラクチャーなどのオルタナティブ投資にも積極的な投資を行っている。CPPIBのプライベート・エクイティ投資残高は2011年3月末時点で227億カナダドル（総資産額の約15.3％）と米国の大手公的年金と同程度の規模となっている。カナダでは、そのほかにもオンタリオ州教職員年金基金などの年金基金も積極的にプライベート・エクイティ投資を行っている。

一方、欧州においてプライベート・エクイティ投資額が大きいのは、オランダの公的年金であるオランダ公務員年金基金（ABP）やオランダ厚生福祉年金基金（PFZW）といった年金基金である。ただし、これらの年金基金の実際の資産運用はAPGやPGGMといった外部の運用会社にアウトソースされている。プライベート・エクイティ投資に関しては、APGとPGGMの子会社であったアルプインベスト・パートナーズ（AlpInvest Partners）社を通じて行われていたが、同社は2011年に同社経営陣と米国のカーライル・グループ（The Carlyle Group）により買収されている。

欧州においては、これらオランダの年金基金以外にも、例えば英国の大学退職年金基金（USS）なども積極的にプライベート・エクイティ投資を行っている。

次に、プライベート・エクイティ投資の目的や方法などについてみてみたい。米国のSEIとグリニッチ・アソシエイツ（Greenwich Associates）の調査によれば、プライベート・エクイティ投資を行う理由について、60％超の投資家が「リターンの追求」をあげ最も高い割合となっており、「分散」や「低相関」といった他の選択肢を大きく上回っている。

また、具体的なリターン目標について、英国のプレキン（Preqin）の調査

（2011年12月）によれば、投資家のプライベート・エクイティ投資の期待リターンとしては上場株式市場のリターンを２％以上上回ることを望む投資家が約95％となっている。また、４％以上上回ることを望む投資家が約63％と最も多くなっている。なお、この調査で用いられている上場株式市場のリターンに上乗せ幅を乗せたリターンは、プライベート・エクイティ投資のパフォーマンスを評価する際に最も広く用いられているベンチマークの一つであるが、そのほかにもピアグループとの比較やリターンの絶対値が用いられる場合もある。

　さらにプライベート・エクイティへの投資方法に関しては、前述のSEIとグリニッチ・アソシエイツの調査によると、リミテッド・パートナー、ファンド・オブ・ファンズ、直接／共同投資のすべてに取り組んでいるという機関投資家の割合が30％超と最も高くなっており、その次に多いのがリミテッド・パートナーシップとファンド・オブ・ファンズの併用で約18％となっている。リミテッド・パートナーシップのみ、あるいはファンド・オブ・ファンズのみというのは、それぞれ10％強となっている。また、セカンダリー投資については、約25％の投資家が投資を行っているとしている。

　また、投資家がプライベート・エクイティの運用会社を評価する際の項目として重視されているのは、「運用チームの質」「運用哲学の明確さ」「運用成績」「運用プロセス」「ポートフォリオの透明性」「業界の専門性」「手数料」「運用報告の質やコミュニケーション」「リスク管理インフラストラクチャー」という順番になっている。

　特に、「運用チームの質」や「運用哲学の明確さ」は、過去の運用成績よりも重視されているが、プライベート・エクイティ投資は長期の投資であり、運用会社ごとの運用成績のバラツキも大きいことから、これらの定性的なポイントを見極めることはきわめて重要であるといえる。

　さらに、JPモルガン・アセット・マネジメント（J.P. Morgan Asset Management）が2010年に行った調査によれば、プライベート・エクイティ投資の戦略の配

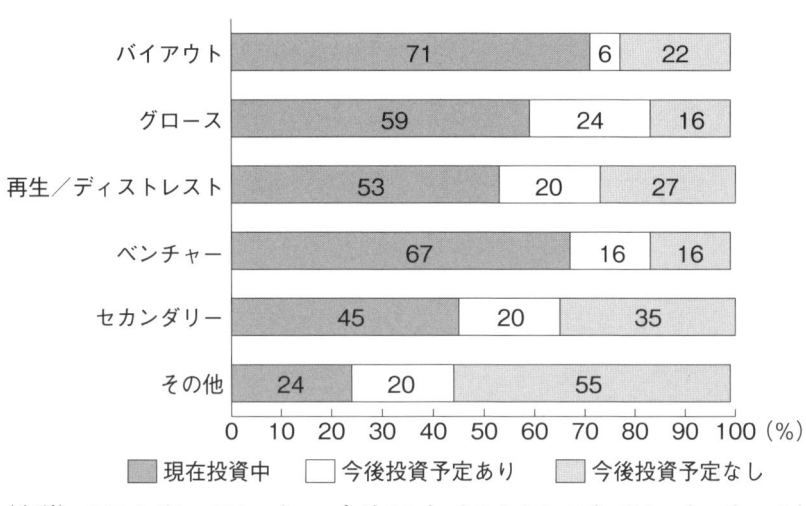

図表8−3　プライベート・エクイティ投資戦略の配分と今後の方針

戦略	現在投資中	今後投資予定あり	今後投資予定なし
バイアウト	71	6	22
グロース	59	24	16
再生／ディストレス	53	20	27
ベンチャー	67	16	16
セカンダリー	45	20	35
その他	24	20	55

（出所）　JPモルガン・アセット・マネジメント オルタナティブ・アセット・サーベイ 2010

分と今後の予定については、図表8−3のとおりとなっている。

　これによれば、現在最も投資が多いのはバイアウトとベンチャーであるが、今後はバイアウトの割合はあまり大きく増やさず、グロース戦略等への投資に対する関心が高くなっている。

　また、プライベート・エクイティ投資に関するガバナンス／運用体制については、タワーズワトソン社が欧米の大手公的年金基金に限定的に行った調査によれば、大半の年金基金がプライベート・エクイティ投資のための専任のチームを擁している。ただし、最終的な投資の意思決定は、プライベート・エクイティの専門家と専門家でない運用プロフェッショナルの両方で構成された運用委員会により行われているかたちが多くなっている。また、リスク管理については、資産全体のリスクを管理するリスク管理チームがプライベート・エクイティ投資を含めた全体のリスク管理を行っているものの、

プライベート・エクイティ投資戦略そのものについては影響を与えていないところが多くなっている。

(2) 年金基金によるプライベート・エクイティ投資の例

　ここでは、実際の年金基金のプライベート・エクイティ投資の取組み状況について、米国最大の年金基金であるCalPERS（カリフォルニア州公務員退職年金基金 – California Public Employees' Retirement Systems）、カナダ最大の年金基金であるCPPIB（カナダ年金制度投資委員会Canada Pension Plan Investment Board）、さらに英国第2位の年金基金である英国大学退職年金基金（Universities Superannuation Scheme（USS））の例をホームページなどで公開されている情報を基にその概要をみてみる。

a　カリフォルニア州公務員退職年金基金（CalPERS）

　CalPERSでは、これまで他の年金基金と同じように株式、債券、不動産、オルタナティブ、インフレ連動債といった資産クラスに基づく資産配分を行っていた。しかし、2008年の金融危機において、これらの資産クラスにおけるリスク源泉には共通の経済ファクターが存在し、本来相関が低くあるべき資産間に高い相関が生じてしまったという問題意識から資産クラスの定義の見直しを行った。その結果、2011年からはグロース（上場株式、プライベート・エクイティ）、インカム（グローバル債券）、実物資産（不動産、森林、インフラストラクチャー）、インフレーション（インフレ連動債、コモディティ）、流動資産（現金、国債）というカテゴリー分類を用いるようになっている。2011年9月末時点での各カテゴリーの配分状況は、図表8－4のとおりである。

　この表のとおり、CalPERSでは、2011年9月末時点で2,194億ドルの総資産の約16％に当たる342億ドルのプライベート・エクイティ投資残高を有している。CalPERSによるプライベート・エクイティ投資の大半は、オルタナティブ投資プログラム（Alternative Investment Management（AIM）Program）

図表8-4　CalPERSの資産配分（2011年9月30日時点）

資産クラス	投資額 （億ドル）	投資割合 （％）	配分目標 （％）	パッシブ・アクティブ比率	
				パッシブ（％）	アクティブ（％）
グロース	1,347	61.0	64.0	52.0	48.0
上場株式	1,005	46.0	50.0	70.0	30.0
プライベート・エクイティ	342	16.0	14.0	0.0	100.0
インカム	413	19.0	19.0	0.0	100.0
流動資産	90	4.0	4.0	0.0	100.0
実物資産	221	10.0	10.0	5.0	95.0
不動産	191	9.0	8.0	6.0	94.0
森林／インフラストラクチャー	30	1.0	2.0	0.0	100.0
インフレーション	70	3.0	3.0	0.0	100.0
絶対リターン戦略	53	2.0	n/a	0.0	100.0
合計	2,194	100.0	100.0	33.0	67.0

（出所）　CalPERSのホームページ

と呼ばれるプログラムに基づいて行われている（AIMプログラム以外にもクリーン・テクノロジー企業やカリフォルニア州のプライベート・エクイティ企業に投資するプログラムなどがある）。

　AIMプログラムは1990年から開始され、それ以来2011年6月末までの総コミットメント額は662.7億ドル、総拠出額は505.1億ドルとなり、設定来のパフォーマンスはネットIRRで11.2％、マルチプルで1.4倍となっている。

　AIMプログラムにおける主な投資対象は、①ベンチャー・キャピタル、②バイアウトおよび企業再編成、③エクスパンジョン（新規市場への参入や事業拡大のための資金）、④メザニン等となっており、投資戦略における分散

図表8−5　CalPERSのプライベート・エクイティ投資額の推移
（2011年6月30日時点）

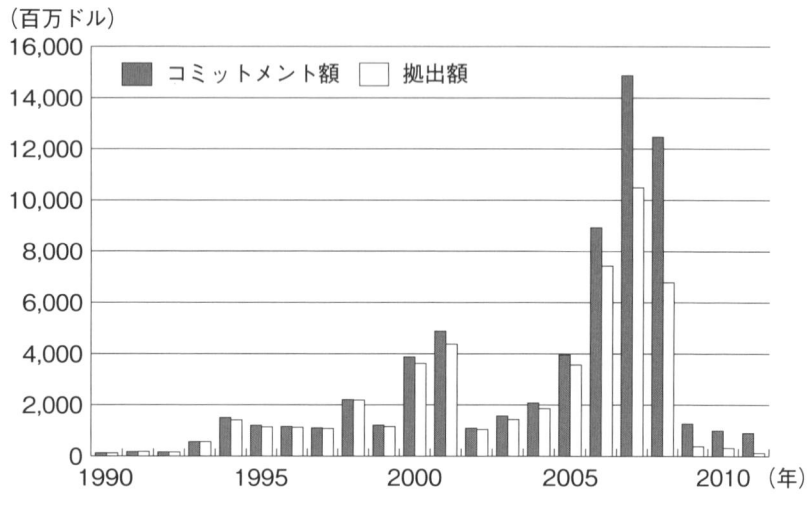

(百万ドル)
凡例：■ コミットメント額　□ 拠出額

(出所)　CalPERSのホームページ

を図っている。

　AIMプログラムにおけるプライベート・エクイティ投資は、プログラムの運用基本方針（Investment Policy）に基づいて行われ、その主な概要は、以下のとおりとなっている（2011年11月14日付運用基本方針）。

＜運用方針の策定目的＞
　CalPERSおよびCalPERSの選定した運用機関やコンサルタント等がAIMプログラムの実行に際して慎重かつ注意深い運営を行い、さらにプログラムのリスクおよびリターンの管理を柔軟に執行できるようにする。

＜戦略的な目標＞
　①　リスク調整後のトータル・リターンの最大化

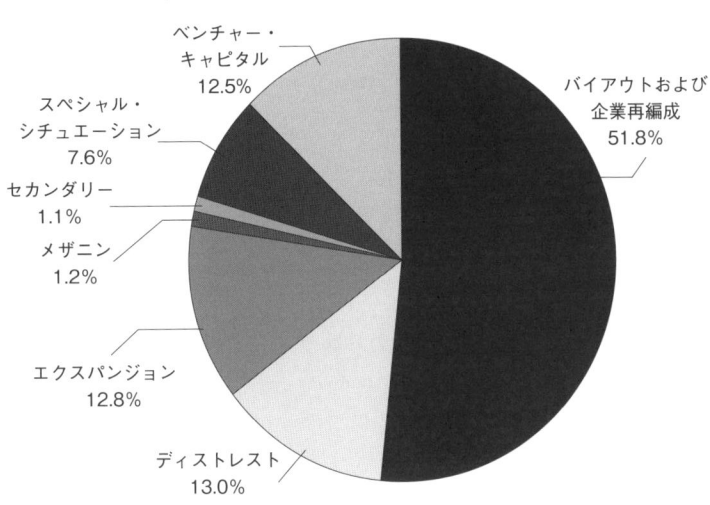

図表8-6　CalPERSのプライベート・エクイティ投資戦略配分
（2011年6月30日時点、簿価ベース）

- バイアウトおよび企業再編成　51.8%
- ディストレスト　13.0%
- エクスパンジョン　12.8%
- メザニン　1.2%
- セカンダリー　1.1%
- スペシャル・シチュエーション　7.6%
- ベンチャー・キャピタル　12.5%

（出所）　CalPERSのホームページ

② オルタナティブ投資における主要投資家としてのCalPERSの地位の向上

（筆者注：以前の基本方針では分散の追求も謳われていたが、今回の基本方針ではリターンの最大化が主目的とされている）

＜投資担当者の責任＞

　CalPERSの投資担当者に対しては、モニタリング、分析、評価を含むポートフォリオ全般の管理、運用委員会への報告、運用基本方針との整合性のモニタリングおよび問題発生時の報告、外部のコンサルタントなどのリソースとの協働等が義務づけられている。また、コンサルタントはAIMプログラムのパフォーマンスを四半期ごとに運用委員会に報告することとなっている。

＜パフォーマンス目標とベンチマーク＞

複合ベンチマーク（67％ FTSE U.S. TMI ＋ 33％ FTSE All World ex U.S. TMI）＋3％

（筆者注：上場株式に対して3％の上乗せリターンが求められている）

＜投資アプローチとリスク・パラメーター＞

リミテッド・パートナー、直接投資、共同投資、ファンド・オブ・ファンズ等を通じて投資が実行される。また、リスクとして、レバレッジ、オペレーションおよびビジネスのリスク、流動性、ストラクチャー、バリュエーションがあげられており、これらのリスクを地理的分散、業種分散、ビンテージイヤーの分散により軽減するとしている。

＜投資対象の選定＞

投資委員は、投資対象の選定基準を策定することが求められ、以下の項目が含まれる必要がある。

① 運用者（ジェネラル・パートナー）の投資経験、具体的な資質要件、協調して働く能力、十分な時間と注意を払って職務を遂行する能力、基本的な投資ビークルの条件、投資目的と目標に関する最低要求基準
② パフォーマンス基準
③ デューデリジェンスのプロセス
④ 法的制約と要請事項
⑤ 報告事項の要件
⑥ 投資モニタリングやリスク管理のクオリティ管理
⑦ その他関連する項目

＜投資パラメーター＞

（リミテッド・パートナーシップ等）投資にかかわるすべてのストラクチャー

において具体的な投資ガイドラインを設定し、そのなかで投資哲学やアプローチ、ポートフォリオ特性、許容／禁止される手続や、投資リスクに見合ったパフォーマンス目標を定める必要がある。

＜サブ資産クラスの配分＞

戦　略	目　標	範　囲
バイアウト	60%	50 － 70%
クレジット関連	15%	10 － 25%
ベンチャー・キャピタル	1%	0 － 7%
グロース／エクスパンジョン	15%	5 － 20%
オポチュニスティック	10%	0 － 15%

＜レバレッジ＞

ノン・リコース・ローン（非遡及型の貸出）のみをパートナーシップおよび直接投資の際に利用することが認められているが、これらをリスク要因としてモニターすることが定められている。

b　カナダ年金制度投資委員会（CPPIB）

CPPIBは、カナダの公的年金の所得比例部分（Canadian Pension Plan）の年金積立金の運用を専門に行うために1997年に連邦政府100％出資により設立され、その運用資産額は2011年3月末時点で1,482億ドルとカナダ最大の年金である。2011年3月末時点でのCPPIBの資産配分は、図表8－7のとおりである。

CPPIBにおいては、上場株式などの流動性の高い資産クラスのパッシブ投資を前提とした参照ポートフォリオ（株式65％：カナダ株式15％、外国株式45％、エマージング株式5％、債券35％：カナダ名目債券25％、ヘッジ付外国債券5％、カナダ実質債券5％）をベンチマークとし、実際の資産運用に

図表8-7　CPPIBの資産配分

	資産別配分		エクスポージャー別配分	
	金額 (10億Can$)	配分 (％)	金額 (10億Can$)	配分 (％)
カナダ株式	21.0	14.1	22.5	15.2
上場	19.6	13.2		
未上場	1.4	0.9		
海外先進国株式	50.8	34.3	67.2	45.3
上場	30.5	20.6		
未上場	20.3	13.7		
新興国株式	7.6	5.1	7.7	5.2
上場	6.6	4.4		
未上場	1.0	0.7		
債券	43.1	29.1	36.7	24.8
非市場性債券	21.8	14.7		
マネーマーケットおよび資金調達債券	0.9	0.7		
市場性債券	14.3	9.6		
その他	6.1	4.1		
外国国債	1.5	1.0	6.9	4.6
インフレ対応資産	24.3	16.4	7.3	4.9
不動産	10.9	7.3		
インフラストラクチャー	9.5	6.4		
インフレ連動債	3.9	2.7		
合計	148.3	100.0	148.3	100.0

（出所）　CPP Investment Board Annual Report 2011

おいては、さまざまな資産クラスや戦略を活用したアクティブ戦略ポートフォリオを構築するというトータル・ポートフォリオ・アプローチが採用されている。このアプローチにおいては、資産配分は通常の金額ベースの配分ではなく、CalPERSと同じようにさまざまな経済リスク要因へのエクスポージャー（株式、金利、為替、国・地域の影響、商業セクターの影響、クレジット、レバレッジ、流動性への感応度）を勘案した配分が考慮されている。例えば、プライベート・エクイティへのエクスポージャーは、同じ地域やセクターの上場株式のエクスポージャーとレバレッジのリスクを組み合わせたものと考え、プライベート・エクイティへの100ドルの投資は、同じ地域やセクターの上場株式への130ドルの投資と30ドルの市場性債券のショートポジションを組み合わせたポートフォリオのリスク／リターンに相当するとみなしている。

　CPPIBのプライベート・エクイティ投資は、プライベート市場投資プログラムの一部として運用されており、プライベート・エクイティ投資以外にもインフラストラクチャー、プライベート債券、プライベート不動産などへの投資も行われている。プライベート投資プログラムの運用残高は、図表8－

図表8－8　CPPIBのプライベート投資プログラムの残高推移

（単位：10億カナダドル）

資産種類	2005年3月	2009年3月	2010年3月	2011年3月
プライベート・エクイティ	2.9	14.1	16.1	22.7
プライベート不動産	0.4	6.7	7.0	10.9
インフラストラクチャー	0.2	4.6	5.8	9.5
プライベート債券	—	—	0.9	3.1
プライベート不動産債券	—	—	0.3	0.6
合計	3.5	25.4	30.1	46.8

（出所）　CPP Investment Board Annual Report 2011

8のとおり年々増加してきている。

CPPIBにおけるプライベート・エクイティ投資は、2001年から開始されているが、2011年3月末時点で227億ドルと資産全体の約15％にまで拡大している。CPPIBではレファレンス・ポートフォリオに含まれない資産クラスであるプライベート市場資産に投資することにより、「長期のより高いベータのリターン」と「運用会社のスキルによるアルファ」を追求することを目的としている。

CPPIBのプライベート市場投資プログラムは、①ファンド＆セカンダリー、②プリンシパル投資、③インフラストラクチャー、④プライベート債券の四つのグループにより担当されているが、その総勢は108名にもなり本拠地のトロント以外にもロンドンと香港に担当者を配置している。

ファンド＆セカンダリー・グループは、世界のプライベート・エクイティ運用会社のファンドへの投資を担当しており、2011年3月末時点で79の運用会社の148のファンドに投資を行い約170億ドルの残高となっている。このうちセカンダリーが約30億ドルとなっている。CPPIBの運用する資産は巨額なため、投資するファンドはベンチャーや初期段階の企業ではなく、大型・中型のバイアウト・ファンドが中心となっている。ファンドの選定にあたっては、投資家との利益の合致、情報開示、パートナーシップのガバナンスを重視している。

また、プリンシパル投資グループは未上場企業に対する直接投資を担当しており、2011年3月末時点で総額56億ドル（37件）の投資を行っている。

CPPIBはプライベート・エクイティ投資のパフォーマンスの評価については、上場株式インデックスに同じキャッシュフローで投資を行った場合のリターンとの比較を行っているが、さらにレバレッジやそれに伴うリスクを勘案した上乗せリターンを要求している。また、CPPIBの運用担当者の評価・報酬の決定に際しては外部の運用会社のリターンとの比較も考慮されている。

c 英国大学退職年金基金（USS）

　USSは、英国の大学および高等教育機関に従事する職員向けの年金基金として1974年に設立され、英国第2位の資産規模（2011年3月末時点で320億ポンド）を有する年金基金である。USSの運用資産の大部分は、総勢86名のスタッフを擁する同基金のロンドン投資オフィス（London Investment Office）により運用が行われている。プライベート・エクイティについては、ロンドン投資オフィスのなかの専門オルタナティブ投資チームが外部の運用機関やアドバイザーの助言等を受けつつ運用を行っている。

図表8-9　USSの資産配分（2011年4月1日時点）

	基金	政策ポートフォリオ	アクティブポジション	許容範囲
株式	60.2%	57.8%	+2.4%	-7.5% - +7.5%
先進国	53.6%	51.0%	+2.5%	
英国	23.5%	23.4%	+0.2%	
北米	10.3%	11.1%	-0.8%	
欧州	9.7%	8.3%	+1.4%	
日本	6.8%	5.5%	+1.3%	
パシフィック除日本	3.3%	2.8%	+0.5%	
エマージング市場	6.6%	6.8%	-0.2%	
オルタナティブ	15.9%	15.9%	0.0%	-10% - +10%
債券	14.6%	16.4%	-1.8%	-5% - +5%
グローバル国債	11.5%	10.0%	+1.5%	
債務ヘッジポートフォリオ	1.3%	4.5%	-3.2%	
クレジット	1.9%	1.9%	0.0%	
不動産	7.2%	10.0%	-2.8%	-5% - +5%
現金	2.2%	0.0%	+2.2%	最大10%
合計	100.0%	100.0%	0.0%	

（出所）　USSホームページ（Report & Accounts for the year ended 31 March 2011）

USSにおいても、2008年の金融危機の影響をふまえ資産配分の見直しが行われ、2009年から機動的資産配分方針が策定され、事前に決められた積立水準に応じてリスク性資産への配分を機動的に変化させる枠組みが2011年から導入されている。USSの2011年4月1日からの資産配分は、図表8－9のとおりとなっている。

　USSのオルタナティブ投資プログラムは、2007年からスタートしており、このプログラムにおいては、プライベート・エクイティ、ヘッジファンドなどの絶対リターン戦略、インフラストラクチャー、森林／コモディティを主な投資対象としている。

　図表8－10からみられるとおり、USSがオルタナティブ投資を拡大したのはそれほど古くからではないが、その後の拡大は速いペースで進められている。

　この表のとおり、2011年3月末時点でのオルタナティブへの配分は、資産全体の約16％の約52億ポンドとなっているが、その内訳は図表8－11のとおりとなっている[2]。

図表8－10　USSのオルタナティブ投資残高の推移（各年の3月末時点）

	総資産残高 （百万ポンド）	オルタナティブ投資残高 （百万ポンド）		プライベート・エクイティ 投資残高 （百万ポンド）	
2007年	30,064	585	1.9%	108	0.4%
2008年	29,030	1,113	3.8%	349	1.2%
2009年	21,642	1,985	9.2%	1,036	4.8%
2010年	31,131	3,331	10.7%	1,741	5.6%
2011年	32,684	5,221	16.0%	2,931	9.0%

（出所）　USSホームページ（各年のReport & Accounts）

2　開示されている2011年3月31日時点の数値を使用。

図表8−11　USSのオルタナティブ投資の内訳（2011年3月31日時点）

戦　略	配分割合
インフラストラクチャー	18.2%
プライベート・エクイティ・ファンド投資	50.5%
プライベート・エクイティ・共同投資	5.7%
絶対リターン戦略（ヘッジファンド等）	19.3%
森林／コモディティ	5.5%
その他	0.8%
合計	100.0%

（出所）　USSホームページ（Report & Accounts for the year ended 31 March 2011）

　このようにUSSの場合、オルタナティブ投資の半分以上はプライベート・エクイティ投資であり、資産全体でみた場合の配分額では、約9％の約29億ポンドとなっている。また、プライベート・エクイティ投資の方法としては、リミテッド・パートナーとしての投資が中心となっており、さらにファンドと共同で投資先企業への共同投資も一部行っている。USSでは、自身のロンドン投資オフィスによる運用が中心であることからファンド・オブ・ファンズの利用はきわめて限定的である。

　USSの資産運用においては、債務をカバーするために十分な実質リターンをあげること、および分散投資を通じて運用リスクを抑えリターンを安定させることが目的となっており、オルタナティブ投資もこの一環として導入されている。また、短期的なリターンの変動や流動性のリスクをとることにより、長期的により高いリターンを獲得できると考えており、積立水準の変動や拠出金の負担能力などの制約もふまえたうえで、長期投資家としての利点を追求しようとしている。プライベート・エクイティ投資もこのような考え方に基づいて行われている。

すでに述べたとおり、USSで自前のロンドン投資オフィスによる投資を重視しており、オルタナティブ投資に関しても、2011年3月末時点で15名の専任担当者を配置し、さらなる充実に努めている。これらのメンバーは、他の大手年金基金での運用担当者、ヘッジファンドやプライベート・エクイティなどの運用会社の出身者、公認会計士の資格をもつ担当者などから構成されている。

③ 欧米の年金基金によるプライベート・エクイティ投資の展望

(1) 2008年金融危機以降の特徴

　2008年の金融危機以降の景気後退や株価下落などは、プライベート・エクイティ投資を行う年金基金にとっても大きな影響を与えた。上場株式市場の大幅な下落などにより年金ポートフォリオ全体の価値が減少していくなかでプライベート・エクイティの割合が相対的に上昇するといういわゆる「デノミネーター（分母）効果」が発生し、プライベート・エクイティの目標配分率を維持するために、セカンダリー市場でリミテッド・パートナーシップの持分の売却を余議なくされるところや新規のファンドへのコミットメントを控えるところも出てきた。

　その後、市場は一時的な回復をみせたものの、欧州の債務問題などから市場の回復は順調とはいえず、2008年の金融危機以前の「レバレッジ」と「上昇市場」を前提としたプライベート・エクイティ投資はもはや望みがたい状況になっている。

　このような状況において、年金基金をはじめとする機関投資家のなかには新たな投資機会の活用や投資アプローチの見直しなどによりプライベート・エクイティ投資の実効性を高めようとしている。例えば、金融機関に対する規制の動きなどを背景としてセカンダリー市場が大きく拡大してきているが、機関投資家のなかにはセカンダリー市場をより積極的に活用してプライ

ベート・エクイティ・ポートフォリオをアクティブに管理しようとしているところも出ている。また、これまでファンド・オブ・ファンズを通してプライベート・エクイティに投資をしてきた機関投資家のなかには、個別プライベート・エクイティ・ファンドに直接投資を行うところも増えてきている。また、プライベート・エクイティの運用会社の選別においても、オペレーション面や戦略面での改善を通じて投資先企業の価値向上を行う能力をもつ運用会社をより重視し、さらに投資条件や情報開示の改善を要求するケースも増えてきている。

(2) 今後の展望

世界経済の不確実性やボラティリティが高い経済情勢が今後も続いていくと予想されるなか、海外の年金基金の間では引き続きオルタナティブ投資やプライベート・エクイティ投資に高い期待が寄せられている。その意味でプライベート・エクイティ投資は、引き続き欧米の年金基金をはじめとする機関投資家の重要な資産クラスであり続けるといえるが、すでに述べたとおりプライベート・エクイティ投資をめぐる環境は変化し続けており、投資家はそのような環境の変化に応じた投資アプローチの進化を進めていく必要がある。一部の機関投資家のなかには、プライベート・エクイティを不動産やインフラストラクチャーなどの資産とあわせプライベート市場資産として位置づけ、より包括的なポートフォリオの運用を行うところも出ているなど、投資家自身の経験やリソースに応じたさまざまなアプローチが検討されていくものと思われる。

おわりに

本章では、欧米の年金基金をはじめとする機関投資家によるプライベート・エクイティ投資のこれまでの経緯や現在の投資状況などについて個別事例も交えてみてきた。欧米の大手の年金基金などにとってプライベート・エ

クイティは重要な投資対象として確たる地位を占めており、今後もその重要性は続いていくものと思われる。同時にさまざまな環境の変化に対応するかたちでそのアプローチは進化し続けていくものと考えられる。

参考文献

George W. Fenn, Niellie Liang and Stephen Prowse (1995) "The Economics of the Private Equity Market," *Federal Reserve Bulletin*, December, pp. 1 - 69

Harry Cendrowski, James P. Martin, Louis W. Petro and Adam A. Wadecki (2008) *Private Equity: History, Governance, and Operations*, John Wiley & Sons.(若杉敬明監訳・森順次・藤村武史訳 (2011)『プライベート・エクイティ』中央経済社)

参考資料

J.P. Morgan Asset Management (2010) "Alternative Asset Survey 2010" J.P. Morgan Asset Management.

Preqin (2011) "Preqin Investor Outlook: Private Equity H 1 2012" Preqin.

Russell Investments (2012) "Russell Investments' 2012 Global Survey on Alternative Investing" Russell Investments.

SEI (2011) "2011 SEI Global Private Equity Survey: 1 . The Logic of Fund Flows" SEI, Greenwich Associates.

Towers Watson (2010) "Private equity: emerging from the crisis," Towers Watson.

Interview
プライベート・エクイティへの資産配分を増やす欧米の年金基金

長期的な視点での運用戦略

トーリーコーブ・キャピタル・パートナーズ
プレジデント&CEO
デビット・ファン氏

トーリーコーブ・キャピタル・パートナーズ
マネージング・ディレクター
トム・マーティン氏

Q 米国では、プライベート・エクイティ・ファンドの投資家層として、公的年金基金、企業年金基金、大学基金などが非常に高い割合となっています。特に、公的年金基金によるプライベート・エクイティ・ファンドへの投資が盛んですが、歴史的な背景と現在の状況についてお話し願います。

ファン 米国年金基金は、プライベート・エクイティへの資産配分を増やしています。歴史的にみて、米国年金基金のプライベート・エクイティへの資産配分は、総資産の5～10%であり、それらはバイアウト・ファンド、ベンチャー・キャピタル・ファンド、メザニン・ファンド、ディストレスト・デットに振り分けられてきました。

リーマン・ショック後においても、多くの米国年金基金は、上場株式や債券投資よりも運用成績のよかったプライベート・エクイティへの資産配分を増やしてきています。米国を代表する年金基金には、20%以上もプライベート・エクイティに資産配分するところも出てきています。その理由は、過去の運用期間を振り返るとプライベート・エクイティが最高の運用成績をあげてきた資産クラスだからです。

マーティン　歴史的な背景として重要なのは、機関化された運用者の出現というのが非常に大きいと思います。リターンと個人を結びつけるという考え方もありますが、それを組織の知識や経験に落とし込んで、スキルを機関化していったという実態があったと思います。その機関化された組織の発展形として、KKR（Kohlberg Kravis Roberts）、ブラックストーン・グループ（The Blackstone Group）、アポロ（Apollo Global Management）などは、非常に大きな資金を募集してきました。

ファン　また、プライベート・エクイティには、資本市場の効率化を推進するという役割があると思います。それとの関連で、大企業がノンコア事業を分離したり、ファミリー・ビジネスが事業承継したりする際の受け手になっています。欧州や日本と比較すると、アメリカのほうがプライベート・エクイティの社会的意義の認知度ということでは、上なのではないかと思います。

　また、ベンチャー・キャピタル・ファンドについては、北カリフォルニアという特定の地域で盛んに活動しています。具体的には、シリコンバレーのことです。シリコンバレーというのは、スタンフォード大学に代表される新しい技術があること、Googleのようなテクノロジー企業が存在すること、起業家精神に富む経営者がいること、事業創造に造詣が深いベンチャー・キャピタリストがいること、などの諸条件が合わさっています。

Q　米国では、公的年金に加え、企業年金基金や大学基金においても、プライベート・エクイティ・ファンドへの投資が盛んなようですが、その実態をお教え願います。

ファン　企業年金については、日本でいう「総合型」という形態はほとんどありません。基本的には、DC（defined contribution）とDB（defined benefit）という2種類があるのですが、いずれもそれぞれ個別の企業に紐付いているかたちで基金になっているケースが多いです。DCについては、プライベート・エクイティ投資をやるのはちょっとむずかしいです。

第Ⅱ部＿応用編

マーティン　米国では、大学基金も、非常に活発にプライベート・エクイティ投資を行っています。極端な例ですが、イェール大学では、資産の半分以上がプライベート・エクイティ、不動産、ヘッジファンドなどのオルタナティブ資産で運用されています。米国の大学基金では、個々の資産クラスに2～3名の担当者が置かれており、プライベート・エクイティにも2～3名の専任の担当者が配置されています。大学基金も年金基金も長期的な視点をもっており、投資するうえでの時間軸としては30年以上の期間を見据えています。プライベート・エクイティでは、上位25％と中位の運用者の運用パフォーマンスは、タイミングにもよりますが、年率2～8％と非常に大きいものです。ですので、最高の資産クラスにおける最高の運用者に投資をすれば、運用プログラムに意義のあるプラスの効果を生み出すことができると考えるわけです。

Q　米国とは少し異なるようですが、欧州でも年金基金によるプライベート・エクイティ・ファンドは盛んだと聞きます。どのような国や地域で、どのようなタイプの年金基金がプライベート・エクイティ・ファンドへの投資に積極的なのでしょうか。

ファン　欧州でも、ほぼすべての大手年金基金はプライベート・エクイティ・ファンドへ投資しています。特に、英国の年金基金は積極的であり、スコティッシュ・ウィドウズ（Scottish Widows）などは、20年以上もプライベート・エクイティ投資を継続しています。ドイツやフランスでも大手年金基金は、すでに長年にわたり投資を行っていますし、スイス、ノルウェー、スウェーデンの年金基金は、非常に洗練された投資家となっています。一方、イタリア、スペイン、ポルトガルなどの年金基金からのプライベート・エクイティへの投資配分は少額になっています。なお、欧州では、小規模の年金基金では、投資配分が少ない傾向もあります。

Q 欧米の年金基金において、プライベート・エクイティ・ファンドが、他のアセットクラスと比較して魅力的な資産であるとされている理由はなんでしょうか。また、バイアウト・ファンドやベンチャー・キャピタル・ファンドの何を期待して投資をすることが多いのでしょうか。

マーティン われわれのデータでは、3年間、5年間、10年間という期間をみるとプライベート・エクイティ投資は、上場株式投資を年率2〜4％オーバーパフォームしています。また、上場会社としての制約がないため、良質な運用会社は彼らの投資から価値創造を行うことができるといえます。長期的な視点をもつ投資家にとり、流動性を犠牲にすることで投資先企業への影響、コントロール、柔軟性からより多くの価値を生み出せるということではないでしょうか。

　特定の投資戦略が有効である環境というものも存在します。厳しい環境にあるときは、ディストレスト・デット投資が、伝統的な債券運用よりもよい結果をもたらします。同様に、バイアウト投資も、上場株式よりもよいリターンを生み出します。これらの資産は平時と比べて安く取引されるということが、その理由です。プライベート・エクイティやディストレスト・デットの投資家は、投資先企業に内在する本来価値より、当該企業そのものや発行する証券を安く買えるのです。

ファン 経済成長が見込める環境や、なんらかの形態でのイノベーションが起こると世の中が期待しているときには、ベンチャー・キャピタル・ファンドがより有効な投資戦略となります。グルーポン（Groupon）、リンクトイン（LinkedIn）、フェースブック（Facebook）などは、市場を創出する新たなドライバーとみなされている成功企業の例であり、いくつかのベンチャー・キャピタル・ファンドに莫大なリターンをもたらしています。

Q 日本では、バイアウト・ファンドやベンチャー・ファンドが、「流動性の低さ」や「キャッシュ化されるまでの期間が長い」などの理由で年金資産運用の対象として適さないとの考え方もあります。このような考え方があることに対しては、どのように感じますでしょうか。また、米国では、「非流動性資産」や「長期的資産」への投資はどのように考えられているのでしょうか。

マーティン 米国の投資家は投資プログラムの資産クラスの分散に関して幅広い見方をします。典型的な資産配分は、図表1のとおりです。

図表1 欧米の機関投資家の典型的な資産配分

アセット	資産配分
上場株式	40〜60%
債券	30〜40%
プライベート・エクイティ	0〜20%
不動産	0〜10%
ヘッジファンド	0〜10%

（出所）トーリーコーブ・キャピタル・パートナーズ

　米国年金では、年金基金の負債と年金からの支払時期をあわせて投資プログラムを考えており、その結果、30年間の運用期間をベースにすることが一般的になっています。

　年金債務が支払われるまでに、少なくとも20年以上の運用期間があれば、流動性と投資リターンのトレード・オフは問題ではなくなります。また、近年のセカンダリー市場の発達もプライベート・エクイティ投資における限定的な流動性の問題を軽減しています。実際に、近い将来には、プライベート・エクイティ投資は自己のポートフォリオ構成を組み替える手段として、セカンダリー市場を活用することが可能になるでしょう。

ファン 日本でも、セカンダリー・ファンドがありますので、機関投資家の皆

さんは買われたらよいと思います。もし、これから初めてプライベート・エクイティのポートフォリオを構築していくところだとすれば、バイアウトやベンチャーに加え、セカンダリー、メザニン、ディストレストなども入れるべきです。また、そのような投資戦略に加えて、プライベート・エクイティの共同投資（co-investment）というのを入れるとよいでしょう。

アメリカの保険会社などは、より安定的なキャッシュフローを得たいということで、エクイティの共同投資やメザニン・ファンドにも興味を示してきました。また、カナダの多くの大手年金基金も、プライベート・エクイティ・ファンドと一緒にバイアウト案件などに共同投資をするということを行っています。日本においても、年金基金がバイアウト案件に共同投資する時代が来るかもしれません。

Q 10年前と比較するとプライベート・エクイティ・ファンドに目を向ける日本の年金基金は増えてきています。これからプライベート・エクイティ・ファンドへの投資を行う年金基金に求められる姿勢についてお聞かせいただければ幸いです。

ファン われわれは、大手機関投資家に多数の投資プログラムを開発し提供してきました。プログラムの運用方式はさまざまですが、基本的な構成要素は決まっています。プログラムはプライベート・エクイティ投資の短期目標と長期目標を理解することから始まります。そして、熟慮された投資ペースを厳格に守りながら、投資スタイルと地域分散がなされた投資を推奨しています。また、投資機会をとらえ、デューデリジェンスなどの審査を行い、条件を交渉したうえで投資を決定し、モニタリングを行い投資後のリスク管理を行うためのプロセスの確立も非常に重要です。

日本の年金基金にとっても、ファンド・オブ・ファンズへの投資は、これらのプロセスを外部委託するための有効な手段です。そのためには、ファンド・オブ・ファンズ運用者に支払うことになるフィーをどのように考えるかということが重要になってきます。

マーティン　ファンド・オブ・ファンズの代替案としては、ゲートキーパーを採用する方法があります。よりいっそうのコントロールとカスタム化を可能とするものである一方で、規模の大きな年金基金にはコストも押さえられる傾向にあります。一般的に、すでにプライベート・エクイティ投資の経験があり、運用プログラムのよりいっそうの洗練化をねらう投資家にとっては、ゲートキーパーの採用はよりよいアプローチといえるでしょう。

Q　最後に、日本の年金基金を中心とする機関投資家へのアドバイスをお願い致します。

ファン　少子高齢化、日本国債の低い利回り、年金コストの次世代への負荷などのマクロ的な問題は、日本の年金コミュニティにプライベート・エクイティ投資を含む新たな投資手法の検討の必要性を認識させるものだと思います。米国や欧州での例から、高度に管理されたプライベート・エクイティ投資プログラムは、ほぼすべての運用期間中に非常に高いリターンを創出して来ており、年金の全体的な資金調達コストを減らすことに貢献してきています。

　日経平均や日本国債との相関が低い、プライベート・エクイティなどとの資産クラスを運用対象資産に加え、すべての卵を一つの籠に入れないことは、ダウンサイド・プロテクションも含め、年金にとっては大きな価値をもたらすものだと思います。年金債務の支払時期を考慮すれば、20年以上の運用期間をもつことが可能ですし、セカンダリー市場も出現しており、"流動性"は問題にすべきものではないのではと考えています。

Profile

デビット・ファン氏
トーリーコーブ・キャピタル・パートナーズ プレジデント&CEO
26年以上プライベート・エクイティ投資関連業務に携わり、レバレッジド・バイアウト、ベンチャー・キャピタルにおいて豊富な経験をもつ。Citicorp Vanture Capital Ltd.、United States Trust Company、Inflection Equity Partnersを経て、PCG Asset Management, LLCのプレジデント&CEOを務め、プライベート・エクイティ、ディストレスト・デット、ベンチャー・キャピタル・ファンドなどへ150億ドル以上の投資業務に従事。現在Robert H. Toigo FoundationとAssociation of Asian American Investment Managersの理事を務める。スタンフォード大学産業管理工学部および経済学部学士課程。

トム・マーティン氏
トーリーコーブ・キャピタル・パートナーズ マネージング・ディレクター
現在は、リサーチ・チームおよびインベストメント・チーム担当。Laffer Associatesを経て2002年、PCG Asset Management, LLCに参画。クリーン・エネルギー、天然資源、インフラ関連投資を中心に約57億ドルの運用資産を担当。サンディエゴ大学国際関係学部修士課程、ストックホルム商科大学MsC、London School of Economics、同志社大学の特別教育プログラムに参加。

第 9 章

年金基金による非上場資産クラス投資

三井住友信託銀行株式会社
年金運用第一部 コンサルチーム長
シニアポートフォリオマネジャー　　鳴戸達也

はじめに

　世界の企業年金は、株式市場を中心とした近年のきわめて厳しい運用環境を受け、オルタナティブ投資を拡大している。海外年金の場合、幅広い分野のオルタナティブ投資へ分散が進んでいるが、国内ではヘッジファンド投資が大宗を占め、プライベート・エクイティや不動産といった非上場資産クラスへの投資は進んでいない。本章では、国内企業年金運用で非上場資産クラスへの投資が進まない理由を考察し、企業年金にとっての非上場資産クラスの投資意義を確認した後、具体的な問題解決策を検討する。

1　非上場資産クラスへの取組みが進まない理由

(1)　国内年金運用におけるオルタナティブ投資の取組み

　日本の年金運用にオルタナティブ投資が本格的に導入されるようになったのは2000年以降といってよいだろう。退職給付会計導入とITバブル崩壊による運用の低迷が重なり、厚生年金基金の代行返上が行われるなかで、企業会計上の単年度や代行返上実施までの１～２年間といった短期でも安定的に必要収益を確保したい、といったニーズが急速に高まったことが背景にある。また、国内債券の利回りが超低水準に定着したこと、デフレ突入によって国内株式市場が低迷したこと、経済のグローバル化進展に伴って内外株式市場の間の連動性が高まったことなどから、伝統的資産のみではリスク分散を図りながら安定的にリターンを獲得するのは困難との認識が広がった。こ

うした状況のなかで、「市場変動にかかわらず安定した絶対収益追求」を標榜するヘッジファンド投資が急速に普及した。

　非上場資産クラス（不動産、プライベート・エクイティ、インフラストラクチャー等の非上場私募ファンドへの投資）については、ヘッジファンド投資への取組み経験を通じて年金基金の間でオルタナティブ投資への理解が進んだこともあり、投資対象拡大の流れのなかで検討されるケースも増えてきている。

⑵　非上場資産クラスへの取組みが進まない理由

　しかし、非上場資産クラスに対する国内の年金基金の実際の取組みは、海外の年金基金に比べて限定的なものにとどまっているのが現状である。
　この理由としては、以下があげられよう。
　①　オルタナティブ導入の目的
　特に、日本の年金運用におけるオルタナティブ投資の普及は、伝統的株式・債券市場βへの期待の低下を背景とした$\beta \Rightarrow \alpha$シフトの動きとも考えられる。したがって、α（運用者のスキルによる絶対リターン）を中心としたヘッジファンド投資のほうが、伝統的株式・債券とは異なる資産クラスのβへの投資、というイメージが強い非上場資産クラス投資よりも受け入れやすかった。
　②　制度変更に伴う目標リターン水準の低下
　過去10年の日本の年金基金には、代行返上・確定給付企業年金制度への移行とともに予定利率を5.5％から２～３％台へと引き下げる動きが多くみられた。超低金利等金融市場の厳しい環境をふまえ、運用リスクを過度にとる必要のないようにするための制度変更である。制度変更後の運用見直しにおいては、従来よりも低リスク・安定リターンの運用が選好されることになり、ハイリスク・ハイリターンのイメージも強い非上場資産クラス投資は敬遠されがちであった。

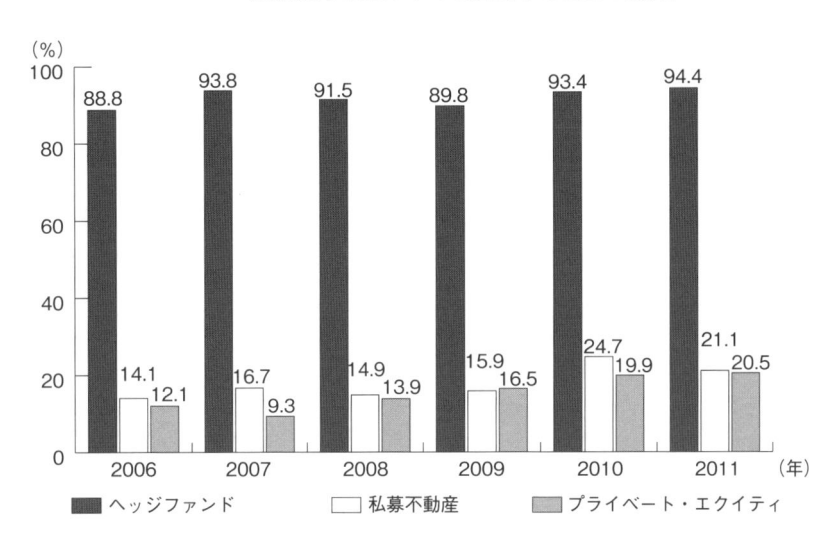

図表9−1　国内年金基金のオルタナティブ投資取組み状況
（各投資を取組みずみと回答した基金の割合）

年	ヘッジファンド	私募不動産	プライベート・エクイティ
2006	88.8	14.1	12.1
2007	93.8	16.7	9.3
2008	91.5	14.9	13.9
2009	89.8	15.9	16.5
2010	93.4	24.7	19.9
2011	94.4	21.1	20.5

（出所）　大和総研「オルタナティブ投資アンケート」

③　換金性を放棄することへの抵抗感

　非上場資産クラスへの投資は、多くの場合投資後7〜10年超の間途中換金不可とされる。一方、年金基金サイドでは投資対象の換金性は重要である。近い将来に制度変更・運用見直しが予定されている場合はもちろん、成熟度が高まって「給付＞掛け金」となっている場合も、将来の不確実性に備えて投資対象に高い換金性を求めることになるだろう。過去10年、多くの日本の年金基金はこうした状況にあったと考えられる。

④　ファンドからの開示情報・投資に関する参考情報の不足

　米国等に比べ、日本では私募ファンドを通じた投資の歴史が浅く、投資の仕組みや市場環境・投資する案件（対象企業）に関する情報・過去のファンドパフォーマンス等、年金基金が投資を検討する際に必要とする情報が十分

とはいえなかった。

⑤　意思決定スケジュールのミスマッチ

年金基金の一般的投資判断プロセスは、基金事務局がコンサルタントや運用会社からのプロダクト提案から選択肢を絞り、資産運用委員会での議論を経て、理事会・代議員会での承認を得るというものであり、意思決定には一定の時間を要する。一方、投資案件（M&Aや不動産の譲渡）は、多くの関係者のニーズを調整するなかで成立するものであり、投資家宛てに内容開示されるスケジュールが不確定であるケースも多くみられる。年金基金にとっては、自由に投資タイミングを選択できる伝統資産やヘッジファンド投資に比べ、私募ファンド形式の非上場資産クラス投資はハードルが高いといえる。

⑥　投資最低ロット

総じて私募ファンドで設定される投資最低ロットは伝統資産やヘッジファンド投資よりも大きくなる傾向がある。年金基金の運用は十分な分散を図るのが基本原則であり、投資最低ロットが大きいと資産配分上のウェイトが高くなりすぎたり、複数ファンドへの分散投資がむずかしくなってしまう。

これら理由のなかには、非上場資産クラス投資の独特のリターン特性をもたらす源泉となるものも含まれるため、どのように折合いをつけていくかが課題となる。次節では、非上場資産クラスの投資意義を確認する。

2　年金運用における非上場資産クラスの投資意義

(1)　付加価値 α による独特のリスク・リターン特性

現在の年金運用における株式投資は、流動性・換金性も考慮し、上場株式等を対象とするのが一般的である。これは、「企業の生み出す付加価値＝株式投資のプレミアム」獲得を、公開市場で取引される流動性の高い上場銘柄への投資で行うということである。

上場株式投資においても、成長／割安株や新興株投資等のアクティブ運用

では、相対的に流動性の低い銘柄への投資も行われる。こうした投資でねらうのは、市場が期待しているよりも今後の利益・企業価値成長が大きいと予想される銘柄や、情報量が相対的に少なくミスプライスが生じている銘柄である。株式投資のプレミアムに流動性をある程度放棄することによる付加価値aを加えるのである。

　私募ファンドが投資する非上場資産（非公開企業や不動産など）は、上場市場から自らをあえて隔離することで長期的視点での経営施策・事業運営を行うものであり、ここに付加価値aがあるといえよう。非上場資産への投資は、流動性放棄による見返り≒付加価値aの獲得機会が大きいアクティブ運用といえる。

　通常の上場株式を対象としたアクティブ運用の場合、ファンド・マネジャーの投資対象に対する関与は相対的に少数の株式議決権をもつにとどまる。これに対し、バイアウト投資、不動産投資におけるバリューアッド投資など、私募ファンドによる非上場資産投資においては、投資対象企業や収益不動産物件の価値を高めるために、ファンド・マネジャー（ジェネラル・パートナー：GP）が直接的に経営に参画する手法がとられる。したがって、私募ファンド投資のパフォーマンスには通常のアクティブ運用に比べてファンド・マネジャーのスキル（付加価値a）が格段に大きく影響する。これが私募ファンド投資に独特のリターン・リスク特性／分散投資効果をもたらすと考えられる。

(2)　将来の投資対象育成

　中小企業を中心とした産業育成や企業再生など、プライベート・エクイティ投資には経済・社会的意義があるのはもちろんであるが、純粋に投資家の視点からも、将来の優良投資対象を育成するという意味がある。

(3) 年金負債との親和性

　非上場資産クラスのなかでも、インカムキャッシュフローを主たるリターン源泉とする資産（不動産、インフラストラクチャー、メザニン等のデット）を投資対象とする場合、年金の負債キャッシュフロー構造との親和性があると考えられる。年金負債とのマッチング資産というと債券投資が第一にあげられるが、年金資産が長期的な債務をまかなうことを目的に運用されていることにかんがみれば、一定程度流動性を放棄した投資は可能であり、これによって相応のプレミアムがついた非上場資産クラスのインカムキャッシュフローを享受できる。

3 非上場資産クラス投資の特徴

(1) 上場資産クラスとの比較

　ここでは、上場資産クラス（以下、ここでは、取引所および店頭市場で毎日活発に取引される株式・債券を指すものとする）投資と比較した非上場資産クラス投資の特徴を概観する。

a　時価評価

　上場資産は、投資家によって毎日取引が行われ、つど公表される市場時価が投資の時価評価基準となる。一方、非上場資産は、資産取得時と売却時以外は基本的に取引が行われず、市場時価はない。決算等のために算出される評価額（当該資産の将来予測ネットキャッシュフローを、リスクを加味した適正な割引率を使って現在価値計算をするディスカウントキャッシュフロー（DCF）法を用いることが多い）を時価評価の基準とする。資産の将来予測ネットキャッシュフローと割引金利は景気・事業環境や金融市場の変化の影響を受けるが、これは短期間（月次や四半期など）に大きく変化するものでなく、非上場資産評価額の変化は上場資産時価の変化に比べて小さくなる傾向がある。

b　パフォーマンス計測方法

　上場資産ファンドについては、運用者の裁量外のキャッシュフロー（投資家意思決定に基づく資金追加・回収など）の影響を除いて、任意の2時点間で時価残高の伸びを把握する時間加重収益率を、同じ期間のベンチマーク収益率と比較する。非上場資産私募ファンドについては、投資期間中の時価評価は上記理論値であり、これの増減よりも投資の回収によって実現される収益がパフォーマンス把握の中心となる。したがって、大まかに投資期間の前半がポートフォリオ構築期間、後半は収益実現期間にわかれることになり、上場資産ファンドのように任意の2時点間の収益率を切り出してもあまり意味がない。そこで、非上場資産私募ファンドのパフォーマンス把握には初回投資から足元までの累積キャッシュフロー等に基づく投資倍率＝（受取キャッシュフロー累計額＋投資残額）÷投資累計額　や、ファンド設定来の通期内部収益率（IRR）が用いられる。

c　Jカーブ効果

　前述のとおり、非上場資産私募ファンドの収益計上は投資期間（数年〜15年程度が多い）の後半に集中する傾向があり、投資開始から数年間のポートフォリオ構築期間中は収益計上がほとんどないなかでファンド管理コスト等が控除されるため、投資倍率＝（受取キャッシュフロー累計額＋投資残額）÷投資累計額＜1.0、内部収益率マイナスとなる。後半に収益が計上されると、これが、プラス圏に転じていくが、この変化のかたちがJカーブと呼ばれる。

d　ビンテージ

　非上場資産私募ファンドはワインになぞらえて「〇年ビンテージのファンド」といった呼び方がされる。これらの収益は、投資案件取得時の価格条件と、投資回収時の売却条件によって決まるので、案件取得・売却局面の経済環境・市場環境がどのようなものであったかが重要になる。過去のパフォーマンス実績から、景気悪化時に設定されたファンドのパフォーマンスは良好

であるといわれる。

　これは、景気悪化時の厳しい資金調達環境のなかでも成立する良質なM&A案件を取得できたファンドが、その後の景気回復局面で投資回収を図った結果であると考えられる（そもそも景気悪化時はバリュエーションが安い）。もちろん景気悪化時の厳しい環境は私募ファンドの新設にとってもネガティブに影響（投資案件そのものの減少、投資家資金が集まりにくくなるetc.）するので、ファンド運用者の選別という観点からも、景気悪化時等の厳しい環境下でも投資案件を確保できるファンドの魅力度は高いといえる（図表9－2）。

図表9－2　バイアウト・ファンド（グローバルベース）のビンテージ別通期IRRの推移

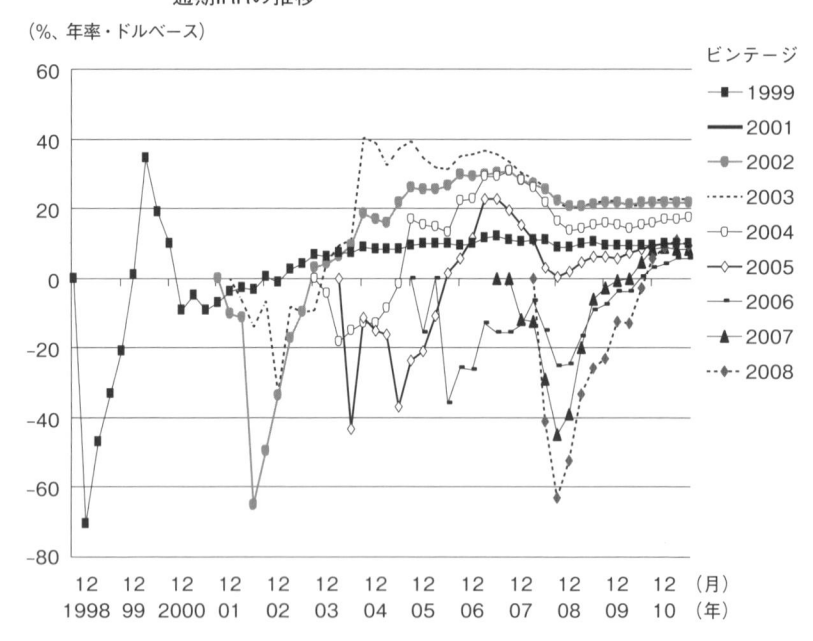

(%、年率・ドルベース)

ビンテージ
- 1999
- 2001
- 2002
- 2003
- 2004
- 2005
- 2006
- 2007
- 2008

（出所）　Private Equity Intelligence Fund Databaseより筆者作成

e　ファンド／運用会社間のパフォーマンス格差

　非上場資産クラスの投資には上場資産ファンドのようなベンチマークはなく、私募ファンドの運用者はスタイルに応じた絶対リターン目標を掲げ、投資案件を厳選して分散度の低いポートフォリオを構築するケースがほとんどである。したがって、経済・市場環境といったマクロ面に加えて案件獲得・付加価値創出・投資回収戦略等、ミクロ面の運用者の能力が大きく影響し、上場資産ファンドと比べてパフォーマンス格差が大きい。

(2)　非上場資産クラスの投資スタイル

　非上場資産クラス投資については運用上のベンチマークがないので、これに投資する私募ファンドは、投資対象・スタイルに見合った水準の絶対リターン獲得を目標とすることになる。非上場資産クラスの主要な投資スタイルとしては、以下があげられる。

a　ベンチャー・キャピタル投資

　起業から事業の拡大・成長期にある企業へのエクイティ投資を指す。事業立上げ段階（アーリーステージ）の企業へ投資する「シード」、「スタートアップ」、事業拡大期（レイトステージ）の企業に投資する「エクスパンション」および「グロース・キャピタル」等に大別される。アーリーステージ投資では、対象企業が提供する製品・サービスが市場に受け入れられるか、レイトステージ投資では、対象企業が他企業との競争のなかで魅力的な製品・サービスを継続的に提供し、事業を拡大できるかがポイントとなる。投資回収は新規株式公開（IPO）による市場売却のほか、他の事業会社等に相対で持分を戦略的に売却するケースもある。投資対象企業の事業継続リスクは高く、ベンチャー・キャピタル・ファンドは他のスタイルに比べて少額・多数の案件に投資する傾向がある。

b　バイアウト投資

　安定・成熟期、衰退期にある上場企業の一部または全部を買収し、経営・

財務・事業運営を改善することで企業価値を高めたうえで戦略的売却・再上場等により投資資金を回収するスタイルである。PE投資のなかで圧倒的に大きな規模をもつ。リストラクチャリングで外部へ売却される非コア事業や他企業からの買収提案を受けた企業のトップが、バイアウト・ファンドの資金をもって当該事業部門・企業を買収するマネジメント・バイアウト（MBO）と、バイアウト・ファンドが企業を買収し、外部の経営者を送り込んで再生等を図るマネジメント・バイイン（MBI）に大別される。すでに安定運営期を経た事業・企業への投資であることから、投資資金回収期間はベンチャー投資に比べると短くなる傾向がある。

c　デット投資

　私募ファンド形式の投資対象は、株式（エクイティ）だけではなく、負債性証券（デット）も考えられる。M&Aでは、資金調達が金融機関からのシニアローン借入れと投資ファンド等からのエクイティ出資だけでまかなえず、負債と資本の中間のメザニン（中二階の意）証券（ハイ・イールド債、劣後債、新株予約権付社債、優先株など）が発行される場合がある。こうした証券への投資に特化するスタイルがメザニン投資である。ローンの優先劣後構造からメザニン・ローンの金利はシニアローンに比べて高く、借り手である買収企業からすると、早期返済のインセンティブが働く。したがって、投資家からみると、エクイティ投資に顕著なJカーブ（投資初期には収益分配がなく、ファンド管理費用等によって損益がマイナスとなる）が金利受取りによって緩和されること、資金回収が比較的早くなる可能性があること、などのメリットがある。そのほか、債務超過・破綻企業に対する債権を金融機関から適正時価で買い取り、担保として受け入れた非中核的不動産を売却する等して資金回収を図るディストレスト投資なども、比較的資金回収期間が短い投資として注目されている。

d　不動産投資

　大きく3タイプのスタイルがある。

① コア型

賃料キャッシュフローが安定的に期待される物件に投資するミドルリスク型投資。テナント誘致競争力のある立地、設備インフラが充実した建物、といった条件を備えた物件が投資対象となる。

② バリューアッド型

なんらかの要因によって現在収益性が低下した状態にある不動産に投資するミドルリスク〜ハイリスク投資。投資後にリーシングやテナント入替えによる賃料キャッシュフローの改善、管理コスト削減による賃料純収益の改善、建物設備の質を改善する、等して投資物件の価値を向上させる。優良立地にあるが、設備投資がなされず競争力が低下しているオフィス等が投資対象となる。

③ オポチュニスティック型

買手が少ない用途・地域および時期に物件を底値で取得し、不動産市場が上昇した時点で売却するキャピタルゲインねらいのハイリスク投資である。

e インフラストラクチャー投資

橋・有料道路・空港・港湾等の交通施設、上下水道・送配電施設等の公益関連、石油・ガスパイプライン等のエネルギー関連、といった経済的インフラや、教育機関・病院・警察等の社会的インフラに投資するスタイルである。これらは社会を支える不可欠サービスとして不況期にも安定的な需要を保ち、予見しやすく、インフレ連動性もある収益キャッシュフローが期待できる。インフラストラクチャー投資は、こうした点を背景に、景気循環や株式等の金融資産市場との相関が低い安定したリターンを追求するスタイルである。

先進国では、高齢化に伴う社会保障費増大等を背景に、社会基盤を支えるインフラ事業に民間資金を導入する動きが拡大しており、投資機会が拡大している。公共施設の運営会社が民営化される場合や新設された公共施設が売り出される場合に、その一部または全部を買収する、というのがインフラス

トラクチャー投資ファンドの一般的な投資方法である。

f　ファンド・オブ・ファンズ

　非上場資産クラスの私募ファンドは、1ファンドで投資する案件数が上場資産クラスのファンドよりも少ないこと、最低投資ロットが5～10億円と大きいこと、等年金基金がスタイル分散を図ったポートフォリオを構築するのがむずかしい面がある。こうした点をカバーする手法として、ファンド・オブ・ファンズが提供されている。ゲートキーパーの報酬が追加されるという面はあるものの、最終投資家にはアクセス困難な優良ファンドに対しても、業界でプレゼンスをもつゲートキーパーであれば投資枠を確保できるというメリットもある。広範な分散を図ったPEファンド・オブ・ファンズの場合、投資先企業数が500～1,000に及ぶ場合もあり、投資先企業数では、上場資産ベンチマークに近い分散効果が得られる場合もある。

g　セカンダリー

　セカンダリー投資とは、既存のPEファンドの投資家が持分を途中換金したいというニーズをとらえ、運用中のPEファンドの買取りによりポートフォリオを構築するものであるが、一般にディスカウント価格で持分を取得することによる追加的なリターンの獲得も期待される。ファンド新設から一定の時間が経過したPEファンドの投資先企業は、企業再生等が進捗していると考えられ、セカンダリー投資は新設ファンドに投資するよりも早期に収益分配ステージを迎え、いわゆるJカーブを浅くできる可能性がある。金融危機前のM&Aブーム期に行われたPE投資が、その後の金融危機のなかで流動化されるケースも多かったことから、セカンダリー投資市場の規模も拡大傾向にある。

(3)　非上場資産クラス投資のパフォーマンス

　非上場資産投資に、上場資産投資対比でどの程度の付加価値が期待できるのか、という点は、非上場資産投資の魅力度を考えるうえで重要である。

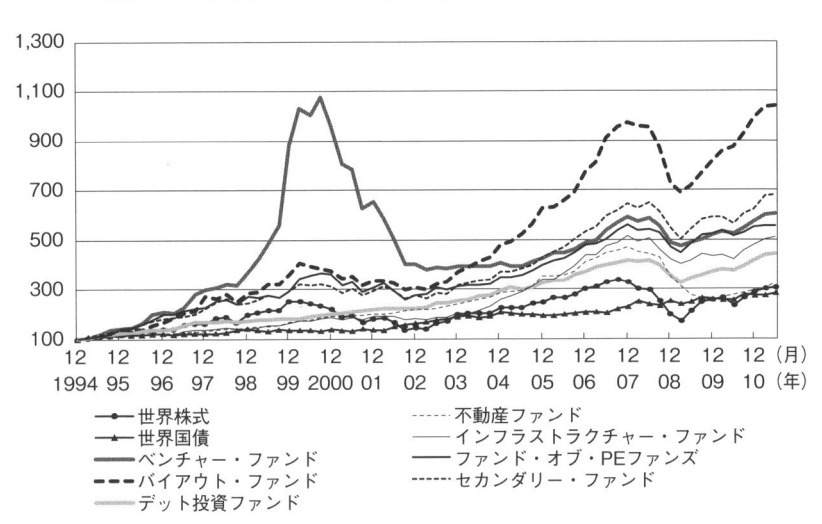

図表9-3　私募ファンドと上場資産クラスのパフォーマンス推移

凡例:
- 世界株式
- 世界国債
- ベンチャー・ファンド
- バイアウト・ファンド
- デット投資ファンド
- 不動産ファンド
- インフラストラクチャー・ファンド
- ファンド・オブ・PEファンズ
- セカンダリー・ファンド

（すべて年率・ドルベース）

	平均	標準偏差
世界株式	8.5%	18.2%
世界国債	6.7%	8.0%
ベンチャー・ファンド	13.2%	22.2%
バイアウト・ファンド	15.4%	14.2%
デット投資ファンド	9.3%	6.7%
不動産ファンド	7.7%	9.3%
インフラストラクチャー・ファンド	10.4%	9.3%
ファンド・オブ・PEファンズ	11.3%	12.6%
セカンダリー・ファンド	12.5%	11.7%

（注）インフラストラクチャー・ファンドについては、ファンドデータが少ないため、インフラ・セクターに投資する他スタイル・ファンドも加えて推定。
（出所）Private Equity Intelligence Fund Databaseより筆者作成

図表9-4 私募ファンドの対上場資産超過収益率

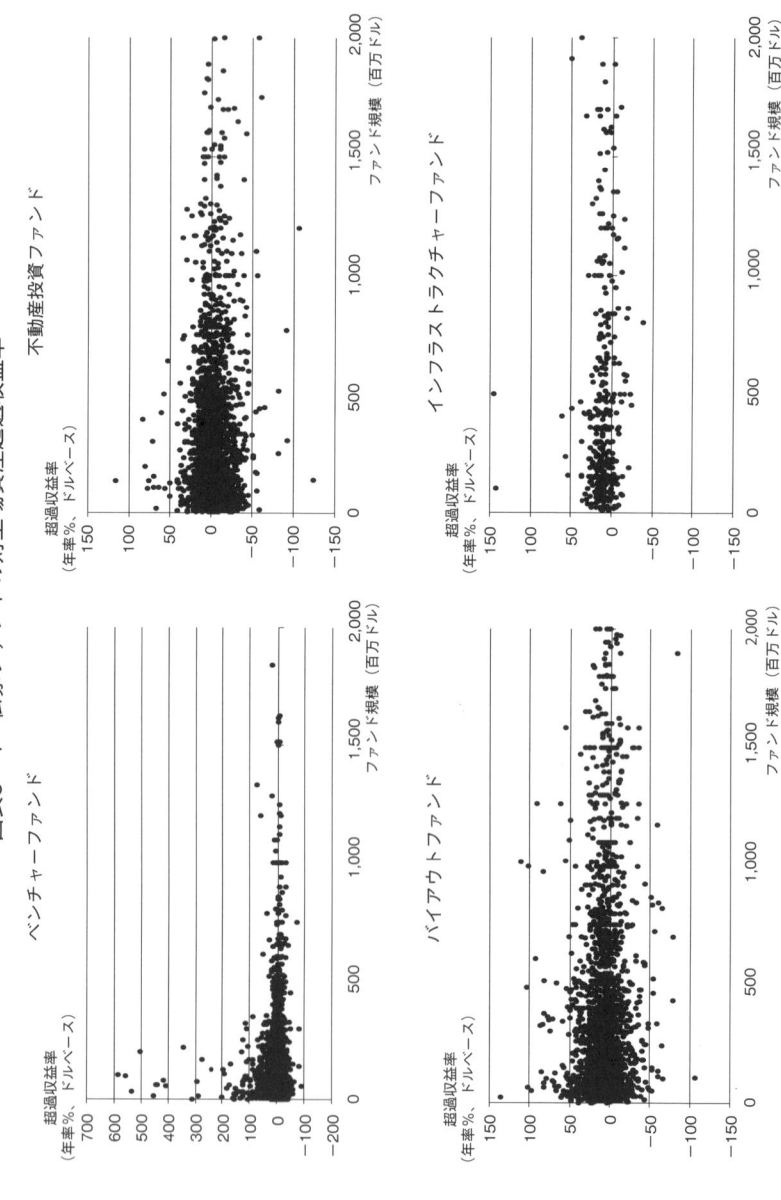

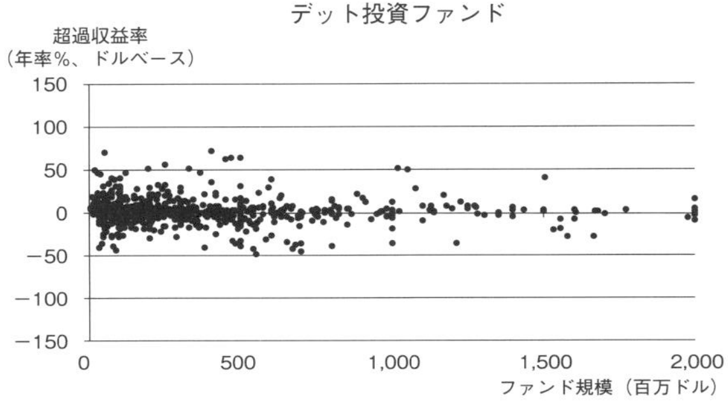

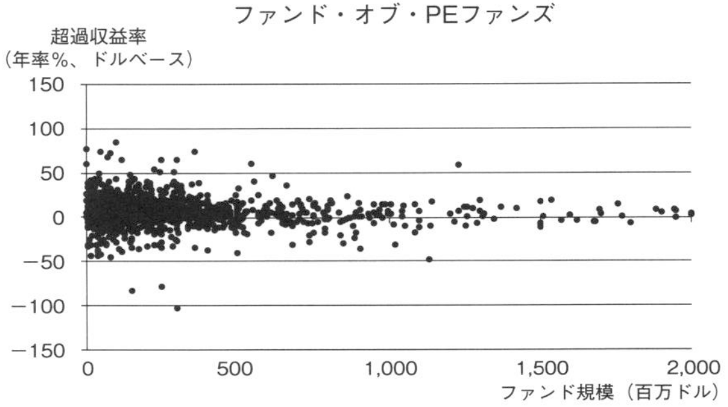

第Ⅱ部＿応用編

対上場市場超過収益率ベースの集計値（すべて年率・ドルベース）

	平均	標準偏差	最高	中央値	最低
ベンチャー・ファンド	5.1%	39.8%	590.0%	-0.3%	-90.3%
バイアウト・ファンド	7.8%	19.4%	136.7%	7.1%	-105.6%
デット投資ファンド	2.3%	15.5%	72.6%	1.5%	-47.6%
不動産ファンド	-2.6%	16.1%	115.9%	-1.3%	-124.9%
インフラストラクチャー・ファンド	11.4%	17.3%	151.6%	10.1%	-37.9%
ファンド・オブ・PEファンズ	5.7%	15.0%	84.6%	5.6%	-102.2%
セカンダリー・ファンド	11.1%	17.4%	90.2%	8.2%	-33.6%

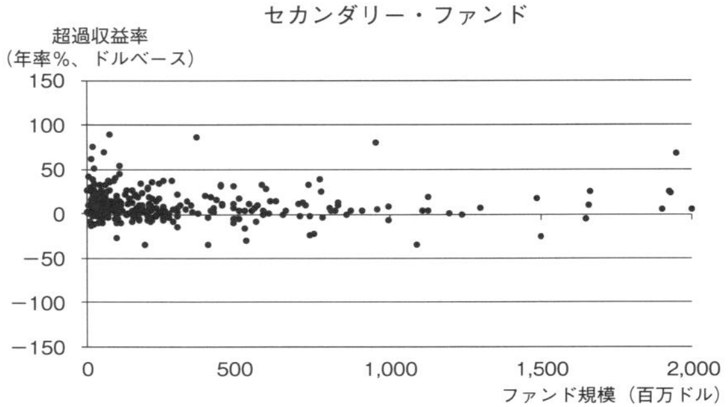

(注1) 対上場市場超過収益率ベンチャー・ファンド／バイアウト・ファンド／ファンド・オブ・PEファンズ／セカンダリー・ファンド過収益率：MSCI World（ドルベース）との比較
(注2) デット投資ファンドの超過収益率：Bank of America Merrill Lynchグローバルハイイールド債インデックス（ドルベース）との比較
(注3) 不動産ファンドの超過収益率：S&P Global REITインデックス（ドルベース）との比較
(注4) インフラストラクチャー・ファンドの超過収益率：UBS Global Infrastructure & Utilitiesインデックス（ドルベース）との比較
(出所) Private Equity Intelligence Fund Databaseより筆者作成

第9章　年金基金による非上場資産クラス投資

図表9−3は、私募ファンドのデータベースを活用し、主要スタイルごとにファンドのキャッシュフロー・時価評価額を合算して推定したパフォーマンス指数を、上場資産クラスと比較したものである。

　合算ベースの推定パフォーマンスでみると、非上場資産クラスは、長期的に上場資産クラスに対する相応のプレミアムが期待できる投資であると考えられる。

　一方、リスク特性として、各スタイルとも特に世界株式の影響を受けているようにみえる。特に、ベンチャー・キャピタル・ファンドやバイアウト・ファンドは、上場株式市場からやや後ズレして同方向に変動する傾向が顕著である。また、デット投資ファンド（メザニン等）についても、エクイティ・ファンドほどではないが、やはり株式市場の変動に影響を受けているようにみえる。

　先にみたとおり、私募ファンドの価格変化はDCF法等による理論値によるものであり、直接的に株式市場の価格変化の影響を受けるわけではないが、DCF法による価格評価は景気変動や業界全体の業績動向、金利といったマクロ的要因の影響も受ける。株式市場はこれら要因を数カ月先取りして動くといわれるが、この関係が私募ファンドのパフォーマンスが株式市場にやや遅れて連動しているようにみえる理由であると考えられる。

　図表9−3は、数百本単位のファンドを合算し、スタイル全体のパフォーマンス動向を推定したものであるが、現実にこうした投資が行えるわけではない。次に、ファンド単位のパフォーマンスをみてみよう。

　私募ファンドのパフォーマンスを上場資産と比べる際には、ファンドのキャッシュフロー発生タイミングにあわせて、その時点の水準で上場資産ベンチマークを同金額売買した場合のパフォーマンスと比較する等の工夫が必要であろう。

　図表9−4は、この考え方を用いて該当スタイルにある程度近い上場資産インデックスと個々の私募ファンドのパフォーマンスを比較したものであ

る。

　平均値でみると、私募ファンドは上場市場に対して相応の超過収益を獲得している。しかし、そのバラツキ（標準偏差や最高・最低の格差）が非常に大きく、投資家にとってファンド選定がきわめて重要であることがわかる。

　また、ファンド規模と超過収益については、大規模ファンドよりも中・小規模ファンドのほうがリターン高低のバラツキが大きい、という関係がみてとれる。

4 非上場資産クラス投資の実践

　ここまで、非上場資産クラス投資について、国内年金運用において取組みが進まない理由、年金運用にとっての投資意義、上場資産と比較した特徴や収益特性などをさまざまな角度で検証してきた。最後のパートとして、これらの非上場資産クラスの特性をふまえた具体的取組み方法について考えてみたい。

(1) ファンド選定の留意点

　非上場資産クラスの投資は、投資先企業等が従来とは異なるステージ（上場前の成長ステージ、再生ステージ）にあり、非上場資産へ投資する私募ファンドのファンド・マネジャーには従来型投資とは異なる能力も求められる。彼らの主たる活動は、①有望な投資先のソーシング、②投資先の育成（ビジネスモデルの提案や取引先紹介など資金提供にとどまらない積極的な経営関与に加え、状況によっては株主権を行使して経営者を変更するなどのガバナンス行動にまで及ぶ）、③投資先を分散したポートフォリオの構築・管理、④投資案件の適切なエグジットによる資金回収（IPO、M&A、リファイナンスなどの手法選択）等、多岐にわたる。

　投資家には、多様な専門分野についてファンド・マネジャーの能力を見極

めることが求められる。したがって、実際に年金基金が非上場資産クラスの私募ファンドに投資する場合には、投資前のデューデリジェンス・投資後のモニタリングにゲートキーパーを活用するのが現実的であろう。信託銀行は、近年の年金基金の運用ニーズ高度化・多様化に伴い、伝統資産運用を中心とした自前プロダクトにとどまらず、外部運用機関のプロダクトを選別し、ゲートキーパーとして提供するというスタイルを確立している。

図表9-5は、信託銀行が用いるデューデリジェンス項目の一例であるが、そのまま年金基金にとっても投資判断上のチェック・ポイントとなろう。

(2) ポートフォリオ構築の留意点

非上場資産クラスのポートフォリオ構築には、投資条件等をふまえたアプローチが必要である。

a 時間分散

非上場資産クラスは、不動産にしろ、プライベート・エクイティやインフラストラクチャーにしろ、ファンダメンタルズ要因等の影響を受けて各資産市場が上下動するアセット型オルタナティブである。したがって、一定のウェイト配分を行う場合に、時間分散：ビンテージ分散を行うことで、パフォーマンスの安定化を図ることが考えられる。過去の実績からは、景気低迷期に設立された私募ファンドのほうが景気過熱期に設立された私募ファンドよりも良好なパフォーマンスとなる傾向があり、経済環境に対して逆張りスタンスでの投資が有効である。また、ビンテージ分散を図りながら投資を継続することで、非上場資産ポートフォリオのエクスポジャーを保つことも可能となる。

図表9-6は、バイアウト・ファンドを例に、同じ投資金額を a1ファンドに投資した場合、2時間分散を図って複数のファンドに投資した場合のパフォーマンスと投資残高エクスポジャーを比較したものである。

図表9-5　私募ファンドに対するデューデリジェンス項目例

運用会社に関する事項	運用会社の適性等	会社設立の経緯・株主構成、過去の業歴・財務面の健全性（長期に及ぶファンド運用期間の存続に懸念がないか）や運用能力（既存運用ファンドのトラック・レコード等）
	組織体制等	ファンド運用担当者・会社主要メンバーの運用経験・スキルは十分か、投資案件ソーシングや投資先バリューアップのためのネットワークをもっているか、投資マネジャーが職務に専念でき、適切なインセンティブが付与されるか、バックオフィスも含め十分な人員を確保しているか、等
対象ファンドの概要に関する事項	投資ビークル	投資家持分と運用マネジャー財産との法的な分離確保、税務上の留意事項、投資家損失の持分限定が法的に確保される投資形態（国内では投資事業有限責任組合が用いられるのが一般的）であるか
	投資家層	反社会的勢力の存在・投資案件と利益相反関係にある投資家等が存在しないか、適切な投資家分散が図られているか、他の投資家の質（良好な投資家層か）等
	ファンドの設計	運用総額が想定する投資対象企業や投資機会等からみて適切か（特に株式の過半を保有し、経営権獲得を目的とするバイアウト・ファンドにおいて重要）、投資対象の分散度合い、投資期間（新規投資可能期間や延長に関する規定）、目標リターンの水準、自己資金の投入（無限責任組合員や運用担当者個人）の出資割合、管理報酬・成功報酬の水準、キーマン条項有無（ファンド運用に関する重要人物の退職制限）、競合禁止条項（当該ファンドが一定の成果を出すまで、他の類似ファンド設定を禁止）、投資先から受領する報酬がファンドに還元されるか、投資家が参加するアドバイザリーボードが設置されるか等
投資手法に関する事項	投資手法と対象企業像	ベンチャー・キャピタル投資、バイアウト投資、その他企業再生投資やファンド・オブ・ファンズ等の投資スタイルと投資対象とする企業（業種・売上規模・利益水準・成熟度など）の整合性や過去の個別投資案件の実績
	ソーシング・投資意思決定	現在も陳腐化していない多様な投資案件ソーシング・ルートを確保し、ファンド設立時点で潜在的投資案件をある程度保有しているか、入札案件の割合が高すぎないか、機動的かつ実効性の高い投資意思決定体制をもっているか、投資価格の判断基準に合理性があるか、等
	企業価値向上（ハンズオン）体制・投資先モニタリング	投資先育成・経営指導体制の充実度合い（投資先の売上増やコスト削減など経営改善支援の実績や潜在的ネットワーク）、投資先事業に対する具体的モニタリング手法の合理性（支配比率に応じた適切な経営権の保持・役員派遣等の実績）
	出口戦略（収益実現・換金戦略）	過去の実績における手法の妥当性（IPO・M&A・資本リストラクチャリング等）や売却価格や収益率（IRR、投資倍率）、売却先（戦略投資家か金融投資家か）等
対象ファンドの情報開示・報告に関する事項	報告内容	定例（中間・年度決算）報告・時価残高報告・監査報告の内容の充実度合い、時価評価の手法および頻度の妥当性（サプライズド・ロスが発生しないか）、年金基金宛てのディスクローズ体制・内容、投資先企業の情報開示の有無・内容の充実度合い、等

（出所）　三井住友信託銀行

図表9-6　時間分散の効果

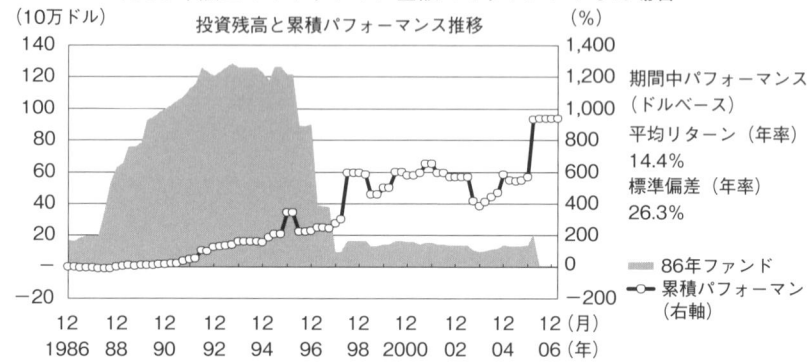

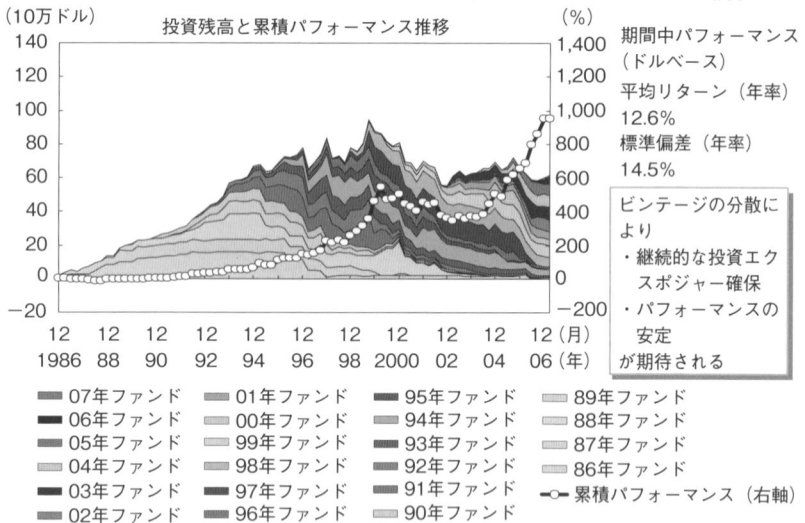

1986年設立の1ファンドに全額コミットメントした場合

投資残高と累積パフォーマンス推移

期間中パフォーマンス（ドルベース）
平均リターン（年率）14.4%
標準偏差（年率）26.3%

- 86年ファンド
- 累積パフォーマンス（右軸）

1986年以降設立されたファンドに毎年同額ずつコミットメントした場合

投資残高と累積パフォーマンス推移

期間中パフォーマンス（ドルベース）
平均リターン（年率）12.6%
標準偏差（年率）14.5%

ビンテージの分散により
・継続的な投資エクスポジャー確保
・パフォーマンスの安定
が期待される

- 07年ファンド　01年ファンド　95年ファンド　89年ファンド
- 06年ファンド　00年ファンド　94年ファンド　88年ファンド
- 05年ファンド　99年ファンド　93年ファンド　87年ファンド
- 04年ファンド　98年ファンド　92年ファンド　86年ファンド
- 03年ファンド　97年ファンド　91年ファンド　累積パフォーマンス（右軸）
- 02年ファンド　96年ファンド　90年ファンド

（注1）　上下グラフとも、面グラフ：投資時価残高推移、折線グラフ（右軸）：累積パフォーマンス
（注2）　上下シミュレーションとも、投資時価残高合計額の平均が約530万ドルとなるように調整。
（出所）　Private Equity Intelligence Fund Databaseより筆者作成

b　スタイル分散

　非上場資産クラスのパフォーマンスは、長期的にみると株式を中心とした上場資産クラスとある程度連動する。しかし、バイアウト等のエクイティ投資とメザニン等のデット投資、不動産やインフラストラクチャー等、スタイル別のパフォーマンス動向には、景気・株式市場のトレンドに対する感応度合いや上下動のサイクル・タイミング等に違いがある。したがって、非上場資産クラスに期待するリターンや管理目標とするリスク水準とのバランスをとりながら、可能な限りスタイル分散を図るべきであろう。

c　キャッシュフローの分散

　私募ファンドから期待されるキャッシュフローについても、スタイルごとに傾向の違いがあり、これを考慮したスタイル分散を図るのが望ましい。ベンチャーやバイアウト等のエクイティ投資は、投資回収（≒収益計上）には時間がかかる一方、メザニン等のデット投資は比較的早期に利払い等の受取りが期待されるなどの違いがあり、これらを組み合わせることでキャッシュフローの平準化を図りながらリターン確保をねらっていくのが望ましい。これは、年金負債の給付キャッシュフローの一部を非上場資産クラス・ポートフォリオからの受取キャッシュフローでまかなっていくことにもつながる。

　図表9-7は、バイアウト・ファンドとデット投資ファンドのキャッシュフローと、これを組み合わせたポートフォリオのキャッシュフローを比較したものである。

　いつでも自由に売買できる上場資産クラスであれば、投資家が意思決定すればいつでもさまざまな分散を図ったポートフォリオを構築することが可能であるが、非上場資産クラスの場合は、投資機会が常にあるわけではない。企業がM&Aやリストラ等の経営戦略をいつ・どのように進めるか、投資家からの出資や金融機関からの借入資金調達がタイミングよく行えるか等、景気・経済・金融環境に影響を受ける不確定要素が整わなければ私募ファンドを通じた投資機会はまとまらない。したがって、非上場資産クラスのポート

図表9-7 スタイル／キャッシュフロー分散の効果

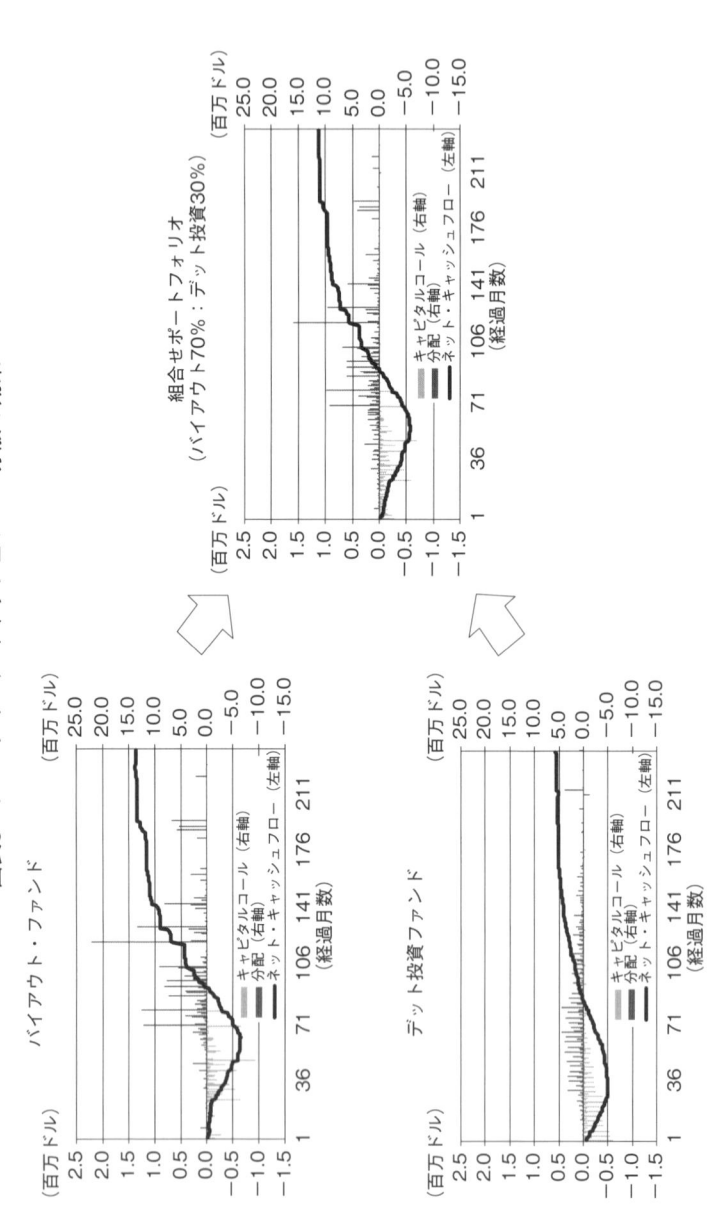

(注) ここで示したキャッシュフローは、複数のファンドのキャッシュフローを合算したうえで平均額をとったものである。
(出所) Private Equity Intelligence Fund Database より筆者作成

フォリオは、一定の時間がかかることを前提に数少ない投資機会をとらえながら段階的に構築していく必要がある。

(3) 留意点をふまえた投資実践方法

以上みてきた非上場資産クラス投資の留意点をふまえた投資の実践方法として、以下の二つが考えられる。

a　ゲートキーパーの採用

非上場資産クラスのポートフォリオ構築全体を管理するゲートキーパーを個別に採用することが考えられる。この場合、ゲートキーパーには、投資家の固有ニーズ（リスクを許容しても高い水準のリターンを求める、Jカーブの小さい安定運用を志向する、etc）をふまえた目標ポートフォリオ案やマクロ・ミクロの環境をふまえたポートフォリオ構築計画（時間軸も含む）案の策定、組入れ検討候補ファンドの提案、必要に応じたカスタムファンド組成の検討等、ポートフォリオ構築プロセス全体を投資家と協議しながら円滑に進めていく役割が期待される。この方法のメリットは、ポートフォリオに投資家の個別ニーズを反映させることができることである。一方、デメリットとしては、ポートフォリオ全体で非常に大きなコミットメント額が必要になること、投資家サイドの管理負荷も相応に大きいこと等があげられる。

b　ファンド・オブ・ファンズ（FOF）の活用

非上場資産クラスにおいても、ヘッジファンドでおなじみのFOFが組成されている。一つのスタイルのなかで複数のファンドへ分散するFOF、複数のスタイル・ファンドへ分散するバランス型のFOF等、さまざまなタイプがある。FOFの最大のメリットは、少額のコミットメント（投資約束金額）でもスタイルやファンド（≒運用会社）を分散できるという点である。一方、デメリットとしては、FOF運用者（ゲートキーパー）の報酬が上乗せされること、FOFポートフォリオの内容はFOF運用者によって決定され、投資家の個別ニーズを反映させることができないことなどがあげられる。

これら二つの方法について、予定するコミットメント額の規模や、個別ニーズの重視度合い、管理負荷等を勘案のうえ、選択することになる。いずれの方法においても、経済環境に対する逆張りスタンスを基本とした適度な時間：ビンテージ分散を行うべきである。

　また、前述のとおり、私募ファンドの投資案件によっては、投資家宛ての投資機会紹介から募集締め切りまでの時間が短く、一般的な年金運用の意思決定スケジュール（基金事務局がコンサルタントや運用会社からのプロダクト提案から選択肢を絞り、資産運用委員会での議論を経て、理事会・代議員会での承認を得る）に合致しない場合もある。こうしたケースに備えるため、投資家サイドで機動的に投資可否判断が行えるように、あらかじめ関係者（基金事務局、資産運用委員会、ゲートキーパー）の間でコミットメント予定額・残額や最低限必要とするファンドの投資条件等について認識を共有化しておくことが重要である。

おわりに

　本章では、私募ファンドを通じた非上場資産クラス（プライベート・エクイティ、不動産、インフラストラクチャーなど）への投資について、国内企業年金運用で投資があまり進んでいない現状をふまえ、企業年金にとっての非上場資産クラスの投資意義を確認した後、具体的な問題解決策を検討した。

　非上場資産クラスとは、「流動性を放棄するリスクの見返りに相応のリターンを期待する投資」である。企業会計・財政運営基準の厳格化や長期化する厳しい運用環境から国内企業年金のリスク許容度は低下していると考えられる。「流動性の放棄」などのリスクをとるのは相当に抵抗感が強いことは容易に想像できる。目標リターン水準を引き下げたのだから、リスクをとって高いリターンをねらう必要はない、という考え方もあるだろう。

　しかし、適切な分散投資を進めることが年金運用の基本であり、実効性の高い投資対象をポートフォリオに加えていくことは重要である。本章でみた

とおり、非上場資産クラスは長期的に上場株式投資に対する付加価値 a 獲得を期待できる投資対象である。例えば、株式の一部として配分することで株式ポートフォリオの収益特性（市場 β と付加価値 a の配分割合など）が変わり、資産全体の運用効率をあげることにもつながる。単独でみると相応にリスクが大きくても、ポートフォリオに組み合わせることでリスク分散効果が生まれる可能性もある。非上場資産クラスは現在・今後の企業年金運用にとって実効性ある投資対象であると考えられる。

したがって、国内年金基金に非上場資産クラスの投資機会を提案する運用機関サイドには、年金基金が投資を検討するために必要とする情報を適切に開示し、年金運用の基本的考え方である「分散されたポートフォリオの構築」を可能にするような枠組みを提供することが求められる。

参考資料

経済産業省経済産業政策局産業資金課「平成22年度産業金融システムの構築及び整備に係る調査委託事業（我が国経済の活性化を担うファンドの有効活用に向けた事業環境整備に向けた基礎調査）報告書」（委託先：大和総研）2011年3月

Interview

年金運用とプライベート・エクイティ

Jカーブ効果の許容とビンテージ分散による長期的投資

岡山県機械金属工業厚生年金基金
運用執行理事
木口愛友氏

Q 岡山県機械金属工業厚生年金基金は、従来の「資産別」の運用から、年金給付の支払時期を見据えた「投資期間別」運用に切り替えられましたが、その背景と決断のポイントについてご教示願います。「長期投資」に分類されるプライベート・エクイティ・ファンドへの投資については、どのような位置づけになっていますでしょうか。

　全体のポートフォリオを資産別に管理するというのが普通の方式ですが、私どもは投資期間で4種類に分けて、それぞれを資産別に管理しています。つまり、ポートフォリオ一つの運営を四つに切り分けたというかたちになっています。それぞれの投資期間は、「5年以内」、「5～10年」、「10～15年」、「15年以上」に区分しています。そして、投資期間に応じて4種類のリスク・リターンのポートフォリオを管理するように移行しました。

　日本全体で成熟度が進んでくると、今年払わなければいけない年金給付や来年の分の支払の問題も出てきますので、それにふさわしい元本保全がなされているかという視点が必要になってきます。そこで、投資期間を長期運用で一本というようには片付けられないと考えて、投資期間を切り分けました。具体的には、給付の時期が迫っているお金とそうではないお金を合理的に色分けして運営することにしました。このように区分すると、加入者の方々にもわかりやすいですし、安心感がもてるということもあります。給付資金をきちんと安全に扱っており、

そのうえで長めのものだけはリスク運用になっていますということを示すことができるようになりました。

図表1　投資期間別運用方針

		支払時期	運用方針	商品例	目標利回り	想定リスク
1	安全投資	5年以内	元本確保と資金流動性を最優先。	一般勘定、短期債、現金	1％	2％
2	低リスク投資	5～10年先	利回りのブレの少なさを最優先。分散も考慮。	債券、低リスク運用	3％	6％
3	長期投資	10～15年先	長期的な値上りと分散を重視。	株式、不動産、CTA、PE	5％	10％
4	超長期投資	15年以上先	超長期的なグローバル市場構造変化に着目。	新興国、環境、インフラ	7％	15％

（出所）　岡山県機械金属工業厚生年金基金

　プライベート・エクイティは、「10～15年」に区分されますが、「15年以上」という枠になることもあります。それは、商品の満期という意味ではなく、そのような特性の商品を何年くらいもち続ければ、期待するリターンが得られるのかという視点です。例えば、株式運用に満期はありません。債券運用も、再投資でどんどん回転していく運用が基本ですから満期はありません。それぞれの特性を有する商品を何年くらいもてば、リスク・リターン見合いのものが得られるかという視点をもって運用しているのです。

　プライベート・エクイティへの投資スタンスは長期投資になりますが、目標リターンで5％くらいは確保したいと思っています。具体的に投資する商品については、かなり細かく商品を分けて分類していますので、どちらかというとニッチな分野で競争する相手があまりいないタイプの商品なり運用手法なりを重視する

ようにしています。

　プライベート・エクイティ・ファンドといっても、バイアウト、ベンチャー、メザニン、ディストレスト、セカンダリーなどいろいろな器があります。そのプライベート・エクイティ・ファンドが何に投資しているかという投資の対象を重視し、そこで分散するということを心がけています。

Q 日本の年金基金では、オルタナティブ投資を増やそうとする傾向はあるものの、プライベート・エクイティ投資に特有な「非流動性」や「Ｊカーブ」の観点から、ヘッジファンド投資のほうを嗜好しているように思います。特に、「Ｊカーブ」については、どのようにお考えでしょうか。

　プライベート・エクイティ・ファンドの「Ｊカーブ」については、これは年金基金だからとか保険会社だからとかではなくて、その機関投資家が許容するかしないかという問題です。「Ｊカーブ」を許容できない機関投資家にとっては、プライベート・エクイティ投資を行うのはなかなかむずかしいものになります。すでにプライベート・エクイティ投資を積極的に手がけている年金基金は、時間分散も図っていますし、「Ｊカーブ」はそれほど気にしていないと思います。これから始められる方々にとっては、確かに初年度は気にはなるかとは思いますけれども、そのような特性の商品であるということをご理解いただくことが重要です。

　プライベート・エクイティ・ファンド（主にバイアウトやベンチャー）への投資は、長期的な運用を前提としていますが、途中で配当が入ってくるよりも、投資元本の売却によってリターンを生むことが重要になってきます。逆にいうと、10年間ずっと塩漬けで、10年後に値上りした分も含めて現金がポンと来るものであってもかまわないのです。

> Q プライベート・エクイティ・ファンド投資の成功の秘訣の一つとして、毎年継続して新規コミットメントを行うという点がよくあげられますが、この点はどのようにお考えでしょうか。

　プライベート・エクイティ投資においては、「ビンテージ」「時間分散」という概念が非常に重要だと思います。毎年コミットメントするのがよいか、2年に1回がよいのかという判断もあると思いますけれども、ビンテージを分散させて、継続的にコミットメントするという視点が大切です。相場のタイミングを見極めるという考え方もありますが、嗜好する商品が組成されるタイミングが来るかどうかにもよりますので、ビンテージの分散が基本だと思います。

　年金基金は、本来は、もう少し流動性リスクがとれるはずです。資産を保有していて、それがすべて給付としてすぐに支払われるわけではありませんので、5年・10年・15年と寝かせられるお金があり、流動性リスクをとれる一定の金額やパーセンテージがあるはずです。そういう意味では、プライベート・エクイティというのは、本来的には、年金基金の資産運用にマッチする商品だと私は思います。

> Q 日本の年金基金においては、数名の運用担当の方が全資産をみられており、年金コンサルタントや信託銀行などから運用アドバイスを受けている基金が多いようです。今後、年金コンサルタントや信託銀行には、どのような役割が期待されると思いますでしょうか。また、年金基金がコンサルタントを起用する場合の留意点はありますでしょうか。

　資金管理、モニタリングと、ファンド・マネジャー探しのそれぞれにおいて期待したいと思いますし、引き続きがんばっていただきたいと思います。

　信託銀行については、自己勘定でもプライベート・エクイティ・ファンドへ投資されているという点が重要であると思っています。そういう意味では、コンサルタントは、自分たち自身の資金をおもちではないので、調査の深掘りが弱いかなという印象をもっています。やはりプライベート・エクイティの世界というの

は、非常に閉じられた世界で、投資家限定でいろいろ情報が得られる世界です。ですので、自分自身が投資家にならないと、入手できる情報に限りがあります。その観点から、信託銀行は、自分たちでいろいろなプライベート・エクイティ・ファンドに投資をしていて、その経験に基づいてお客さんである年金基金にも推奨しているという優位性があると思います。

　今後求められるものについてですが、さらに情報収集に注力してほしいです。現状としては、採算や陣容の限界があるなかで、がんばっているほうだと思います。私は、いろいろな業者さんに対してあまり不満はありません。無理をいって、それでコンサルティング料や諸費用があがるということを考えれば、いまでも十分がんばっていると思います。

　積極的にコンサルタントを起用したほうがよいとは思うのですが、コンサルタントを活用する側の年金基金が、過剰な期待をもたないという視点も必要になってきます。どこの機関投資家も同じですが、自分たちが決定主体ですので、基本的には自分たちで情報を集めないといけません。そのための補助情報を彼らに求めるだけだという点を忘れないようにすることが重要です。コンサルタントが推奨した商品のなかから選ぶということだけでは駄目だと思います。

Q 欧米では企業年金に加え、公的年金もプライベート・エクイティ・ファンドへ積極的に投資しています。最後に、これからプライベート・エクイティ・ファンドへの投資を行うことを検討している日本の年金基金の皆さんに対してのメッセージをお願いします。

　いちばんは、やはり自分たち自身できちんとファンドを訪問して調査に行くことが重要です。いろいろなファンドをみて、主体性をもって自分たちなりの判断基準で投資するファンドを決めるようにしたほうがよいと思います。コンサルタントや信託銀行の情報は、第二次情報ですから、自分たちが調査するのが原則です。

　年金基金側の組織も必要になりますが、少人数でも十分できることはあると思

います。実際のお金の管理とかは、信託銀行や投資顧問会社にやってもらえますので、ファンド戦略に投資するかしないかの判断とモニタリングを主体的に行うことが大切だと思います。カンファレンス・コールなども、自分たちがやるのが原則です。

プライベート・エクイティ・ファンドへ自ら訪問して情報収集をする。それでも断られることがある世界だということを、年金基金側も認識しなければなりません。年金基金側がファンド側に営業しに行くという要素も多分にあります。プライベート・エクイティの世界は、投資家がきちんとファンドを選ぶと同時に、ファンド側からも投資家が選ばれるという世界ですので、そこを理解して積極的に交流を深めていく必要があります。有益な情報を得るために、自分たちが主体的に調査をしていくことで、どのファンドが自分たちにマッチするのかがわかってくると思います。人から教わるものではなく、自分で投資の感覚を磨くという視点がきわめて重要な投資分野ともいえます。

Profile

木口愛友氏
岡山県機械金属工業厚生年金基金 運用執行理事
ISCアドバイザーズ合同会社 代表社員
東京大学工学部卒業。住友生命保険入社。同社株式運用部門、経営企画部門を経て、1998年ラッセル・インベストメント・グループ入社。コンサルティング部門ヘッド、クライアントサービス部門ヘッドを経て、2005年執行役兼マネージング・ディレクター就任。2008年に社会貢献のための投資資金育成を目的として、ISCアドバイザーズを設立（ISCはInvestment for Social Contributionの略）。日本アクチュアリー会正会員・日本年金数理人会準会員・米国アクチュアリー会準会員・日本証券アナリスト協会検定会員・CFA協会認定証券アナリスト・国際公認投資アナリスト。

第 10 章

年金基金によるプライベート・エクイティ・ファンドへの投資アプローチ

DIC企業年金基金
運用執行理事　**近藤英男**

はじめに

　年金基金の運用は大きな分岐点に差しかかっている。これまでは内外の債券や株式といった伝統的資産クラスを投資対象としていたが、先進国の長期金利が大幅に低下した環境下では、期待するリターンを稼げなくなっているからだ。2000年頃から、オルタナティブ投資の一種であるヘッジ・ファンド投資が活発となってきているが、株式市場の大きな変動の影響を受けて、ヘッジ・ファンド・リターンも不安定である。

　世界的な経済構造の変化に直面して、市場の変動幅は大きく、そして頻繁に大きな変動が起こるようになった。年金資産の安定運用の要請が高まるなかで、ヘッジ・ファンドではないオルタナティブ、すなわちプライベート・エクイティなど非流動性資産への投資に注目が集まりつつある。最近では、ディストレスト・ファンドへの投資やインフラ・ファンドへの投資といったように、年金基金の間でも投資が行われるようになってきている。

　本章では、年金基金が直面する課題を明らかにし、これからの年金運用のフレームワークについて考えてみたい。そして、多様な投資機会を提供する非流動性資産の魅力に触れ、どのように年金運用のなかに取り込むか、考えてみたい。

1 年金基金からみる非流動性資産への投資魅力

(1) 年金資産運用が直面するマクロ経済の課題

　欧州の債務問題で金融市場は大きく揺れている。イタリア、スペインといった中核国でも政権交代が起こった。米国大手格付会社、スタンダード・アンド・プアーズ社（S&P）は、2011年12月5日、ドイツ、フランスなど最上級の格付けを付与している6カ国を含むユーロ圏15カ国の長期債務格付けを引き下げる方向で見直すことを発表、6日には、やはり最上位の格付けを付与している欧州金融安定化基金（EFSC）の長期債務格付けに関しても、引下げの方向で見直すことを発表した。そして、2012年1月13日、9カ国の格付け引下げを発表した。S&Pは2011年8月、米国国債の格付けをすでに最上級から引き下げており、財政リスクに対して強い姿勢で臨んでいる。

　日本で本格的に年金資産運用が行われるようになったのは1996年秋以降である。それ以前は、5：3：3：2と呼ばれた運用規制があったが、生命保険会社の一般勘定の予定利率が5.5％の時代であり、多くの年金基金では年金資産の大半を一般勘定で運用していれば足りる時代であった。

　日本の長期金利が2％を割り込んだのは1997年である。長期金利の低下にあわせて、一般勘定の予定利率も低下し、現在では1.25％となっている。その結果、年金基金は市場リスクをとる運用に方向転換し、本格的な運用に乗り出した。

　図表10-1は、2003年4月から2011年10月までの約8年半における年率リスクを表示している。AはDIC企業年金基金の実際のポートフォリオの実績リスクである。Bは現在の政策アセット・ミックス（国内債券55％、国内株式20％、外国株式25％）の実績リスク、Cは従前の政策アセット・ミックス（国内債券40％、国内株式30％、外国株式30％）の実績リスクである。Bのリスク水準は、長期的な期待リスク7.3％と比べて、やや高めの水準にある。CはB

よりも株式比率が高いので、リスクも高くなっている。2007年から測定すれば、全体的にリスクはもっと高くなる。サブプライム問題、リーマン・ショック、そして欧州ソブリンデット問題が大きな影響を及ぼしているからである。

図表10-2は、運用の効率性を測定する指標であるシャープレシオで三つのポートフォリオを比較してみたものである。

リスクが高くなるほどリターンは低くなる。すなわち、運用の効率性は落ちる。これは、資産運用の教科書とは異なる。ここに年金資産運用が直面する課題がある。最近では市場の変動性が高く、必ずしもとったリスクに見合ったリターンが得られるとは限らない、という現象が起こっているからである。

これは長期金利が大幅に低下していることに起因する。債券のリスクは低下しているが、株式リスクは変わらない、むしろ増大する方向に動いている。その結果、市場リスクは2極化し効率的なポートフォリオ曲線が描けなくなってしまったからである。

市場の期待リターンも低下している。1952年1月から2008年12月までの57年間における日米の短期金融資産、債券、株式、それぞれの年率リターンは、およそ4％、6％、10％であった[1]。短期金融資産のリターンに対し、債券では期間プレミアム2％、株式ではリスク・プレミアム6％、それぞれが上乗せされたリターンとなっていた。現在では、日米の短期金融資産の利回りはほぼゼロである。したがって、短期金融資産の期待リターンをゼロとすれば、債券と株式の期待リターンは、せいぜい2％と6％となる。

先進国の長期金利が低水準にあることが、年金資産運用におけるマクロ経済面での課題の一つである。米国とドイツでは、約15年日本に遅れて長期金

---

[1] 日米の短期金融資産、債券、株式、それぞれの年率リターンとプレミアムについては、宇野淳監修・日本証券投資顧問業協会・投資信託協会編（2010）に詳しい。

図表10−1　DIC企業年金基金のポートフォリオの実績リスク

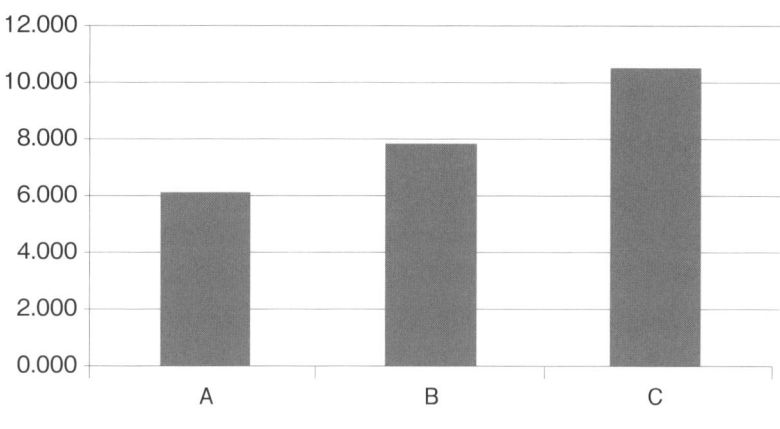

（出所）　DIC企業年金基金

図表10−2　DIC企業年金基金のポートフォリオのシャープレシオ

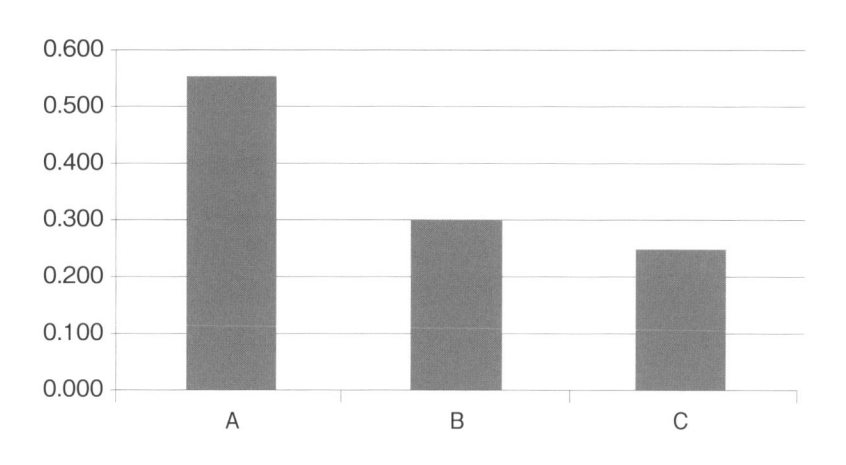

（出所）　DIC企業年金基金

利水準が2％を割り込んだ。その一方で、欧州の債務問題に関する混乱が続いており、スペイン、イタリア、さらにはフランスにまで影響を及ぼし始めている。「先進国国債は安全資産である」といわれた「神話」は崩れ、大量の国債を保有する欧州の銀行のバランス・シートにも悪影響を及ぼしている。

　資産クラス間の相関も高まっている。金融危機時には特に高まる。1989年「ベルリンの壁」が崩壊し、東西冷戦は終了した。1991年12月、旧ソ連は公式に解体されて15カ国に分離した。1980年代に進展した「民営化と規制緩和」、そして東西冷戦の終了によって世界経済は統合、グローバリゼーションが進んで世界の経済は成長した。現在問題となっているユーロ圏の枠組みは、1991年12月に合意されたマーストリヒト条約がスタートである。経済の相互依存関係が高まり、資産運用の世界でも大量の投資資金がグローバル・ベースで移動し、資産クラス間の相関は大幅に高まった。

(2)　リターン・ドライバーとしての非流動性資産

　企業年金基金の目標は、約束した年金給付の支払を確実に実行することである。そのためには、安定したリターンの獲得を実現すること、団塊世代が大量に退職する現在においては、給付資金の支払に支障をきたさないようなキャッシュ・マネジメントを行うことも大切である。

　日本の企業年金の負債状況は成熟化した年金制度に転換している。団塊世代が退職を迎えていること、そして一部の企業を除けば、「失われた20年」といわれる日本経済の長期低迷によって、企業が新規採用を抑えていることも年金制度の成熟化を促している。

　リーマン・ショックの影響を受けて傷んだ年金財政の立直しも必要である。また、団塊ジュニア世代の退職に備えた年金資産の成長も必要である。年金給付金の確保と年金資産の成長、この二つの目標をどのようにして実現するか、年金運営における大きな課題である。日本の年金基金は成熟度が高

い状況にあり、大きく負けると回復が不可能な状況に陥る可能性も高まる。

　年金資産運用はマクロ経済面での大きな変化に直面している。過去20年間で経験した世界経済は、その構造を変化しつつある。中国、インドといった新興国は、いまでは成長する国々と位置づけられているものの、まだ世界を引っ張るところまでには至っていない。これらの国々は、過去に先進国が経験した景気循環を体験しているところである。

　市場環境が大きく変化しつつある現在では、先進国国債と上場株式に頼った運用、すなわち、伝統的資産のみでの運用には限界がある。これからは、伝統的資産とは異なるもの、オルタナティブの活用が鍵となる。オルタナティブには、ヘッジ・ファンドや非流動性資産が含まれる。それぞれ特性は異なるが、このような資産をどのように活用するか、新しい年金資産運用の枠組みづくりが求められている。特に、非流動性資産は年金資産の成長を実現するうえで、リターン・ドライバーとなる可能性をもつ資産クラスと考えられる。年金資産運用のリスク管理を強化しリターンの追求も行う。このバランスをどうとるか、これからの年金資産運用にとって大きなチャレンジである。

　「市場価格がバブル化する要因の一つとして、多くの投資家がインデックスの周辺に群がること」にあると京都大学大学院経営管理研究部の川北英隆教授は指摘する（川北, 2011, p. 12）。これは、市場の効率性を暗黙のうちに前提としてしまうインデックス運用に疑問をもち、「長期的な投資を行う年金はインデックスから離れた運用を目指すべきだ」と提言していると読み取れる[2]。

　フランスのビジネス・スクール、EDHECのストヤノフ教授（Stoyan Stoyanov）は、「分散投資の重要性……ただし損失管理は別の方法で（Diversification

---

[2] 年金資産運用とインデックス運用については、川北（2011）、川北・近藤・谷家（2010）に詳しい。

Matters …but not for Downside Risk Control!)」と提言する[3]。「分散投資によりとったリスク量に相応の収益が持たされる」が、「分散投資の目指すところは損失をコントロールすることではなく」非常時のリスク管理は別の方法が必要だと提言する。分散投資ではボラティリティの低減ではなく最大のシャープ比を追求することを目的とすべきで、収益追求投資ポートフォリオと債務ヘッジポートフォリオを構築し、この二つのポートフォリオの間で動態的な資産配分変更を行うことが損失管理を行う方法だと述べている。

2 ヘッジ・ファンドと比較したプライベート・エクイティ・ファンドの魅力

(1) ヘッジ・ファンド投資に求めるもの

オルタナティブは「代替投資」と呼ばれている。オルタナティブ投資ではヘッジ・ファンドと非流動性資産、この二つが投資対象となるが、日本ではヘッジ・ファンド投資が主流である。米国では非流動性資産への投資が主流となっている。最近では、米国でもヘッジ・ファンド投資を拡大してきており、日米の差は縮まっている。日本の年金資産運用では、投資対象資産を運用基本方針のなかで定義する。キャッシュ、投資適格債券、上場株式、この三つの資産クラスを伝統的資産と定義し投資対象にするのが一般的である。これ以外の資産クラスは伝統的ではないという意味で、非伝統的資産と呼ばれている。これにはヘッジ・ファンドや非流動性資産が含まれる。すなわち、非伝統的資産＝オルタナティブと定義される。

オルタナティブ資産をポートフォリオに取り込むにあたって、「独立した資産クラス」と考える年金基金もあるが現状では少数派だ。大半は債券や株

---

[3] ストヤノフ教授（Stoyan Stoyanov）は、「分散投資の重要性」と「損失管理」について、講演・セミナーなどで繰り返し述べている。

式に対する代替資産として扱う。留意点は「代替投資」の意味をどのように理解するかということにある。英語での本来的な意味は、「置き換える（replace）」である。「代理する（substitute）」とは異なる。実務的には両方の意味でオルタナティブが活用されることが多い。大切なことは、債券や株式といった資産クラスの特性を変えることをねらっているのか、あるいは、それらの資産クラスの特性を維持したうえでリターン創出力を高めることをねらっているのか、投資目的を明確に認識する必要があるという点にある。

　ヘッジ・ファンドに何を求めるか。ヘッジ・ファンドの戦略はさまざまだ。株式ロングショート、株式マーケットニュートラル、グローバル・マクロ、マネージド・フューチャーズ、債券アービトラージ、合併アービトラージ、そしてファンド・オブ・ヘッジファンドがある。

　リターンの獲得手段として、債券や株式などの市場に対する広範なエクスポージャーをとって獲得する方法（ベータ）と超過収益により獲得する方法（アルファー）とがある。一般的には、後者のリターン獲得をねらってヘッジ・ファンドに投資している。ここにヘッジ・ファンド投資に対する期待のひとつがある。市場に左右されずに安定的なリターンの獲得をねらう。二つ目の期待は、株式リスクの低減を図りつつリターンの獲得をねらうものがある。株式ロングショートのような戦略を採用して株式ベータの低減と安定的なリターンの獲得とをねらうものと、マクロ・ヘッジの視点で株式リスク全体を抑制することを期待するものとがある。

　「伝統的な資産配分アプローチは長期的なリターンの予測がベースとなっており、リスク管理は２次的なものとなっていた」とアンドレ・F・ペロルド博士（ハイビスタ・ストラテジーズCIO、ハーバード・ビジネス・スクール教授）は指摘する[4]。「米国株式と米国国債の累積リターンの差をとったものを

---

[4] ペロルド博士（Andre F Perold）は、「リスク管理」の重要性について、講演・セミナーなどで繰り返し述べている。

みると、現在の水準は1968年の水準と同等であり、この40年の間、株式のボラティリティが高かったに過ぎない」「短期的なリスク管理が重要で、その積み上げが長期的なリスク指標となる」と提言する。その意味では、ヘッジ・ファンドに対する二つ目の期待も妥当なものと考えられる。

　2008年の金融危機後、長期的なファンダメンタルズをベースとするヘッジ・ファンドは激減した。投資家は流動性重視の姿勢に転換している。現在のヘッジ・ファンドのリターン源泉は、市場が効率的でないところからもたらされる短期的なミス・プライス、コーポーレート・イベントに伴うもの、短期的な予測に基づいたポジションの調整、などである。経済活動のなかから大きな果実（リターン）を獲得するには、長い時間軸をもった投資が必要である。

(2)　多様な投資機会を提供するプライベート・エクイティ投資

　ヘッジ・ファンド投資が「金融の世界でのゆがみ」をリターンの源泉としているとすれば、非流動性資産は経済活動をリターンの源泉とする。従来はベンチャー・キャピタル、プライベート・エクイティ、不動産といった資産への投資が主流であったが、最近では投資対象が広がっている。

　「経済成長の果実は企業が創出するもの」であることから、企業の発展段階をとらえて、創成期＝ベンチャー投資、発展期＝グロース・キャピタルの提供、成熟期＝企業買収あるいは企業再生・ディストレスなどの企業財務リストラへの投資、といったように分けられる。このほかに負債構造のなかでのメザニン投資がある。メザニン投資のなかでも、企業買収にかかわるものと通常の資金調達にかかわるものとがある。経済活動を支えるものとしての不動産投資がある。オフィス、住宅、商業施設、物流施設などさまざまである。

　最近では、新興国を対象とするプライベート・エクイティや不動産への投資も活発化している。不動産など実物資産投資といった分野でも、電力関

連、インフラストラクチャー、森林・農地などへの投資が行われる。風力や太陽光による発電などの再生エネルギーに対する投資も活発化している。金融危機以前には、CLO（collateralized loan obligation）やCDO（collateralized debt obligation）と呼ばれた銀行の貸付金を証券化した商品への投資も活発であった。

金融危機以降、プライベート・エクイティや不動産投資ではセカンダリー取引が活発化している。また、大手銀行に対する規制の強化が進み、ヘッジ・ファンドへの出資、医薬品のロイヤルティ買収、生命保険の買取りといった分野にも投資対象が広がっている。

非流動性資産への投資は長い時間を必要とする。企業価値の向上がリターンの源泉だからだ。個別案件でみれば、5～7年、10～12年、それを上回る年限といった具合に分類できるが、「プログラム全体が完成するには20年という期間を考えるべきだ」とアドバイスする米国財団の方にも出会った。

非流動性資産クラスに何を期待するか。この資産クラスに期待することは、年金資産の成長を実現するためのキャピタル・ゲイン獲得をねらった資産としての期待と長期的なインカム収益の獲得を目指した資産としての期待とがある。多様な投資対象を提供してくれるがゆえに、年金資産の運用にこれらの投資資産を取り込むには取組み方針を明確にする必要がある。プログラムの構築が重要だ。年金資産運用のポートフォリオは脆弱化しているので、このような環境下ではキャピタル・ゲインの獲得をねらった投資のみでは持続不可能である。

米国で起こったサブプライム問題と金融危機、現在欧州で起こっているソブリン債務問題と銀行危機、これからの世界を見渡したとき、どこに成長の軸があるのだろうか。経済の成長がなければ年金資産運用も厳しい。

(3) 経済成長の軸はどこにあるのか

経済成長が低迷する先進国経済と成長が続く新興国経済が同居する時代に

入った。中国やインドでは何億人もの人々がミドルクラスの仲間入りし、原油をはじめとするエネルギー消費量が大幅に増加する。日産自動車のカルロス・ゴーン社長は日本経済新聞のインタビュー（「2012視点」2011年12月23日付日本経済新聞朝刊）に応じて、「今世界で起きているのは、戦略産業の呼び込み競争だ」「今の円高は異常だと何度も言ってきた。日本政府は自国の競争力を守るために、意思と行動力を見せてほしい」と応え、国家の成長戦略がぶつかり合う時代にいるとの認識を示した。さらに、「中国で成功したからといって、ベトナムでうまくいくとは限らない。世界の企業にとって『ニューゲーム』が始まったのだと思う」「ゲームに勝つには人材と考え方の多様性が必要だ」と述べている。

　地中海貿易で欧州が栄え、その後大西洋での貿易拡大、そして太平洋に移りこれからどこへ行くのか。米国の上場株式運用会社グローバル・セマティック・パートナーズ（Global Thematic Partners LLC、米国ニューヨーク）はテーマ型運用で有名であり、そのテーマの一つに「インド洋の時代の幕開け」をとらえる。その背景には、「モンスーン（MONSOON）」（ロバート・D・カプラン（Robert D. Kaplan）著）がある。

　この海洋は、アフリカのホルン岬からアラビア半島、イラン高原、インド亜大陸、インドネシア諸島をまたぐ地域から成り立ち、大西洋の7倍の広さをもつ。西端に位置するホルムズ海峡を原油取引量の40％が通過する。東端にあるマラッカ海峡では、世界の商船の50％が通過する。コンテナー船の50％がインド洋を航行し、かつて中世の時代にはベニスから日本を結ぶ「海のシルクロード」と呼ばれた海洋でもある。

　ここでは、太平洋でライバル関係にある米国と中国、インド洋でライバル関係にあるインドと中国、中東地域での米国のイスラムのテロとの戦い、これら三つの関係が結びついて、一つのスーパー・パワーが支配することなく多極的な世界が展開する地域となる。

　インドのエネルギー需要は増大している。原油需要の90％はペルシャ湾か

らアラビア海を通って輸入される。2050年までには、米国、中国に次ぐ世界第3位の原油輸入国となる見込みである。石炭もモザンビーク、南アフリカ、インドネシア、オーストラリアなどから輸入される。将来はカタールなどからLNGを輸入する。インドはペルシャ湾沿岸やアラブ沿岸で、数百年にわたる親密な経済関係と文化的な結びつきをもっている。人口が増加するアフリカとの貿易拡大、インドの東にある資源国ミャンマーとの関係強化にも動いている。

　中国もエネルギーの需要が大きく増加している。中国向け原油の85％以上は、インド洋からマラッカ海峡を通過して輸入される。このほかに、中央アジアから陸路で運ばれるルート、パキスタン、ミャンマー、バングラディシュなどの港湾を利用し、その後パイプラインや陸路で運ばれるルートもある。インド洋に沿うかたちで水平に経済関係を広げるインドに対し、中国は中国南部からインド洋へアクセスするために垂直的なアプローチをねらう。「マラッカ・ジレンマ」と呼ばれるボトルネックに対処することを意図しているためである。

　インドと中国が東南アジア、中近東と結びつきを強めると、アジアの地図は一つの有機的に結ばれた地域として成長する。この地図にはユーラシア大陸内部にある中央アジアも含まれる。アゼルバイジャンやトルクメニスタンなど、豊富な天然資源をもつ国々が道路やパイプラインでインド洋と結びつく可能性がある。

　インド洋は500年前に西側の征服者の舞台となった。1498年、アフリカ最南端の喜望峰を越えてポルトガルのヴァスコ・ダ・ガマの艦隊がインドのカリカットに到達。アルブケルの艦隊は1511年にマラッカ海峡を占領した。その1世紀前、1405年に中国の鄭和艦隊が南シナ海・インド洋への航海を開始している。明帝国への朝貢を呼びかける儀礼的な目的を中心として編成されたものである。鄭和に率いられた乗組員2万7,000人、大型艦船60余隻、全体では200余隻からなる大艦隊は、28年の間、7次に及ぶ大航海を行った。

壮大な中国の大航海時代がいま、インド洋で再来している。

③ 実物資産の投資機会

(1) 不動産投資の投資機会

　実物資産（リアル・アセット）とは、不動産、インフラ設備・船舶・航空機などのオペレーティング・アセット、石油・天然ガスなどの天然資源、農地・森林などの資源を投資対象とする資産クラスをいう。この資産クラスからはインカム・リターンやキャピタル・ゲインの獲得を目指すが、次のように特徴づけられる。①資金化できるハード・アセットの裏付けがある、②インフレに対して明確なヘッジ作用がある、③経済が低迷するときにもキャッシュフローを提供する。

　米国の大学寄贈基金が先行して実物資産への投資を行ってきたが、欧州やカナダの公的年金基金も投資を拡大している。米国の公的年金カルパース（CalPERS）は2010年の新しいアセット・アロケーションで、実物資産を一つのグループに位置づけた。投資対象である実物資産から生まれるキャッシュフローに着目した投資といえる。

　その代表となる投資対象は不動産である。オフィス、住居、商業施設、物流施設、展示施設、最近では介護施設なども対象となっている。日本では、かつて「土地」そのものに価値を見出すこともあったが、現在では「キャッシュフローを生み出す価値」が基準となった。「キャッシュフローの確からしさ」によって投資戦略は異なる。「確からしさ」の確度が高ければ"コア戦略"となる。「キャッシュフローの成長」をねらうならば"バリューアッド戦略"、「キャッシュフローを創出する」ならば"オポチュニスティック戦略"となる。

　キャッシュフローに影響を与える要因に、マクロ経済要因と物件固有の要因、そしてファイナンス要因がある。景気や物件の需給に基づく物件価値の

変動、物件の品質や魅力度にかかわる物件価値の変動、物件取得に関するファイナンスやテナント・リースの期限による物件価値の変動などがある。ここに投資機会があり、運用マネジャーの知見とスキル・セットに基づいた投資機会が存在する。

　"バリューアッド戦略"と"オポチュニスティック戦略"は、私募不動産での取組みとなるが、主としてインカム収益を獲得するコア戦略では、リート（上場不動産投資信託）、私募不動産ファンド、オープン・エンド・ファンドでの取組みが可能である。

(2)　インフラストラクチャーの投資機会

　安定的なキャッシュフローを生み出す資産としてインフラ・ファンドも注目されている。対象となる物件は、橋・トンネル・有料道路・天然ガスのパイプライン・電力の送電線・水道・汚水処理施設、空港・港湾・鉄道・電力発電所・高速鉄道、といった稼働しているインフラ施設で広範囲に及ぶ。インフラ施設の開発も投資対象となる。先進国では、「小さな政府」を志向し民営化を促進した結果、インフラ施設が市場に供給されるようになった。

　すでに稼働している物件は「ブラウン・フィールド」と呼ばれる。インフラ事業は独占（あるいは、寡占）ないしは規制された事業であることから、長期にわたって安定的にキャッシュフローが生み出されるところに魅力がある。コストを料金に転嫁できるのでインフレ・ヘッジ効果もある。不動産と同様のキャッシュフローを生み出すが、参入障壁が高い点で不動産とは異なる（1件当りの取得金額も不動産と比べて高額となる）。

　新しく建設する物件は、「グリーン・フィールド」と呼ばれる。近年では、PPP（public private partnership）方式が主流で、1990年初めに英国で開発された。当初はPFI（private financial initiative）と呼ばれたが、現在ではPPPとなり、オーストラリア、大陸欧州、カナダなどで活用されている。政府ないし政府関係機関と長期の契約関係を結び、設計・建設・ファイナンス・運

営・維持（"DBFOM"）を行う。「プロジェクト・ファイナンス」とは異なり、将来生み出される収益の全部、あるいは一部が政府支出となる点に特徴がある。PPPはそこから生まれる収益構造の違いから二つのリスクに分類される。

　一つ目は、アベイラビリティ・リスクと呼ばれるもので、施設が利用可能である状態であれば収益が得られる型である。二つ目は、デマンド・リスクで需要の変動に影響される収益の型である。前者は病院・学校など社会的インフラに適用されるもので、それ自体での収益力が弱い案件に適用される。後者は、有料道路・トンネルなど経済的インフラに適用され、物件に自立できる収益力がある案件に適用される。

　不動産と同様に投資戦略は三つある。開発段階に投資する戦略、キャッシュフローの成長段階に投資する戦略、成熟した段階に投資するコア戦略がある。コア戦略では長期的なインカム収益の獲得が目的となり、不動産投資と同様、上場インフラ・ファンド、私募ファンド、オープン・エンド・ファンドでの投資が可能である。

(3)　エネルギー投資とクリーン・エネルギー投資

　2011年3月11日東日本で大地震が起こった。その直後、大津波が福島第一原発を直撃して発電は停止、首都圏では計画停電を余儀なくされた。2020年まで電力需要の40％を、そして2030年までに50％を原発でまかなう計画は頓挫した。この事故は海外にも多大な影響をもたらした。最も大きな方針転換が起こったのはドイツである。メルケル首相は事故後直ちに「できるだけ早く原発を停止して再生エネルギーへの転換」を発表し、その後2020年までにすべての原発を閉鎖する政府決定を行った。

　原子力は大規模発電が可能であり、かつカーボン・フリーの特性をもつ。今日、世界の電力発電に占める割合は15％である。世界では2000年から2010年の間に、39基の原発が新規に稼働している。その大半はアジアにある。い

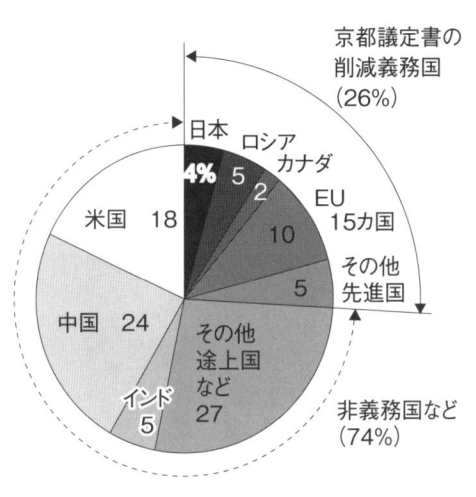

図表10−3　世界のCO₂排出量の内訳

京都議定書の削減義務国（26%）
日本 4%
ロシア 5
カナダ 2
EU 15カ国 10
その他先進国 5
非義務国など（74%）
その他途上国など 27
インド 5
中国 24
米国 18

（出所）『日本経済新聞』2011年12月4日付朝刊

までも60基が建設中で、中国、インド、韓国、ロシアの4カ国で5分の4を占める。このような状況は「ニュークリア・ルネッサンス」と呼ばれたが、現在では見直しを迫られている。

　もっとも中国では、米国の原発の規模と同じ程度の発電能力をもつ方針を堅持しているため、2020年までに60から70基の原発を建設する計画である。

　一方で、2011年12月、第17回国連気候変動枠組み条約締結国会議（COP 17）が南アフリカのダーバンで開催され、2013年以降の温暖化対策の枠組みについて話し合われている（現行の京都議定書（1997年）が12年末に期限を迎える）。論点は、①日欧などだけが削減義務を負う京都議定書の延長、②主要排出国の米中を含めた包括的な枠組みの構築、この2点に集中している。

　環境問題に対する認識は大きく変化してきた。かつては、スモッグやCO₂といったような公害問題に対する懸念が中心であったが、現在では気候温暖化問題が政治の中心にあり、将来のエネルギー問題を考えるときに切り離せ

図表10-4　燃料ミックス

THE FUEL MIX
Electricity generation in 2009 by fuel type, in millions of gigavite-hours

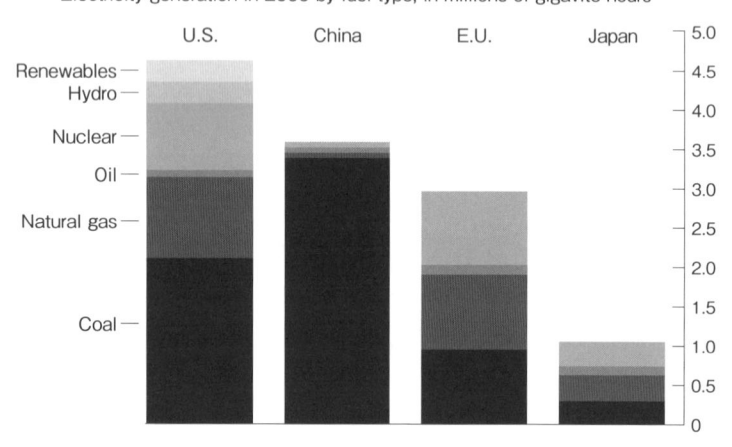

U.S.　　China　　E.U.　　Japan

Renewables
Hydro
Nuclear
Oil
Natural gas
Coal

5.0
4.5
4.0
3.5
3.0
2.5
2.0
1.5
1.0
0.5
0

（原資料）　IHS CERA
（出所）　Daniel Yergin（2011）*The Quest: Energy, Security, and the Remaking of the Modern World,* Penguin Press, p. 399.

ない問題となっている。

　福島第一原発事故が起こる数カ月前、チュニジアで果物売りの青年が焼身自殺をする事件が起こった。この話はチュニジア全域に広がり、「ジャスミン革命」を生んだ。その後、北アフリカや中近東にも広まり、エジプトやリビアでも政権が崩壊した。世界市場に供給される原油の40％はペルシャ湾で生産されるので、この地域における地政学上のバランスが崩壊し原油価格は大きく上昇した。

　ほぼ同時に起こったこの二つの事件によって、世界のエネルギー市場は大きなショックを受けている。エネルギーに大きく依存している社会は今後どのように展開するか、おおいに関心がもたれているところである。

　今後のエネルギーの展開を考えるとき、ダニエル・ヤーギン（Daniel

Yergin)の近著「QUEST」はおおいに役立つ。同氏は現在ケンブリッジ・エネルギー・リサーチ・アソシエイツの共同代表を務めている。1992年にピューリッツァー賞を受賞した著作の日本語翻訳版である『石油の世紀―支配者たちの興亡―（上・下）』日本放送出版協会は有名である。

　世界の電力発電は、石炭、原発、天然ガス、この三つが主要な供給源泉である。石炭は豊富であるため電力の40％は石炭からつくられている。

　図表10－4は、主要国での燃料ミックスを示したものだ。米国の発電は、石炭45％、天然ガス23％、原発20％、水力発電7％、風力2％である。原油は主に自動車のガソリンに向けられる。

　欧州では、原発、石炭、天然ガス、それぞれが25％である。このほかでは、水力発電15％、風力4％、原油3％となる。日本は、石炭28％、原発28％、天然ガス26％、原油8％である。中国とインドでは石炭が主流であり、それぞれ80％、69％となる。水力発電は、それぞれ16％、13％となる。ブラジルでは水力発電が80％を占める。

　米国や欧州ではカーボン排出を抑えることが重要な課題となっているため、新規に火力発電所を建設することがむずかしくなってきている。石炭は天然ガスの2倍のCO_2を排出する。

　現在の世界経済の規模は65兆ドルである。20年後には130兆ドルとなると見込まれている。大規模な経済を支えるエネルギー需要は今後とも増大していく。これからの数十年間で、世界の人口の4分の1に当たる20億人の所得が増加していくと見込まれている。北米、欧州、日本ではすでに原油需要はピークアウトしているが、新興国ではますます増加していく。現在、10億台ある自動車が20億台の規模となっても、原油は支えるだけの供給を期待できるだろうか。

　米国では「シェールガス革命」が進行中だ。シェールガスとは頁岩から抽出するガスである。1820年代に発見されたが、抽出がむずかしく商業生産はできずにいた。抽出を可能とするフラッシング技術と水平ドリリング技術と

が組み合わさって、2007〜2008年、突然天然ガスの生産量が大幅に上昇している。2000年、シェールガスは天然ガス生産量のわずか1％であったが、2011年には25％、20年後には50％になるとみられている。「シェールガス革命」の結果、北米の天然ガスは現在使用されているガスの100年を超える量に匹敵する量を生産できることになった。

　３Ｄ技術などの情報とコミュニケーションに関する技術が進展し、原油では新しい油田の発見やこれまでには採取できなかった油田からの掘削を可能にしている。一方で、ロシアや旧ソ連から独立した国々が世界のエネルギー市場に参入してきている。

　天然ガスは低カーボン・エネルギーであるが、ノン・カーボン・エネルギーではない。ノン・カーボン・エネルギーの源泉は、風力と太陽光が大きな源泉である。1970年代にはエネルギー危機と環境問題に対する意識が高まって、代替エネルギーとして風力、太陽光、バイオマス、地熱発電といった広範囲にわたるエネルギー源の開発が行われたが、その後これらの発電コストは採算にあわず、一方で従来のエネルギー源の価格が低下し、廃れてしまった。いまでは、この代替エネルギーは再生可能エネルギーと呼ばれるが、気候温暖化問題に対する意識が高まって、再生エネルギーの利用が急速に拡大している。

　「アラブの春」の影響を受けて、北アフリカと中近東の政治状況は激変している。米国と中国の関係は、10年前は世界のエネルギーの安全性保障に関してほとんど問題は生じていなかった。今後の展開を考えたとき、エネルギー供給の安全性の確保も重要となる。

　現在は、世界のエネルギー転換の初期段階にある。歴史的には、エネルギー転換には長い時間がかかることが証明されている。石炭から石油への転換には100年かかった。再生可能エネルギーの課題は、信頼性の高い大規模での発電が可能となるか、というところにある。

　エネルギーの分野にも、さまざまな投資機会が存在する。

4 これからの年金資産運用のフレームワーク

(1) DIC企業年金基金が目指すもの

　これからの運用のフレームワークを考えるとき、給付金の確保と投資元本の成長の実現、この二つの目標を考慮したフレームワークが必要である。投資元本の成長を目指すうえで、投資戦略をどう構築するか、ポートフォリオ・ボラティリティのエクストリームを抑えるためにテール・リスク管理をどう行うか、この２点が重要である。特に、日本の年金基金は成熟度が高い状況にあるので、大きく負けると回復不能な状況に陥る可能性も高まる。

　上記の目標を達成するには、ポートフォリオ全体としての低ボラティリティ（低リスク）とポートフォリオの成長を目指す必要がある。DIC企業年

図表10－5　ポートフォリオの月次リターン（対TOPIX）（2003/4～2011/7）

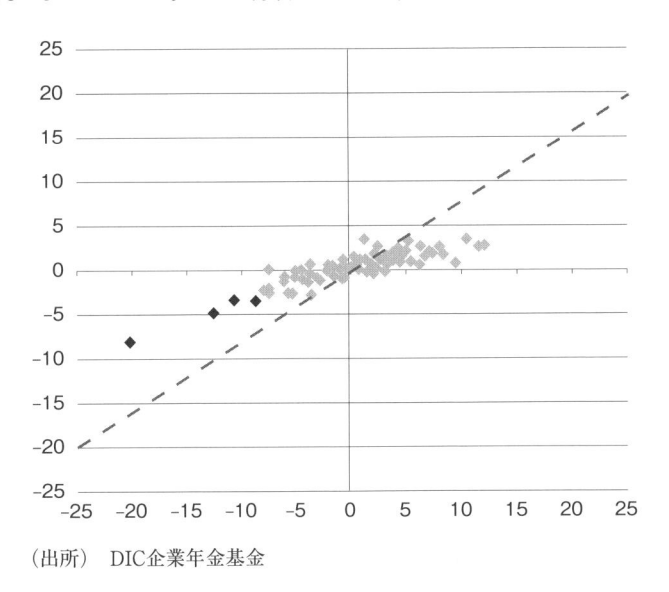

（出所）　DIC企業年金基金

金基金では、ヘッジ・ファンドと非流動性資産を活用して目標の実現を目指す。ヘッジ・ファンドには絶対収益の確保とマクロ・ヘッジの役割を、そして非流動性資産にはリターン・ドライバーの役割を期待する。

図表10－5はTOPIXに対するポートフォリオの月次リターンの分布を示し、図表10－6はTOPIXに対する株式ポートフォリオの月次リターンの分布を示したものである。リスクの大半を占める株式リスクを抑えることが、結果としてポートフォリオ全体の低ボラティリティを実現することにつながる。

株式ポートフォリオは、上場株式、非流動性資産、ヘッジ・ファンド、この三つの資産クラスを組み合わせて運用される。とりわけ非流動性資産では、長期的なインカム・ゲインを獲得する目標、経済や企業の成長を取り込んでキャピタル・ゲインを獲得する目標、投資機会を捕捉してリターンを確

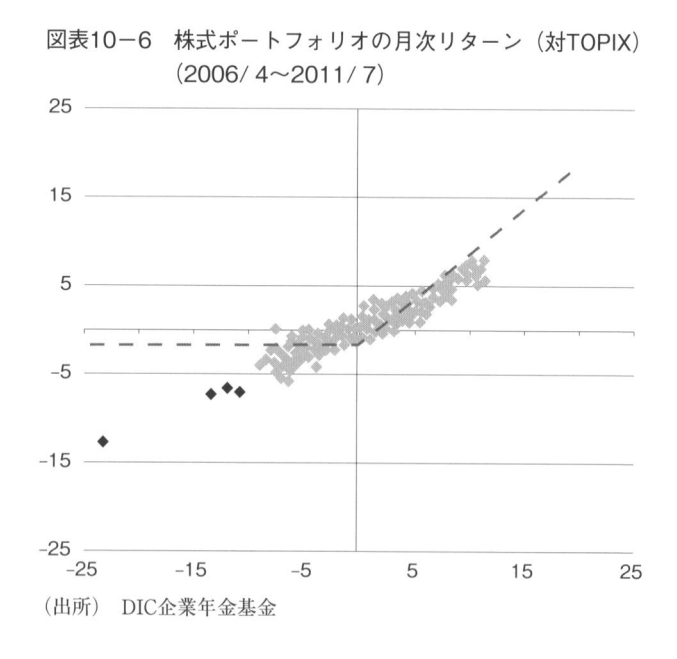

図表10－6　株式ポートフォリオの月次リターン（対TOPIX）
（2006/4～2011/7）

（出所）　DIC企業年金基金

保する目標、これらの三つの目標を見据えた投資を行う。非流動性資産をリターン・ドライバーとして育てるには、フォワード・ルッキング・アプローチ（将来を見渡す）が必要である。オルタナティブの活用を拡大していくと、年金のポートフォリオ管理のありかたも変わる。ポートフォリオ管理はアセット・マネジメント（さまざまな資産クラスを組み合わせた運営）から、インベストメント・マネジメント（リターンの源泉を考慮した運営）へと変わる。単にアセットクラスをミックスするだけではないクロス・マーケットでの運用、単に資産配分を維持するだけではなくリスク要因とその変化を考慮した運用、このような運用スタイルへと転換していく。これからの時代、年金基金の運用担当者に求められるスキル・レベルはより高度なものが要求されるようになってきているので、もっと自己研鑽に励まなければならないと常日頃感じている。

(2) 米国公的年金カルパースの新アセット・アロケーション戦略

2008年の世界的な金融危機では、なぜ世界の年金基金が皆一様に20％前後のマイナス・パフォーマンスとなったのか。それぞれの資産配分戦略は異

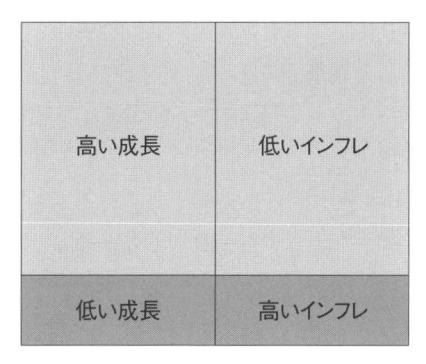

図表10-7　成長インフレ

高い成長	低いインフレ
低い成長	高いインフレ

（出所）　筆者作成

なっているにもかかわらず、パフォーマンは皆一様にマイナス20％前後であった。

これまでの運用では、"高い成長"と"低いインフレ"といったマクロ環境に大きくベットする運用が行われていたからだ。これからは、"低い成長"と"低いインフレ"、あるいは、"低い成長"と"高いインフレ"といった組合せが起こる可能性もある。これから、分散投資の再構築を考えるときの課題である。

2010年、米国最大の公的年金基金カリフォルニア州職員退職年金基金（カルパース、CalPERS）は、極端に振れる市場リスクとインフレーション・リスク、この二つのリスクからポートフォリオをヘッジするために、伝統的なアセット・アロケーションから離れて新しいアロケーション・モデルに移行した。これはオルタナティブ・アセット・クラシフィケーション（alternative asset classification）と呼ばれる。

従来は、キャッシュ、債券、株式（オルタナティブを含む）、不動産、インフレ・リンク資産、以上のように五つのアセットクラスの分類に基づいて資産配分を決めていた。経済成長とインフレとの関連で、それぞれのアセットクラスがどのように機能するかという視点で見直して、図表10－8のとおり分類基準を改めた。①成長、②インカム、③実物資産、④インフレ、⑤流動性、この5分類が新しい基準となる。目的とすることは、収益追求ポートフォリオとヘッジポートフォリオの二つをつくることでリスク効率の高いポートフォリオを目指すことにある。「リスク・テイクなしにはリターンは得られないが、何がリスクであるか理解する必要がある」。そして、「分散投資が拡大していくなかで、結果として同じような資産に投資が集中しがちとなることを避けることになる」と考えている。すでに、デンマークの公的年金のATPや米国アラスカ州のソブリン・ファンドでは、このような考え方に移行している。

図表10－8　CalPERSの新しい資産配分の分類基準
（Alternative Asset Classification）（2010）

分類基準	資産構成	投資目的	新ターゲット（％）	新レンジ（±）	現在のレンジ（±）
成長	上場株式、プライベート・エクイティ	経済成長、株式リスク・プレミアムに対するエクスポージャー	63	7	7
インカム	固定利付債券	インカム収益を提供する	16	5	5
実物資産	不動産、インフラ、森林	インフレの影響を抑えた長期的なインカム収益を提供する	13	5	5
インフレ	コモデティ、インフレ・リンク債券	インフレに対応するパブリック市場での投資対象	4	3	2～5
流動性	キャッシュ、国債	株式に対するヘッジとデフレ・リスクへの対応を図りつつ、流動性を確保する	4	3	0～5

（出所）　CalPERSの資料を基に筆者が翻訳

(3)　流動性資産と非流動性資産とが融合したポートフォリオ戦略

　流動性資産と非流動性資産とが融合ポートフォリオの運用を行っている運用会社の一つに、ハイビスタ・ストラテジーズLLC（HighVista Strategies LLC, 米国ボストン）がある。運用資産残高は42億ドル。ハーバード・ビジネス・スクール教授のアンドレ・F・ペロルド博士（Andre F. Perold）が創業者の一人で2004年に設立された。

　ハーバード大学、イェール大学といった米国大学寄贈基金の運用モデルを外部に提供することを目的としているが、運用モデルそのものをコピーしているわけではなく、独自のモデルに修正している。一定水準のリスク（年率

8～9％）での運用を目指し、非流動性資産をリターン・ドライバーとして活用する。流動性資産（40～60％を配分）ではインデックスを活用して、株式、債券、リート、商品といったような幅広い市場に分散投資を行う。「インデックスをアウトパフォームするのは困難だ」という信念に基づいて、流動性資産では市場リターン（ベータ）を追求する。ボラティリティと株式との相関の変化に応じて、資産配分の変更を行う。インデックスの活用は安いコストでリバランスが可能となる点で有利となる。キャッシュ比率を高めて待機資金を保有することもある。ここにリスク管理の特徴がある。

　非流動性資産では大きなリターンをねらう。リターンの源泉はマネジャーの運用能力、すなわちオルタナティブ・ベータとアルファーだ。流動性に制限があるヘッジ・ファンド、オポチュニスティックなクレジット投資、プライベート・エクイティ、不動産、エネルギーに関連したプライベート・エクイティなど投資対象は広範に及ぶ。大きなアルファーは「流動性が低く長期のホライゾンを要する傾向があり」、かつ「優秀なマネジャーが多く存在する」ところで獲得できるものだと考えているからである。非流動性資産の選択はボトムアップ・アプローチであり、事前に配分計画は行わない。フォワード・ルッキング・アプローチ（将来を見渡す）による投資機会と優秀なマネジャーの選択可能性とを考慮して、投資判断を行っていく。

　「元本の損失リスクをコントロールしながら資産の成長を目指す」ところに、この運用モデルの特徴がある。そのために、分散投資（シャープレシオの最大化）、市場エクスポージャーのコントロール（ポートフォリオのリスクを一定に保つ）、保険（市場が過度に振れるときにヘッジを行う）、このような手法を駆使してポートフォリオが構成される。「インデックスから離れた運用」を行って分散投資の効率化を目指す方法、インデックスをリスク管理のツールとして活用する方法、運用には多様なアプローチがある。ポートフォリオ全体を統合した視点で考慮することが重要である。

5 DIC企業年金基金のプライベート・エクイティ投資戦略

(1) 長期投資資産の投資の枠組み

　2004年10月、企業年金基金に移行した。2000年度から2002年度の3年間はITバブル崩壊の影響を受けて、3年連続のマイナス・パフォーマンスに陥った。年金財政が悪化した現実を直視して、新しい運用のフレームワークをどうつくるか、2003年より試行錯誤を始めた。取り組んだことは、①先進国経済が低成長時代に入ることを前提とした運用戦略を考えること、②オルタナティブを積極的に活用する戦略を考えること、③グローバルな視点をもって投資対象を発掘する、そのためには海外の運用マネジャーにも積極的に目を向けること、以上の3点であった。

　海外の大手年金基金の資産配分方針もホーム・ページで検索した。米国、英国、カナダ、オランダの4カ国から五つの年金基金（四つは公的年金）を選び、比較検討した。資産配分の考え方はさまざまであったが、二つのグループで考え方に大きな差異があることを発見した。米国と英国のグループではキャピタル・ゲイン獲得志向が強い、これに対してカナダとオランダのグループでは長期的なインカム収益の獲得も重視している点である。

　一方で、"自分たちの資産規模はいくらか"、"自分たちの投資経験はどのくらいあるのか"、このような視点も考慮に入れた。米国では1974年にエリサ法が施行され、分散投資の拡大が始まった。日本での運用の自由化は1997年以降のことである。普段、目にする事例は海外の大手年金基金の事例であり、そのすべての年金基金は巨額の運用資産をもっている。

　DIC企業年金基金では、従来の政策アセット・ミックスの機能を2分割して、運用目標を定める基本ポートフォリオと実際に運用を行う実行ポートフォリオ、この二つの考え方に基づいて運用管理を行うフレームワークに移行した。実行ポートフォリオでは、増大する給付支払に対応するための年金

債務を考慮した債券ポートフォリオ（債務対応ポートフォリオ）と年金資産の成長を目指す株式ポートフォリオ（収益追求ポートフォリオ）、この二つのポートフォリオで運営する手法をとることにした。
　非流動性資産は株式ポートフォリオでの代替投資として位置づけている。資産規模を考慮して、すべての非流動性資産は"長期投資資産"と定義し、この枠組みのなかでプライベート・エクイティ、不動産、インフラ・ファンド、ディストレス・ファンドなどへの投資を行う。不動産、インフラ・ファンド、天然資源などへの投資は実物資産投資としてまとめることにした。また、投資経験がないことを考慮して、投資枠は上限のみを決め、適切な案件がなければ投資しなくてもよい、投資対象となる案件には十分な時間をかけて精査し、グローバルな視点で投資機会を捕捉する、このような柔軟性をもった取組み方針とした。
　長期投資資産への投資で期待することは、キャピタル・ゲインの獲得と長期的なインカム・ゲインの獲得である。そのためには三つの運用目標を設定する。①長期的に安定したインカム・ゲインを獲得するためのアセット、"コア・アセット"としての目標、②経済成長や企業価値の成長をとらえてキャピタル・ゲインを獲得するためのアセット、"グロース・アセット"としての目標、③投資機会（あるいは、投資タイミング）をとらえてリターンを獲得するアセット、"オポチュニスティック・アセット"としての目標である。

(2)　**長期投資資産の投資プログラムの構築**
　長期投資資産のリターン目標は14％とした。グローバル・ベースでの投資機会を捕捉するとするならば、米国企業の平均ROEと同じ水準をリターン目標として考えることにした。これは絶対的な基準ではなく、案件取上げの目安とするものである。投資の前提として、"100％の成功は考えず60％の確率で成功したい。そのためには、二桁のリターン目標をもつべきだ"という

第Ⅱ部＿応用編

考え方に基づいている。

　長期投資資産への投資は、"ゼロからの出発である"ことに留意してプログラムを構築した。資産の成長実現を目標に、"じっくりと育てる"視点から中長期的な時間軸に基づいて投資を進めていく。留意することは、長期的な時間軸のなかで"投資ポジションを維持できるか"という視点である。プログラムの立上げ段階でつまずくと後が続かないからである。

　留意することのひとつが、「Ｊカーブ効果」の考慮である。図表10－9の実線は一般的なプライベート・エクイティ（バイアウト・ファンド）のキャッシュフローのイメージを示している。プログラムの初期段階では、このカーブを緩和することをねらって、全体としては投資回収期間を短縮化することを考えた。運用報酬は高く、かつコミットメント金額（投資額ではなく）が報酬の算定基準となるからだ。しかも、投資回収には一定の期間を要するうえに景気動向によって期間が延びることもあるので、当初は負担が大きくな

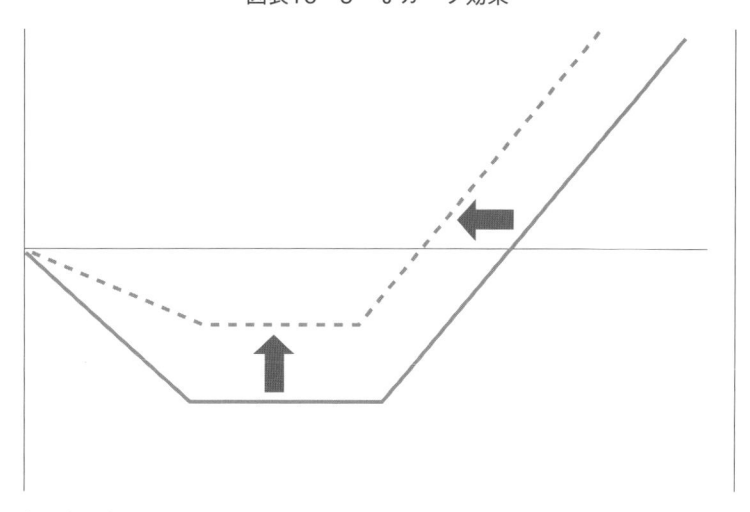

図表10－9　Ｊカーブ効果

（出所）　筆者作成

第10章　年金基金によるプライベート・エクイティ・ファンドへの投資アプローチ　347

るからである。

　二つ目は、「キャピタル・コール」に備えた流動性の確保が必要となることだ。日本の私募不動産は例外的な存在であるが、一般的には一定の投資期間のなかで段階的に投資が実行されていくことになる（ブラインド・プール方式と呼ばれる）ので、そのつど「出資要請」（キャピタル・コール）が届いてくる。それにあわせて資金の拠出が必要になる。

　2008年のリーマン・ショック後、世界の株式市場は暴落し米国の大学寄贈基金に衝撃が走った。キャピタル・コールに対応する流動性不足に陥ったからである。通常はコミット金額の100％近くまでキャピタル・コールを要請されることはなく、また投資回収もあるので資金は回る。それゆえに、目標とする投資残高を維持するにはオーバー・コミットメントを行うのが通例となっていた。このときは状況が大きく異なった。投資回収は止まり、一方でキャピタル・コール要請が相次いで資金対応に支障をきたす事態となったからである。同時に、非流動性資産の時価評価は遅行性があるので、資産全体に占める割合が50％を超える（80％近くに達した基金もあるようだ）ところが続出した。これは「分母効果」と呼ばれるもので、留意する三つ目のポイントとなる。

(3) 長期投資資産の投資戦略とこれからの展開

　"投資ポジションを維持できるか"という視点で最も重要となることは、投資戦略のデザインの描き方である。どのように分散投資を進めるか、投資タイミングをどうとらえるか、個別案件ごとの検討のみでは対応できない。フォワード・ルッキング（将来を見渡す）が重要であり、さもないと現在の流行に乗っかって将来ダメージを受けることもある。

　長期投資資産は多様な投資機会を提供してくれる。運用マネジャーが創出するアルファーに大きく依存する投資でもある。したがって、「市場の選択」と「マネジャー選択」の重要性は非常に高い。分散投資は地域分散やマネ

ジャー分散としてとらえられることが多いが、そのうえの段階を考えて投資戦略をデザインすることも必要だ。すなわち、「リターンの源泉」を考えた投資戦略の構築である。

図表10-10は、投資戦略のデザインをイメージしたものである。分類の軸は"リターンの源泉"（長期的なインカム収益をねらうのか、キャピタル・ゲインの獲得をねらうのか）と"投資回収期間"（投資期間が5年程度か、10年を超えるのか）である。これによって、"コア投資戦略"、"成長投資戦略"、"オポチュニスティック投資戦略"の分類が容易になる。投資期間の設計も容易になる。その結果、自分にあった投資戦略のデザインが容易となる。

2008年に金融危機が起こった。デザインした投資戦略が市場のテストを受けることになったが、図表10-10で示した投資戦略はうまく機能した。これは第一象限への集中投資を回避した結果である。ここに集中したポジションを多くもっていると、たとえマネジャー分散を進めても経済環境の変化の影

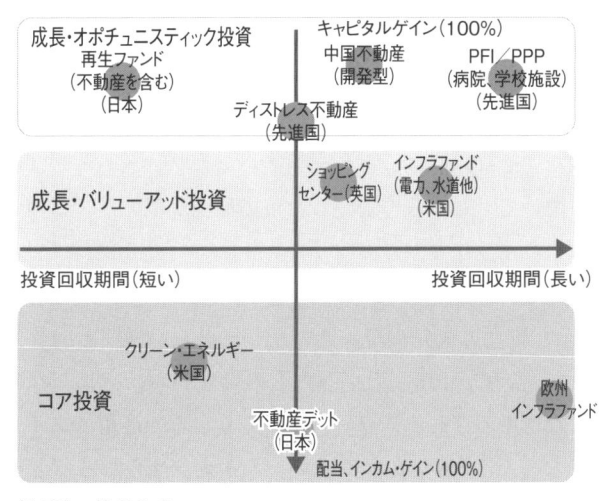

図表10-10　投資戦略（イメージ）

	キャピタルゲイン（100%）	
成長・オポチュニスティック投資 再生ファンド （不動産を含む） （日本）	中国不動産 （開発型）	PFI／PPP （病院／学校施設） （先進国）
	ディストレス不動産 （先進国）	
成長・バリューアッド投資	ショッピングセンター（英国）	インフラファンド （電力、水道他） （米国）
投資回収期間（短い）		投資回収期間（長い）
	クリーン・エネルギー （米国）	
コア投資		欧州 インフラファンド
	不動産デット （日本）	
	配当、インカム・ゲイン（100%）	

（出所）　筆者作成

響を大きく受けてダメージを受ける。従来のように4～5％で米国経済が成長を続けるのであれば、「循環的な要因」としてとらえられるのでダメージは一時的であるが、「構造変化が進展している」と考える投資家にとってはつらい結果をもたらす。長期投資資産への投資ではマネジャーとの「利害関係の一致」を求めることもできる。投資はファンドを通して行われるので、年金基金の運用にとって重要な要素となる。

　DIC企業年金基金では、2004年にこの分野への投資を始め8年が経過した。これからは第二ステージに移る。コア戦略をどう展開するか、成長戦略をどう展開するか、戦略目標に沿ったプラットフォームづくりがこれからの課題である。

おわりに

　1987年10月19日、ニューヨークの株式市場が大暴落を起こした。このとき、米連邦準備理事会（FRB）の議長に就任して間もなかったグリーンスパン前議長は市場のテストを受けることになった。金融政策をめぐるドイツとの不協和音に市場が不安をもったことがその原因だといわれている。株式のダウンサイド・リスク戦略ともてはやされたポートフォリオ・インシュアランス戦略も、順張りとなる特性をもつことから株式市場の下落に拍車をかけることになった。それ以降は「グリーンスパン・プット」と呼ばれた市場安定化の期待が働いて、しばらく安定した市場環境が続いた。この間、ベル型カーブに基づいたボラティリティ（リスク指標の一つ）に慣れ親しみ、「不確実性」と呼ばれる異なるリスクの存在を忘れてしまった。

　「元本の保全と資産の成長実現」というむずかしい課題と向き合っていく時代となった。「これが正解」といったものはないが、それぞれの年金基金がしっかりした運用のフレームワークをつくり自らの運用スタイルをつくっていく時代となった。「何が安全資産か」と考えさせられるほど不確実性はあふれている。運用マネジャーの能力を活用する非流動性資産はリターン・

ドライバーとなりうる。マネジャー自身が元本保全を重視するならば、ポートフォリオ全体にとっても有益である。「市場の選択」と「マネジャーの選択」ができるスキルを磨いて、年金制度が持続できる運用を目指したいと思う。

参考文献
宇野淳監修・日本証券投資顧問業協会・投資信託協会編（2010）『アセットマネジメントの世界』東洋経済新報社.
川北英隆（2011）「リーマンショック後の年金資産運用」『月刊企業年金』2011年6月号, pp.12-15.
川北英隆・近藤英男・谷家衛（2010）「投資機会に基づくアセットクラスと年金ポートフォリオの再考」『年金と経済』Vol.29, No.1, 年金シニアプラン総合研究機構, pp.41-47.
宮崎正勝（1997）『鄭和の南海大遠征―永楽帝の世界秩序再編―』中公新書.
Daniel Yergin（1990）*The Prize: The Epic Quest for Oil, Money and Power*, Simon & Schuster.（日高義樹・持田直武訳（1991）『石油の世紀―支配者たちの興亡―（上・下）』日本放送出版協会.）
Daniel Yergin（2011）*The Quest: Energy, Security, and the Remaking of the Modern World*, Penguin Press.
Robert D. Kaplan（2010）*Monsoon: The Indian Ocean and the Future of American Power*, Random House.

参考資料
Stoyan Stoyanov "Diversification Matters …but not for Downside Risk Control!"（セミナー資料）

Interview

年金基金によるプライベート・エクイティ投資の意義と課題

ベータ低相関性と流動性リスクとのトレードオフ

アーク・オルタナティブ・
アドバイザーズ株式会社
代表取締役社長
棚橋俊介氏

三菱UFJ信託銀行株式会社
年金運用部
ポートフォリオマネージャー
武井恭介氏

Q 過去十数年間の日本のプライベート・エクイティ市場の変遷のなかで、日本の年金基金によるプライベート・エクイティ・ファンドへの投資に対する考え方はどのように変化してきましたでしょうか。

棚橋 日本の年金基金がプライベート・エクイティ・ファンドへの投資を開始したのは、2000年前後が最初だったと思います。ごく一部の単連の企業年金基金が一部のファンドへ投資していましたので、秘蔵の投資機会という感じだったと思います。

過去の企業年金基金の収益率の変遷をみてみるとわかりやすいと思います。1990年代の累積収益率は64.7％のプラスだったのですが、2000年以降の10年間というのは3.2％のマイナスとなっていました。企業年金基金の予定利回りは、2.2％くらいから加算部分5.5％くらいのところが多いといわれていますので、2000年から積立不足が累積してきたという実態があります。2000年から2002年は、マイナスが連続しており、年金の資産が大幅に目減りした時代だったのですが、これを境として、年金基金の資産運用に関する考え方が変わりました。ここで、プライベート・エクイティ投資がどのような位置付けになるのかということ

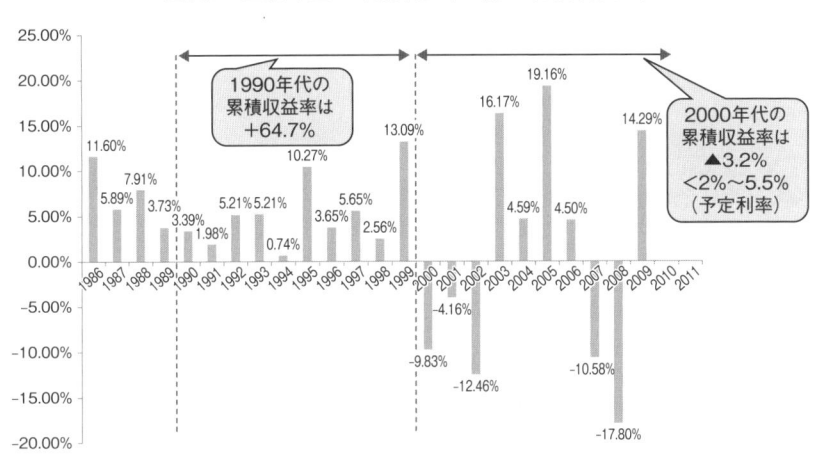

図表1　企業年金の年別収益率（修正総合利回り）

1990年代の累積収益率は＋64.7％

2000年代の累積収益率は▲3.2％＜2％〜5.5％（予定利率）

1986: 11.60%
1987: 5.89%
1988: 7.91%
1989: 3.73%
1990: 3.39%
1991: 1.98%
1992: 5.21%
1993: 5.21%
1994: 0.74%
1995: 10.27%
1996: 3.65%
1997: 5.65%
1998: 2.56%
1999: 13.09%
2000: -9.83%
2001: -4.16%
2002: -12.46%
2003: 16.17%
2004: 4.59%
2005: 19.16%
2006: 4.50%
2007: -10.58%
2008: -17.80%
2009: 14.29%

（出所）　企業年金連合会「資産運用実態調査」に基づきアーク・オルタナティブ・アドバイザーズ作成

を一部の人が考え始めたのです。その後、リーマン・ショック後には、やっと本当の意味での分散投資を考える年金基金が出てきました。まだ、年金基金のプライベート・エクイティ投資は黎明期にありますが、これから本格的に始まるという状況にあると思います。

武井　年金信託でいままで私が携わったなかで、最初に投資されたのはやはり先端の企業年金基金でした。2001年でしたが、当時は、いま以上に「流動性」の乏しい商品の導入の難易度が高い時期だったと思います。その後、2000年以降の低パフォーマンスを補う観点と分散投資の観点から、一部の年金基金がプライベート・エクイティ投資を本格的に開始しました。

　日本の年金基金の間にもプライベート・エクイティ投資が徐々に広がっていくなか、ファンド・オブ・ファンズを経由した海外プライベート・エクイティ投資以外にも、国内の手触り感があるファンドを志向される年金基金が2003年後半から2004年頃に出始めました。その後、徐々に年金基金同士の横のつながりもある

なかで、さらに投資家層が拡大していきました。そして、本当の意味で幅広い年金基金がプライベート・エクイティ投資を検討し始めたのは、やはりリーマン・ショック以降だと思います。

Q すでにプライベート・エクイティ・ファンドへの投資を継続的に行っている年金基金からは、資産運用におけるプライベート・エクイティ投資を行う意義については、どのような声が寄せられていますでしょうか。

武井 一般的に、プライベート・エクイティは、株式市場と低相関であるといわれています。この株式市場との低相関という観点について、リーマン・ショック以降、年金基金で着目する傾向が顕著になっていると思います。また、低相関に加えて、投資の中身の透明性にも着目されるようになってきたと思います。

　プライベート・エクイティにもさまざまな投資手法がありますが、そのリターン等の特徴によって期待されるものが異なると思います。リターンの安定性や早期のリターンという観点では、メザニン、ディストレスト、セカンダリーになりますし、比較的長期の投資で投資先の成長性による高いリターンという観点でいうと、バイアウト、ベンチャーに期待することになると思います。

棚橋 年金基金のスタイルや成熟度によっても異なります。例えば、プライベート・エクイティ投資を先行した第一世代（以下、「第一世代」という）の先端的な年金基金は、資産成長させるグロースのため、あるいは相関が低いというところで分散を行う目的でプライベート・エクイティ・ファンドへの投資を行っています。プライベート・エクイティは、ほとんど価格変動がないファンドですので、その意味でも相関が低いです。

　一方、例えば総合型の年金基金や財政の健全化を目指す指定基金がプライベート・エクイティ投資を行うケースがありますが、それは本当に実現益を確保するというリターンのためです。ですので、各ファンドにどんな特性があるのかと、どんな年金基金の運用目的にマッチするのかということを研究することによって、

プライベート・エクイティ投資の意義が明らかになってくるのかなと思います。

Q 投資家側の構造に関しては、どのような属性の年金基金がプライベート・エクイティ・ファンドへの投資に積極的だという傾向があるのでしょうか。また、積極的な年金基金は、どのような嗜好や考えをもっているのでしょうか。

武井 総じて、単独型の企業年金基金のほうが、プライベート・エクイティ・ファンドの理解度や取組みに関しては進んでいる傾向があると思います。資産規模という切り口では、規模が大きい企業年金基金が比較的積極的に手がけているという事実があります。地域性については、先んじて取り組まれてきた先端の企業年金基金が首都圏に多かったせいか、それらの年金基金の横のつながりから首都圏に多くなっていると思います。しかし、地方でも独自に検討のうえ、採用されている年金基金があるのも事実です。

プライベート・エクイティに積極的な年金基金は、非流動性資産そのものに対しての深い理解があり、投資のスタイルに関しても明確な基軸をもっているという特徴があります。そのうえで、プライベート・エクイティのなかのいろいろなアセットに対してどのような戦略をとるかを決められています。

棚橋 年金基金の戦略のスタイルに依存する部分もあるのではないかと感じています。第一世代の先端的な年金基金は、ベンチャー・キャピタル・ファンドやバイアウト・ファンドを最初に手がけられていたと思います。

一方、リーマン・ショック後には、セカンダリー・ファンド、メザニン・ファンド、ディストレスト・ファンドなどに積極的な投資をする年金基金が出てきました。これらのファンドには、回収までの期間が早く、Jカーブが浅いという特徴がありますが、総合型の年金基金が投資をしているという傾向があります。特に、給付のほうが多くなっている年金基金は、セカンダリーやディストレストを嗜好することが多いという傾向があるような気がします。

また、年金基金の負債サイドの問題も関係してきます。例えば、2015年にたく

さん受給者が増えますので、そこでキャッシュアウトが確実に起こるという予定がみえている年金基金もあります。そのような場合には、最初はJカーブが出てもよいけれど、2015年頃にかなりの確率でキャッシュが入ってくるというような仕掛けをつくりたいというニーズが出てくるのです。

武井 やはり年金基金の成熟度やスタイルには違いがあります。総合型の年金基金などは、リターンの早期実現ならびにJカーブの緩和を期待され、セカンダリーやディストレストを嗜好される傾向が見受けられます。それだけが嗜好というわけではないのですが、実際にはそうなっていっていると感じます。

一方、プライベート・エクイティ・ファンドへの投資を慎重に始めた年金基金については、Jカーブが浅いものからスタートし、キャッシュが戻り始めたところから、少し対象を拡大していこうとお考えの先もいらっしゃいます。選択肢を増やしていくことが重要ですので、他の機会も含めて、さまざまな戦略を常にみていかなくてはいけないのかなと思っています。

棚橋 少なくとも単体のアセットクラスでは、プライベート・エクイティ・ファンドは収益プロダクトですので、どんな理由があろうと、プラスを出していかないといけないと私は思います。これには、いろいろな考え方があります。「余裕があるからプライベート・エクイティも」という考え方もありますけれど、そういう意味では、最初はJカーブの浅いものから入っていって、ある程度稼いだところでバイアウト・ファンドにも投資を開始するという方法もあろうかと思います。

ある程度のアロケーションが確保できる場合に、一つにコミットしていくというよりも、いろいろ分散させていくのがよいと思います。投資家には選ぶ権利がありますので、他の機会も幅広くみていくとよいでしょう。

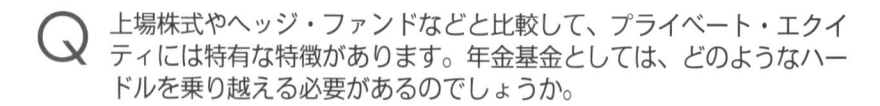

Q 上場株式やヘッジ・ファンドなどと比較して、プライベート・エクイティには特有な特徴があります。年金基金としては、どのようなハードルを乗り越える必要があるのでしょうか。

棚橋 やはり、「流動性」や「Jカーブ」などの基本的な概念については、必ず

ご理解いただく必要があります。

　特に「流動性」については、年金投資家の皆様には正確に理解されていません。プライベート・エクイティは、解約は確かにできませんが、転売はできるケースがあります。つまり、流動性があるケースが存在するのです。欧米では、アロケーション調整でプライベート・エクイティの持分を売却する「セカンダリー取引」が一般的に行われています。プライベート・エクイティ投資を行う際には、セカンダリー取引での転売可能性もチェックするポイントになるかと思います。

　これにプラスして、いまの時代には、「透明性」の問題が重要になってくると思います。どのように透明性をつけていくかという議論が必要になります。透明性はディスクロージャー対応が大きなポイントになりますが、これまではプライベート・エクイティ運用機関（GP）が年金基金（LP）に直接運用報告をするかわりに、信託やアセットマネジメントが運用報告を行っていました。いってみれば、間接的な報告を受けていたと思いますが、そのため、LPのニーズ、例えば具体的なキャッシュフローの動き、投資先の手触り感のある情報などが十分にいきわたっていなかったのではないでしょうか。GPはLPのニーズに柔軟に応える用意があるケースがあります。ぜひ、年金基金特有の必要な情報のリクエストをお伝えいただき、「双方向のやりとり」を実現してより透明性の高い関係を構築していただきたいと思います。

　それから、年金基金の方々には、勉強していただいて、自ら理解を深めていただく必要があります。コンサルタントなどから、リターンが得られるという推奨があったから投資をするのではなく、自らきちんと収益の源泉を認識できなければなりません。これは今後の大きな課題になりますが、年金基金の財政事情にあっているかどうかの検証がきちんとできるような人材が必要になってくると思います。

武井　「流動性」「Jカーブ」、あるいは「IRR」などのリターンの尺度の理解については、意識して取り組んでいかなくてはいけないと思っています。例えば、IRRについては、他の伝統的資産との比較がむずかしくなってしまうのも事実です。

また、目標IRRというのは、GP側の目線であるのも否めないところがあります。「IRRが10％です」というと、毎年10％を稼ぐと思われる年金基金の方々もいらっしゃいますので、きちんと説明をしていかないといけないと思います。一方で、「倍率を示すマルチプルはどれくらいか」「コミットコメント金額に対してどのくらい返ってくるのか」、「単年のパフォーマンスはどうか」、というような尺度の見せ方も重要になってきます。

　先ほどお話に出ました「透明性」ということについては、期中での資産の評価方法や、それがエグジットの際にどうなるかなども含めて、GPと年金基金の間に入るものがきちんと確認して、年金基金サイドに対して説明していく必要があると思います。

　「Jカーブ」については、バイアウト、ベンチャー、メザニン、ディストレスト、セカンダリーというタイプによっても異なっているということも、ご理解いただく必要があると思います。

Q 信託銀行、ファンド・オブ・ファンズ、年金コンサルタント、プレースメント・エージェントなどの重要性も増していくと思いますが、今後はどのような役割を担うべきだと思いますでしょうか。

武井　信託銀行やプレースメント・エージェントが、きちんとファンドのデューデリジェンスを行っていくということが、これまで以上に重要になってくると認識しています。投資前後の組織、投資運営状況のモニタリング、ディスクローズなどに尽力するということが重要だと思っています。

　また、プライベート・エクイティ・ファンドのGPの方々が積極的に情報を開示するように働きかけていくという役割があると思います。いままでファンドGPは、お金を預けたら任せておけというような意識もあったと思うのですが、この姿勢ではよくないと思っています。情報開示に積極的ではないGPもありますので、GPと年金基金の間に立つ者として、その辺りの働きかけをしていかなくてはいけないと思っています。

後は、プライベート・エクイティの商品には多様性がありますので、個々の年金基金がどのような課題に直面しているかを正確に把握したうえで、それに見合った商品を提供していくということが求められると思います。

ファンド・オブ・ファンズは、これまでと同様に優良なシングル・ファンドへのアクセス力を維持し、日本の投資家がなかなかアクセスできない先へのパイプ役を担ってほしいと思います。ただし、これに加えて、シングル・ファンド選定プロセス／理由や投資後のモニタリングに関して、これまで以上に情報開示を通じ、透明性を提供することが、プライベート・エクイティ市場のさらなる発展には重要だと思います。

棚橋 ご存じのとおり、プライベート・エクイティの世界は、人生をかけて入っていかないと運用機関（GP）は情報を出してくれません。運用者サイドもそうですが、年金基金サイドも同じで、年金運用に人生をかけている人でないと情報を出してくれません。

まず、プレースメント・エージェントについてですが、欧米流のプレースメント・エージェントは、やはりGP側のエージェントですので、単純にお金を集めて人を紹介しますが、それで終わりです。しかし、もう一歩進んで、フィーをもらうのは確かにGPからだけれども、軸足が完全に年金基金サイドにあるようなプレースメント・エージェントが必要になってきます。日本では今後このようなスタンスでないと、おそらく立ち行かないと考えています。グローバルなプレースメント・エージェントが軒並み調子悪くなっていますが、これができていないところに原因があると思います。

年金コンサルタントについては、プライベート・エクイティが専業ではありませんので、現状ではGP側の情報に十分アクセスできないこともあるようです。したがって、年金コンサルタントとプレースメント・エージェントが一丸となって、GPサイドの情報を収集し、年金基金とのパイプ役になるようなことが必要ではないかと考えております。

Q 最後に、これからプライベート・エクイティ投資を行うことを検討している年金基金の皆さんに対してのメッセージをお願いします。

武井 プライベート・エクイティが、資産運用のなかの商品の一つだというのは、これからも変わりません。そのなかで、受託者責任の観点も含めて、自信をもった商品を推奨するということになりますが、年金基金の方々も、いろいろ検討されるときに、信託銀行、プレースメント・エージェント、年金コンサルタントの方々に、わからないことを遠慮なく聞かれるのがよいと思います。十分に確認し、納得されたうえで投資するということが大切なことだと思います。

後は、プライベート・エクイティのアロケーションを確保したとしても、魅力的だからといって一度に全部投資してしまうのではなく、ビンテージで分散したり、マネジャーで分散したりするという方法が、基本的なスタンスになってくるかと思います。

棚橋 日本の上場株式は4,000社近くあります。一方で、非上場株式は280万社くらいあると中小企業白書でいわれています。日本株式に投資をしている年金基金は、これまでグローバル分散投資を進めてきたわけですけれども、資産の収益率の相関が高まっているなかで、次の動きとして、まだ投資が進んでいないプライベート・エクイティを検討するのは自然なことだと思います。

プライベート・エクイティ・ファンドの活動は、高いリターンレベルは当然ですが、中小企業の成長に携わるという意味で日本の幸せにもつながる話だと信じていますし、透明性も非常に高いです。分散投資の対象としてプライベート・エクイティを検討いただくことが、パフォーマンスが劣化したところや、相関が高まってしまったところを打開する秘策なのではないかと考えています。

Profile

棚橋俊介氏
アーク・オルタナティブ・アドバイザーズ株式会社　代表取締役社長
東京大学経済学部卒業。ミシガン大学経営学修士（MBA）。1996年三菱信託銀行株式会社（現三菱UFJ信託銀行株式会社）入社。資産運用業務を歴任。同社在籍時に、年金総合研究センター（現年金シニアプラン総合研究機構）に出向し、オルタナティブ運用の研究にも携わる。2008年ゴールドマン・サックス・アセット・マネジメント株式会社入社。PEを含めたオルタナティブ関連商品にも関与。2009年3月、アント・キャピタル・パートナーズ株式会社に入社し、IR担当として、特に年金基金・信託・生損保へのソリューション提案を行うとともに当室を統括。2010年10月アーク・オルタナティブ・アドバイザーズ株式会社を設立し、代表取締役社長に就任。日本証券アナリスト協会検定会員。

武井恭介氏
三菱UFJ信託銀行株式会社　年金運用部　ポートフォリオマネージャー
1999年慶應義塾大学大学院理工学研究科修士課程修了。2012年早稲田大学大学院ファイナンス研究科修了（MBA）。1999年三菱信託銀行株式会社（現三菱UFJ信託銀行株式会社）入社。同年、年金運用部に配属され、ポートフォリオ管理、年金運用におけるオルタナティブ運用の導入の企画・実行に関与。2004年からは、主に年金運用におけるプライベート・エクイティ運用に係る業務に従事。その後、年金運用部から独立した運用商品開発部にて引き続き国内外のプライベート・エクイティ・ファンドの選定等に従事。2012年4月より現職。日本証券アナリスト協会検定会員。

第 11 章

プライベート・エクイティ・ファンドへの投資実務

株式会社日本政策投資銀行
資金運用グループ　ファンド投資班
調査役　**白鹿博之**
調査役　**富田康之**
調査役　**村形誠治**

はじめに

日本政策投資銀行では、2002年より国内のプライベート・エクイティ・ファンド（以下「PEファンド」という）への投資を行っている。本稿では、約10年間の投資経験を通じて蓄積したPEファンドの投資方針の策定、デューデリジェンス、モニタリングまでの投資実務の一連の流れを概観する。本稿がPEファンド投資を新たに計画している方々の一助となれば幸いである。

1 投資方針の策定

他のオルタナティブ投資と同様、PEファンドの投資方針は、自らの運用資産全体の収益目標、分散状況、リスク許容度などを考慮し、PEファンド投資に期待する中期的なリターン水準、残高目標、年度予算などの設定を行うことからスタートする。かかる予算規模や目標リターンは各投資家の置かれている環境や選好により変わりうるため、これら前段のプロセスは本稿では触れずに、PEファンド投資への一定の予算配分を所与とした際に、PEファンド分野でどのような投資方針を策定すべきか、という観点から論じることとする。

(1) プライベート・エクイティを取り巻く投資環境の把握

　PEファンド投資はおおむね5年ないし10年かけて行う非流動的な投資であるため、投資環境を把握する際には、かかる長期の時間軸においても妥当で有効な市場見通し、および投資機会を選定することが必要となる。もっとも、5年後の世界情勢を見通すことは不可能に近く、現実的には、①市場トレンドを大まかに予想し、かつ、上振れ下振れの幅についてある程度の余裕をもって長期的な方向感を定めつつ、②足元の1～2年で魅力的と判断される投資テーマを絞り込む、といったアプローチを行う。具体的には、以下のような経済指標に注目するとよい。

a　マクロ環境

　まず、対象国GDP成長や安定性は、企業業績のトレンドを大まかにつかむうえで重要な指標である。特に、新興国のグロース・ファンドのリターンはGDPの成長率と強い相関があるといわれている。一般的にGDPの成長予測には、経済の発展度合、産業構造の変化、インフラの充実ぶり、労働人口の伸び率、内需を生み出す人口動態や所得水準の動向、企業の設備投資水準、政府による公共支出のダイナミズム、輸出産業の強さ、インフレの見通し、などを考慮する必要がある。さらに、政府／企業部門の債務比率、経常収支、外貨準備高、外資への依存度、政治的安定性、地政学的リスクも見据えて、将来の成長に対する懸念がないか把握することも重要である。

　次に、対象産業としては、内需／外需、cyclical/stable、new economy/old economy、技術革新、グローバル化と競争力、国内規制／海外規制などを分析し、今後投資対象として魅力的な産業を見出すことが重要である。ただし、特に海外市場において特定の産業の長期的な将来性を予測することは非常に困難であることから、代替案として業種を特定しないファンド・マネジャーにコミットし、彼らの将来の投資判断に委ねるといった一種の割り切りもPEファンド投資では採用しうる。

b　株式市場

　PEファンド投資は「非」市場性投資と定義されることが多いものの、実際には買収時のマルチプルは市場マルチプルに連動しやすく、また、売却時の価格も同様に市場環境に大きく左右される。特に、株式上場を主要なエグジット手段として想定するファンドにおいては、上場環境によって想定どおりのエグジットがまったくできない、または大幅に遅れることもありうる。ただし、長期に及ぶPEファンド投資の場合、株式市場の短期的な動きは重要性が低く、むしろ現在のトレンドが経済のファンダメンタルズや過去の上値・下値のサイクルからみてどの水準に当たるかを大まかに認識し、大きな判断ミスを避けることが肝要である。

c　PEファンドの市場環境

　投資対象地域のファンドレイズ金額、新規投資やEXITの件数・金額、リターンのトレンド、M&Aに占めるPE投資の割合などについて、外部の統計資料に加え各地域の金融機関やGPへのヒアリングにより情報収集を行う。マクロ経済のポテンシャルが高い地域であっても経験のあるPEファンドが存在しない地域や、またプライベート・エクイティの投資金額が少ない割にPEファンドのプレーヤーが多い地域などは、投資対象地域として適格かどうか慎重に判断する必要がある。また、競合環境については、自らの投資経験やGPが作成する資料などに基づき、対象地域や投資戦略で競合する可能性のあるプレーヤーの相関図を作成しておくと、対象ファンドのポジショニングを確認するうえでおおいに参考となる。例えば、中国のPE市場に関しては、弊行で図表11−1のような資料を作成しており、その他に関しても地域ごとに同様の整理を行っている。

d　クレジット市場

　PEファンド投資において、クレジット環境の分析は非常に重要である。バイアウト・ファンドにおいては、その多くが買収時に自らの投資資金に加えて銀行などからの借入れを通じてリターンを高めることから、クレジット

環境はリターンに直接的な影響を及ぼすほか、投資後の企業の事業業績や財務・資金繰りの健全性維持の観点からも足元の金融機関の与信姿勢(金利水準、企業買収の総額に占める借入金の割合など)は留意すべき指標となる。ディストレス・ファンドやメザニン・ファンドにおいては投資自体がクレジットであり、投資価格や条件がリターンに影響を及ぼす。

近年のクレジット環境は、①グローバル化・証券化による各国や資産クラス間での相関の高まり、②公的部門による民間債務の肩代わりに伴う公的部門の影響力の増大、③多くの先進国での実質ゼロ金利政策による従来型の経済・金融政策の効果の低減、などにより不確実性を増しており、これまでとは異なる視野での分析が必要となる。

e　為替市場

海外のPEファンド投資の場合、日本の投資家の多くは為替リスクが伴う。為替市場の見通しは非常に困難であり、ヘッジ・コストも相応にかかることから時間の分散や通貨の分散により吸収するくらいしか対策はないといえる。なお、PEファンドにおける為替リスクの認識は、ファンドが採用する通貨のみならず投資対象国の通貨にも留意する必要がある。例えば、中国を投資対象とするファンドの場合、投資家との取引通貨はドル建てであることが多く、ファンド・マネジャーはドル建てのリターンを最大化させようとするものの、リターンの源泉である投資先企業(特に、輸出産業ではなく内需産業である場合)は元建てでビジネスを行っており、企業価値も基本的には元ベースで評価されるため投資家のリターンに与える影響は、円と元の為替リスクのほうが大きくなるといえる。

(2)　アセットアロケーションの策定

上記で立てた投資環境の見通しと評価をもとに、当年度の投資機会として魅力的と思える地域および分野を決めていく。この際に考慮すべき事項としては、①リスクとリターンの評価、②分散および③損益やキャッシュフロー

図表11-1 中国ファンドのマッピング（含む中国を投資対象とするファンド）

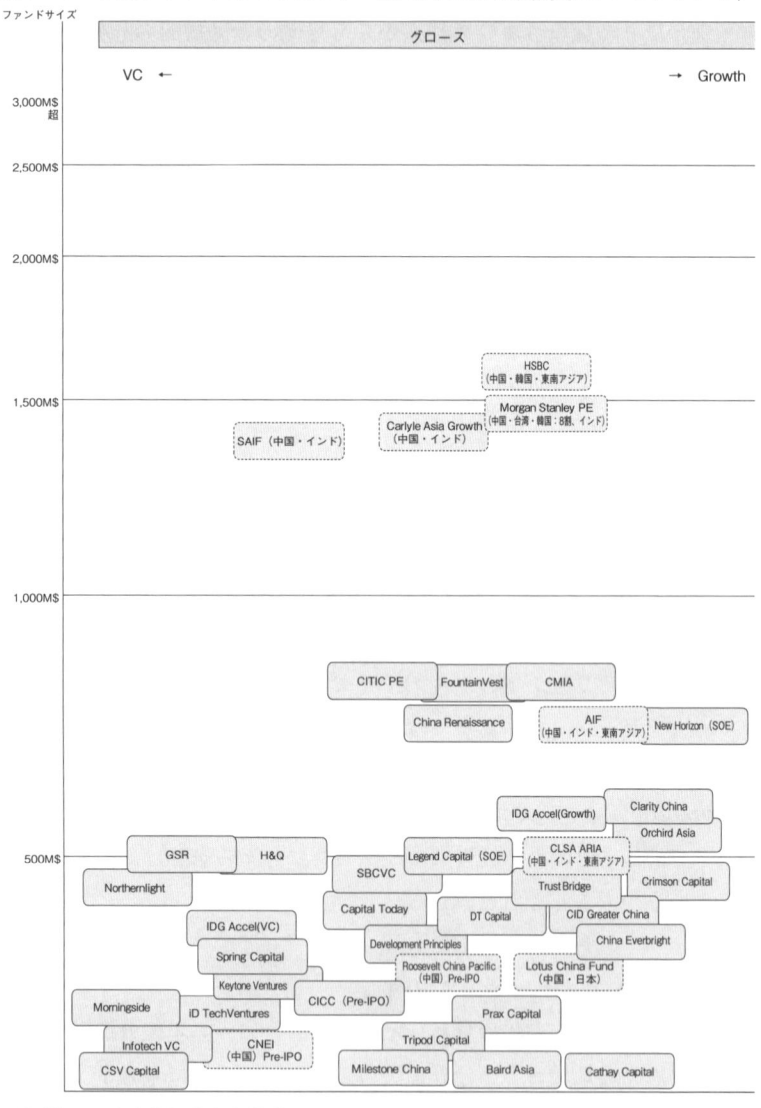

ファンドサイズ

グロース	
VC ←	→ Growth

3,000M$超

2,500M$

2,000M$

1,500M$
- SAIF（中国・インド）
- Carlyle Asia Growth（中国・インド）
- HSBC（中国・韓国・東南アジア）
- Morgan Stanley PE（中国・台湾・韓国・B株、インド）

1,000M$
- CITIC PE
- FountainVest
- CMIA
- China Renaissance
- AIF（中国・インド・東南アジア）
- New Horizon (SOE)

500M$
- GSR
- H&Q
- SBCVC
- Legend Capital (SOE)
- IDG Accel(Growth)
- CLSA ARIA（中国・インド・東南アジア）
- Clarity China
- Orchird Asia
- Northernlight
- Capital Today
- DT Capital
- Trust Bridge
- CID Greater China
- Crimson Capital
- IDG Accel(VC)
- Development Principles
- China Everbright
- Spring Capital
- Roosevelt China Pacific（中国）Pre-IPO
- Lotus China Fund（中国・日本）
- Keytone Ventures
- Morningside
- iD TechVentures
- CICC (Pre-IPO)
- Prax Capital
- Infotech VC
- CNEI（中国）Pre-IPO
- Tripod Capital
- CSV Capital
- Milestone China
- Baird Asia
- Cathay Capital

（出所）　日本政策投資銀行作成

第Ⅱ部＿応用編

（2011年6月末時点）

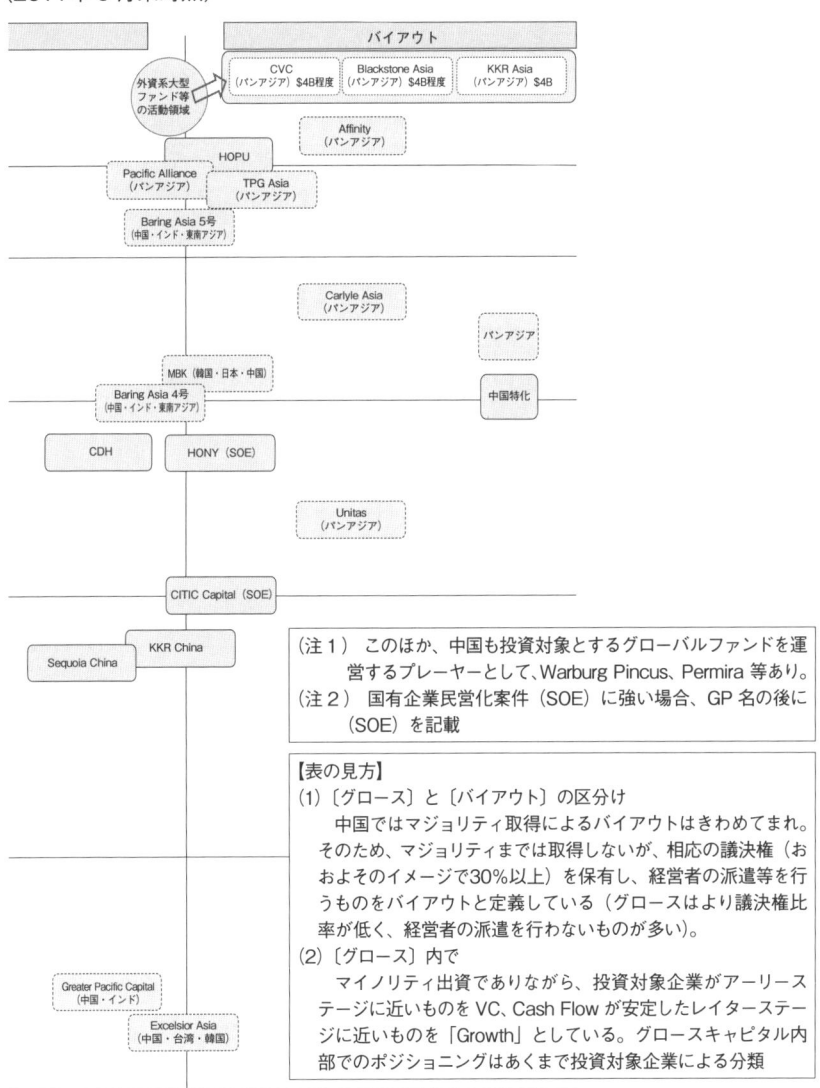

	バイアウト		
外資系大型ファンド等の活動領域	CVC（パンアジア）$4B程度	Blackstone Asia（パンアジア）$4B程度	KKR Asia（パンアジア）$4B

HOPU

Affinity（パンアジア）

Pacific Alliance（パンアジア）

TPG Asia（パンアジア）

Baring Asia 5号（中国・インド・東南アジア）

Carlyle Asia（パンアジア）

パンアジア

MBK（韓国・日本・中国）

Baring Asia 4号（中国・インド・東南アジア）

中国特化

CDH　HONY（SOE）

Unitas（パンアジア）

CITIC Capital（SOE）

Sequoia China　KKR China

Greater Pacific Capital（中国・インド）

Excelsior Asia（中国・台湾・韓国）

投資タイプ

（注1） このほか、中国も投資対象とするグローバルファンドを運営するプレーヤーとして、Warburg Pincus、Permira 等あり。
（注2） 国有企業民営化案件（SOE）に強い場合、GP名の後に（SOE）を記載

【表の見方】
(1) 〔グロース〕と〔バイアウト〕の区分け
　　中国ではマジョリティ取得によるバイアウトはきわめてまれ。そのため、マジョリティまでは取得しないが、相応の議決権（おおよそのイメージで30％以上）を保有し、経営者の派遣等を行うものをバイアウトと定義している（グロースはより議決権比率が低く、経営者の派遣を行わないものが多い）。
(2) 〔グロース〕内で
　　マイノリティ出資でありながら、投資対象企業がアーリーステージに近いものを VC、Cash Flow が安定したレイターステージに近いものを「Growth」としている。グロースキャピタル内部でのポジショニングはあくまで投資対象企業による分類

第11章　プライベート・エクイティ・ファンドへの投資実務

(以下、CF) の選好があげられる。

a　リスクおよびリターン

　まず、リターンに関しては各種投資戦略を支える要因につき、それら要因の優位性がどの程度存在し、かつ、持続するかにつき検証が必要である。具体的には、バイアウト・ファンドであれば、①株式市場やM&A取引からみて買値の高騰が生じていないか、②業界再編や規制の変化などを背景に一定のディールフローが見込まれるか、③レバレッジを支えるクレジット環境は当面懸念がないか、などについて検討する。そのほかには、ディストレス・ファンドであれば、流通量や流通価格に対する納得感、経済が底となるタイミングの予想、投資対象国の破綻法制や労働法制などの分析、メザニン・ファンドであれば、バイアウト市場のディールフローやクレジット環境の見通しが必須とある。

　また、付随するリスクの幅を認識し、いわゆるリスク調整後のリターンを考慮する。PEファンド投資の場合、ボラティリティなどの統計的指標が存在しないため、大まかなイメージをもつことしかできないが、一般的にエクイティ系の投資はハイリスク・ハイリターンとなり、クレジット系の投資はミドルリスク・ミドルリターンとなる。エクイティ系でも、例えばセカンダリー・ファンドであればすでにみえているポートフォリオを購入するため、ミドルリスク・ミドルリターンになる。また、クレジット系であっても、ディープなディストレス投資であれば、エクイティ系同様のハイリスク・ハイリターンにもなる。同じ分野だからといってもリスクは画一的ではなく、ファンドの投資戦略などを考慮したうえでのリスクの把握は個々の特徴に応じて適切に行う必要がある。

b　分　　散

　PEファンド投資における分散の効果は、相関性の異なる資産を組み合わせてリスクを低減させるという意味合い以上に、投資環境に関する自らの判断の誤りを補完するという点が大きい。すなわち、マクロ環境や個別産業に

対する見通しが大きく外れた場合でも、別のアセットクラスがリターンを下支えしてくれるよう、地域やアセットクラスごとに異なるファンドへの投資を行うことが重要である。

c　損益およびCFの整合性

　一般的にバイアウト・ファンドは回収まで時間がかかる半面、回収時には大きな回収額と高い利益を実現することができる（ハイマルチプル、ハイIRR）。一方、クレジット系のディストレス・ファンドやメザニン・ファンドでは、バイアウト・ファンドのような大きなリターンは期待できない一方、比較的早い時点からコンスタントに回収を実現させることができる（ローマルチプル、ハイIRR）。各投資家は、所属する組織の損益やCFの選好に従って、適切にベストミックスをつくる必要がある。

(3)　工程計画

　PEファンドの募集期間は一定期間に限られることから、方針に従って投資検討を進めていく際には、自らの組織の予算や人員制約を考慮し、年間を通じてどのように人的資源を配分するかあらかじめ計画を立てておくことが重要である。この際には、ロングリスト・ショートリストおよび2年間スケジュールの作成が有効となる。

a　ロングリスト・ショートリスト

　これは各地域・戦略ごとのファンド・マネジャー（general partner、以下「GP」という）のリストであり、リストには、ファンド・マネジャーの概要、運営するファンドの戦略や投資実績、次号ファンドの募集見通しなどの情報を記載する。ロングリストは、ファンドレイズのタイミングに関係なく、各地域に存在するファンド・マネジャーを網羅的に補足するものであり、ショートリストはそのなかから、ファンド募集スケジュールや一次的な能力評価を経て簡単に絞り込んだものである。かかるリストは、常日頃の情報収集、ファンド・マネジャーとの面談、出張時のソーシング活動などの結果と

して得られた情報を埋めていくことになるが、相応の時間と経験を要するため、すみやかに投資を開始したいという場合には、外部のゲートキーパーの採用などにより情報収集するという方法もある。

PE投資においては投資環境や時期も非常に大切だが、ファンド・マネジャーの力量も同様に重要である。そのため、いくら魅力的な投資環境であると当初判断しても、その年度に募集を行っている有望なファンド・マネジャーがいない場合は、その分野への投資を断念することも重要であり、結局、アセットアロケーションの設定とロング／ショートリストの作成は一体不可分な関係にある。

b 年間スケジュール

ショートリストで絞り込まれた投資先候補のマネジャーに対して資料の精査、追加面談、出張調査などをどのようなスケジュールで行い、チーム内の人材をどのように配分するか計画を立てる。ファンドの募集期間の延期、経済環境の変化などにより、アセットアロケーションを見直す場合もあるため、余裕をもって計画を立てたほうがよい。

② デューデリジェンス

投資方針の策定などにより、投資対象分野や候補先マネジャーの絞り込みがある程度完了した段階で、デューデリジェンス作業に移行する。GPの力量によりパフォーマンスに大きな差が出るプライベート・エクイティの分野では、その実力評価を行うデューデリジェンスに最も多くの時間を割くことになる。

デューデリジェンスは、社内の人的制約などにより投資相談を受けたすべてのGPに対して実施するのは現実的にむずかしく、また、GPに対しても相応の作業負担を強いることにもなる。したがって、初回面談時の受領資料やその他の開示資料などに基づき、自らの印象や投資方針との整合性を確認

し、投資確度の高いGPをある程度絞り込んだうえで本格的なデューデリジェンスに進むことが望ましい。

本稿では、かかる一次スクリーニングのプロセスを終えた後に行う本格的なデューデリジェンスの際のポイントを中心に論じる。

(1) トラックレコード分析

過去のトラックレコードは、投資対象となるファンドの将来リターンを保証するものではないため、当該指標が良好であることを理由に安易に投資判断することは好ましくないが、投資判断の重要な要素として十分に精査する必要がある。GPとの面談に深みをもたせるうえでも、かかる分析は面談前に行うことが望ましく、GPからの開示資料に不足がある場合には事前に資料発注を行うとよい。主な分析作業は、次のとおりとなる。

a 案件概要書の作成

過去の投資案件について、持株比率、投資担当者、ソーシングルート、キャピタルストラクチャー、売手、案件タイプ、業績推移、EXIT方法などを網羅した案件概要書および一覧表を作成する（案件一覧表の例は図表11−2参照）。これにより、投資担当者のうち成功案件に従事している人物の特定、成功案件の業種、投資スタイルなどについて一定の仮説を立てることが可能となる。

b 個別案件のリターン分析（EXIT済み案件）

すでに回収（EXIT）ずみの案件に関しては、個別の投資先のリターンを以下の3要因に分解し、その源泉について分析する（図表11−3参照）。

① EBITDA（償却・引当前営業利益）増減：GPのバリューアップ力を計る指標。投資先企業の自助努力により増加する指標でもあるため、GPの貢献度合いについてはGPとの面談時に補完する必要あり。

② 借入返済：いわゆる、レバレッジ効果であり、GPの借入金のアレンジ力を計る指標。これに依存しすぎるとリターンがクレジット環境に大き

図表11-2 投資先一覧表

投資先	業種	会社概要	投資時期	議決権比率(現在)	投資時EV/EBITDA実績(業界平均)	案件担当者	ソーシング	投資テーマ戦略リスク	当初想定EXIT(時期、IRR、倍率)	実現EXIT(時期、IRR、倍率)
1-① A社	メディア(バス広告ネットワーク)			63.5%(38.5%)	8.5x(10.0x)	【投資時】A氏 B氏 C氏 【投資後】A氏 B氏 C氏	Auction	【テーマ】【戦略】	3年後IPO	●年にNY上場、25％の持分を売却。
1-② B社	リテール(ドラッグストア)			100.0%	11.0x(9.8x)	【投資時】E氏 B氏 F氏 【投資後】E氏 B氏 G氏	Intermediary(当社のフィナンシャルアドバイザーからの持込み)	【テーマ】【戦略】	1年後の一部リキャピタライゼーション+4年後のトレードセール	当初想定どおりのリキャピタライゼーションは完了。現在トレードセールに向けた最終入札手続中
1-③ C社	金融サービス(保険代理店)			30%(Aファンドとの共同投資の合計で100%)	5.2x(8.0x)	【投資時】A氏 F氏 H氏 【投資後】A氏 B氏 I氏	Proprietary(案件チームが1年以上かけ、経営陣とリレーション構築)	【テーマ】【戦略】	IPO	●年にNASDAQ上場
1-④ D社	食品(水産加工業)			51.0%	7.3x(7.5x)	【投資時】A氏 B氏 G氏 【投資後】A氏 B氏 G氏	Limited Auction(A氏が入札前から経営陣と年に数回接触していたため限定オークションで有利な立場を獲得)	【テーマ】【戦略】	5年後に同業者へのトレードセール	―
1-⑤ E社	リテール(地方百貨店)			85.0%	5.0x(5.3x)	【投資時】E氏 B氏 C氏 【投資後】A氏 B氏 C氏	Intermediary(当社の取引金融機関からの持込み)	【テーマ】【戦略】	3年後IPO	―
合計										

(出所) 日本政策投資銀行作成

第Ⅱ部　応用編

（金額単位：百万ドル）

投資額			未実現損益		現在時価	投資倍率	IRR	EXIT価値			業績				足元の業績および将来予想
初期	直近	回収金額		時期				時期(年)	Comps	投資倍率	決算期	売上	EBITDA	Net Debt	
120	96	45	180	2011年9月	225	1.9x	33%	300	2013	8.0	2.9x	2009実績			
												2010実績			
												2011実績			
												EXIT予想			
65	20	30	60	2011年9月	90	1.4x	21%	65	2012	9.8	1.5x	2009実績			
												2010実績			
												2011実績			
												EXIT予想			
81	81	8	230	2011年9月	238	2.9x	55%	185	2013	7.5	2.4x	2009実績			
												2010実績			
												2011実績			
												EXIT予想			
25	25	0	140	2011年9月	140	5.6x	87%	140	2016	7.3	5.6x	2009実績			
												2010実績			
												2011実績			
												EXIT予想			
50	50	0	50	2011年9月	50	1.0x	0%	100	2016	6.0	2.0x	2009実績			
												2010実績			
												2011実績			
												EXIT予想			
341	272	83	660		743	2.2x		745			2.4x				

第11章　プライベート・エクイティ・ファンドへの投資実務

図表11-3 投資案件のリターンの源泉分析

社名	投資時					EXIT時				
	企業価値 ①	Net Debt 総額 ②	エクイティ 総額 ③ ②+③	EBITDA ④	マルチプル ⑤ ①/④	企業価値 ⑤ ⑥+⑦	回収（EXIT前） ⑥	Net Debt 総額 ⑦	Net Debt-回収 ⑧ ⑦-⑥	エクイティ 総額 ⑨
A社	70	50	20	20	3.5x	81	0	38	38	43
B社	60	40	20	10	6.3x	96	0	51	51	45
C社	225	150	75	50	4.5x	221	0	133	133	88
D社	50	40	10	10	5.0x	95	0	50	50	45
E社	70	50	20	8	8.8x	65	35	70	35	30
F社	130	80	50	23	5.7x	135	5	70	65	70
合計	605	410	195	121	5.0x	693	40	412	372	321

(出所) 日本政策投資銀行作成

く影響されることになる。借入れの調達が困難な足元の環境下ではレバレッジによるリターンの捻出は期待しにくい状況にある。

③ EBITDAマルチプルの変化：投資時点とEXIT時点のEBITDAマルチプル（＝企業価値÷EBITDA）を比較するもので、GPのディールソーシング力や市場環境の改善状況を計る指標。一般論として、成長企業や入札案件では投資時のマルチプルが高くなる傾向にある。

上記の手法は特に、投資後のバリューアップを重視するバイアイト・ファンド、グロース・キャピタル・ファンド、ベンチャー・キャピタル・ファンドなどにおいて効果的である。

c 個別案件のリターン分析（EXIT未済案件）

EXIT未済の案件に関しては、特に海外ファンドの場合、国際会計基準に基づき、投資先企業の直近の業績、同業他社のマルチプル（＝企業価値÷EBITDA or PER）水準を勘案し、未実現損益を計上することが多い。国内ファ

（金額単位：億円）

		価値創造				価値創造（％）			
EBITDA	マルチプル	EBITDA増減	マルチプルの変化	借入返済	企業価値向上	EBITDA増減	マルチプルの変化	借入返済	企業価値向上
⑩	⑪	⑫	⑬	⑭	⑮	⑯	⑰	⑱	⑲
	⑤/⑩	(⑩-④)×⑪	(⑪-⑤)×④	⑧-②	⑫+⑬+⑭	⑫/⑮	⑬/⑮	⑭/⑮	⑮/⑲
23	3.5x	11	0	12	23	46%	2%	52%	100%
13	7.4x	25	11	△11	25	100%	44%	(44%)	100%
48	4.6x	△9	5	17	13	(71%)	40%	131%	100%
35	2.7x	68	△23	△10	35	194%	(65%)	(29%)	100%
13	5.0x	25	△30	15	10	250%	(300%)	150%	100%
25	5.4x	11	△6	15	20	54%	(29%)	75%	100%
157	4.4x	130	△42	38	126	103%	(33%)	30%	100%

ンドでも国際財務報告基準（IFRS: International Financial Reporting Standards）の導入などをにらみ、同様の評価手法を参考として掲載するケースが増えている。当該未実現損益の計上は監査法人の承認を得た数字ではあるものの、足元の株式市場の動向に左右されやすく、また、マルチプルを採用する同業他社の抽出や企業の業績予想などではGPによる恣意性が介入しやすい。特に、新興国のファンドの場合には、当該対象国の株式市場のボラティリティの高さから未実現利益は大きく変動する傾向にある。したがって、GPが提示する数値をそのまま評価指標として採用するのではなく、直近業績からマルチプル水準を逆算するなどして、過去のマルチプルの変遷などを把握するとともに、未実現損益を計上した企業の業績についてもヒアリングを行い、EXIT時の想定金額について自ら再評価することが望ましい。

　また、多くのGPは、ファンド全体のリターンの評価指標としてIRR（internal rate of return）を採用しているが、設立後間もないファンドのIRRは高くなる（期間の経過とともにIRRは低下する）傾向にあるため、経過期間、

投資倍率（マルチプル）とセットで確認する必要がある。さらには、リターンの源泉が一つのホームラン案件によるものか、複数の案件がコンスタントに寄与しているのか、案件の成否の分布を確認し、対象ファンドでのリターンの再現可能性について一定の仮説を立てる。

(2) 市場環境の把握

　投資方針を策定する際に一定程度の市場調査は行うものの、個別ファンドのデューデリジェンスに臨む前にも直近データの入手などにより、可能な限り対象地域の最新のマクロ環境、PE投資環境、競合環境などの把握に努める。

(3) マネジャーとの面談

a　面談前の準備

　効果的かつ体系的な質問を実施するため、面談時の質問事項はあらかじめ準備しておくことが望ましい。準備した質問項目を事前にGPに伝えておくと、GPもそれに応じた人員や資料の準備を行うため、より効率的な面談が期待される半面、当日の面談では各担当者の本音が聞き出しにくくなるといったマイナスの面もあるため、これらのメリット・デメリットをふまえて判断するとよい。質問内容はGP会社のマネジメントを担当する経営層、シニア投資担当者、若手担当者といったかたちで役職別に整理することにより、いっそう効果的な質問が可能となる。

　デューデリジェンスの際に質問する内容および評価ポイントは、他のファンドでも共通化できる部分が多いため、共通項目を体系的にまとめたチェックリストを作成しておくのも一案である。海外の有力なファンド・オブ・ファンズのなかには評価内容を定量化し、総合評価に際して社内格付けを付与するところもある。ただし、ファンドのデューデリジェンス作業は個々のGPの強みの把握、リスク要因の洗い出しなどを目的に行うものであり、質

問内容については画一的なものではなく、GPの特徴に応じて個別具体的に準備することが望ましい。

b　現地訪問を通じたチームメンバーとのインタビュー

現地訪問の際にはGPに半日ないしは1日程度の時間を確保してもらい、一人30分～1時間程度で可能な限り多くのメンバーと個別に面談を行うことが望ましいが、面談する人物や時間配分は投資の確度に応じて柔軟に設定する。多数の投資家を有するため、個別ミーティングの機会を得ることがむずかしいGPも存在するが、かかるGPでも幅広い投資家を対象とするデューデリジェンス・ミーティングを開催するケースが一般的であり、当該ミーティングには積極的に参加したほうがよい。

① 面談の形態

GPに対する理解を深めるためMD・パートナークラスとの個別面談はできるだけ多く実施したほうがよい。また、シニアメンバー以外にも、特に投資貢献が高い鍵となるヴァイス・プレジデントやアソシエイト、既投資先の場合には新たに加入したメンバーなどとも面談することが望ましい。組織型ファンドのケースでは、親会社へのインタビューも可能な範囲で行う。

投資担当者へのインタビューの際には事前に作成した資料を手元に用意して、当方からの質疑応答という進行形態をとることが望ましい。GP側も事前に相応の準備を行っているケースが多く、面談中の話題が自らにとって都合のよい内容に終始することを避けるため、先方の話を途中で遮ってでも次の話題に転換していく姿勢が重要といえる。

投資担当者への質問は投資方針や足元の市場環境といった抽象的な話題よりも、成功・失敗案件を含め、各人の担当案件に対する具体的な質問を行うことが望ましい。これにより、開示資料以上ではカバーされない投資担当者の行動特性などについて把握でき、GPのより精緻な評価が可能となる。

② GPを評価するポイント

GPを評価するポイントは投資家によってさまざまではあるが、リターン

の再現が期待できるかという観点では、良好なトラックレコードに加えて、チームの安定性、投資規律の一貫性の二つが特に重要になるものと考えられる。

■チームの安定性

過去に良好なパフォーマンスを達成しているチーム・個人が、投資対象となるファンドの存続期間中、GPに残留して投資活動を継続することができれば、リターンの再現性の確度が高まるといえる。チームの安定性を評価する際には、過去の離職者と離職の理由、報酬などの経済的な動機づけ、チームに対する個人の評価などが重要な情報となる。なお、昨今、GPの代表者が高齢により引退するケースも増えており、次世代への承継プランが円滑に進んでいるかも大きなポイントとなる。

■投資規律の一貫性

GPによるPE投資のプロセスは大きく、①投資対象の絞り込み→②案件開拓→③デューデリジェンス→④投資判断→⑤モニタリング→⑥EXITの6段階に分類できる。この各々について投資規律の一貫性が認められれば、過去の投資の延長線として今回のファンドでも高いリターンが期待しうる。例えば、①の観点では、投資環境の変化などをふまえて未経験の業種への投資に新たに取り組む、あるいは、ファンドサイズが大型化したため投資ターゲットとする企業も大きくするなどの投資方針の変更は、過去の経験が必ずしも参考とならないため、リスク要因となりうる。このように、6項目の各々について、過去の実績に照らし合わせて、当初の想定と異なる投資戦略・方針を採用した形跡がうかがえる場合、または、今回のファンドから異なる投資戦略を採用する場合等は、その理由、背景などについて確認するとともに、足元の市場環境を考慮したうえで、当該投資の一貫性・合理性の検証を行うとよい。

③　主なヒアリング内容

面談の際には、上記二つに対する一定の評価が下せるだけの成果が得られ

ることを目指し、主に以下の内容についてヒアリングを行う。

■投資担当者の経歴・実績

個人の経歴、他のチームメンバーに対する評価、当人のチームへの帰属意識や将来の離職リスクなどを確認したうえで、各担当者の実際の投資体験に関連した質問を行うことにより、個人ないしはGPとしての強み、今回のファンドでの再現可能性などを判断する。具体的な質問は、次のとおりとなる。

- 過去のPE投資の経歴（形式的な在籍期間ではなく実質的な投資経験、業種・地域別の強みなど）
- 担当する投資先企業のターゲットの絞り込みから接触、実行までの経緯
- 担当案件の特徴（持株比率、買収価格、レバレッジ水準、投資後の業績などで他の投資案件との違いが見受けられる場合にはその理由を中心に）
- 足元の業績およびこれに対する自らの具体的関与と成果
- 投資先のEXIT方法・見通し

■投資戦略

足元のPE環境が自らの強みに適合した投資戦略となっているか、以下の点を中心に質問を行う。基本的な投資戦略は初回の面談や開示資料などで把握できているケースが多いため、投資担当者との面談の際には、重複する一般的な質問は極力避け、最近投資した担当案件に関連した質問の延長で、次の点も確認するとよい。

- 今回のファンドでフォーカスする分野（規模、業種、地域、前号からの変更点など）。
- 他のファンドとの競争環境・差別化戦略（強み・弱みなど）
- ファンドサイズに見合うだけの投資案件があるか（特に、ファンドサイズの大型化が見込まれる場合には、GPのソーシング力だけでなく、M&Aの市場環境や大企業経営陣のマインド等、外部環境の裏付けも必要）
- ディールソーシングの方法
- オペレーションに関するハンズオン能力の有無

第11章　プライベート・エクイティ・ファンドへの投資実務　379

- 過去の投資戦略との整合性の確認
- EXIT戦略
- ディールパイプラインの確度（投資候補案件リストをあらかじめ入手し、面談時に検討の進捗状況等を具体的に確認できるとよい）

■マネジメント

自らの資金をファンドの存続期間中、安心して預けられるだけの安定したチーム体制になっているか、投資家の利益を重視した経済的動機づけ（成功報酬の配分方法、個人によるファンドへの出資など）がなされているかなどを判断する。CEOやシニアMDなど、GPの経営層との面談時に主に確認する内容となる。

- 管理報酬水準の妥当性（ファンドサイズの大型化に伴う受取管理報酬の増額により、個人の基本報酬が極端に上昇してしまうと、投資活動へのインセンティブが働きにくくなるため注意が必要。一方、ファンドサイズが縮小する場合には、受取管理報酬が減少するなかで、組織や人員体制をどのように維持・整理していくのか見極める必要がある）
- 管理報酬の使い道（従業員への報酬、デューデリジェンス費用、オフィス賃借料等のおおまかな内訳をヒアリング）
- 報酬体系とその決定者
- GPの社員個人がファンドに対してどの程度出資するか
- 社内昇進の仕組み
- 投資担当者に適切な権限委譲が図られ、働きやすい環境が整備されているか
- パフォーマンスが特定の人物に依存していないか
- チーム内での意思決定プロセス
- 過去の離職者の理由
- （組織型の場合）本体との利益相反を排除または限定する建付けとなっているか

- （代表者が高齢の場合）後継者は決まっているか
- （新設ファンドの場合）バックオフィスの体制は十分か
- （後継ファンドの場合）現在運営しているファンドとのリソース配分

■ ファンドの募集状況など

ファンド募集の責任者に対し、現在のファンドレイズの状況、既存の大口投資家の継続投資の有無、新規投資家の参加状況などについてヒアリングを行う。

■ 投資委員会資料の閲覧

投資委員会資料は、GPの投資規律を判断する材料の一つとして非常に効果的である。デューデリジェンスの資料としてGPから開示されるケースもあるが、一般的には非開示で社外持出しが不可となっているため、現地訪問の際に閲覧により確認するとよい。限られた時間のなかで資料を熟読する時間を確保できない場合には、記載されている項目を大まかに把握し、記載内容の統一感、個別案件のデューデリジェンスの質・量、投資時点に想定したバリューアップ策や業績の当初計画からの乖離などをチェックし、その印象をメモにまとめるだけでも十分かと思われる。

(4) レファレンス

GPとの面談だけではネガティブなコメントが得られにくく、リスク要因の把握などが十分にできないことも多い。また、GPの発言の信憑性を確認するという観点からも、投資先企業、既存投資家、プレースメント・エージェント、M&Aアドバイザリー会社、金融機関など、GPの関係先へのレファレンスを行うことが効果的である。既投資先ファンドであっても知り得ていない情報を他の投資家がもっている場合もあるため、レファレンスはできるだけ実施したほうがよい。なお、レファレンスにおいては、「他のファンドとの比較」という観点をもつことにより、他ファンドのレファレンスとしても役立つ場合が多い。主なレファレンス先は、次の4者であり、②〜④

については、日常的に情報交換が行える関係をあらかじめ構築していることが望ましい。
　① 投資先企業：GPに面談をセットしてもらうかたちが基本であるため、ネガティブな情報は得にくいものの、GPのソーシングの経緯やバリューアップ策について、GPとの面談時のコメントを検証するうえで有効となる。
　② 既存投資家：過去のファンドから継続投資している投資家、ファンド・オブ・ファンズのような知名度の高い投資家からは有益な情報が得られやすい。
　③ プレースメント・エージェント：数多くのファンドの販売実績があるため、カバレッジが広く、競合ファンドとの比較感など、より客観的な情報を得やすい。
　④ M&Aアドバイザリー会社／取引金融機関：個別案件の担当者へヒアリングできれば、GPまたはGPの担当者の個別案件への対応ぶりについて有益な情報が得られる。

(5) デューデリジェンス・レビュー
　デューデリジェンスの結果をもとに、GPのリターンの再現可能性、リスク要因、他ファンドとの競争優位性などについて最終的な評価を行う。デューデリジェンスの見落しがないかどうか、チェックリストなどを通じて確認し、必要であれば再度GPへのヒアリングを行う。リスク要因に関しては、どのマネジャーも以下のようななんらかの課題を抱えているのが通常であり、当該リスク要因の有無が重要ではなく、むしろGPが当該リスクを十分に認識し、そのリスクに対する手当が十分に図られていると自らが納得できるかがポイントになる。主なリスク要因は、次のとおりとなる。
（組織面）
　・創業者の事業承継問題が解決していない。

- 過去の離職者が多い（キーマン条項に抵触した実績あり）
- 金融機関出身者によるチーム編成で企業価値向上能力に懸念が残る
- ファンドサイズに比して投資担当者が少ない
- ファンドサイズの大型化によりチームが急拡大している
- 創業者の影響力が強く、成功報酬の受領割合も高い
- シニアメンバーが多額の管理報酬・成功報酬を受領しており、モチベーションを維持できるか疑問
- ファンド規模の縮小によりGP社内での一定のリストラクチャリングが必要
- 新設のファンドでメンバーの多くが過去に一度も一緒に働いた実績がない

（投資規律）
- ファンドサイズの大型化に伴い投資対象企業が大きくなる
- 投資対象地域が拡大する
- 投資進捗が遅い
- 過去の投資案件の一部が高値掴みにより失敗している

（外部環境）
- PE投資環境の不透明性
- 市場環境の悪化に伴うEXITの停滞
- 景気の回復に伴う競争激化

(6) 契　　約

　契約条件は、管理報酬や成功報酬といった投資家のリターンに直結する条件に加えて、ファンドの期間設定、キーマン条項やGPの解任権など、投資家がチェックすべきポイントは多数存在する。このようなチェックポイントは他書でも数多く紹介されているところであり、本稿でその詳細を論じることは避けたい。

デューデリジェンスという観点からは、仮に面談などを通じてGPが投資適格と判断された場合であっても、契約条件が他のファンドに比して大幅に不利な場合には投資を見送るといった決断も重要である。したがって、管理報酬などの主要な契約条件は、デューデリジェンスを行う前に確認し、デューデリジェンスの際に必要に応じて条件交渉を行うことが求められる。なお、海外投資の場合には国内法上、所属籍がファンドとみなされず、二重課税が生じるリスクもあるため、これまで自らで実績がない根拠法・管轄裁判所とするファンドへ投資する場合、または、まったく新規のストラクチャーをGPが採用する場合には専門の弁護士・税理士へ確認することが望ましい。
　以上の(1)～(6)のようなプロセスをふまえて、最終的な投資の意思決定およびファンドへのコミットメントを行う。

③ モニタリング

　投資実行後はGPとの面談、GPから受領する資料、年次総会への参加などに基づき、GPの運営体制、投資進捗、パフォーマンスなどについて適切なモニタリングを行う。モニタリング作業は大別すると、「頻度が多く、定期的に発生する作業（資金払込み・回収、決算対応）」と「非定期的に発生する作業（個別のパフォーマンス評価とイベント発生時の対応）」の2種類がある。ここではこれらを、(1)資金払込み・回収、決算対応、(2)個別のパフォーマンス管理、(3)イベント発生時の三つに分けて概述する。

(1)　資金払込み・回収、決算対応
　a　資金払込み・回収
　　ベンチャーファンド（VC）では出資約諾時に投資額を全額支払う契約となっていることもあるが、PEファンドの多くは投資実行時や管理報酬発生

時にそのつど投資家に対して資金の払込請求を行い、投資先企業の売却時等の回収にあわせて投資家に対する資金分配を行うことが一般的である。それぞれの場合、主に以下に留意して行うとよい。

① 払込みを行う場合

投資家は、GPからの払込通知書（期日の5～10営業日前に投資家に対し通知されるのが通例）に基づき、期日までに所要額をファンドに対し払い込むことになる。実務的には手数料負担の有無（振込額から手数料が控除されるか否か）などに留意しつつ、コミットメント未使用額（出資コミットメント金額のうちいまだ払込みを行っていない金額）が通知書に明示されていない場合は、通知書を受領した段階でその確認なども行うとよい。なお、新規投資のための払込通知の場合、投資案件のサマリーなども添付されることが多い。こうした資料は案件情報を得る貴重な資料であり、単に読みおくだけでなく、次回のGPとの面談時に疑問点を直接確認するなど、モニタリングにも活用する。

② 分配を受ける場合

GPから定期または非定期に届く分配通知書に基づき、資金の分配を受け入れる作業を行う。実務的には払込みの場合と同様、手数料負担の有無とコミットメント未使用額の確認などを行うが、契約上、分配金の一部がコミットメント未使用額の増加と処理される場合があるため、特にコミットメント未使用額の確認は丁寧に行う必要がある。また、海外ファンドからの分配を受け入れる場合、時差の関係により分配が日本の営業日では翌日にズレ込むこともよくあるため、事前に社内の出納関連部署やGPに分配日や1日ズレた場合の対応などを確認・相談しておくとよい。さらに、海外ファンドの場合、上場株式の現物分配というかたちで分配を受けるケースも相応に発生するため、受領した現物株式の処分方針・方法などについてもあらかじめ整理しておくとよい。

b　決算対応

　ファンドは1年間を計算期間とする損益計算書、当該年度末時点の財務情報をまとめた貸借対照表、損益計算書およびこれらの各投資家の帰属割合を示したCapital Accountなどからなる財務諸表を作成する。本決算とは別に半期／四半期単位で決算書を開示することも多く、これにあわせて投資先企業の業績などをまとめたレポーティング資料が定期的に開示される。投資家は、受領した財務諸表に基づき、当該期間の自社持分の損益を自らの決算に取り込む作業を行う。

　ファンドの決算では投資先企業の時価評価額の増減が期間損益に含まれていることが多い。投資家は自社が準拠する会計方針との整合性を確認し、かかる時価評価額の増減を自社の期間損益に取り込まない場合は、ファンドの期間損益から当該時価評価額の増減額の影響を控除する必要がある。

　また、金融機関の場合には決算期ごとの自己査定に対応すべく、ファンドの投資先企業のルックスルー作業を行うため、自社の基準を満たす効率的な自己査定やモニタリング方法を確立する必要がある。

(2)　**個別のパフォーマンス評価**
a　日常のモニタリング

　投資後のモニタリングは、GPから投資家へのレポーティング資料、年次総会での情報収集などが基本となる。ファンドのライフサイクル、投資額の多寡やGPのIR姿勢などにより頻度は変わりうるが、年次総会、面談、テレホン・カンファレンスなどを通じて自社の決算頻度などにあわせ、GPから直接、定期的に情報収集を行うことが望ましい。

b　個別のパフォーマンス評価

　投資倍率は高くないが回収までの期間が短いディストレス・ファンドやセカンダリー・ファンド、回収までの期間は長いが大きな投資倍率が期待できるバイアウト・ファンドやグロース・ファンドなど、さまざまな投資戦略の

ファンドが存在するため、ファンドのパフォーマンスはIRRと投資倍率とのセットで評価するのが一般的である。PEファンド投資の場合、IRRの計算は計算時点の時価残高や簿価残高を含めて計算することが多い。このような投資倍率やIRRの評価は、ビンテージイヤー(ファンドの組成年)別、地域別、投資戦略別にカテゴリー分けを行い、同一カテゴリー内で比較評価するとGPの実力の相対評価が容易になる。

欧米のPE市場全体のビンテージイヤー別のIRRの情報は、PreqinやThomson Reuterなどが提供しており、こうしたデータベースの活用により、投資先のファンドが「上位四分位に入っているか」「中央値または平均値を上回っているか」といった視点で比較することが可能となる。具体的には、図表11-4のようなグラフを作成して対象ファンドのポジショニングを確認する。

図表11-4　Aファンドのパフォーマンスとインデックス比較(2011年3月末)

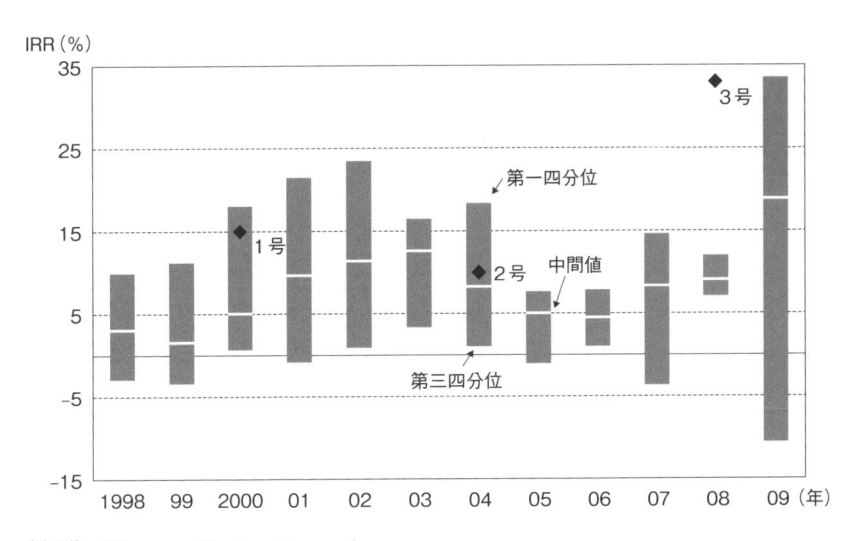

(出所)　Thomson Venture Economics

その他では、外貨建てファンドの場合、外貨ベースと円ベースの双方でパフォーマンスを管理することにより、外貨建てベースでは純粋なGPの力量の把握、円建てベースでは為替の影響を考慮した自らの決算に影響を与えるパフォーマンスの把握が可能となる。ちなみに、金融機関のなかにはリスクキャピタルに対するリターンといった指標でパフォーマンスを把握し、その他の代替資産などとの間でパフォーマンスを比較する投資家も存在しており、このような評価基準は自社の基準や習熟度にあわせて独自にカスタマイズしていくかたちが望ましいといえる。

c　全体パフォーマンス評価

全体のパフォーマンスを評価する際には、図表11－5にあるとおり、地域、投資戦略、ビンテージイヤーごとにカテゴリー分けして、投資開始後からの投資額、払込み、回収、IRR、投資倍率などの推移を時系列に把握することにより、過去の自らの投資の検証、翌期以降の投資方針の策定などの参考とする。

なお、投資倍率やIRRに未実現損益が含まれている場合、将来の株式市場の動向がリターンに影響を与えることになる。また、為替の影響により投資倍率が想定外に高まった案件やGPの楽観的な将来見通しから時価評価額が相場以上に高くなるケースも存在する。このような場合、直近のIRRが最終的なIRRと大幅に乖離してしまうため、GPの実力を適切に評価するうえでは個々の時価の変動要因などについて日頃のモニタリングを通じた確認作業が不可欠といえる。

(3)　**イベント発生時の対応**

PEファンドは、投資期間が5年、存続期間10年（投資期間の5年を含む）のものが一般的で契約期間が長期にわたる。そのため、個別の投資案件の成否とは別に、GPの主要メンバーの離職によるキーパーソン条項への抵触、契約上定められた投資上限（1案件当りの最大投資額の制限など）への抵触な

図表11−5　パフォーマンス管理表サンプル

(金額単位：百万円)

	ビンテージ イヤー	2005 年度	2006 年度	2007 年度	2008 年度	2009 年度	2010 年度	2011 年度	合計
	合　計								
地域別	日本								
	アジア								
	欧米								
投資戦略別	バイアウト								
	メザニン								
	ディストレス								
	グロース								
	セカンダリー								
	ベンチャー								
ビンテージイヤー別	2005年度								
	2006年度								
	2007年度								
	2008年度								
	2009年度								
	2010年度								
	2011年度								

(出所)　日本政策投資銀行作成

どといった、想定外のイベントが発生することがある。こうしたイベントが発生した場合、契約条項に従い、投資家として同意するか否かの判断を求められるため、GPへのヒアリング、他の投資家や諮問委員へのレファレンスにより情報を収集する必要がある。投資家による投票の決議要件の多くは、投資家持分の50〜85％以上の同意といったかたちで設定されていることが多いため、日頃からGPや他の投資家と緊密な関係を築き、他の投資家の投票行動についてあらかじめ把握できる環境をつくっておくことが求められる。

おわりに

　以上、本稿ではPEファンド投資の実務的な流れについて概観してきた。デューデリジェンスなどの方法は各者各様であり、本稿で記載した内容については賛否両論があるかもしれないが、弊行自身、業務の高度化に日々取り組んでいるところであり、成長過程にあるPEファンド投資実務の一時点を描いたものにすぎない点、ご容赦いただきたい。

　グローバル全体で株式市場が低迷し、代替資産に対する注目が高まっている一方で、PEファンド投資については収益があがるまでに長期を要するリスクが高いなどの理由から抵抗を示す国内投資家も少なからず存在している。しかしながら、適切なリスク管理のもとで長期目線の投資を行えば、伝統的資産を上回るリターンを享受できる数少ないアセットクラスであり、この点は弊行での投資経験を通じて強く感じているところである。

　本稿がこれからPEファンド投資を開始したい、あるいは強化したいと思う投資家の方々にとって多少なりとも参考となれば幸いである。また、わが国においてもPEファンド投資がいっそう注目され、投資家の運用収益の向上、国内企業に対するリスクマネー供給の増加などを通じて日本経済の活性化に寄与することを期待したい。

参考文献

Alan H. Dorsey (2007) *Active Alpha: A Portfolio Approach to Selecting and Managing Alternative Investments*, Wiley Finance.

James M. Schell (2000) *Private Equity Funds: Business Structure and Operations*, Law Journal Press. (前田俊一訳 (2001)『実務者のためのプライベート・エクイティ・ファンドのすべて』東洋経済新報社)

Thomas Meyer and Pierre-Yves Mathonet (2005) *Beyond the J Curve: Managing a Portfolio of Venture Capital and Private Equity Funds*, John Wiley & Sons.

Pierre-Yves Mathonet and Thomas Meyer (2007) *J-Curve Exposure: Managing a Portfolio of Venture Capital and Private Equity Funds*, John Wiley & Sons.

Interview

機関投資家による
プライベート・エクイティ投資プログラムの確立

プロフェッショナル人材の育成と
組織の安定性

元 帝京大学経済学部 教授
茂木敬司氏

Q 1990年代後半に、ソニー生命保険のプライベート・エクイティ投資プログラムの立上げに関与されましたが、保険会社が資産運用の一環としてのプライベート・エクイティ投資を開始する際にどのような視点があったのでしょうか。

　ソニー生命保険が、最初に日本のプライベート・エクイティ・ファンドへの投資を決めたのは1999年でした。その当時の視点としては、保険契約の伸びとともに資産が順調に増えていきましたので、運用の幅を広げるためにも「分散投資」を考える必要がありました。また、ソニーらしく新しいビジネスにチャレンジしようという視点もあり、プライベート・エクイティ投資を開始しました。
　最も重要な視点は、生命保険の契約者から預かったお金を、どのように資金循環させリターンを実現するかということでした。貸付というかたちで企業に資金を循環することも必要だけれども、資本市場に資金循環することによって企業活動を活発にして、そのリターンがまた戻ってくるという資金循環を重視しました。その意味では、プライベート・エクイティ・ファンドは、リスクマネーを資金循環させることになります。
　1999年に最初のファンドにコミットしたのですが、その1年くらい前から、プライベート・エクイティがどのようなものなのかという調査をしていました。諸

外国の保険会社がどのようなことをやっているのかも調査しました。アメリカの生命保険会社のバランスシートをみると資産項目にプライベート・エクイティ・ファンドが計上されているので、その実態についても調べました。

Q 大手金融機関では、自己勘定によりプライベート・エクイティ・ファンドへの投資を行っているケースがあります。重要なプロセスとして、社内でのレポーティングがありますが、どのように行うのでしょうか。

　レポーティングでは、保有しているアセットに関して、月次・四半期・年次で、どのような結果になっているかということが重要になります。金融機関においてもレポーティングは重要ですが、プライベート・エクイティというアセットに対する理解が不可欠です。長期投資であること、流動性がないこと、Jカーブの存在、リターンが一定ではないことなどの特徴を、役員も含めて理解をしておく必要があります。
　それから事務負担も、上場株式や債券とは異なります。プライベート・エクイティの場合は、単に投資して値上りするのを待っていればよいのではなく、入念なモニタリングが必要になります。この点も含めて、役員の理解が得られるようにしなければなりません。
　金融機関の社内で理解を深めるということになると、役員会などで、できるだけ細かくアセットの特性に関しての説明をしなければなりません。ファンドにコミットするときにも、デューデリジェンスで得た情報、そのファンドのリターンの再現性などについて、詳細な報告をします。また、そのファンドが新興のファンドなのか、老舗のファンドなのかという情報も重要です。第二号ファンド、第三号ファンドと進んでいるファンドについては、それだけ投資家からの信頼もあるということですので、どのような投資家がいままで投資しているかも含めて報告します。それから、私の場合はできる限り投資先企業の経営者とも会いましたので、そこで得た情報も話して、役員の理解が得られるように働きかけました。

また、役員に加えて実務レベルの企画部門やリスク管理部門の人たちにもプライベート・エクイティの特性を理解してもらえるよう心がけました。言葉で説明してもわからない部分がありますので、ファンドの人が訪ねて来るときに、できる限りリスク管理部門の人や企画部門の人も同席してもらいました。それから、国内ファンドの場合は、年1回の投資家集会にも同行してもらい、他の機関投資家にはどんな人がいるかなど、実態がわかるようにみてもらいました。

Q 日本の金融機関では、人事異動によりプライベート・エクイティ投資の実務担当者が交代するケースも多いようです。プライベート・エクイティ・ファンドのLPの組織の安定性や投資プロフェッショナルの育成についてはどのようにお考えでしょうか。

　LPがGPに期待することは、「リターンの再現性」です。リターンの再現性のために何が必要かといえば人材ですので、GPの投資チームの人が頻繁に代わるのは困るのです。一方、LP側の担当者が頻繁な異動で代わってよいのかという面では、やはりLPの担当チームもできるだけ代わらないようにするという必要があると思います。それには、やはりそれぞれの金融機関のトップ・マネジメントの理解が必要になってきます。プライベート・エクイティは、長期的な投資商品ですので、その担当者が業務を続けたいという意向をもっていれば、簡単に異動させてはいけません。ヘッジ・ファンド、株式、為替、債券のような短期的なアービトラージをやるわけではありませんので、同じ担当者が続けるのがベストです。

　LP側の人材には何が求められるかというと、長期投資を前提にお金をファンドに託することによってアルファを求めるということですから、担当している人材が長期的に安定している必要があります。また、コーポレート・ファイナンスの基本的な知識が必要です。それから、ファンドの人とのミーティングの数も多いですから、コミュニケーション能力が必要になります。

　人をできるだけ代えないようにするためには、何をやればよいのかはむずかしいのですが、この仕事がおもしろいということをわからせるということが重要です。

実際に、私が採用してきた人たちは、「プライベート・エクイティの世界はおもしろい」、「他の部署に異動したくない」という人ばかりでした。

人材の育成については、バイアウト・ファンドやファンド・オブ・ファンズに人を出向させるということが効果的です。実際に、ファンドがLPから出向を受け入れたケースが数多くありました。バイアウト・ファンドそのものに出向させるというケースもありましたが、バイアウト・ファンドに投資をしているファンド・オブ・ファンズに出向させるということもありました。後者のケースでは、当然のことながら、ファンドを選択するわけですから、デューデリジェンスに関する経験を学ぶことができます。

Q リーマン・ショックより3年が経過し、市場回復に伴い、多くのプライベート・エクイティ・ファームが後継ファンドの組成を準備しています。これからの日本のファームのデューデリジェンスで重視すべきポイントはありますでしょうか。

どのようなデューデリジェンスを行うかについては、LPによってもやり方が違います。また、日本のプライベート・エクイティ・ファンドによる情報開示が十分でないということがよく指摘されていますので、LP側からも必要に応じてGPへ情報開示を働きかけるという姿勢が重要になってきます。

バイアウト・ファンドとベンチャー・キャピタル・ファンドの場合は、企業金融の一形態でもありますので、企業がみえるという「透明性」があります。企業がみえるという意味では、企業を見に行くことがすごく重要になってきます。私は、国内でも海外でも時間がある限り、ファンドが投資中の企業に加えてエグジットした企業を訪問するようにしました。企業を訪問して、「ファンドの人がこんなことをいっていますが本当ですか？」「こうやって経営に関与して企業価値を高めたというようなことをいっているけれど本当ですか？」ということを聞きました。ファンドの説明を確認する作業、すなわちレファレンス・チェックをしました。企業を訪問すると、受付や応接室の整理整頓や従業員の対応や雰囲気を感じ取る

ことができ、この企業はうまくいっているかどうかのおおむねの感覚がわかります。

それから、その企業の製品やサービスをみたりもします。ファンドが投資している食品会社の製品を食べに行ってみたり、サービスを実際に利用してみたりもしました。プライベート・エクイティ・ファンドは、企業に投資していますから、企業の経営者や従業員や製品・サービスをみるというのは、投資するファンドの選択において重要なファクターになると思っています。この辺りは、LPの仕事のむずかしさでありおもしろさでもあると私は思っています。

私は、LP側の投資担当者として着任した人には、「すごくおもしろい仕事ですよ」といってきました。いままで上場株式を担当していて、バランスシートだけをみていただけの人が、バランスシートの裏側にある実態を理解するために投資先企業に行って経営者の話を聞くということに直面しますが、経験した人たちは、それがおもしろいといってくれます。

Q 投資した後のリスク管理とモニタリング体制の構築で留意すべき事項はありますでしょうか。

プライベート・エクイティ・ファンドの管理コストというのは、他のアセットよりも高くなります。上場株式投資のようにデスクに座って各種のデータ端末の画面をみていればよいのではなく、投資先企業の経営者にも会いに行きますので、時間的なコストもかかります。上場株式や債券投資とは、モニタリングやリスク管理の方法が異なることを役員が理解する必要があると思います。

それから、オフサイトという視点が重要になってきます。通常は、ファンドの方々が運用報告に来てくれますから、オンサイトですみます。それだけではなく、機関投資家のほうからファンドのほうへ出向くオフサイト・ミーティングも必要です。場合によっては、これは国内だけではなく、海外でのオフサイト・ミーティングもやらなければなりません。また、年に1回、投資家集会が開催されますので海外へ行くこともあります。上場株式や債券投資とは異なり管理コストを要し

ますが、それが許容できない限りは、プライベート・エクイティ投資の体制は構築できません。

あとは、リスク管理にしても、上場株式や債券とは異なるリスク管理をせざるをえませんから、新しいソフトをつくって立ち上げるなどの工夫も必要です。また、これはデューデリジェンスの最中やその後の投資期間中にリーガルチェックの必要性が出てきます。

Q 最後に、これからプライベート・エクイティ投資を行うことを検討している日本の機関投資家の皆さんに対してのメッセージをお願いします。

日本ではなじみの薄い資産ですから解決しなければならない多くの問題はあります。過去の実績を再現できるファンドを選択して投資すればよいのですが、その選択に欠かせないデューデリジェンスも手間ひまはかかるし、リターン実現に時間もかかりますから、ファンド・オブ・ファンズ（FOF）やJカーブを浅くするセカンダリー・ファンドやメザニン・ファンドの活用などから始めるなどで問題のいくつかは解決できます。

欧米の優れた機関投資家の分散投資運用には欠かせない資産となっている一方、日本の機関投資家はまだこの資産を活用していません。すでに取り組んでいる機関投資家も新たに取り組む機関投資家への情報提供、協力は惜しまないと思いますので、「小さく生んで大きく育てる」発想で実際に取り組むことを期待しています。少額でも実際に投資すれば、より現実的な対応が可能になり、預かった資金を運用する有効な分散運用資産として全員がこの投資はおもしろいと実感すると思います。

Profile

茂木敬司氏
元 帝京大学経済学部 教授
1964年上智大学外国語学部卒業。株式会社三井銀行（現、株式会社三井住友銀行）入行。ニューヨーク支店副支店長、ブラッセル支店長を経て、1992年株式会社さくら銀行取締役就任。1996年さくらカード株式会社代表取締役副社長就任。1997年ソニー生命保険株式会社執行役員専務に就任し、プライベート・エクイティ投資に関与。2006年Bridgepoint CapitalとVenCap Internationalのアドバイザーに就任（現任）。2007年帝京大学経済学部教授就任（2012年３月退任）。2010年株式会社東京大学エッジキャピタル取締役に就任（現任）。

第 12 章

ILPA Private Equity Principlesの概要

ジェネラル・パートナーとリミテッド・パートナー間の信頼関係の構築に向けて

エー・アイ・キャピタル株式会社
ディレクター　**漆谷　淳**
ディレクター　**齋藤誠一**

はじめに

2006年から2008年の間は、"PEファンド・ブーム"であったといえよう。PEファンドが世界の投資家の興味を引き始めたのは、2000年のITバブル崩壊以降に設立されたファンドの良好なリターンがみえ始めた2005年頃からである。2005年頃からは、良質で安定した投資チームをもち、良好なトラック・レコードをもつGPが運用するファンドが、ファンドの募集予定額を上回る申込みが集まる"オーバー・サブスクライブ"となる状況も頻繁に目にした。投資家はリターンが期待できるPEファンドへの投資機会を追い求め、結果として、LPA上の各種取決め内容は、運用者であるGPに有利なものへと変わっていった。しかし、2008年のリーマン・ショック後は状況が一変し、PEファンドの募集環境は厳しいものとなり、現在もその状況が継続している。リーマン・ショックから1年ほど経った頃に「LPの立場からPE投資におけるBest Practiceとは何か？」を示したとされるものが、ILPA (Institutional Limited Partners Association) が2009年9月8日に発表した"Private Equity Principles"である。

ILPAは、その名称が示すとおり、LPの協会として1990年代前半に発足した非営利団体である。ILPAは、2011年1月に改定版となる"Private Equity Principles version 2.0"を発表し、同年10月と12月には、キャピタル・コー

ルや分配通知および四半期報告のフォーマットに関するBest Practiceを発表するなど積極的な活動を継続している。

本章では、ILPAのPrivate Equity Principles version 2.0およびBest Practiceの内容を概観するとともに、そのポイントを紹介する。

1 ILPAの概要

ILPAは、プライベート・エクイティ投資を行う機関投資家のために設立された国際的な非営利団体である。ILPAの活動は、PE投資に関するリサーチの提供やカンファレンスの開催によるPE投資実務家への教育活動、会員限定のデータベースによるレポートの提供など多岐にわたる。例年秋に開催される「GP Summit」ではGPの参加も認めており、LPとGPのネットワーキングの場も提供している。

2011年2月時点のILPAのボードメンバーは、米国の大学基金、地方銀行、年金基金、カナダの年金基金など北米に本拠地を置くPE投資家を中心としながらも、欧州やアジアからのメンバーでも構成されており、世界のPE投資家を代表する団体となっているといえよう。ILPA会員によるPE投資の運用資産総額は1兆ドルを超えるといわれており、メディアの注目も浴びる大変影響力のある団体に成長している。

2 ILPA Private Equity Principles version 2.0の概要

2011年1月発表された「Private Equity Principles version 2.0」（以下、「Version 2.0」という）は、2009年9月に発表されたPrinciplesへのさまざまな関係者からのフィードバックを反映するとともに、LPAC（Limited Partner Advisory Committee）の役割をより重視した改定、クローバックが発生した際のBest Practice、および報告書のフォーマットの追加などの修正

がなされている。現実的な対応がむずかしいとされている点の修正や、異なるテーマにおけるBest Practiceの提示を通じて、2009年のPrinciplesに比較すると、より具体的な示唆に富む内容となっている。また、最も重視すべき点として示されている、以下の三つの主要項目は当初のPrinciplesから変更されておらず、ILPAの考え方の根本をなすものとなっている。

① 利害の一致（Alignment of Interest）
② ガバナンス（Governance）
③ 透明性（Transparency）

以下では、上記三つの主要項目を概観するとともに、提示されたBest Practiceの詳細を示した。ただし、Version 2.0で示されたPrinciplesは"LPの視点"が強調されている内容となっているものの、すべての内容をGPが承諾すべきとして作成されたものではないという点には注意が必要である。Version 2.0の序文でも、Principlesの項目すべてを投資検討時のチェックリストとして用いるのではなく、上記主要項目の考え方をLP、GP双方が理解するための一助として参照することが重要であると強調されている。

(1) 利害の一致

LPとGP間の利害の一致が最もよく達成されるケースは、"成功報酬と相当な額のGPコミットメント（自身が運用するファンドにGPが出資コミットを行うこと）から得るリターンが、GPの主要な収入源になっており、かつ、個別案件ごとではなくファンド全体として、LPに投資元本と優先リターンの分配がなされた後に、初めてGPに分配がなされる場合（ヨーロピアン・スタイル）"であるとされている。

GPが過大な管理報酬、Transaction Fee（投資案件を成立させるために必要とされた経費としてGPがファンドに課す手数料）などファンドの運用成績以外のところで得る収入をGPが重視することは問題であり、GPのインセンティブはファンドのリターン創出に向かうべきであるという非常にシンプルな考

え方を、GPの収入に関する記述の部分は示しているといえよう。

　一方、分配ルールについては、案件ごとに分配ルールが適用される場合（アメリカン・スタイル）の然るべき注意点が列記されており、必ずしも案件ごとの分配ルールを完全に否定しているものではないニュアンスが読み取れる。

　「利害の一致」に関連する詳細項目の記載内容は、以下のとおりである。

【Waterfall構成】

　WaterfallとはPEファンドによる分配ルールの詳細を決めたものであり、Limited Partnership Agreementのなかでも重要な項目である。通常のPEファンドでは、誰宛てに、どのタイミングで、いくらが分配されるかというルールを決めることで、GPの成功報酬を決定する形態をとっている。Waterfall構成においては、前段に示したとおり、個別案件ごとではなくファンド全体として、LPに投資元本と優先リターンの分配がなされた後に、初めてGPに分配がなされるべき（ヨーロピアン・スタイル）である。

　案件ごとに分配がなされる（アメリカン・スタイル）場合は、以下の点を検討するべきである。

- 投資エグジットが実現された案件の投資コスト返還の際には、当該投資案件の評価減額や償却の累計金額、および（投資エグジットが実現された案件分の比率分だけではなく）フィーや費用の全額を含めて返還されること
- 未実現投資先の評価額をWaterfallに適用する際には、"当該投資コスト"もしくは"適正市場価格"のいずれか低いものを採用すること
- GPに成功報酬として分配される額のうちの相当な額（30％以上）とクローバックにかかわる偶発債務に備えた追加額をエスクロー・アカウントに積むように求めること

　また、優先リターンの算出に当っては、実際に払込みがなされた日から分配がなされる日までの期間を基準として算出されるべきである。

【成功報酬の算出】

　成功報酬の計算には税引き後のネット・リターンを用いるべきである。また、その際ファンドに課された税金は出資者への分配として扱われるべきではなく、

投資コスト全額が回収されるまでは、利配収入は計算に含めるべきではない。

【クローバック】
　クローバックは全額がすみやかに支払われるように規定されるべきであり、かつ、ファンド運用期間を超えても適用されるべきである。また、その際はファンドの清算期間やLPに分配された額の戻し（LP giveback）の規定も考慮すべきである。

【管理報酬と費用】
管理報酬の構成
　まず、過剰な管理報酬は利益相反を創出するものであり、一般的と認められる運営費や人件費に基づいて設定されるべきである。ファンド募集の際には、GPが管理報酬の算出モデルを出資者候補に提供するべきであり、後続ファンド設定後、投資期間終了後、あるいはファンド運用期間延長の際には、管理報酬が引き下げられる仕組みが必要である。

費　用
　管理報酬はGPのすべての通常業務をカバーすべきものであり、それには最低限の人件費、出張旅費、案件発掘やLPとの連絡等その他の管理運営コストが含まれるべきである。また、GPは、投資家候補宛てに提供されるデューデリジェンス資料中にプレースメント・エージェントとの関係をすべて開示すべきであり、プレースメント・フィーは全額がGPから支出されるべきである。

【ファンド運用期間】
　ファンド運用期間は1年間の延長のみが認められ、その際にはLPACもしくはLPの過半数の承認が必要とされるべきである。また、LPからの合意が得られない場合、GPは1年以内にファンドの清算を行わねばばらない。

【GPのフィー収入】
　トランザクション・フィー、モニタリング・フィー、アドバイザリー・フィー等GPにより課されるフィーはファンドの収入とすべきである。

【GPコミットメント】
　GPはファンドに相応の額の出資コミットメントを行うべきであり、その出資

方法は管理報酬の放棄を通じてなされるものではなく現金で実際に払い込まれるべきである。また、LPとの利害の一致のため、GPコミットメントの譲渡は制限されるべきである。同時に、GPは個別案件へのコ・インベストメントは行わず、"ファンド全体に対しての持分のみ"をもつべきである。

【複数ファンド運営】
　キーパーソンは当該ファンド、先行ファンド、後継ファンド、並行ファンドの運営のみに総ての勤務時間を費やすべきであり、GPは当該ファンドの投資期間終了までは投資対象が類似する他のファンドを新たに設立すべきではなく、また、そのようなファンドのGPになるべきではない。また、当該ファンドにふさわしい投資機会を他の投資ファンドに提供してはならない。そのような投資機会が他ファンドと共有される場合は、当該ファンド設立前にそのような共同投資に関する取決めが事前に開示されており、かつそのような共同投資が一定の比率に応じて行われるようになっている場合に限られるべきである。
　GPが受け取った管理報酬および成功報酬は、発生元ファンドの投資プロフェッショナルへの支払や運営費に使用されるべきである。また、GP関連者が得たフィーは、それがファンド自体から得たものであっても、投資先企業から得たものであっても、LPACの過半数による承認を得るべきである。

(2) ガバナンス

　PEファンドの多くは、GPが唯一の投資意思決定を行う主体となり、長期で流動性がない形態をとっている。LPがそのような形態にコミットするのは、誰が投資を行うのか、また投資戦略と投資案件の評価基準をどのように行うかについて一定の約束がされていることが前提にあるからである。しかしながら、PEファンドの運用期間は長期にわたるものであり、運用期間中の環境変化への対応を漏れなくLimited Partnership Agreement（"LPA"）で規定することは大変むずかしい。したがって、予見できない利益相反や投資チームの変化等に対応するための適切な仕組みがうまく働くようにすることが重要であるとしている。

　また、後述の「3　LPAC」でも述べるが、Version 2.0では、LPACがファ

ンドのガバナンスにおいて重要な役割を果たすための「Best Practice」が詳細に述べられている。LPがLPAに規定された自分たちの義務を果たすと同時に、ファンド運用期間を通じてGPに適切なアドバイスを行うための重要な機能として、ILPAではLPACの役割を重要視していることが読み取れる。

「ガバナンス」に関連する詳細項目の記載内容は、以下のとおりである。

【投資チーム】
　投資チームはLPがファンドへのコミットメントを行う際に非常に重要な要因である。それゆえ、投資チームに重大な変化がある際には、キーマン条項の発動を通じて、投資ファンドへのコミットメントを再検討する機会がLPに与えられるべきである。

- キーマン条項が発動された際には、自動的に投資期間は中断され、180日以内に事前に規定されたLPの過半数を超える同意を得られた場合にのみ投資が再開できるとすべきである。
- 主要投資メンバーが当初想定された時間と労力を当該ファンドに充てることができなくなった場合は、すべてのLPに報告がなされ、LPACが対応を検討するべきである。
- GPメンバーに変化があった際には、どのような内容でもLPには報告されるべきであり、特にキーマン条項に該当する場合はすみやかに報告されなくてはならない。
- キーマン条項の変更はLPACもしくはLPの過半数により承認されるべきである。

【投資戦略】
　投資戦略もLPがPEファンドへのコミットメントを検討する際に重視する点である。ほとんどのLPは非常に幅広い自己のポートフォリオを運用するなかでPEファンドにコミットしており、PEファンドの投資戦略や独自性に基づき特定のPEファンドを選定している。したがって、ファンドの投資戦略は一貫性があり明確でなければならない。

- 投資目的に関する条項には、投資戦略が明確かつ限定されたかたちで示され

るべきである。
- 債権、上場証券、集団的投資スキームへの投資を行うかについては、ファンドの投資戦略に明確に規定するべきである。
- 特定の産業等への投資の集中を避けるための制限が設けられるべきであり、必要であれば投資ペースに関する制限も設けるべきである。
- 事前に規定することが可能であれば、特定のセクターや地域への投資を望まないLPは、そのような投資から除外されることを認めるべきである。その結果として、他LPへの配分が増えてしまう点や、除外プロセスと運用政策の透明性を確保する等の事前の配慮はその際の必要条件となる。

【受託者責任】
GPはファンド運営において高い自由裁量をもつため、GPの受託者責任がどのようなかたちであれ軽減・看過されるような条項は避けなくてはならない。

- GPはすべての利益相反事項をLPACに報告し、第三者以外のものとの取引等の利益相反事項が発生する場合は事前に承認を得るべきである。「重要性の判断」には主観が入るので、すべての利益相反事項はLPACに報告されるべきであり、GPが自己の利益相反事項を解決できる余地を残すべきではない。
- 受託者責任の不履行など深刻な契約違反に至る行為の事前承認をGPが得ることができる条項はLPAから除外されるべきである。
- 正当な理由がある場合、過半数の賛成をもってLPはGPを罷免することが可能であるべきである。
- GP罷免においては、LPの権利に深刻な被害が及ぶ前にLPが迅速に行動できるような建付けにしておくべきである。
- ファンドからのGPへの補償のためにすべてのLPからのClaw Backが必要な場合、そのような補償はLPコミットメント金額の一定の割合に限定されるべきであり、コミットメント金額の25%を超えるべきではない。また、そのような補償が行われる期間もLPへの分配がなされてから2年間までなど適切な制限がつけられるべきである。

受託者責任やファンド運営義務の観点からのGPの仕事ぶりをモニタリングするために、LPは独立監査人やその他第三者機関を活用するべきである。独立監査人はファンドのために働くものであり、GPに課せられた義務に関連して利益相反がある場合はLPACに報告すべきである。

- 独立監査人は、投資先評価等に関する見解を、年に一度LPACに報告すべきであり、ファンドの年次総会では質問に応えられるようにすべきである。
- 独立監査人に関する変更は、どのようなものであってもLPに通知されるべきである。
- 独立監査人はキャピタル・アカウントの監査では、管理報酬、その他ファンド運営費用、成功報酬には特に注意を払うべきであり、GPとLPへの分配に関しても独自の検証を行うべきである。
- GPとLPの間での利益相反が考えられるときは、LPACのメンバーから選出された少人数でのコミッティーをファンドのコスト負担で組成するべきである。

【ファンド契約の変更】

　PEファンドの運用は長期にわたるため、ファンドの契約内容とガバナンスに関しては事前に厳密な定義が与えられていることが必要であると同時に、環境変化に適用するための柔軟性も備えていることが求められる。GPの権利も適切に保護しながらも、LPはファンドの運用を止める権利をもつべきである。

- どのようなLPAの修正に関しても、LP持分の過半数の承認が必要とされるべきである。また、特定の内容に関してはLP持分の3分の2以上の合意を必要とすべきである。また、特定のLPに影響がでる修正の場合は、当該LPの承認が必要とされるべきである。
- LP持分の3分の2以上の賛成で投資期間の停止や終了が可能とされるべきである。
- LP持分の4分の3以上の賛成でGPの解任やファンドの解散が可能とされるべきである。

【LPACの責任】

　LPACの役割は、以下の変化に対応して進化してきた。

① LPによる受託者責任義務を果たすために、投資先ファンド運営の透明性の確保が重要になったこと
② 複数の運用商品を扱う運用会社が増えてきたこと
③ 経済危機による影響

第12章　ILPA Private Equity Principlesの概要

LPACの役割はPEファンドを運営することではなく、LPAに規定された責任を果たすことであり、一般的には、以下の点を検討し承認することにある。

- 異なるファンド間の取引や関係者との取引など利益相反が懸念される取引
- 投資先会社の評価方法（場合によっては、評価内容自体の承認も含む）
- LPAに規定されたその他の合意事項や承認事項

　LPACはGPとファンド運営に関して、以下の点に関して議論をすべきである。

- 独立監査人
- コンプライアンス
- ファンド費用の負担配分
- 利益相反
- チームの向上策
- 運用会社の新規ビジネス

　GPは特定のLPに利益相反があると考えられる場合、他のLPにその点を公開するべきである。具体的な例として
- LPが他の投資プログラムを通じて、ファンドと並行投資を行う場合やファンドの投資先企業に共同投資を行う場合
- LPがGPやGP関連会社のオーナーである場合
- LPが他LPに比べて経済的に有利な条件を確保している場合

(3) 透明性

　Version 2.0では、財務、リスク管理、ファンドの運営、投資先ポートフォリオ、ファンド投資にかかわる取引に関する詳細な情報をGPは提供するべきとしている。これによってLPはLP自身の受託者責任を効果的に果たすことが可能となるが、同時にLPはより高度な秘密情報を取り扱うことになるので、LPはその重要性を認識しなくてはならないとしている。

　「透明性」に関連する詳細項目の記載内容は、以下のとおりである。

【管理報酬およびその他のフィー】
- GPが得るすべてのフィーは、監査済報告書、コール通知、分配通知上で、定期的かつ個別に開示されるべきである。
- ファンドおよび投資先企業からGP関連会社に支払われたフィーは、監査済報告書に記載されるべきである。

【コール通知と分配通知】
- コールと分配に当っては、ILPAの標準書式に沿った情報が提供されるべきである。
- GPは四半期ごとにコールと分配の見積りを提供すべきである。

【GPによる情報開示】
　以下の状況が発生した場合は直ちにLPに報告されるべきである。

- 検査当局からの問合せ
- ファンド運用期間中に重大な債務(偶発債務も含む)が生じた場合
- LPAおよび他のファンド関連書類における契約違反

　以下にあげるような、GPの経済的・実質的な所有権や投票権の変更および譲渡に関する活動は書面でLPに報告されるべきである。

- 上場ファンドの組成
- 運用会社持分の売却
- 運用会社自体の上場
- 他の投資ファンドの組成

【リスク管理】
　年次報告書には、投資先企業およびファンドに関する重大なリスクおよびその対応方策が報告されるべきである。

- ファンド・レベルの過度な集中によるリスク
- ファンド・レベルでの為替リスク
- ファンド・レベルおよび投資先企業レベルでのレバレッジ・リスク

- エグジット環境の変化など投資の実現にかかわるリスク
- 投資戦略に関するリスク(その変更、投資戦略からのズレなど)
- 投資先レベルでの風評リスク
- ファンド・レベルおよび投資先企業レベルでの環境、社会的、企業統治などにおける財務以外のリスク
- 重大な出来事に関しては直近の状況に関する報告

【財務情報】
　年次報告書および四半期報告書では、投資先企業およびファンド自体に関して、ILPAの標準書式に沿った情報が提供されるべきである。提出期限は、年次報告書は年度末から90日以内、四半期報告書は四半期末から45日以内にとされるべきである。

【LPに関する情報】
　GPは、以下の情報を提供するべきである。

- 連絡先も含むLPリスト(ただし、それを望まないLPは除く)
- LPAおよびサイドレターの最終版を含む、クロージング時の契約書
- これらの情報にはセンシティブ情報も含まれるので、LPは厳重にこれらの情報を管理する必要がある。また、LP間でファンドに関する検討を行うことが許されていることが、契約書上に明記されるべきである。加えて、守秘義務を犯したLPに対する罰則処置をGPがとる際にはLPはこれを支持すべきである。

3 LPAC(Limited Partner Advisory Committee)

　Version 2.0では、LPAC(Limited Partner Advisory Committee)に関する記述が2009年9月のPrinciplesに比較して大幅に拡大されている。この点はVersion 2.0の大きな特徴となっており、LPACが認識すべき責任、ファンドにおける役割およびLPAC開催手順が示されている。PEファンドは組成される法的管轄地域がファンドごとに異なるので、一つの標準がすべてのケー

スに当てはまるものではないともILPAは述べているが、LPAのなかでLPACの役割が明確に規定され、その内容にGPとLP双方が納得することが重要であると強調している。また、LPACの役割は直接ファンドを管理することでも監査することではなく、GPに然るべき指針を与え、必要とされる際にLPの声をGPに伝えることであるとしている。しかしながら、運用をGPに任せることで有限責任を担保されているLPにより構成されるLPACがそのような権限をもつことへの疑問も出ている。

「LPAC」に関連する詳細項目の記載内容は、以下のとおりである。

> LPACの目的は、以下の点を含むべきである。
>
> ・GPに必要以上の負荷を強いることなく、LPA上で規定されているLPACの役割を果たすこと
> ・守秘義務と信用を保持しながら、ファンドに関する開かれた議論を創造すること
> ・LPがその責任を果たすための情報をLPに提供すること
>
> LPACの役割はファンドの運用が進むにつれて変化するものであり、形式よりも実態を重視すべきであり、この点から以下の2点が強調される。
>
> ・LPACは、異なるメンバーの集合としてではなく、一つの委員会（Committee）として機能すべきである。したがって、重要な議論は、個別メンバーとの議論ではなく、LPACの場でなされるようにすべきであること。
> ・LPとしての意見集約が必要な際には、LPのみで相談できることが定められていること。
>
> 【LPACの組成】
> LPAC組成に当って、GPは以下の手続を踏むべきである。
>
> ・事前に合意したLPACメンバー宛てに正式な招待状を発送し、そこには以下の情報が含まれていること：

▷ スケジュールの詳細
▷ 参加費用の清算方法の詳細
▷ ファンド契約におけるLPACの役割の概要
▷ LPACメンバーの免責事項

- ファンドのクローズ時には、毎回LPACメンバーのリストを作成し、メンバーの連絡先を掲載したうえで、すべてのLPに発送するべきである。
- LPACはさまざまな投資家からなる限定された少人数で構成されるべきであり、大きなファンドであっても12名程度に抑えるべきである。
- LPACの開催に当っては、LPACの過半数とGPによる合意のもと、LPACメンバーの代理を受けるか欠員のままとするかをGPが決定する。
- LPACの議題とスケジュールは可能な限り先まで行うものとし、すべてのLPと共有する。
- 投票がなされる際の定足数はLPACメンバーの半数以上とするなど、議決に必要な水準とその手続を明確に規定する。
- LPACメンバーには報酬は支払われないが、適切な経費は補償される。

【LPAC開催におけるBest Practice】
　LPAC開催におけるBest Practiceは、個別のファンドのGPとLPACメンバーが決めるべきものであり、以下に示すBest PracticeはよりよいLPAC開催手順を決める際の参考に資するべきものである。

招　集
- LPACは最低年2回直接参加（電話での参加も含む）のかたちで開催されるべき
- 係争など迅速な対応が求められる場合には、GPはつどLPACを開催すべきであり、LPACメンバーもこれに柔軟に対応すべきである。LPACでの合意があれば、特定の事項については書面での合意で扱われてもよい。

　GPとの当初の意見交換を得た後に、3名以上の少数メンバーでも然るべき理由があれば、LPACの招集ができるようにするべきである。

議　題
- GPへの合理的な通知義務を前提に、いずれのLPACメンバーも議題を追加できるべきである。

- LPACメンバーの同意や承認が求められる場合は、少なくともLPAC開催10日前までにGPは参考資料を各LPACメンバーに通知すべく努力をするべきである。
- LPACミーティングのうち、一定の部分はLPのみの非公開セッションとするべき。その際、LPは議論を主導するLPACメンバーを選出し、その内容をGPに報告するべきである。
- LPACは投資先評価に関する議論を行うためにファンドの独立監査人と非公開で連絡をとることが許されるべきである。独立監査人の代表は年度末のLPACミーティングもしくは年次総会に参加するべきである。

投　票
- 投票が必要とされる場合は、関係するファンドのLPACメンバーのみで構成されるLPACが開催されるべきである。一般的な議題が検討される際には、他ファンド関係者との合同でLPACが行われてもかまわない。
- ファンドはLPACメンバーを免責とすべきである。
- すべてのLPACメンバーは投票に先立ち、いかなるかたちでも利益相反がないことを検討すべきであり、利益相反がある場合はLPACミーティングの場で他LPACメンバーに開示するべきである。

記　録
- GPはLPACミーティングの議事録をとり、開催から30日以内にLPACメンバーに議事録が回覧し、次回のLPACミーティングで承認を受けるべきである。承認された議事録は要請があれば妥当な期間内にすべてのLPに開示可能とされるべきである。
- GPは投票結果を記録し、投票記録のコピーを保管する。投票記録の詳細は、LPACメンバーからの要請があればすみやかにGPから開示されるべきである。

4　クローバックにおける「Best Practice」

発生することはまれではあるが、GPとLP間での調整が非常にむずかしいものがクローバックである。一度クローバックが発生してしまうと、その時

点でGPとLP間の利害調整を行うことは実質的に不可能であり、クローバックに関してはファンド運用開始時に、適切なプロセスと救済措置が設定されていることが大事になってくる。Version 2.0では、クローバックにおける「Best Practice」も詳細に記述されており、クローバックのプロセスと救済措置を構成する要素が示されている。

クローバックにおける「Best Practice」に関連する詳細項目の記載内容は、以下のとおりである。

【クローバックの回避】
- すべての分配がLPになされた後にGPキャリーが支払われるヨーロピアン・スタイルのWaterfallにすることが最善の策である。
- 案件ごとの分配方式（アメリカン・スタイル）のWaterfallの場合
  ▷ 評価額の変化を十分にカバーするだけのNAVカバレッジテスト（一般的には最低で125％）を行うこと
  ▷ 事前に規定した期間や特定事象（キーマン条項、不十分なNAVカバレッジ等）を基に、期中でのクローバックを行うこと

【GPの実行責任の担保】
　LPとGPとの契約の際には、個人GPメンバー全員が連帯責任を負うかたちにすべきである。これがむずかしい場合には、親会社、GPメンバー個人か数名によるクローバック総額に対する支払保証が代替となりうる。また、クローバック支払債務は、キャリーの支払に応じて変化するため、最低でもキャリーの30％をエスクロー・アカウントに保管することも有効な手段となる。
　また、GP個人に対してクローバックの支払をLPが直接要求できるなどの強い権限がLPには与えられるべきである。GPのクローバック債務は、その実額と潜在的金額をすべてのLPに毎年開示されるべきであり、監査済財務諸表における追加的な開示項目として検討されるべきである。

【公正な税負担の保証】
　GPはキャリーに対する税金を支払うためにファンドからtax distributionを受けるが、GPがキャリーを受けない、もしくは返金しなければならない状況になった場合には、すでに当局に支払った税金は戻ってこないため、税金分が損

失となり、その損失は最終的にはLPが負担することになる。ILPAが2009年に公表したPrinciplesでは、クローバックの対象はGPが受け取った"税引前のキャリー総額"としていた。しかし、GPとの多くの議論の重ねた結果、ILPAはGPに税金分の負担を求めることは非現実的であるという結論に至った。

しかしながら、損失の先送り、損金との相殺、より有利な税制管轄での運用など、GPが対応できる方策を考慮しないかたちで運用がなされているケースも見受けられる。GPはクローバック時のLPによる税負担を利用すべきではないことは当然であり、tax distributionの算出時に予想される最大税率を適用するのではなく、以下に示すような個々のGPメンバーの実際の税務状況を適用するべきである。

▷ 繰越損失やキャリーの戻し
▷ ファンドの収入や控除にかかる税務上の分類による違い
▷ クローバックのための払込み等の結果として発生する損失
▷ LPA締結日とクローバック発生時の税制の変更による差

いずれにしても、実際の租税債務を超えてGPが受け取った前受金は、すみやかに返金されるべきである。

【クローバック計算式の修正】
クローバック金額は、税引後の、"キャリーの過払分"か"キャリーの支払総額"のいずれか小さい額（実際に支払われた金額を控除後）とするべきである。ファンドのキャッシュフローに深刻な影響を及ぼす間違いもクローバックの計算式に見かけられるので、以下のような注意が必要である。

▷ クローバック債務額から税額を単純に減算しない。
▷ クローバック計算式は優先リターンを考慮に入れる。

5 レポーティングの「Best Practices」

ILPAは、Principles version 2.0の公表に続き、2011年10月18日に四半期報告書のひな型を公表した。2011年1月には、キャピタル・コールと分配通

知書のひな型もすでに公表されており、GPからLPへの重要なコミュニケーション・ツールのあるべき姿を提示している。

　レポーティングのBest Practiceを公表する目的としてILPAは、以下の点をあげている。

　　▷ LPによる正確な取引内容の理解と把握の促進
　　▷ LPとGP双方におけるモニタリング・コストの削減
　　▷ 投資先の状況に関するLPとGP間のコミュニケーションを円滑にすることによる追加質問の削減
　　▷ GPにおけるコンプライアンスの促進

　実際のひな型は、以下のURLで入手可能であり、興味のある方はぜひアクセスしていただきたい。

　　　http://ilpa.org/ilpa-standardized-reporting-templates/

(1) 四半期報告書

　Best Practiceで示された四半期報告書の構成と各項目のコメントは、以下のとおりである。なお、Principle version 2.0では、四半期報告書を当該四半期末から45日以内に提出するべきとされている。

サマリー・レター
　本レターには、以下の点が簡潔に述べられているべきである。

　　▷ 前四半期と当該四半期の変化に関するGPの考察
　　▷ 特別に記載すべき事項があればその説明
　　▷ ファンド全体に影響を与えうる投資先企業の事象に関する報告
　　▷ ファンド・レベルでのリスク要因の変化

貸借対照表

ファンドの採用する会計規則にのっとり作成されるものであるが、以下の情報が提供されるべきである。

- ▷ 前期末と当四半期末の比較
- ▷ 関係会社との債権・債務
- ▷ 投資コストとフェア・バリュー
- ▷ ファンド・レベルでの債務

投資先情報一覧

四半期報告書の一部として、投資先情報一覧が提供されるべきであり、投資先情報一覧に記載される数値は貸借対照表上の数値と合致していなければならない。投資先情報として含まれるべきものは、以下のとおり。

- ▷ 未実現投資先の詳細
- ▷ 投資先名称
- ▷ 投資明細(エクイティ、デットの別など)
- ▷ ファンド持ち分比率(希薄化後ベース)
- ▷ 初回投資日
- ▷ 以下の数値
    - −投資コミットメント金額
    - −累計払込金額
    - −投資コスト(エクイティ、デットの明細も含む)
    - −評価価額
    - −累計回収金額

損益計算書

損益計算書に掲載されるべき項目は、以下のとおり。

- ▷ 当該四半期、年初来、設立来の詳細
- ▷ 投資収益の詳細
- ▷ 費用の詳細
- ▷ 営業損益
- ▷ 投資に係る突発的な損益要因

キャッシュフロー計算書
- ▷ 当該四半期、年初来、設立来の詳細
- ▷ 営業活動からのキャッシュフロー詳細
- ▷ 財務活動からのキャッシュフロー詳細
- ▷ 現金および現金同等物
- ▷ その他キャッシュフローに関する追加情報

キャピタル・アカウント報告書
- ▷ 投資ビークルも含めたすべてのLP持分総額に対する報告
- ▷ 当該四半期、年初来、設立来の詳細
- ▷ 前期と当期のNAVの差の変化に関する説明
- ▷ キャピタル・アカウントに含まれるべき項目は、以下のとおり
  - －GP持分に関する数値
  - －ファンドが解散したと仮定した場合の未払いキャリー
  - －当該四半期の払込みと分配
  - －LP、GP、ファンド全体のコミットメント金額
  - －未コールのコミットメント金額の詳細

脚　　注
　四半期報告書で提供される情報を補完するため、以下の脚注がつけられるべき。

　Note 1：運用会社およびファンドの詳細
　Note 2：重要な会計方針
　Note 3：ファンド総額（LPとGPからのコミットメント金額）
　Note 4：管理報酬、その他フィーの明細
　Note 5：関係会社取引
　Note 6：運用パフォーマンスのポイント（ファンド・レベルでのネットIRR）
　Note 7：キャリーの詳細
　Note 8：アドバイザリー・コミッティー情報
　Note 9：後発事象

運用者報告のまとめ
　投資先会社、ファンド・レベルでの重要事項を説明したエグゼクティブ・サ

マリーが運用者報告として四半期ごとに提出されるべきである。運用者報告はファンドの運用状況を示す主要な数値を理解するためにLPが活用するものなので、その形式や数値表記、図式的な説明にはGPの工夫が期待される。エグゼクティブ・サマリーとともに報告書の始めにまとめて記載されるべきデータは、以下のとおりである。

- 運用会社に関するデータ
    - 運用資産（現時点での投資額と未コール分のコミットメント額も示す）
    - 運用中のファンド
    - 投資先企業
- ファンドに関するデータ
    - コミットメント総額
    - 設立来の払込済金額（グロス金額）
    - 未コール分のコミットメント金額
    - 設立来の投資案件数
    - 累計分配金額
        - 払込済金額に対する比率（グロス払込金額に対するグロス累計分配金額）
        - コミットメント総額に対する比率（総コミットメント金額に対するグロス分配金額）
    - 鍵となる評価マトリックス
        - TVPI: Total Value to Paid In
        - RVPI: Residual Value to Paid In
        - DPI: Distribution to Paid In
    - 過去のファンド・パフォーマンス推移
        - TVPIもしくはTVPIとIRRの時間推移を示したグラフが適当
    - 産業ごと地域ごとの投資先企業の分散

ファンド・レベルでの投資状況のまとめ

ファンド・レベルでの投資状況のまとめを、ファンドの貸借対照表に対応するかたちで提供するべきであり、そこには以下の情報が含まれるべきである。

- 実現、および未実現の投資先明細
- 有価証券種類、株数

- 初回投資日
- （実現ずみの場合）最終Exit日
- 投資データ
- 投資先の評価手法
- パフォーマンス評価
  ▷ 投資先評価額の変化
  ▷ 投資コストの変化
  ▷ 未実現損益および未収利息
  ▷ 変化のまとめ（変化の主要要因）
  ▷ 当期の投資倍率
  ▷ 前期の投資倍率
  ▷ 設立来IRR

投資先企業状況報告

　エグゼクティブ・サマリーに続いて掲載されるべきものであり、他の情報提供ツールと一貫性のある内容とし、以下に示す投資先企業に関する情報が提供されなければならない。

- 投資先企業概要説明
  ▷ 事業内容、本社所在地等
  ▷ 投資の詳細（投資日、投資時の評価倍率、投資テーマ、ファンド担当者等）
  ▷ 現在の状況（売上げ、EBITDA、ローン、間接費等の過去12カ月の変化も含む）
  ▷ 今後の展開
- 財務状況データ
  ▷ 投資スキーム、資産構成、財務情報、投資評価計算（DPI, RVPI, TVPI, DCC, PICC）
  ▷ 直近状況
  ▷ 変化の説明（どのように付加価値が創造されたのか？　評価方法が変化したのか？　など）
  ▷ リスク分析

(2) キャピタル・コール／分配通知書

　キャピタル・コールと分配通知書は、GPとLP間での資金移動に先立ちGPから送付されるものである。LP側からすれば、通知書の内容を理解することはモニタリング活動の一部といえる。したがって、通知書のBest Practiceの公表は、四半期報告公表と同様の目的をもってなされており（前述5(1)を参照）、重要なガイドラインとして、以下の点があげられている。

> ▷ 実際のキャッシュフローの動きではなく、会計処理上の視点を優先すること
>   - 以前の通知で推計値が用いられた場合、次回のコール通知や分配通知上で実際の数値との突合せが行われるべき。
> ▷ コール通知と分配通知の金額が、キャッシュフローの累計と突合できること。
>   - 未コールのコミットメント残額、累計払込金額、累計分配金については、取引前と取引後の数値が通知書に記載されていること。
> ▷ 通知書記載事項と透明性に関する個別注意点は、以下のとおり
>   - 投資対象の名称（複数ある場合は、各々対応する投資金額もあわせて）
>   - 管理報酬の明細（算出方法、相殺内容などを含む）
>   - Waterfallの詳細（計算方法、エスクロー口座残高、クローバック金額など）
>   - キャリーの正確な金額（各分配があるたびに算出方法も含めて）
>   - 総コミットメント金額に対するLPシェア
>   - GPの収入となるすべてのフィーの明細
>   - 関連するLPAの条項への参照
>   - 払込みに関する詳細な説明（銀行口座や連絡先を含む）

おわりに

　ILPAのPrinciples' version 2.0は、GPとLP間での円滑なコミュニケーションの向上を図るための材料をGPとLP双方に提供したものととらえるべきであろう。また、報告書の書式についても、LPが存在する国や組織形態によ

り必要とされる情報は異なることは自明であり、Best Practiceを絶対的な標準と理解することは健全な考え方ではない。プライベート・エクイティ・ファンドはGPとLPによるパートナーシップであり、両者が長期にわたり各々のパートナーとなることで成り立つものである。GPとLPとのパートナーシップが長期的に機能し、PE業界が永続的に発展していくためには、ILPA Principlesの詳細にこだわるのではなく、その主要項目である①利害の一致、②ガバナンス、③透明性の観点から、GPとLP間のバランスを検討することが重要であろう。

Interview

プライベート・エクイティ・ファンドによる機関投資家へのレポーティング

透明性の確保と緊密なコミュニケーションの継続

東京海上キャピタル株式会社
取締役社長
深沢英昭氏

三井住友トラスト・キャピタル株式会社
常務取締役
石井　誠氏

Q まず、運営するファンドの投資家層についてご説明いただき、投資家向けのレポーティングをどのように行っているかお聞かせ願います。

深沢　弊社は、東京海上グループにおけるプライベート・エクイティ投資部門として1991年に発足して以来、同分野の先駆けとして投資事業に積極的に取り組んできました。1998年には、外部投資家の資金を導入した初のファンドを設立し、運営を開始しました。バイアウト・ファンドとしては、過去4本設立しております。東京海上グループの資金の割合は低く、大手銀行、信託銀行、地方銀行、証券会社、保険会社、ノンバンク、年金基金、ファンド・オブ・ファンズなど、多様な層の機関投資家からコミットメントを得ております。海外の機関投資家からのコミットメントもあります。

　バイアウト・ファンドのレポーティングについては、事業年度ごとの決算報告書（年1回）、中間決算報告書（年1回）および四半期ごとの四半期報告書（年2回）を作成しており、いずれも決算期末後2カ月以内にご報告するようにしています。また、毎事業年度終了後120日以内に出資者総会を開催しています。これらに加えて、投資報告書やキャピタル・コール通知および分配通知書をそのつど作

成しています。投資報告書は、投資家の皆様に投資内容をご理解いただくうえで重要なレポーティングと認識しており、特に丁寧に作成するように心がけています。バイアウト案件ですと、受け皿会社を活用したスキームなど、資金の動きが複雑になることもありますので、ファンドからのエクイティ資金、銀行からのデットなどがどのように動くかをわかりやすく書くようにしています。

　このほか、各投資家の要請に応えるかたちでさまざまな情報提供を行っておりますが、丁寧かつ迅速な照会対応を通じ、日頃から投資家との信頼関係の強化を図っております。また、東日本大震災の直後にも投資先に関する被害状況を報告いたしました。運用者が知りうる限りの情報を迅速に報告したことによって、投資家の皆様にはご安心いただけたとものと思っております。このほか、万が一投資先に重要な事件や事故が発生した場合にはすみやかにご報告するというスタンスでおりますが、幸いなことにこれまでそのようなケースは発生しておりません。

石井　三井住友トラスト・キャピタルは、三井住友トラスト・グループのプライベート・エクイティ・ファンド運営会社です。弊社が運営するメザニン・ファンドにおいては、グループ銀行からの資金に加え、年金基金や事業会社等の幅広い投資家層からのコミットメントを頂戴し、投資家の皆様とファンドを通じた共同投資活動を行っています。

　弊社のメザニン・ファンドにおけるレポーティングとしては、本決算と中間決算の決算報告書と、四半期ごとにファンドの運用状況をまとめた報告書を作成しています。決算報告書については（半）期末後3カ月以内に、運用状況報告書については四半期末から1カ月後に報告しています。これらの定期的なレポーティングに加え、新規に投資を実行した際と投資を回収した際には、それらの概要をまとめた報告書を作成しています。年次総会については、年1回期末後3カ月以内に開催しています。

　エクイティ投資は、投資先企業の業況や事業の状況が投資価値に直結します。一方、メザニン投資は、投資先企業の業況や事業の変動リスクに対する耐性がある半面、投資家の皆様に対して投資資産の状況などが伝わりにくいという側面が

あります。そこで、弊社のメザニン・ファンドにおいては、投資先企業の業況や事業の状況に加え、デット・マルチプルをリスクの指標とするなどして投資資産の状況を報告しています。

先ほど述べたメザニン投資の特徴をふまえると、メザニン投資のリスクは投資案件全体に内在しており、かつリスクの回避策や対応策についても投資案件における各関係当事者において検討され、その対策が講じられます。そのため、弊社のメザニン・ファンドにおいては、投資先企業のみならず、スポンサーや経営陣、シニアレンダーといった関係当事者全体の動向をモニタリングしており、投資家の皆様に投資資産の状況を報告する際には、こうした視点も盛り込んでいます。

Q リミテッド・パートナーとの円滑なコミュニケーションのために日頃から心がけている点はありますでしょうか。また、投資先に何か問題が発生した際などの有事の対応はどうあるべきだとお考えでしょうか。

石井 弊社のファンドに係る運用状況のみならず、プライベート・エクイティ市場全般の動向や業界トピックなどについての情報提供や解説をすることにより、投資家の皆様にプライベート・エクイティに対する理解を深めていただけるように心がけています。一方、弊社が現在運営しているファンドの投資領域にこだわることなく、投資家の皆様との対話を通じてニーズをくみ取り、ファンド設立企画にも生かしています。

投資先企業における個社レベルでの有事やマクロレベルでの有事については、投資先企業やスポンサー・経営陣に対するモニタリングを中心としたマクロ・ミクロ両面での密なモニタリングを通じて有事につながる前兆を捕捉し、マクロレベルでの有事の場合は投資先企業への影響の有無・程度を見極めたうえで、バッド・サプライズがないように投資家の皆様に報告する態勢を構築しています。

メザニン投資家としての有事対応としては、投資先企業のみならず、スポンサーや経営陣、シニアレンダーといった各関係当事者において有事の状況が生じてい

ないか把握したうえで、メザニン投資家としての立場から状況を注視し、状況によってはとりうるアクションのなかから投資の回収を図ることになります。

深沢　日頃から大切にしていることは、投資家さんとのface to faceのミーティングです。例えば、エグジットや新規投資のお話があれば、そのつど投資家の皆様に直接会って説明しています。それがない場合でも、各投資先の業況報告を兼ねて、少なくとも四半期に一度は訪問しています。

　有事の対応ですが、2011年3月11日の東日本大震災の際は、週明けの月曜日に第一報を私の名前で全投資家さんにメールベースでお伝えしました。具体的には、社員の安否の確認と投資先の状況報告を行ったのですが、弊社のファンドの投資先の4社のうち2社が薬の製造会社で供給者責任もありますので、電力の問題の影響、物理的な被害、人的被害を確認してわかった範囲でお伝えしました。幸いにも、大きく被災したところはありませんでしたが、その後計画停電が本格化し始めましたので、その辺りの影響を第二弾として、1週間後に再びメールでお伝えしました。

　また、私が記憶している限り、弊社のファンドではなかったのですが、例えば、思わぬかたちで投資先が事故に遭ったとか、スキャンダルに巻き込まれることもありえます。そのような話になると、それは当然業績へも影響しますから、状況を正確に把握する必要があります。基本スタンスとしては、悪い話こそ早めに伝えるというスタンスではありますけれども、不確定な状況で中途半端な情報を伝えるよりは、きちんと現状を把握して影響を認識したうえで、悪いニュースとして伝える必要があるのであれば伝えるというスタンスでおります。

　それから、バイアウト・ファンドの投資先は、事業をしていますので経営者が交代することもあります。交代の理由やその後の経営体制も含め、できるだけ詳細に投資家さんにその内容を伝えるようにしています。

Q Institutional Limited Partners Associationが"Private Equity Principles"を公表していますが、その内容についてはどのようにお感じになられましたでしょうか。

深沢　そもそもILPAの参加機関投資家のプライベート・エクイティ・ファンドへの投資残高は１兆ドルともいわれていますから、その影響力は多大なものがあります。このILPAの"Private Equity Principles"は、世界中の有力機関投資家の集まりで、影響力がありますから、そのLPがGPに対してどのような要請しているかを知るうえで大変参考になりますし、日本の機関投資家の方々と話をする際にも共通の基盤になりうる原則だと意識をしています。

「alignment of Interest」は、GPとLPとの利害関係を整理するもので、「まずLPが投資収益を確保した後に初めてGPは投資収益を享受すべき」との考え方です。これに反する事項、例えば「ファンド全体の儲けが未定の段階で、一件・二件大成功した案件があるからといって簡単に成功報酬をGP会社メンバーに配賦しないこと」とか、「投資先企業から徴収したコンサルタント・フィーなどをGPがLPに配分しない」などの事態に対して、LPがレビューする権利をもつことを規定しています。一つひとつの条項の背景・行間には、過去にお行儀のよくない行動をとるGPもなかにはいながら、それを看過せざるをえなかったLPの忸怩たる思いや、資金調達の難易度に応じた時々のLPとGPとの力関係が反映されています。

「governance」については、プライベート・エクイティ・ファンドの特性である10年程度の長期間のコミットメント、その期間GPに与えられる相当程度の裁量などを勘案し、「投資コミットをした時点以降の環境変化」に対してどこまでLPにGPの経営関与を与えるのがふさわしいかが論点となっています。あわせてLPの代表からなるアドバイザリー・コミッティーにその経営関与（ガバナンス）を付与することも記述されています。「投資コミットメントの時点で約束した事項のなし崩し的な不履行」に対するLPとしての対抗策であり、主たる投資責任者の辞職（キーマン条項）、運用対象や投資手法に関する契約からの大きな逸脱等、これも過去GPで発生した事例がきっかけにつくられたものです。

三番目の柱である「transparency」ですが、これはGP会社の財務内容などの「透明性」「適時開示」全般に関する規定です。その内容はごく当たり前ですが、今般のAIJ問題にかんがみますと、しっかりとその内容を遵守・履行することがいかに重要で軽視してはいけない事項であることを痛感させられます。
　ILPAの"Private Equity Principles"に対しては、GPを縛る「規制」との見方ではなく、「よそ様のお金を預かりしっかり運用すること」を共通の業務とするLPとGPがプライベート・エクイティを継続発展させるために必須の基盤であると認識すべきと考えています。

石井　"Private Equity Principles"の公表により、LPとGPとの間で組合契約のあり方や内容を議論するうえでの「たたき台」ができたことは、プライベート・エクイティ業界全体として望ましいことではないかと思います。
　確かに、"Private Equity Principles"の公表後、内容についてLP・GP双方より異論が出ていましたが、ILPA自身も認めているように"Private Equity Principles"は画一的に適用されるべきものではなく、ファンドの「あるべき姿」を考えるきっかけとして活用されるべきものと考えています。その意味では、そのような異論が出たことも、議論を惹起するという目的にかなっているといえるのではないでしょうか。
　弊社においても、投資家の皆様との対話を通じて、LPとしてのご意見を賜りながら組合契約をつくりあげてきました。ファンドへの投資についてはさまざまなリスクがありますが、"Private Equity Principles"の柱の一つである「alignment of interest」は、いかにLPとGPとの間でリスクを共有できるかということが問われているのではないかと思います。典型的な例として、「ファンドからの投資が進捗しないリスク」というのがありますが、通常、LPにおいてはその間の管理報酬負担というかたちでリスクが顕在化します。この点について、弊社においては、検討を重ね、投資家の皆様とリスクを分かち合えるような管理報酬体系を導入しています。

> **Q** プライベート・エクイティ・ファンドはジェネラル・パートナーとリミテッド・パートナーによるパートナーシップにより成り立つものです。最後に、ジェネラル・パートナーとリミテッド・パートナーとの関係のあり方についてのお考えをお聞かせいただければ幸いです。

石井 投資家の皆様がプライベート・エクイティ・ファンドに投資する際に期待するのは、他のアセットクラスでは期待することがむずかしいリスク・リターンの投資機会にアクセスすることであり、その期待に応えていくことがプライベート・エクイティ・ファンドの存在価値につながります。しかし、プライベート・エクイティ・ファンドがそのような投資機会を獲得して投資家の皆様に提供していくことを永続的なものとしていくためには、その根底にLPとGPとの間に相互信頼関係がなくてはならないと思います。そして、それは単にリターンというかたちで結果を残すことだけではなく、LPとGPとの間に健全な対話があることで初めて成り立つものであると思います。

　弊社では、「プライベート・エクイティの"bespoke tailor"」をコンセプトに投資家の皆様と接しています。"bespoke tailor"とは、お客様との対話を通じてスーツを仕立てる洋服店のことですが、弊社は投資家の皆様との"bespoke"＝「対話」を大切にしています。弊社においても、投資家の皆様のご理解を賜りながら投資活動を継続してきた結果、投資経験を通じて得た投資ノウハウとネットワークを蓄積・構築するとともに、プライベート・エクイティ・ファンド運営会社としての体制を構築し、ひいては投資収益の実現というかたちで結実しつつあります。LPとGPの継続的な対話をベースに、継続的な投資活動→投資収益の実現→投資能力の向上→継続的な投資活動…という好循環が生まれれば、LPとGPによるパートナーシップは深まっていくのではないでしょうか。

深沢 バイアウト・ファンドのGPからみてありがたいなと思うLP像というのが三つあります。一つ目は、投資先企業の状況に深い関心をもっていただく投資家です。弊社では、face to faceのミーティングを大切にして投資先の業況報告を行っていますが、的確な質問をしていただいたり、場合によっては厳しい指摘を

受けたりします。よくみていただいたうえで、このようなコメントがあるということは大変ありがたく思っております。一方で、あまり関心をもたれないLPの方もいらっしゃいます。LPも間接的には投資先企業の株主であるともいえますので、利害関係者として興味をもってほしいと思います。そういう意味でも、投資先をしっかりみていただきたい。コミュニケーションすることによって、GP側もどのように投資先の業況を説明したかよいかということがより明確になります。

　二つ目は、ファンド運営の観点から建設的な批判をいただけるとありがたいです。ILPAの"Private Equity Principles"でも触れられていますが、「alignment of interest」やGP会社そのもののガバナンスやレポーティングの方法の是非などのご意見を賜れればと思います。

　三つ目は、GPというのは「蛸壺」に陥りやすいのですが、投資先のパフォーマンスだけではなく、立ち居振る舞いや説明の仕方についての的確なご意見をいただけるところは非常にありがたいです。

　これらも含めたかたちで、LPとGPとの間に緊張感のある関係が構築できれば、お互いにとって非常に良好な関係が築けるのではないかと思います。弊社としても、各機関投資家との密接なコミュニケーションを通じて、透明性の高いファンド運営を心がけていきたいと思います。

Profile

深沢英昭氏
東京海上キャピタル株式会社 取締役社長
1978年東京大学経済学部卒業。1983年シカゴ大学経営大学院卒業(MBA)。1978年株式会社日本長期信用銀行(現株式会社新生銀行)入行後、1980年代半ばからM&Aアドバイザリー業務、事業再建業務に従事。1999年から2004年まで株式会社日本興業銀行(現株式会社みずほコーポレート銀行)・みずほ証券株式会社にてM&Aアドバイザリー業務を続けた後、2004年4月より東京海上キャピタル株式会社にてプライベート・エクイティ投資に参画。2005年6月同社社長就任。一般社団法人日本プライベート・エクイティ協会理事。

石井　誠氏
三井住友トラスト・キャピタル株式会社 常務取締役
1988年4月三井信託銀行株式会社(現三井住友信託銀行株式会社)入社。2000年3月三信キャピタル株式会社(現三井住友トラスト・キャピタル株式会社)投資部次長就任。2001年9月中央三井キャピタル株式会社(現三井住友トラスト・キャピタル株式会社)取締役投資部長就任。2006年6月同常務取締役就任(現任)。

座談会 ②

日本の機関投資家によるプライベート・エクイティ・ファンドの見方
～クオリティを重視したファンド選択の重要性～

三井住友信託銀行株式会社
　　投資金融部 審議役 プライベートエクイティチーム長　　　　増田　徹 氏
企業年金連合会
　　年金運用部 プライベートエクイティ担当 シニアポートフォリオマネジャー　　高橋修三 氏
ニッセイアセットマネジメント株式会社
　　商品開発部長 資金・外部運用部担当部長　　　　　　　　　　貞永英哉 氏
（司会者）マッコーリー・グループ シニア・ヴァイス・プレジデント　　北村元哉 氏

日本の機関投資家の
プライベート・エクイティ投資プログラム

北村　一般的には、プライベート・エクイティ・ファンドが日本企業に資金を投資していることはよくみえているのですが、ファンドに出資している機関投資家がどのような考え方でコミットしているのかはあまり認識されていないと思います。本日は、経験豊富な皆様より、日本での投資スタンスはどのようであるか、また日本のプライベート・エクイティ・ファンドのデューデリジェンスを行う際にどのような点を重視しているか、といったお話をお聞かせいただきたいと思っています。それでは、最初に皆様が担当されているプライベート・エクイティ投資プログラムの概要とそのなかにおける日本の位置づけについてお聞かせください。

高橋　企業年金連合会によるプライベート・エクイティ投資は、2002年から開始しています。株式投資の一環として位置づけており、主に流動性プレミアムと投資先企業に対する有効なガバナンスから生まれるアルファを長期的に獲得することを目的としています。

　当初は、グローバルな分散タイプのファンド・オブ・ファンズから開始して、途中からゲートキーパーやアドバイザーを活用したシングル・ファンド

投資へ徐々に移行していきました。

投資戦略については、分散に主眼を置いた投資プログラムの構築を行っています。具体的には、バイアウト、ベンチャー、グロース、メザニン、ディストレストなどの戦略を含んでいますが、比率としては、バイアウト中心のポートフォリオになっています。また、比較的早期からセカンダリーへの取組みも行ってきました。地域的には、欧米、アジア、日本とその他一部のエマージング市場も含めて、グローバルに分散したポートフォリオを組んでいます。全体に占める日本の比率は2割弱になっており、現状ではバイアウトのみとなっています。

貞永　日本生命保険では1970年代から株式投資の一環として行っていました。プライベート・エクイティ投資プログラムに近いかたちになったのは1990年代後半です。基本的には、グローバル・プログラムで分散投資を主眼としています。バイアウト、ベンチャー、メザニン、ディストレストに加え、インフラストラクチャーやセカンダリーも一部やっています。国内については、ベンチャーとバイアウトが中心です。ベンチャーは国内ベンチャーの育成という観点からかなり昔から取り組んでいます。バイアウトを始めたのは1990年代後半からで、メザニンも少しやっています。

日本生命保険の資産の価値を長期的に上げていくという立場の自己資金での投資を行ってきており、ゲートキーパーは起用しておらず、アドバイザーを起用しています。

増田　統合前の住友信託銀行では、1990年代前半からプライベート・エクイティ・ファンドへの投資を開始しました。ただし、ポートフォリオ型に近いチームができあがったのは1990年代後半です。

ポートフォリオの現状ですが、バイアウトとグロースに軸足を置いて、一部ベンチャーやセカンダリーも入れていくというプログラムです。地域的なアロケーションと日本の位置づけについては、日本をアジアの一つとしてみています。2000年代の後半くらいから欧州のアロケーションが低下し、いまは北米が45％、欧州が25％、アジアが30％くらいのアロケーションになっています。オーストラリアと日本は、似たプロファイルの地域でバイアウトを軸にした市場になっています。日本では、GPの育成・支援を2000年の初頭から行っており、二つほど日本のバイアウト・ファンドの設立にも関与しています。

お客様の運用のお手伝いという部分もあるのですが、総資産の割合でみると、自己勘定の倍くらいになっています。基本的には、お客様の投資の目的にあわせたポートフォリオを設計していくという方針ですので、リスク許容

度や母体の規模なども勘案したうえで、プライベート・エクイティ・ファンドを推奨するようにしています。

北村 皆様は、特に日本のプライベート・エクイティ市場を特別扱いされていないという印象を受けました。それはアセット・マネジャーとしてのお立場を考えると当然だと思います。一方、他国の市場と同じように、日本のプライベート・エクイティ市場にも独自の特徴があるのではないかと思います。日本の市場をどのように特徴づけてご覧になっていますか。

増田 日本のプライベート・エクイティ・ファンドが、日本企業の業績を改善させたかを検証すると、金融危機前までについては、それなりに改善させていたと思います。上場株式のマネジャーではできないことを、プライベート・エクイティ・ファンドのマネジャーは達成していて結果を出していました。

プライベート・エクイティ・ファンドは、未上場企業の株式を保有して、企業価値向上を支援する投資です。この投資では、プライベート・エクイティとか、オルタナティブ投資とか、いろいろな言葉が使われますが、提案に際しては、「株式です」ということを率直に伝えています。昨今、日本の上場株式のリターンが全体的に悪くなっていますので、超過収益がねらえるプライベート・エクイティ・ファンドは、機関投資家にとって非常に意義のあるオルタナティブ分野だと思っています。

日本のバイアウト・ファンドやベンチャー・キャピタル・ファンドがきちんとリターンを創出していけば、これは立派な市場に育つだろうと思っています。意義があるからコミットするのではなく、ファンドが結果を出して、資金が集まるようになるという市場の循環に期待したいです。

高橋修三氏

高橋 アロケーション上、上場株式と同様に内外の区別をつけていませんので、日本もグローバルなポートフォリオの一部という整理で取り組んでいます。

日本の年金基金だからこそ日本のプライベート・エクイティ・ファンドに投資してほしいということをよくいわれます。実際、日本企業に日本投資家のリスクマネーが還流し、リターンを生み出すストーリーは美しいですし、望ましいと考えてはいますが、投資の目的は当然のことながらリターンの獲得にあります。どのような理念やプロセスで運用してきて、きちんとした運用実績を残しているかを最重要視していく結果としてボトムアップでアロケーションができてくるということです。

日本のプライベート・エクイティ市場は、何といっても歴史が短く、よう

やく経済のワンサイクルを経験し終えたばかりの市場ということがいえるかと思います。海外と比較した場合、ファンドの数はまだ少ないですし、投資戦略のバラエティが薄く、得意分野が明確なプレーヤーがまだ少ないのかなという印象をもっていますが、ワンサイクルを終えて、まさにこれから発展していくことを期待しています。

貞永 米国でバイアウト投資が始まったのは1970年代です。そこから数十年かけて発展したことを考えたら日本はまだ15年しか経っていません。米国でもいろいろなファンドが撤退し、かなり淘汰されてきました。日本はまだ淘汰が始まってそれほど経っていない時期だといえるのではないでしょうか。

海外の一流のファンドと日本のファンドのトップクラスを見比べても、やはりレベルの格差はあると思います。いくつものサイクルを乗り越えてきた年季の差みたいなものでしょうか。さまざまな事例をみても、うまくいく場合のパターン認識能力に差があるように思えます。ただ、ファンド間の競争は欧米と比べたら少ないので、成功するために必要なものというのも、少しレベル感に差があってもよいかなとは思っています。淘汰の過程を経て残った運用者が徐々に日本にあったかたちでバイアウト市場を形成していけばよいと考えます。

貞永英哉氏

北村 いろいろな国の投資家に会って話を聞けば聞くほど、地元のローカル市場に対してなんらかの思い入れをおもちです。やはり日本のファンドはわれわれの近いところにいますし、日常的にも会う機会も多いですし、場合によっては長年の知合いや元同僚が運用しているようなファンドもあります。よって、どうしても情が出てしまいがちになります。そんななかでも、皆様はアセット・マネジャーとして誠実なお立場と考え方をおもちだと思います。

日本のプライベート・エクイティ・ファンドの見方①
～ファンド規模の見極めと案件のソーシングの質～

北村 どの国でもプライベート・エクイティ全体の市場規模と、ファンドの規模のバランスはむずかしい問題です。優秀な投資実績をもつファンド・マネジャーは、次のファンドをより大きなものにしようとします。ファンドがより大きくなると、より多くの管理報酬を集めることができ、スタッフに

より多くの基本給を出しやすくなるため優秀な人材を採用しやすくなります。投資家は、過去の投資実績と人材を判断したうえで投資先ファンドを選びがちなので、大きなファンド、ひいてはその市場で最大級のファンドに投資する傾向があります。

一方、最大級となったファンドが投資実績をあげ続けるためには、市場規模が今後も成長するという前提がないとむずかしくなります。投資家としては、ここにジレンマが生まれます。ある意味、最大級のファンドに投資するということは、市場規模の拡大にベットすることにもなるからです。日本について、このような課題に直面されたことはあるでしょうか。

貞永 私は、市場にあったファンド規模はとても重要だと思っています。日本に限らずですが、案件のオポチュニティと比べて大きすぎるファンドを成功させることは非常にむずかしいです。おそらく日本では大規模なファンドの運用は、まだ成功させることがむずかしい段階だと思います。大企業のメンタリティとあっていません。自動車メーカーや大手電機メーカーがプライベート・エクイティ・ファンドを盛んに活用するようになれば、だいぶ変わってくると思いますが、まだ多くの大企業の認知は得られていないがために大規模なバイアウト案件を組成するにはとてもむずかしいマーケットだと感じています。

日本の大企業にプライベート・エクイティを認知させるのは大変だと思います。やはり、乗っ取りというイメージもあり、文化を変えるのはすごく時間がかかると思います。

北村元哉氏

しかし、そうはいっても着実に信頼を勝ち取っているファンドもいるのでこうした運用者には期待しています。地道な営業活動をし、オーナーさんとの信頼関係を築いて案件を創出したとか、エグジットしたときにとった行動が評価されたとか、そういうことの積重ねで評価が高いファンドは日本でも存在します。こうした地道な市場にあった投資活動を続けるほかないと個人的には考えます。

高橋 日本のプライベート・エクイティ・ファンドのバラエティの薄さという話が先ほど出ましたが、これはファンド規模についてもいえるかと思います。結果として、現在の日本は、ほとんどスモール・ミッドキャップのプレーヤーの市場になってしまっている感があります。世界３位の経済規模の国の市場としてはやや寂しい状況です。規模の大きいファンドがよいといっているのではなくて、やはり市場の厚みということだと思うのです。2006年から2007年にかけていくつかの大型ファンドが組成されたときは、市場がピークを迎えるタイミングでし

た。ダウンマーケットでの経験値の少なさという意味で、ファンド規模を拡大していくには結果としてタイミングが悪かったという面もあったのかもしれません。個人的には、ある程度規模感のあるファンドも活躍できる市場になってほしいと考えています。

投資機会についていえば、大企業の事業再編による子会社の売却や事業部門のスピンアウト案件が出てくるといわれ続けて、なかなか本格化してこないのが現状です。ここ数年で急速に日本の国際競争力の低下を感じる場面が増えているわけですが、いよいよ日本企業もグローバル展開や各種事業再編に本腰を入れて検討すべき時期が来ているのだと思います。その過程で企業側がプライベート・エクイティをうまく活用していく事例がもっと増えてきてもよいはずなのですが、ファンドによるそういった役割や過去の成功事例が企業経営者にあまり認知されていないということが問題の一つなのだろうと思います。

増田 欧州のプライベート・エクイティ市場が、2000年代初頭から伸びてきたスピード感と比べると、日本の市場は経済規模などを勘案してもいま一つです。結局のところは、バイアウト・ファンドと一緒に経営していこうと思う大企業の経営者の数があまり増えていないのだと思います。いわゆる、プライベート・エクイティ投資が産業界のなかで評価されているケース

が少ないということもあります。

現在の日本のバイアウト市場は、スモールキャップとミッドキャップの市場です。バイアウトでもグロースでも、プライベート・エクイティ・ファンドに期待したいのは、日本のゼロ成長のなかで均衡していくビジネスモデルだと、日本企業の価値が大きく向上しないので、海外で成長を求めることが必要になります。欧州のミドルサイズのバイアウト案件をみていても欧州での成長はゼロでしたが、ラテンアメリカを伸ばしましたというようなケースもあるので、このようなパターンの案件が日本でも出てくると予想します。

北村 投資家がプライベート・エクイティ・ファンドに投資する際、デューデリジェンスを行います。そのなかでチェック項目をリストアップされていると思いますが、特に日本の場合のチェックしておきたいポイントというのはありますか。

増田 日本のファンドをみるときに、特に重視してみている点は案件のソーシングの質とファームの経営です。どのような案件を真剣に取り上げてみてきたのか、逆にどのような案件にリソースをかけなかったかという目線が非常に重要です。私自身は基本的には、クオリティの高い企業さんに投資をするという目線をどこまでもっているかを重視するので、「安かったから投資しました」という言葉はあまり

評価しません。プライスも重要ですが、リターンの源泉は企業の成長や効率化のお手伝いであるととらえています。

　日本のプライベート・エクイティ・ファンドで、投資担当者としてのスキルをもっている方はたくさんいると思います。しかし、ファームの経営者としての立場から、運用会社として投資家に顔を向けていくときに、しっかりしたことをやっていけるかどうかというスキルは、この10年だけでは蓄積できていないと思います。これは、たぶん欧米でも同じで、いわゆる経営スキルみたいなものをもっている方々だけが成功してきているわけです。このスキルが向上していかないと、より広い投資家に対して資金の募集をかけて成功するまでには時間がかかってくるのではないかと思います。

貞永　日本におけるソーシングの重要性は、ここ数年の出来事で痛感するに至っています。一方で、きちんとソーシングができて、良質な案件に投資していれば、日本でも十分高いリターンに仕上がると思っています。真の意味で日本では認められていない投資態様であるからこそ、本当にソーシングできるのか、つまり投資先の経営陣の信頼を勝ち取っており、次もディールを獲得できるであろうと判断できるかは日本の場合かなり重要なチェック・ポイントですね。

　また、日本に限らずですが、ファンドが何に投資しているのか、1件1件のストーリーを確認しにいきます。難易度が高すぎるストーリーの案件を手がけていないか、どのようなアングルで案件に投資したのかということもチェックします。過去の案件で、これはどう考えてもリターンが出ないとわかるような案件に投資している場合もあり、コミットメントする前には過去の投資案件の経営陣へのヒアリングを含め徹底的に調査し、運用者の真の姿を浮かび上がらせられるようにします。

高橋　結局は、投資チームやフィロソフィーの共有も含め「人」の問題にすべてつながってくるのだと思います。デューデリジェンスで何をいちばん重視しますかということでいえば、プライベート・エクイティはピープルビジネスだといわれているように、やはり「人」の部分に関係してくることが多いです。

　トラック・レコードに関連していえば、同じGPでも2000年台前半に組成したファンドとリーマン・ショック前の、いわゆるファンドバブル期に組成したファンドではパフォーマンスに大きな落差が生じている傾向にあります。こういったケースでどのように評価するかですが、LPとしては、単にリターンの数字面だけではなく、環境の変化にファンドが具体的にどう対応したのか、結果的に失敗した案件でも、経済環境が悪化してからの施策と

して何を考え行動したのかという「プロセス」をきちんとみていく必要があると感じています。

また、過去の失敗事例は、比較的パターン化されていて、やはり「高値つかみ」と「ハイ・レバレッジ」が主な要因です。また、ポートフォリオの分散に対する意識が低く、失敗につながった事例もありました。いずれもディシプリンの問題です。これらの失敗を次の運用に生かしていくことが大事なわけですが、LP側も失敗事例をよく分析していかないといけないのだと思います。

日本のプライベート・エクイティ・ファンドの見方②
〜マネジャーの組織の安定性〜

北村　マネジャーの組織の安定性と、LP投資家とのアライメントの問題について議論したいと思います。一般的に、他の国の投資家に比べて、日本の投資家は、すごく投資先プライベート・エクイティ・ファームの組織としての安定性をみるし、そのみる目が発達していると私は感じています。日本のファームについて、特に留意すべき点はあるのでしょうか。

増田　アジアと比較すれば、いまは少しその懸念は薄れています。昔は、日本ではキャプティブ系ファンドも多かったので、ファームとしてのプロフィットが投資担当者のところにあまりいかない仕組みになっていました。インセンティブという意味では、組織の安定性に欠ける部分もありました。しかし、最近は、キャプティブ系ファンドが減ってきましたので、あまり気にならないようになってきました。

日本のプライベート・エクイティ・ファンドにおいても、感覚としては投資銀行のM&Aバンカーと同じくらいの報酬水準を求めていてもおかしくないと思います。そのレベルまでは踏み切ることができるかということと、自分の手金をファンドにどれくらい出せるかという仕組みが重要になってきます。そこのアライメントがきちんと示せていないファンドですと、投資家としては怖いと感じるところがあります。

日本で気になっているところがあるとすると、ファンド・マネジャーの組織です。いまのところ米国では、パートナーシップ型のファンドが、比較的成功しているといえます。しかし、日本でそれができるかというと、プライベート・エクイティ・ファンドの運用のフォーミュラーは、まだできあがっていないように思えます。

貞永　外資系投資銀行の文化は、プライベート・エクイティ・ファンドの

文化とおそらくあっている気はしています。ただ、日本の企業社会を相手にしていくのであれば、国内企業でそれなりに経験を積んだ人たちが欧米バイアウトの手法を取り入れるという折衷的なもののほうが、うまくいくのではないかという気がします。

増田 成功しているかどうかは別として、日本で活動しているファンドは意思決定のプロセスが非常に少数のマネジメントによりトップダウン的になされているのではないかという気がします。しかし、組織構造と運用額が大きくなっていくと、パートナーシップ型のほうが、多面的な切り口での案件分析、リターンのプロファイルの分散などの観点では安定性が増してくることを期待したいと思います。切り口が一つだけではないとうことは、トップダウンによる方向感によってプライシングのゆがみが出てきたりしないということです。

高橋 組織が大きくなっていくときに、いかにいままでのカルチャーなり、社内でのフィロソフィーを共有し維持できるかが重要になってきます。海外でも組織が大きくなっていく過程で、そこを見失ってしまうケースが散見されましたし、日本でもいくつかそのようなケースがみられたと思っています。これはプライベート・エクイティだけではなく、資産運用業界で全般に当てはまるもので、うまくいき始めて規模を拡大するときのジレンマの一つのようなものではないかと感じています。

それから、GP自らの手金を入れているかどうかですが、歴史が浅いからということがあるかもしれませんが、海外と比較して自己資金の投入率にファンド間で相当な程度差があると感じています。投資家との利害一致を考えるうえでの一つの重要な要素になってくるのは間違いありません。

ファンドと投資家との望ましい関係
～IRとレポーティングの重要性～

北村 次に、ファンドのレポーティングについても触れたいと思います。最近、日本のファンドが投資家に対して、レポーティングや情報公開に関して「何か改善点はないか」と相談をもちかける場面が増えているような気がします。日本の投資家とファンドの望ましい関係に関してご意見はありますでしょうか。

増田 投資家の声を聞いてそれに対応していくことも重要ですが、この部分は基本方針だから外せませんということをきちんと投資家にいえることも、ファーム経営の重要なポイントの

一つだと思います。「LPさんから指摘されたから」というかたちでファームのなかで議論をしてIR活動に反映させているとこもあることが少し気にしているとことです。

最近、「このような投資をした場合、LPさんはどう思いますか」というような相談を受けることがよくあります。しかし、それを最終的に決めるのはGPですので、「自信をもってやってください」ということを相当いわせてもらっています。

高橋　LPとGPの関係の問題というと、何となく対立軸で語られるようなことが多いのですが、基本的には同じ船に乗ったパートナーシップという意識が双方にとって重要だと認識しています。契約条件なども、双方が納得いくようなかたちになるよう「alignment of interest（利害の一致）」ということが重視されます。

投資後のモニタリングは重要ですが、どこまでやるべきかのレベル感は投資家によって温度差があるように思われます。LPとしてはGPに能力をフルに発揮してもらうことが大事だと思うので、GPの投資活動や意思決定の詳細にまで、そのつど入り込む必要は基本的にはないと思っています。定期的なコミュニケーションのなかで確認できれば十分です。ただし、ネガティブ・インパクトを避けるための情報は投資家に対しては迅速に開示すべきですし、「人」の異動や退職に関する情報は正確に教えてほしいと思います。日本でも、この辺りの対応にはGPによって温度差があると感じます。

貞永　ちょっと別の切り口ですが、GPの専権事項であるべき投資の意思決定につきLPに意見を頻繁に聞きにくる運用者がいますが、変な言い訳を与えたくもないですし、投資の意思決定にかかわる事項はGPが自らの意志で決めてほしいと考えます。成功報酬をもらっているGPとしての自覚が欠けているのではないかと感じる運用者も時々いますね。ただ、これは大口LPの意識や行動にも問題があるかもしれません。

一方、投資した場合のリーズニングやストーリー、投資後の案件状況のレポーティングはこと細かに報告してもらいたいです。投資後に案件の詳細を聞いた際、「EBITDAは今期どうなりましたか」とか、「売上げが増えた理由は何ですか」といった点について語れないと大きな失望を覚えます。

増田　レポーティングのレベルアップの余地について、一言でいえば、日本の投資事業有限責任組合に基づくレポートはわかりにくいということを感じています。決算書はよいのですが、四半期レポートや投資家集会のプレゼン資料の中身などについて、日本のGPは見せ方が下手です。こちらから、こんなフォーマットがいちばん慣れているから使ってみてはどうですかとアドバイスしたこともありますが、

全体の数字の見せ方がうまくありません。

その次に、個別の投資の背景やチャレンジの部分の説明があまりうまくなくて、そもそも情報が必ずしもアップデートされていないこともあります。それから、会計に準拠したレポーティングが多すぎて、ファンド全体としてどうなっているかがみえにくいという問題点もあります。

高橋 個別の投資に関しては、投資実行時のプロジェクションがあって、それに対していま現在の経過はこうなっています、というようなプロセスの見せ方がいちばんわかりやすいと感じています。実際には、日本のファンドの年次総会の資料なども、欧米と比較しても、ずいぶん改善してきているような気がします。あえていうと、LPにとっては個別案件のみならずファンド全体という視点も大事なのですが、その全体の見せ方が少し弱い傾向があると思います。

増田 海外のGPさんと情報交換をしていれば、見せ方がみえてくると思います。その差は、海外の機関投資家さんからもコミットメントを得ているGPと国内の機関投資家のみのGPの差のかたちとして出てきているというの

が正しい認識かと思うのです。中長期的にファンドレイズをやっていくGPであれば、そういう意味でのIR系のタクティクスはまだ改善する余地は多分にあると思います。

組織が小さいGPは、そもそも投資に力点を置いているので、IR業務のための担当者を置くことがむずかしいかと思います。どちらかというと、コントローラーのような人がIR業務を行っているケースが多いです。しかし、アカウンティング専門の人がIRもやろうとすると、これは似て非なるものですので、なかなかそこまで行き着かないのです。

北村 いろいろと助言される投資家がいることも一因だと思いますが、昔と比較して、レポーティングが改善されているファンドもあるように感じます。しかし、投資家の投資資金の時価評価に関するアップデートがともすれば欠けていると感じることもあります。ファンド・マネジャーにとっては、投資先企業に対する関心のほうが高いのかもしれませんが、投資家としては投資している資金の情報が重要です。今後も、投資家がどんな情報を必要としているのかどんどん声を出していくことが必要だと思います。

日本のプライベート・エクイティ・ファンドへの期待と将来展望

北村 プライベート・エクイティは、比較的新しい日本企業のファイナンシング手法です。エクイティ投資を行い、マジョリティで経営権を掌握し、ビジネスにまで影響を与えていくという投資手法は、日本ではまだ一部抵抗感があると思います。

一方、このような投資の後、企業価値が向上してリターンが創出された成功事例も実際増えています。これからも日本のプライベート・エクイティ・ファンドはどんどん成功事例を積み、良好なリターンをあげていける存在として期待できるのではないかと思っています。最後に皆さんから、これから日本のプライベート・エクイティ・ファンドへの投資を検討する投資家へメッセージをお願いします。

高橋 プライベート・エクイティ投資が企業や事業に対する投資であるという本質に最も魅力を感じています。株価は毎日動きますが、必ずしも毎日その企業の本源的価値が大きく変動しているわけではないですよね。短期のブレに一喜一憂せず、企業・事業の本源的価値を高めることでリターンを得るという仕組みは、まさに長期投資であり、実体経済への投資です。一方で、その魅力を享受するためには、長期かつ継続的に投資プログラムを構築する根気強さも必要になろうかと思います。また、流動性を犠牲にすることをどれだけ受容できるかは、投資家の負債構造によるところも大きいですから、きちんとした議論が必要だと思います。

プライベート・エクイティ投資は個別性が強く、個々の投資案件レベルでみれば低成長率の環境下においても魅力的な投資機会が存在しうると考えています。むしろ、日本のように成熟した国だからこそ生じる課題、つまり事業承継やグローバル展開の必要性、事業再編などですが、これらに対応すべき投資機会は今後増えていくのではないでしょうか。日本のプライベート・エクイティ市場に対する期待は大きいと考えています。

増田 日本のバイアウトの事例として、海外に進出しているメーカーさんがファンドから出資を受け入れて、飛躍を遂げたケースがあります。また、サービス業でもファンドが入ったことによって明らかに企業価値が向上した事例がたくさんあります。株式投資を中長期的に続けていく投資家のなかで、株式のポートフォリオの一部としてプライベート・エクイティ・ファンドのアロケーションを置くということのは、リターンの源泉の分散という意

味では十分に価値があると思っています。

　私どものところでも、十数年の間に毎年継続的に投資をしてきまして、それなりに成果が出ています。いろいろな経営のスタイルの違いみたいなものをプライベート・エクイティは提供できる可能性があるので、そういった面で十分にご検討いただく余地のある投資であると思います。

　貞永　プライベート・エクイティは、すごく熱く人間味のある投資ですので、一度その魅力にとらわれてしまうとなかなか抜けにくいおもしろい世界です。一方、ファンドの組織をみたり、投資先企業も話を聞きにいったりしないと、優良な運用者かどうかわからない部分がありますので、プライベート・エクイティは少しめんどうな投資でもあります。見極めに自信がない方々は、最初はファンド・オブ・ファンズへ投資するとか、ゲートキーパー経由で投資して見極め能力を養うのが早道かと思います。

　直接ファンド投資を検討される場合の検討ポイントを一つだけあげます。きちんとしたディシプリンを有する運用者であれば、案件の「高値つかみ」はしません。実際に買収価格が高騰した案件への投資を見送ってきた運用者もたくさんいますので、それができる運用者を選ぶように心がけることが、まずは重要だと個人的には考えています。

　最後に、プライベート・エクイティは単なるマネーゲームではありません。企業を育てていく活動であり、社会的にも非常に大きな意義があります。であるからこそ、企業を育てる能力が乏しいと判断したファンドへの投資は避ける必要があると考えています。これから直接投資を検討される方々には自らの社会常識に照らし判断をしていただきたいと思います。

Profile

増田徹氏

三井住友信託銀行株式会社 投資金融部 審議役 プライベートエクイティチーム長

1988年大阪大学経済学部卒業。同年住友信託銀行株式会社に入行。神田支店にて不動産関連個人業務の担当の後、1990年海外事務部で国債関連業務事務処理を担当。1992年ロンドン支店へ異動、M&A業務のトレーニーとしてM&A業務を担当。1993年企業情報部へ異動、M&A業務ならびにマルチメディア系ベンチャー企業への投融資を含めた企業情報関連業務を担当。1996年ロンドン支店に異動、日系企業融資・日系証券投資ならびにエマージング市場向け投資を担当の後、2000年から現職の投資業務部に異動。プライベート・エクイティ投資を担当。日本証券アナリスト協会検定会員。

高橋修三氏

企業年金連合会 年金運用部 プライベートエクイティ担当 シニアポートフォリオマネジャー

1995年早稲田大学教育学部卒業。同年厚生年金基金連合会（当時）入社。業務部、運用調査部を経て2000年より年金運用部。管理企画チームにてアセット・アロケーション等を担当した後、株式グループにて外国株式ポートフォリオを担当し、外部委託運用機関のマネジャー・ストラクチャーおよびモニタリングを中心に従事。あわせて、オルタナティブ投資立上げプロジェクトに携わり、プライベート・エクイティ投資プログラムの構築を2002年開始当初より担当。2006年にプライベート・エクイティ投資専任となり、現在に至る。

貞永英哉氏

ニッセイアセットマネジメント株式会社 商品開発部長 資金・外部運用部担当部長

1990年東京大学法学部卒業。同年日本生命保険相互会社入社。1999年ミシガン大学LLMプログラム修了。現在ニッセイアセットマネジメント株式会社で伝統的運用およびオルタナティブ運用の法人・リテール向けの商品開発を担当するほか、伝統的資産を中心としたファンド・オブ・ファンズ投資のポートフォリオ・マネージャーおよび外部運用商品のモニタリング等を担当。2011年3月までは日本生命金融投資部担当課長として日本生命のプライベート・エクイティ投資、ヘッジ・ファンド投資、クレジット投資にかかる運用企画、投資実行、管理等を担当。2003年から2007年にかけては日本生命の米国運用現地法人にて日本生命のプライベート・エクイティ・ポートフォリオの構築、1,000億円超のコミットメントを主導。それ以前は日本生命の海外不動産現地法人等にて不動産投資および現地法人の財務管理などを担当。日本証券アナリスト協会検定会員。米国ニューヨーク州弁護士。

北村元哉氏

マッコーリー・グループ シニア・ヴァイス・プレジデント

1991年大阪外国語大学（現大阪大学）卒業。1995年米国ジョンズ・ホプキンス大学高等国際問題研究大学院卒業（国際経済・国際関係修士）。株式会社三菱総合研究所、エー・アイ・キャピタル株式会社などを経て、2007年からマッコーリー・グループの香港、その後東京拠点であるマッコリーキャピタル証券会社にて、プライベート・エクイティ・ファンドへの投資運用と、ファンドとの共同投資などを行っている。担当は日本を中心としたアジア地域。主な著作に『銀行が行うバイアウト・ビジネス』（中央経済社）、『MBO入門』（東洋経済新報社、共著）など。日本事業再生士協会理事。

あとがき

　本書では、機関投資家へのインタビューや座談会も実施したが、いずれも示唆に富んだ内容となった。プライベート・エクイティ・ファンドへのアロケーションをある程度確保できる機関投資家は、ビンテージの分散を行い、継続的にコミットメントを行うことが大切である。バイアウト・ファンドやベンチャー・キャピタル・ファンドへの投資で直面する「Jカーブ」も、継続的にコミットすることにより、当初はマイナスでも、一定の期間が経過すれば、パフォーマンスが平準化していくこととなる。さらに、バイアウト・ファンド以外にも、ベンチャー・キャピタル・ファンド、グロース・キャピタル・ファンド、メザニン・ファンド、セカンダリー・ファンドなどのように、リターンの生み出し方が異なる投資戦略をもつプライベート・エクイティ・ファンドもあることから、それぞれの特性をよく理解して、組み合わせて分散投資を行うことも可能である。

　また、本書では、すでにプライベート・エクイティ・ファンドへの投資を行っている機関投資家だけではなく、これから投資を検討する機関投資家の方々にも有益な情報を発信していくことも心がけた。

　未経験の機関投資家がプライベート・エクイティ・ファンドへの投資のノウハウを取得する方法の一つとしては、ファンド・オブ・ファンズへの投資を行うことが有効である。資産規模や人的リソースの観点から、ファンド・オブ・ファンズへの投資が好まれることも多い。プライベート・エクイティを嗜好しても、資産規模が小さく人的リソースもなく、複数のシングル・ファンドへの分散投資ができない投資家にとっては、ファンド・オブ・ファンズはきわめて魅力的なものとなる。ファンド・オブ・ファンズは、資産規模が小さい投資家から資金を集めることにより、大きな資金をプールして、

そこから有力ファンドへの分散投資を行うファンドである。欧米では、ファンド・オブ・ファンズが非常に発達しており、年金基金がコミットするケースも多く、日本においても活躍が期待されている。

　これらの点以外にも、本書では、機関投資家の投資実務の観点から数多くの示唆を得ることができた。投資実務の各論点について、さらに理解を深めるには、本書の姉妹本である小林和成・萩康春訳（2013）『プライベート・エクイティの投資実務―Jカーブを越えて―』（きんざい）もお薦めしたい。

　さて、リーマン・ショック直後には、低迷した時期もあった日本のプライベート・エクイティ市場であるが、ここにきて着実に回復基調にある。バイアウト・ファンドのエグジット案件も急増し、投資と回収のサイクルが機能するようになってきている。日本を代表する電機メーカーが、「選択と集中」の視点から子会社を売却する動きが出てきており、その受け皿としてバイアウト・ファンドが候補に入るケースがあり、投資機会が到来している。中堅・中小のオーナー企業の事業承継や中堅上場企業の非上場化を伴う案件も、引き続き出てくると予想される。良質な案件が増加し、健全なファンド運営がなされ、投資家層の拡大が進んでいくことが期待されている。今後の日本のプライベート・エクイティ市場のさらなる発展を祈念したい。

　機関投資家の方々からは、日本のプライベート・エクイティ市場を客観的に俯瞰できるデータが不足しているとの声が聞かれることもある。日本バイアウト研究所としては、このような要望に応えられるように、今まで以上に正確かつ意義のある情報発信ができるよう心がけていきたい。また、今後は、首都圏だけではなく、地方の年金基金や地方銀行の方々にもお役に立てるような企画を立案して多様な情報を発信していきたい。

　今回の編集の過程では、インタビューや座談会の日程調整を行っていただいた各社の秘書の方々、資料の作成を担当いただいた企画担当・広報担当の方々にも大変お世話になった。本書の刊行に携わったすべての方に感謝の意を表したい。

最後に、本書の企画から編集に至るまでの随所で的確な助言をいただいた株式会社きんざいの出版センター部長である西野弘幸氏にも深く御礼を申し上げたい。

株式会社日本バイアウト研究所

代表取締役　杉浦慶一

執筆者略歴（執筆順）

第Ⅰ部　基　礎　編

〔第1章〕
小林和成（こばやし・かずしげ）
キャピタル・ダイナミックス株式会社　代表取締役社長

1984年一橋大学経済学部卒業。三菱商事株式会社に入社後、6年間のロンドン駐在を含め、20年以上にわたり、M&A、プライベート・エクイティ投資関連の業務に携わる。2000年に日本で初めてのファンド・オブ・ファンズの企画・設立に携わった後、2002年から2010年まで、設立から8年間プライベート・エクイティ・ファンド投資に特化した運用会社であるエー・アイ・キャピタル株式会社を取締役副社長・代表取締役社長として運営、同社をグローバル・ベースでも有力なファンド・オブ・ファンズに育てた。2010年にグローバル・ファンド・オブ・ファンズ・マネジャーであるキャピタル・ダイナミックス社に入社。日本法人設立と同時に同社代表取締役社長に就任。現在、同社のアジア事業を統括している。中央大学アカウンティング・スクール国際会計研究科非常勤講師。

〔第2章〕
五十嵐誠（いがらし・まこと）
西村あさひ法律事務所　パートナー 弁護士 ニューヨーク州弁護士

1987年東京大学法学部卒業。1989年弁護士登録、同事務所入所。1994年ハーバード大学ロースクール卒業（LL.M.）、ニューヨークのCravath, Swaine & Moore法律事務所勤務。1995年ニューヨーク州弁護士登録。1998年西村あさひ法律事務所パートナー就任。2004年より慶應義塾大学法科大学院講師。投資ファンド、アセットマネージメント、バンキングその他金融法務、国際取引を専門とする。

藤井　毅（ふじい・つよし）
西村あさひ法律事務所　アソシエイト 弁護士

2008年一橋大学法学部卒業。2009年弁護士登録、西村あさひ法律事務所入所。主な業務分野：証券化・流動化、アセットマネージメント、買収ファイナンス、その他の金融取引。

〔第3章〕
山田和広（やまだ・かずひろ）
カーライル・ジャパン・エルエルシー　マネージング ディレクター 日本共同代表

1985年同志社大学経済学部卒業。1985年株式会社住友銀行（現株式会社三井住友銀行）入行。1999年大和証券SBキャピタルマーケッツ株式会社（現大和証券株式会社）出向。ストラクチャードファイナンスおよびM&Aアドバイザリー業務等の投資銀行業務に従事。2001年カーライル・ジャパン・エルエルシー入社。日本での投資15件中、総計6件の投資を主導するなど中心的な役割を果たす。2012年共同代表に就任。現在は投資案件全般をサポート。また、投資先である株式会社キトー、コバレントマテリアル株式会社、AvanStrate株式会社の非常勤取締役に従事。国際公認投資アナリスト。

吉岡　正（よしおか・ただし）
カーライル・ジャパン・エルエルシー　シニア アソシエイト

1997年慶應義塾大学法学部卒業。2008年米ダートマス大学経営学修士課程修了（MBA）。1997年株式会社日本興業銀行（現株式会社みずほコーポレート銀行）入行、企業審査業務、事業企画業務、および法人営業業務に従事。2004年カーライル・ジャパン・エルエルシー入社。コンシューマ・リテイル・ヘルスケアグループに所属、バイアウト投資案件発掘および投資先企業のモニタリングを行う。投資先であるクオリカプス株式会社非常勤監査役に従事。

〔第4章〕
仮屋薗聡一（かりやぞの・そういち）
株式会社グロービス・キャピタル・パートナーズ　マネージング・パートナー

1991年慶應義塾大学法学部卒業。1996年米国ピッツバーグ大学経営大学院修士課程修了（MBA）。株式会社三和総合研究所（現三菱UFJリサーチ&コンサルティング株式会社）での経営戦略コンサルティングを経て、1996年株式会社グロービスのベンチャー・キャピタル事業設立に参画。1号ファンドのファンド・マネジャーを経て、1999年エイパックス・グロービス・パートナーズ株式会社設立よりパートナー就任、現在に至る。著書に、『ケースで学ぶ起業戦略』（日経BP社）、『MBAビジネスプラン』（ダイヤモンド社）、『ベンチャーキャピタリストが語る起業家への提言』（税務研究会）がある。

吉崎浩一郎（よしざき・こういちろう）
株式会社グロース・イニシアティブ　代表取締役
1990年青山学院大学国際政治経済学部卒業。1998年法政大学大学院社会科学研究科修士課程修了。1990年三菱信託銀行株式会社（現三菱UFJ信託銀行株式会社）に入社、国際金融業務および法人融資業務を担当し、その後、日本AT&T株式会社にて国際通信事業のスタートアップに従事する。1998年よりシュローダー・ベンチャーズ株式会社、株式会社MKSパートナーズにて、ベンチャー投資、バイアウト投資、企業再生投資等、幅広くプライベート・エクイティ投資を実践。2005年カーライル・グループに参画し、アジア（含む日本）向けグロース・キャピタル投資を担当する。2009年株式会社グロース・イニシアティブを設立し、成長性のある中堅中小企業への投資およびアドバイザリー活動を展開する。

〔第5章〕
松野　修（まつの・おさむ）
株式会社メザニン　エグゼクティブディレクター
1991年東京大学経済学部卒業。2002年ペンシルバニア大学ウォートン経営大学院修了（MBA）。東京海上火災保険株式会社（現東京海上日動火災保険株式会社）にて、損害保険の営業部門に勤務の後、資産運用部門に勤務。財務企画部にて資産運用の企画立案および当局折衝、新規金融関連事業の立上げ業務等に従事。2002年6月より2007年9月まで同社金融開発部にて、オルタナティブ投資業務に従事、買収ファイナンスの提供・アレンジを行う。シニア・ローンからメザニン、エクイティ共同投資まで幅広く投資対象としたなかで、数多くのメザニン投資を手がける。2007年10月より現職。直接担当したメザニン投資として、LEOCの純粋MBO非公開化、吉本興業のLBO非公開化、JSTの純粋MBO非公開化に伴うメザニン投資などがある。

〔第6章〕
佐村礼二郎（さむら・れいじろう）
アント・キャピタル・パートナーズ株式会社　セカンダリー投資グループ　マネージング・パートナー
1990年大阪大学経済学部卒業。三菱信託銀行株式会社（現三菱UFJ信託銀行株式会社）に入社後、大阪支店、日本輸出入銀行（現株式会社国際協力銀行）への出向を経て、国際営業開発部にて航空機ファイナンス業務に従事。2001年WestLB Asset Management（USA）に派遣後、同行クレジット投資部オルタナティブ投資グループグループマネージャーとしてプライベート・エクイティ投資を含むオル

タナティブ投資を担当。2005年11月日興アントファクトリー株式会社（現アント・キャピタル・パートナーズ株式会社）入社。同社セカンダリー投資グループ、マネージング・パートナーを務める。

第Ⅱ部 応 用 編

〔第7章〕
杉浦慶一（すぎうら・けいいち）
株式会社日本バイアウト研究所　代表取締役
2002年東洋大学経営学部卒業。東洋大学大学院経営学研究科博士前期課程に進学し、M&A、バイアウト、ベンチャー・キャピタル、事業再生に関する研究に従事。2006年5月株式会社日本バイアウト研究所を設立し、代表取締役就任。2007年3月東洋大学大学院経営学研究科博士後期課程修了（経営学博士）。第1回M&Aフォーラム賞選考委員特別賞『RECOF特別賞』受賞。事業再生実務家協会会員。日本経営財務研究学会会員。東洋大学経営学部非常勤講師。オルタナティブ運用の最新潮流がわかる季刊運用専門誌『オル・イン』にプライベート・エクイティ関連の記事を連載。

〔第8章〕
久保田徹（くぼた・とおる）
タワーズワトソン株式会社　シニア・インベストメント・コンサルタント
1984年慶応義塾大学経済学部卒業。1990年ペンシルバニア大学ウォートンスクール経営学修士課程修了（MBA）。株式会社東京銀行（現株式会社三菱東京UFJ銀行）、ワトソンワイアット株式会社、株式会社プラチナムグローブアセットマネージメントジャパンを経て現職。企業年金基金等に対するコンサルティング業務や運用機関リサーチ業務に従事。日本証券アナリスト協会検定会員。CFA協会認定アナリスト。CAIA協会認定オルタナティブ投資アナリスト。

〔第9章〕
鳴戸達也（なると・たつや）
三井住友信託銀行株式会社　年金運用第一部 コンサルチーム長 シニアポートフォリオマネジャー
1991年一橋大学経済学部卒業。三井信託銀行株式会社（現三井住友信託銀行株式会社）入社。受託資産運用部、年金運用部を経て、現在年金運用第一部 運用管理・

コンサルグループ コンサルチーム長。年金資産運用に関する各種運用コンサルティング業務に従事。日本証券アナリスト協会検定会員。国際公認投資アナリスト。

〔第10章〕
近藤英男（こんどう・ひでお）
DIC企業年金基金　運用執行理事

1977年早稲田大学商学部卒業。株式会社日本長期信用銀行（現株式会社新生銀行）に入社。銀行勘定での外国債券、米国株式運用にかかわるポートフォリオ・マネジャーを経験後、ニューヨークでバンクローンのシンジケート業務を担当。帰国後、アジア資本市場での業務を担当。1999年大日本インキ化学工業株式会社（現DIC株式会社）に入社し、DIC厚生年金基金の運用管理部長に就任。2003年運用執行理事就任。2004年に年金制度を変更し、DIC企業年金基金となる。2005年企業年金連絡協議会の常任幹事に就任。同時に傘下にある資産運用研究会の委員長に就任。

〔第11章〕
白鹿博之（しらか・ひろゆき）
株式会社日本政策投資銀行　資金運用グループ ファンド投資班 調査役

1998年慶應義塾大学経済学部卒業。同年日本開発銀行（現株式会社日本政策投資銀行）入行。出融資部店、審査部、総務省出向などを経て、2007年より現職。国内・アジアのプライベート・エクイティ投資に従事。

富田康之（とみた・やすゆき）
株式会社日本政策投資銀行　資金運用グループ ファンド投資班 調査役

1999年東北大学経済学部卒業。同年日本開発銀行（現株式会社日本政策投資銀行）に入行。出融資部店を経て2004年に事業再生部に配属以降、プライベート・エクイティ・ファンド投資、メザニン・ファイナンス、再生ファイナンスなどを担当し、現職では国内・欧米のプライベート・エクイティ投資に従事。

村形誠治（むらかた・せいじ）
株式会社日本政策投資銀行　資金運用グループ ファンド投資班 調査役

1999年東京大学法学部卒業。2008年ニューヨーク大学経営大学院卒業（MBA）。1999年日本開発銀行（現株式会社日本政策投資銀行）入行。主に企業融資、債権管理業務に従事。2008年から現職において、国内・欧米のプライベート・エクイティ投資（特にディストレス・メザニン分野）に従事。

〔第12章〕
漆谷　淳（うるしたに・あつし）
エー・アイ・キャピタル株式会社　ディレクター
1995年京都大学法学部卒業。1995年株式会社中国銀行入行。法人営業、個人営業を経た後、国際部にて海外与信管理に従事。その後資金運用部で有価証券運用業務に従事し、外債、投資信託、プライベート・エクイティ・ファンドの投資業務を経験。2004年KFi株式会社入社。マネージャーとして、ヘッジ・ファンド選定、BISII対応、内部統制、内部監査等に関する内外金融機関や事業会社へのコンサルタント業務を牽引。2007年エー・アイ・キャピタル株式会社入社。現在に至る。

齋藤誠一（さいとう・せいいち）
エー・アイ・キャピタル株式会社　ディレクター
1986年上智大学経済学部卒業。英ウォーリック・ビジネス・スクール修了（MBA）。1986年大洋漁業株式会社（現マルハニチロ株式会社）入社。1996年から約1年半、在日オーストラリア大使館投資促進室に勤務。日本企業のオーストラリアへの直接投資推進業務に貢献。1997年にNomura/JAFCO Investment (Asia) Ltd.入社。2001年に株式会社ジャフコに転籍し、2003年に帰国。株式会社ジャフコでは、アジアの投資先企業の付加価値創出業務、PEファンド投資、ファンド募集業務を担当。2008年5月にエー・アイ・キャピタル株式会社に参画。14年以上にわたり、プライベート・エクイティ関連業務に携わる。

編者紹介

株式会社日本バイアウト研究所（代表者：代表取締役　杉浦慶一）

日本におけるバイアウトを中心とする投資ファンド専門の研究機関。学術的な視点も兼ね備えた完全独立系のシンクタンクとして、中立的な立場から日本のバイアウト市場の調査・分析を行い、バイアウトに関する出版物の刊行・販売、セミナー・カンファレンスの企画・開催、同分野に関する調査・コンサルティングの受託を行っている。具体的には、日本のバイアウト市場の統計データを定期的に公表し、専門誌『日本バイアウト市場年鑑』の刊行、Japan Buy-out Deal Conferenceなどのカンファレンスの開催、官公庁からの委託調査の受託、各種の講演・セミナーなどを手がけている。

URL: http://www.jbo-research.com/

機関投資家のためのプライベート・エクイティ

2013年2月14日　第1刷発行
2023年5月24日　第5刷発行

編　者　日本バイアウト研究所
発行者　加　藤　一　浩
印刷所　図書印刷株式会社

〒160-8519　東京都新宿区南元町19
発　行　所　一般社団法人 金融財政事情研究会
　　　編集部　TEL 03（3355）1770　FAX 03（3357）7416
　　　販売受付　TEL 03（3358）2891　FAX 03（3358）0037
　　　URL https://www.kinzai.jp/

※2023年4月1日より発行所は株式会社きんざいから一般社団法人 金融財政事情研究会に移管されました。なお連絡先は上記と変わりません。

・本書の内容の一部あるいは全部を無断で複写・複製・転訳載すること、および磁気または光記録媒体、コンピュータネットワーク上等へ入力することは、法律で認められた場合を除き、著作者および出版社の権利の侵害となります。
・落丁・乱丁本はお取替えいたします。定価はカバーに表示してあります。

ISBN978-4-322-12187-2